文化ファッション大系

改訂版・服飾造形講座 ④

ジャケット・ベスト

文化服装学院編

序

文化服装学院は今まで『文化服装講座』、前書をもとに内容を改めた『文化ファッション講座』をテキストとしてきました。

1980年ごろからファッション産業の専門職育成のためのカリキュラム改定に取り組んできた結果、各分野の授業に密着した内容の、専門的で細分化されたテキストの必要性を感じ、このほど『文化ファッション大系』という形で内容を一新することになりました。

それぞれの分野は次の五つの講座からなっております。

「服飾造形講座」は、広く服飾類の専門的な知識・技術を教育するもので、広い分野での人材育成のための講座といえます。

「アパレル生産講座」は、アパレル産業に対応する専門家の育成講座であり、テキスタイルデザイナー、マーチャンダイザー、アパレルデザイナー、パタンナー、生産管理者などの専門家を育成するための講座といえます。

「ファッション流通講座」は、ファッションの流通分野で、専門化しつつあるスタイリスト、バイヤー、ファッションアドバイザー、ディスプレイデザイナーなど各種ファッションビジネスの専門職育成のための講座といえます。

以上の3講座に関連しながら、それらの基礎ともなる、色彩、デザイン画、ファッション史、素材のことなどを学ぶ「服飾関連専門講座」、トータルファッションを考えるうえで重要な要素となる、帽子、バッグ、シューズ、ジュエリー、アクセサリーなどの専門的な知識と技術を修得する「ファッション工芸講座」を合わせて、五つの講座を骨子としています。

このテキストが属する「改訂版・服飾造形講座」では、被服に関する総合的な知識と製作技術を修得し、さらに創造力と美的感性の開発を目指し、学習できるようになっています。

まず、服飾造形の基礎知識から入り、それぞれの基本的な服種（アイテム）の「服作り」を通して、服飾全般の知識と応用を学びます。

さらには、ますます専門分化が進んでいるアパレル産業からのニーズに応えられるように高度な専門知識と技術を身につけます。

〝作ることは、商品を創ること〟の意識のもと、技術の修得を主とするこの講座でスキルを磨いていただきたいと思います。

目次 ジャケット・ベスト

序 ･････････････････････････････････ 3
はじめに ･････････････････････････････ 8
スーツのコーディネーション ･･････････････････ 9
文化式パターンメーキングについて ･･････････････ 13
原型各部の名称 ････････････････････････ 14

第１章　ジャケット ･･････ 15

1　ジャケットについて ･･･････････････････ 16
　ジャケットとは ･････････････････････ 16
　ジャケットの変遷 ･･･････････････････ 16

2　ジャケットの名称・デザイン・素材 ･････････ 18
　形態による名称 ････････････････････ 18
　素材による名称 ････････････････････ 22
　素材について ･････････････････････ 22

3　ジャケットのデザインと作図 ･････････････ 23
　ジャケットの原型ダーツの分散について ･･････ 23
　テーラードジャケット ････････････････ 24
　ダブルブレスト、ピークトラペルのジャケット ･･･ 28
　プリンセスライン、ショールカラーのジャケット ･･ 31
　パネルライン、シャツカラーのジャケット ･･････ 34
　カーブドラペルのジャケット ････････････ 37
　カーディガンジャケット ･･･････････････ 41

4　シーチングでの仮縫い方法と試着補正法 ……… 44
(1) パターンメーキング …………………… 44
(2) 裁断と印つけ …………………………… 48
(3) 仮縫い …………………………………… 50
(4) 試着補正方法とパターン訂正 ………… 54
　　袖ぐりから後ろ中心、ウエストへ向かって
　　　　　　　　　斜めじわが出る場合 …… 55
　　袖山に引かれじわが出る場合 …………… 57

5　実物製作用のパターンメーキングと裁断 ……… 58
(1) 縫い代つきパターンメーキング ………… 58
(2) 裏布のパターンメーキング ……………… 60
(3) 地直し（縮絨）について ………………… 62
(4) 表布の裁断 ………………………………… 62
(5) 柄合せ ……………………………………… 63
(6) 裏布の裁断 ………………………………… 66
(7) 芯について ………………………………… 67
(8) 接着芯の裁断とはり方 …………………… 68
　　実物の布地で仮縫いをする場合 ………… 70

6　テーラードジャケットの縫製法 ……………… 71
(1) 総裏仕立て ………………………………… 73
(2) 一重仕立て ………………………………… 92
　　一重仕立て（A）………………………… 97
　　一重仕立て（B）………………………… 98
　　一重仕立て（C）………………………… 99
(3) 部分的な裏布のつけ方 ………………… 104
　　半裏仕立て ……………………………… 104
　　背抜き仕立て（A）……………………… 106
　　背抜き仕立て（B）……………………… 107
　　背抜き仕立て（C）……………………… 108

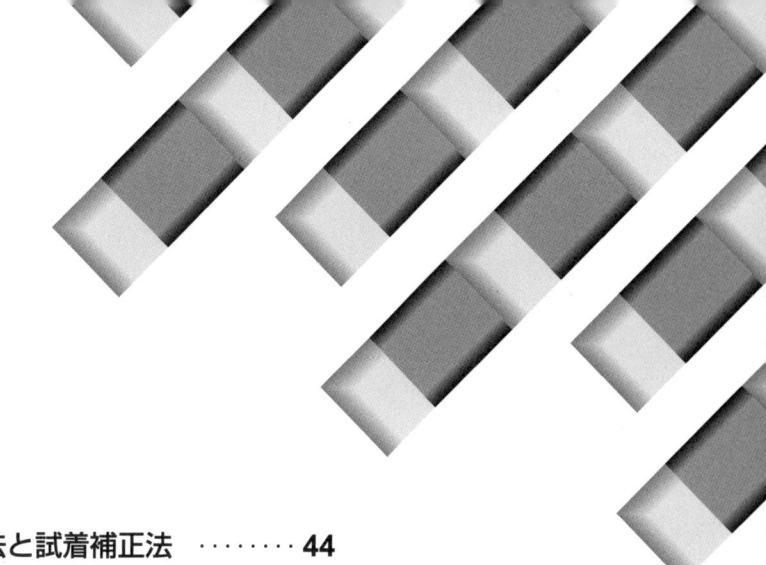

7 部分縫い ……………………………………… **109**

- ピークトラペル ……………………………… 109
- ショールカラー ……………………………… 113
- 衿こし切替えのシャツカラー ……………… 116
- カーブドラペル ……………………………… 118
- パッチポケット(無飾り仕立て) …………… 121
- シームポケット（A） ………………………… 123
- シームポケット（B） ………………………… 125
- フラップポケット（A） ……………………… 126
- フラップポケット（B） ……………………… 130
- フラップポケット（C） ……………………… 132
- フラップポケット（D） ……………………… 133
- 箱ポケット（A） ……………………………… 135
- 箱ポケット（B） ……………………………… 139
- 箱ポケット（C） ……………………………… 143
- 両玉縁ポケット
  - 【A】総裏仕立ての場合 …………………… 145
  - 【B】一重仕立ての場合 …………………… 148
- 片玉縁ポケット ……………………………… 150
- ステッチを生かした片玉縁ポケット ……… 152
- センターベンツ
  - 【A】総裏仕立ての場合 …………………… 153
  - 【B】一重仕立ての場合 …………………… 156
  - 【C】背抜き仕立ての場合 ………………… 157

第2章 ベスト …… 159

- 1 **ベストについて** …… **160**
  - ベストとは …… 160
  - ベストの変遷 …… 160
- 2 **ベストの名称・デザイン** …… **161**
- 3 **デザインと作図** …… **162**
  - ショートベスト …… 162
  - ロングベスト …… 164
- 4 **縫製法** …… **166**
  - 《ショートベスト》
    - パターンメーキング …… 166
    - 縫製 …… 167
  - 《ロングベスト》
    - パターンメーキング …… 171
    - 縫製 …… 173

  作図の表示の記号（文化式） …… 179
  作図の略称 …… 180
  参考寸法
    日本産業規格（JIS）のサイズ …… 181
    文化服装学院女子学生参考寸法 …… 182
    文化式原型成人女子用身頃 …… 183
    各部寸法の早見表 …… 184

はじめに

ファッション産業は、今や人々の生活全体を対象とした大きな広がりをもつようになりました。中でもアパレルに関する分野は広く、これらの仕事に携わる人たちにとって、服作りについての専門的な知識は欠くことのできない大切なことといえます。

近年、ライフスタイルの変化にともない、日本人全体の体位が向上し、特に若年層を中心にした女性の体型に大きな変化が現われています。その実状を的確に把握した服作りが考えられなくてはならないことを切実に感じています。

「文化ファッション大系」として講座を一新するにあたり、文化服装学院では独自に「衣服製作のための計測項目」を検討し、学生を被験者として人体計測を実施しました。一方、サイズ別に原型の試着実験を行い、若年層の女性を対象として原型と標準サイズの改訂をしました。

作図法に関しては、これらの年齢層への適合を重点に検討し展開してあります。

「改訂版・服飾造形講座」の基礎編は、全5冊からなり、「服飾造形の基礎」と、服種別に「スカート・パンツ」「ブラウス・ワンピース」「ジャケット・ベスト」「コート・ケープ」と分冊になっています。

この「ジャケット・ベスト」編では、初めてジャケット、ベストを作る人のための解説をしてあります。歴史的な変遷、名称、デザイン別作図理論、体型に合わせる補正法、パターン操作、パターン製作、実物製作、各種部分縫いが主な内容になっています。

実物製作の方法は、ベーシックなテーラードジャケットを基本にして、仮縫い方法、試着補正法、パターンチェックの要点、産業的システムを取り入れたパターン製作、縫製のプロセス等、図解を多くとり入れ、わかりやすく解説してあります。

服作りを学び、将来プロフェッショナルを目指すかたがたが、この本から基本的な知識や技術を習得し、自己能力の開発に役立てていただけるように願っています。

スーツのコーディネーション

スーツのコーディネーション

文化式パターンメーキングについて

文化服装学院は、長年にわたって日本人成人女子の体型の研究をもとに、独自の平面作図理論を完成させた。

文化式平面作図法は、女子の人体を包む最もシンプルな形として研究開発された文化式原型を土台にして作図をするので、シルエットによる展開理論を学習することでパターンメーキングがスピーディにできるのが特徴である。

―― 文化式成人原型の特徴 ――

①バスト、背丈、ウエストの三つの寸法だけで自分の原型が引ける。
②三つのダーツを分散、移動することで多様なデザイン展開ができる。

原型の形状とダーツの目的

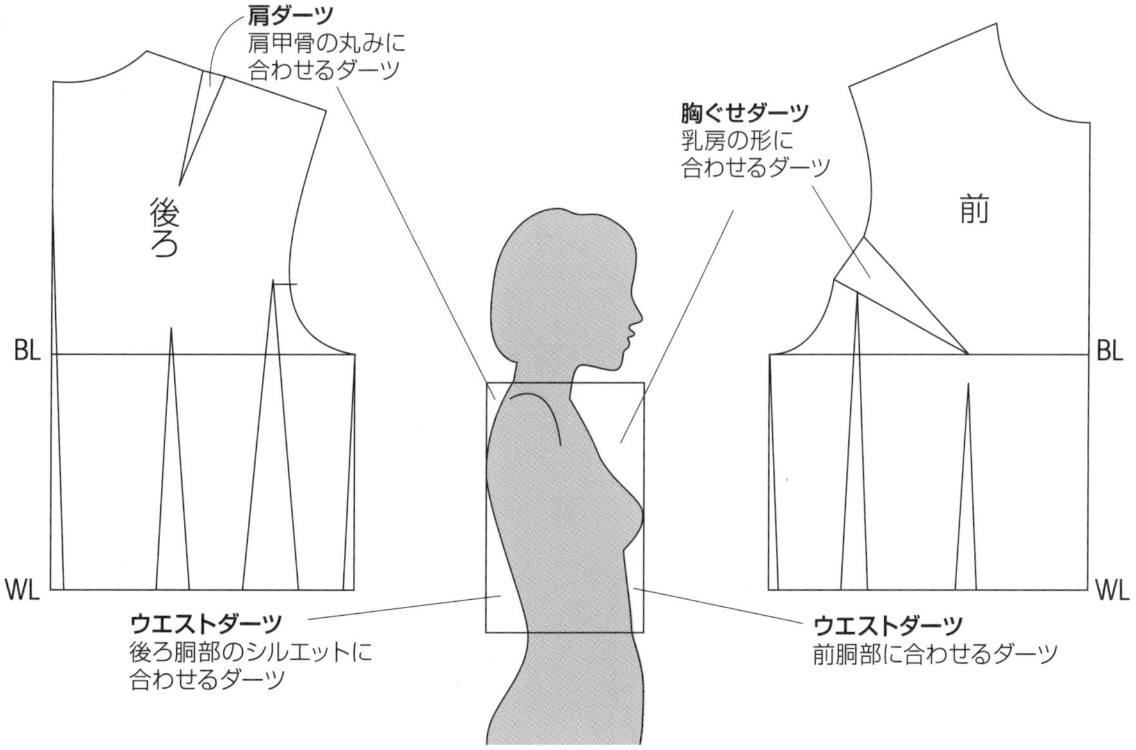

服を製作していくうえで、体に合った原型を持つことが基本となる。

原型の引き方はこの本の巻末に掲載しているが、自分の体型による補正を加えた原型を持つことが望ましい。

『改訂版・服飾造形講座 ①　服飾造形の基礎』で文化式原型の理論や原型補正法など詳しく解説している。

原型各部の名称

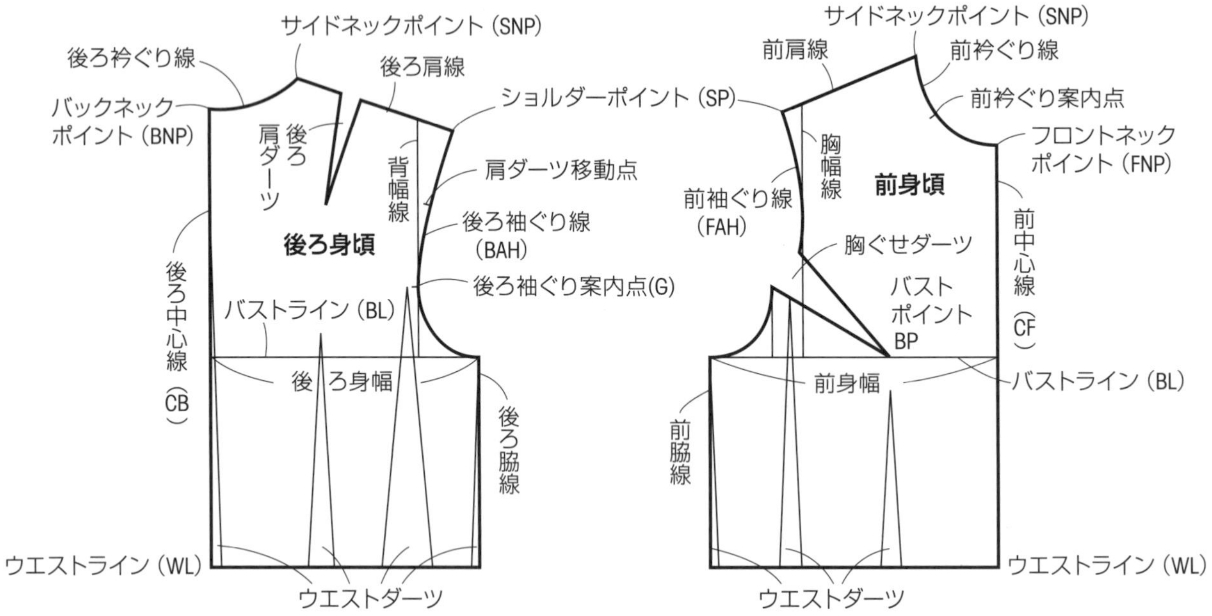

後ろ衿ぐり線
サイドネックポイント（SNP）
後ろ肩線
バックネックポイント（BNP）
ショルダーポイント（SP）
後ろ肩ダーツ
背幅線
肩ダーツ移動点
後ろ袖ぐり線（BAH）
後ろ身頃
後ろ袖ぐり案内点(G)
後ろ中心線（CB）
バストライン（BL）
後ろ身幅
後ろ脇線
ウエストライン（WL）
ウエストダーツ
サイドネックポイント（SNP）
前肩線
前衿ぐり線
前衿ぐり案内点
フロントネックポイント（FNP）
胸幅線
前身頃
前袖ぐり線（FAH）
胸ぐせダーツ
前中心線（CF）
バストポイント BP
バストライン（BL）
前身幅
前脇線
ウエストライン（WL）
ウエストダーツ

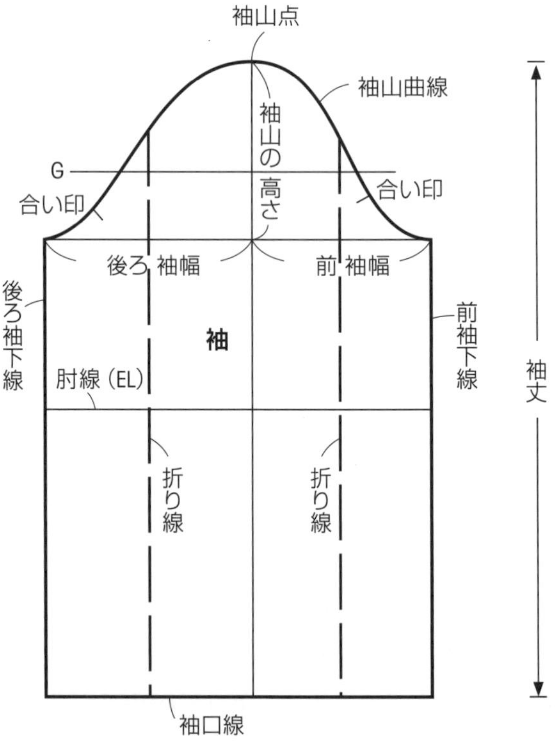

袖山点
袖山曲線
袖山の高さ
G
合い印
合い印
後ろ 袖幅
前 袖幅
後ろ袖下線
袖
前袖下線
肘線（EL）
袖丈
折り線
折り線
袖口線

第1章

ジャケット

jacket

1　ジャケットについて

ジャケットとは

ウエストおよび腰丈までの、前開きの上着の総称をジャケット［jacket］という。デザインのバリエーションが豊富で、男女問わずに着用できるアイテムである。

ジャケットの原型は、14世紀の男子服で、身体にぴったりとした短い上着のコタルディであるといわれている。共布で仕立てたジャケット・ベスト・パンツの組合せをスーツ［suit］といい、現在見られるような紳士服の代表的な衣類として定着するのは19世紀末である。

ジャケットは男性の衣服として発達した上着で、女性が着用するようになったのは19世紀中ごろである。また、このころにジャケットという言葉が一般化された。

ジャケットの変遷

16 世紀〜 18 世紀

プールポワンとショース
（16 世紀）

プールポワンとショース
（17 世紀）

ジュストコール
スタイル

アビ・ア・ラ・
フランセーズ
スタイル

ジャケットの原型であるコタルディは場所や時代の変化にともない、形や呼び方が変化する。15世紀には肩から胸にかけて詰め物をし、腰のあたりで密着したプールポワンになる。17世紀後半にはコート型のジュストコールが男性の公式服になる。コートやジャケットとパンツを共布で作るスーツ形式のデザインもこの時代から見られるようになる。18世紀、ロココ時代にはやはりコート形式のアビ・ア・ラ・フランセーズが、刺繍やボタンなどで飾られ、より華やかな装いとなる。

19 世紀

テールコート
（1820 年代）

テールコート
（1880 年代）

ラウンジスーツ
（1880 年代）

狩猟用のスーツ

19世紀に入ると産業革命をいち早く迎えたイギリスで上質な生地が生産され、それにともないテーラリングの技術が向上した。そのため19世紀以降の男子服の中心はイギリス、ロンドンになる。そして現代まで着られることになるテールコートやラウンジジャケットなど、上衿とラペルのあるテーラードカラーの上衣が登場する。

19世紀

一方女性の衣服は、19世紀まではワンピース形式のものがほとんどで、一部上流階級の女性たちの乗馬用の服装としてジャケットとスカートという組合せを見ることができる。19世紀中ごろから女性の活動範囲が、旅行やスポーツへと広がるにともない、活動的で機能的、かつ脱ぎ着がしやすいツーピース形式のものが登場する。

1880年代には、バッスルスタイルにテーラードジャケットを合わせるスタイルが流行する。19世紀末には、流行のSカーブラインにテーラードジャケットとスカート、中にブラウスを合わせるスタイルが、レドファンやクリードといったデザイナーたちによって提案された。

バッスルスタイル

Sカーブライン

20世紀

テーラード風のスーツ
（20世紀初頭）

テーラードスーツ
（1910年代）

ミリタリー風の
テーラードスーツ
（1940年代）

20世紀に入り、男子服は多様化する社会背景にともない、テーラードスーツは日常着に、フロックコートやテールコートの三つぞろいはフォーマルウェアに、というようにT.P.O.に合わせて着用されるようになった。

また、2度の世界大戦から、あらゆる分野に女性の社会的進出が見られるようになる。そのため一般の女性たちにもテーラードジャケットとスカートの組合せが着られるようになり、ワーキングウェアや日常着としてスーツが定着した。素材はカジュアルなものからドレッシーなものまで多様化し、1960年代にイヴ・サンローランがパンツスーツを発表するなどデザインも豊富になり、自由に着こなしを楽しむようになった。

2　ジャケットの名称・デザイン・素材

形態による名称

ジャケットといろいろなボトムを組み合わせてスーツの名称で呼ばれることがある。

テーラードジャケット [Tailored jacket]

　男子服の背広のような、きちんとしたかたい感じのジャケットをいう。最初、男子服の仕立屋（テーラー）が作ったので、テーラー・メード・ジャケットの意味があり、このように呼ばれるようになった。

　ジャケットの中で最も基本的な形で、着用範囲も広い。

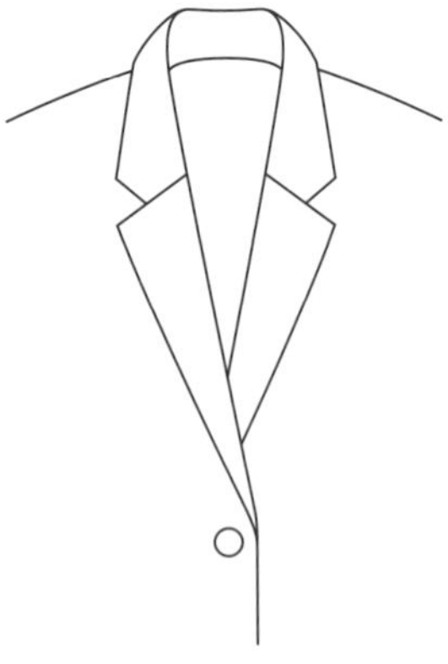

ノッチトラペルカラー
〔notched lapel collar〕
刻みが入った衿。
ゴージラインが直線で、
ラペルの先が下がった衿。

シングルブレステッド [Single-breasted]

　左右の前身頃の打合せを、1列のボタンでとめた上着。

ダブルブレステッド
[Double-breasted]

　左右の前身頃の打合せを深く重ね、2列のボタンでとめた上着。

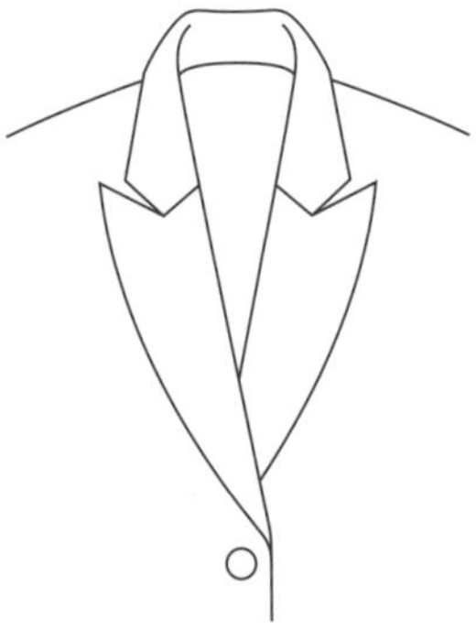

ピークトラペルカラー
〔peaked lapel collar〕
ラペルの先が剣のように鋭角で、
上向きになった衿。

ブレザー
[Blazer]

　ゆったりしたシルエットのスポーツジャケット。メタルボタンやワッペンなどがついているものが多い。

　ブレザーの語源ブレーズ〔blaze〕は、「燃えたつような色彩」の意で、ケンブリッジ大学のボートチームの赤いジャケットに由来するという説がある。

インバネスジャケット [Inverness jacket]

ケープのついた上着またはケープ型の上着。

スコットランドのインバネス地方の男性が防寒用として着用していたことからこのような名称がついた。

カーディガンジャケット [Cardigan jacket]

前あき、ボタンどめで、丸衿ぐりやV衿ぐりの衿なしの上着。

カーディガンの語源は、クリミア戦争で活躍したカーディガン伯爵が、この形の毛糸編みのセーターを着用していたことに由来する。

ケープレットジャケット [Capelet jacket]

肩を覆う程度の短く小さめのケープつき上着。

肩のあたりは二重になっているため暖かく、防寒にもなる。

サファリジャケット [Safari jacket]

狩猟家や探検家の服装にヒントを得た、直線的で機能的、活動感あふれるジャケット。大きなパッチポケット、エポーレット、ベルトなどが特徴である。

キュロットスカートやバーミューダパンツ、深いプリーツのあるスカートとの組合せが多い。

シャツジャケット [Shirt jacket]

衿、袖口、前あきの部分などがシャツ風の上着と、スカートまたはパンツでカジュアルな感じのジャケット。

スペンサージャケット [Spencer jacket]

比較的体にフィットした丈の短いジャケット。

19世紀初期、イギリスのスペンサー伯爵が考案したことからこう呼ばれている。

ジャンプスーツ [Jumpsuit]

トップとパンツがひと続きになっているスーツ。飛行服のパラシュート部隊の服装がヒントになった。ジャンプしても見苦しくないということでこの名称がついた。

シャツ風のカジュアルなスタイルからタンクトップのドレッシーなスタイルまである。

シャネル・スーツ [Chanel suit]

フランスのデザイナー、ガブリエル・シャネル（1883～1971年）によって考案されたスーツで、当時は画期的なスポーティスタイルとされたが、現在はエレガントなファッションとして位置づけられる。

典型的なスタイルは、カーディガン風の上着と膝丈のスカートを組み合わせたスーツ。衿なしで、ポケットが四つつき、ブレード、装飾されたボタン、ブラウスと共布の裏地などの特徴がある。シャネル・スーツという表現は、シャネル社のスーツのみに適用される。

チュニックスーツ [Tunic suit]

腰がすっぽり隠れる細めのシルエットで長い丈の上着との組合せのスーツ。

チュニックとは古代ローマ時代の長いシャツのような下着のことをさしたが、現代では腰を覆う丈の衣服を意味する。

ノーフォークジャケット [Norfolk jacket]

後ろ身頃にヨークやプリーツが入り、ウエストの後ろ、または前まで共布のベルトがついた、機能的なジャケット。

19世紀末から20世紀初めのイギリスで、狩猟用、ゴルフ用、サイクリング用として着用された。ノーフォークは州名ともノーフォーク伯爵名ともいわれている。

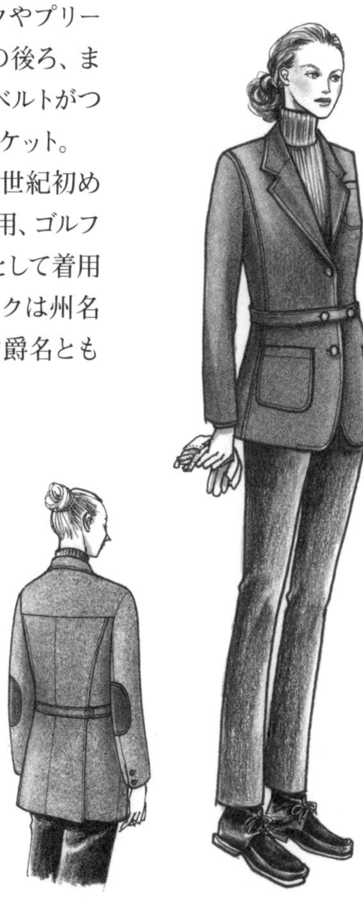

バトルジャケット [Battle jacket]

戦闘服のように多くのポケットがつき、ウエスト丈で、前の打合せが比翼仕立てのファスナーどめのジャケット。

ライダーズジャケットやカジュアルジャケットとして若者に着用されている。

ペプラムジャケット [Peplum jacket]

ペプラムとは、上着のウエストから腰にかけてつけるスカート状の別布のこと。この部分をラッフルやプリーツで切り替えた上着。古代ギリシアの女性が体にまとったペプロス [peplos] が語源である。

ベルテッドジャケット [Belted jacket]

ベルトを締めて着こなす上着を組み合わせたスーツ。脇や後ろの部分にベルトをつけたジャケット。

ライディングジャケット [Riding jacket]

乗馬服のこと。ジャケットは腰が隠れる長さで、ズボンの腰のふくらみに合わせて裾広がりのシルエットになっている。後ろ中心や脇の縫い目に深いスリットやベンツが入っている。

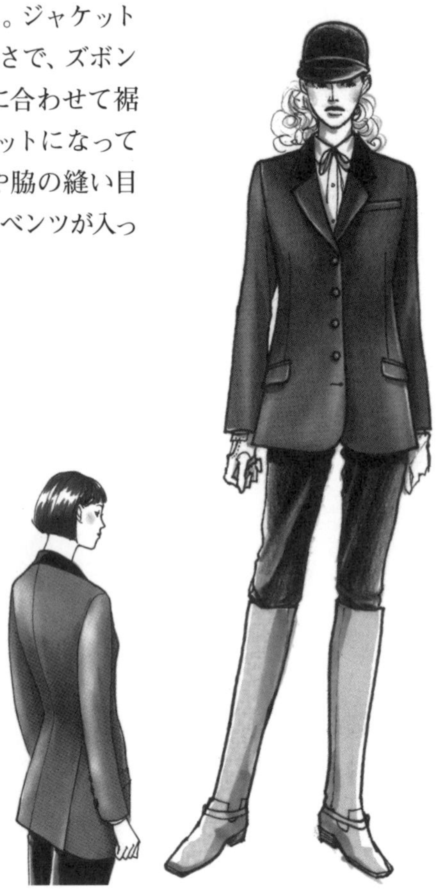

素材による名称

ニッティドジャケット [Knitted jacket]

編み物、または編んだ布地で作ったジャケット。

レザージャケット [Leather jacket]

皮革で作ったジャケット。防寒用、または四季を通じておしゃれ用に着られる。

素材について

ジャケットのデザインや、着用目的によって色、柄、織り方を選ぶ。

切替え線が多く入るデザインの場合は、無地やそれに準じる素材を選ぶ。ベーシックでシンプルなデザインの場合は、織りや柄に変化のあるものを選ぶのが一般的である。オーソドックスなジャケットの素材としては、下記のような素材がある。

フラノ、ツイード、ギャバジン、
ダブルジョーゼット、カシミア、ドスキン、
ミルドウーステッド、フランス綾。

そのほか、開発が進んだ化学繊維素材からも多様な選び方ができる。

3　ジャケットのデザインと作図

ジャケットの原型ダーツの分散について

- 文化式原型は人体に合わせるためのダーツが入り、フィット型に作られている。
- シルエットの決め方や、肩パッドによって、原型の肩と胸ぐせダーツ量を調整する。
- ジャケットのパターンでは、ダーツ量の一部を袖ぐり、衿ぐりに分散する。
- ウエストダーツは、表現しようとする胴部シルエットに合わせて分量の調整を行うが、ダーツの位置と分量のバランスは大きく変更しない。

ここでは胸ぐせダーツと肩ダーツの分散方法について説明する。

- 肩パッドを入れる場合、肩パッドの厚みのゆとり分量が必要なため、後ろ身頃では肩ダーツの一部を袖ぐりに移動して分散する。前身頃では胸ぐせダーツの一部を袖ぐりに分散し、さらに肩先で不足分を加える。このとき、前袖ぐりのゆとり分は後ろ袖ぐりのゆとり分より大きくならないようにする。

肩ダーツは分散量によって次のようになる。

(A)肩パッドが薄く(0.5cm)後ろ肩ダーツが入る場合

肩ダーツの$\frac{1}{3}$程度を袖ぐりに分散し、胸ぐせダーツは$\frac{1}{4}$〜$\frac{1}{5}$程度を袖ぐりに分散する。タイトシルエットの場合は、胸ぐせダーツはそのままで、肩パッドの分を肩先で追加する。

(B)肩パッドが厚く(1〜1.5cm)肩ダーツを入れない場合

肩ダーツの$\frac{2}{3}$程度を袖ぐりに、胸ぐせダーツは$\frac{1}{3}$〜$\frac{1}{4}$程度を袖ぐりに分散する。後ろと前の分散量の差を肩先に加えて、前後の袖ぐり寸法のバランスを調整する。

(A)

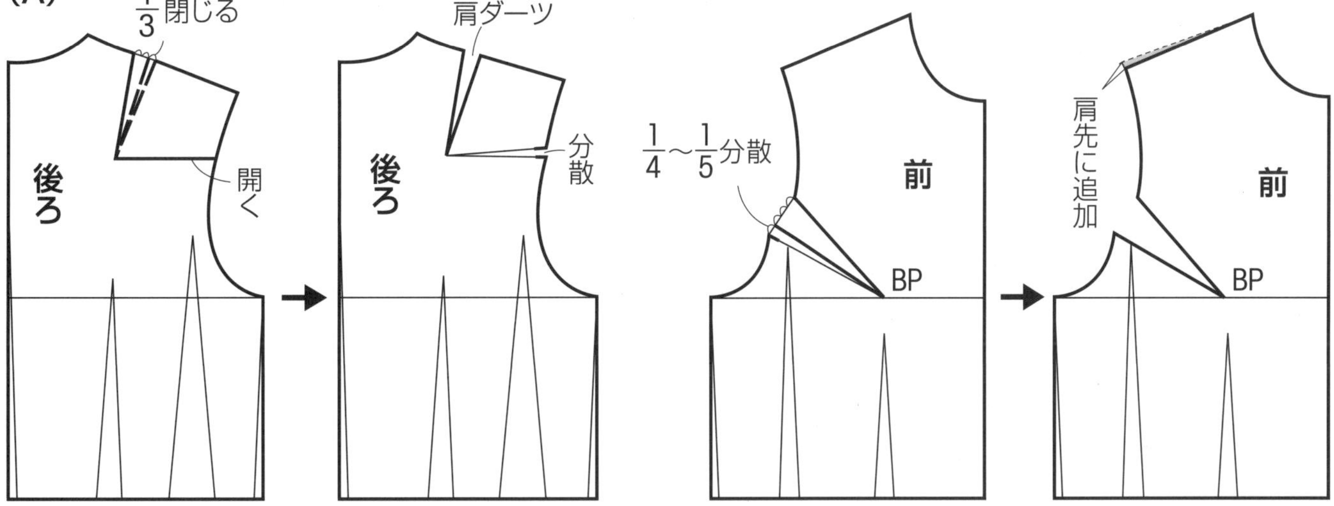

(B)

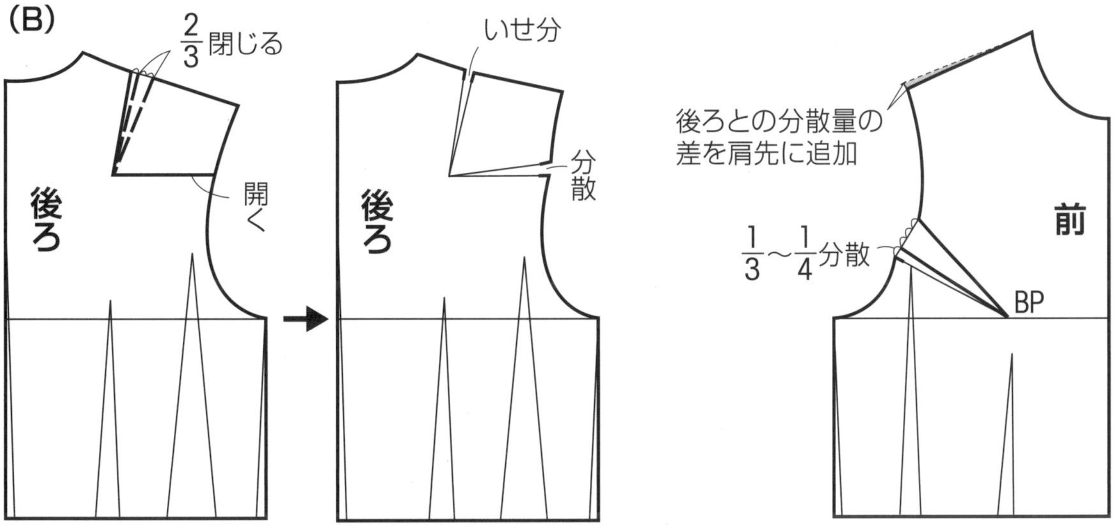

作図と使用量は、文化服装学院女子学生参考寸法の標準値を基準にしている。

テーラードジャケット

ジャケットとして最もベーシックなもの。下に着用するシャツやブラウス、ベスト、またボトムのデザインによって、カジュアルな場からフォーマルな場まで、流行にとらわれず着用範囲が広い。

布地は中肉程度の厚さで、アイロンがかけやすく、形作りがしやすいミルドウーステッド、フラノ、ツイード、ダブルジョーゼットなどが初心者には適している。

色は中間色からやや濃いめの色を選ぶとよい。明るい色は、身頃の縫い代や芯の形状、ポケットの袋布まで透けて見えるので、避けたほうがよい。

使用量　表布　150cm幅170cm
裏布　90cm幅230cm
接着芯　90cm幅前身頃丈×2+15～20cm
肩パッドの厚さ　0.8～1cm

原型のダーツ操作

後ろ身頃

肩パッドを入れてシルエット作りをするため、肩ダーツの$\frac{2}{3}$程度を袖ぐりに移動する。残りのダーツ分量はいせ分とする。

前身頃

前後の袖ぐりのバランスを変えないために、胸ぐせダーツの$\frac{1}{3}$～$\frac{1}{4}$程度を袖ぐりのゆとり分とし、残りのダーツ分量は肩と衿ぐりに移動する。衿ぐりに移動された分はラペル部分のゆとりとなる。

衿ぐりに移動する分量は、ラペルの長さによって変わる。ラペルが長ければ分量を多めにする。

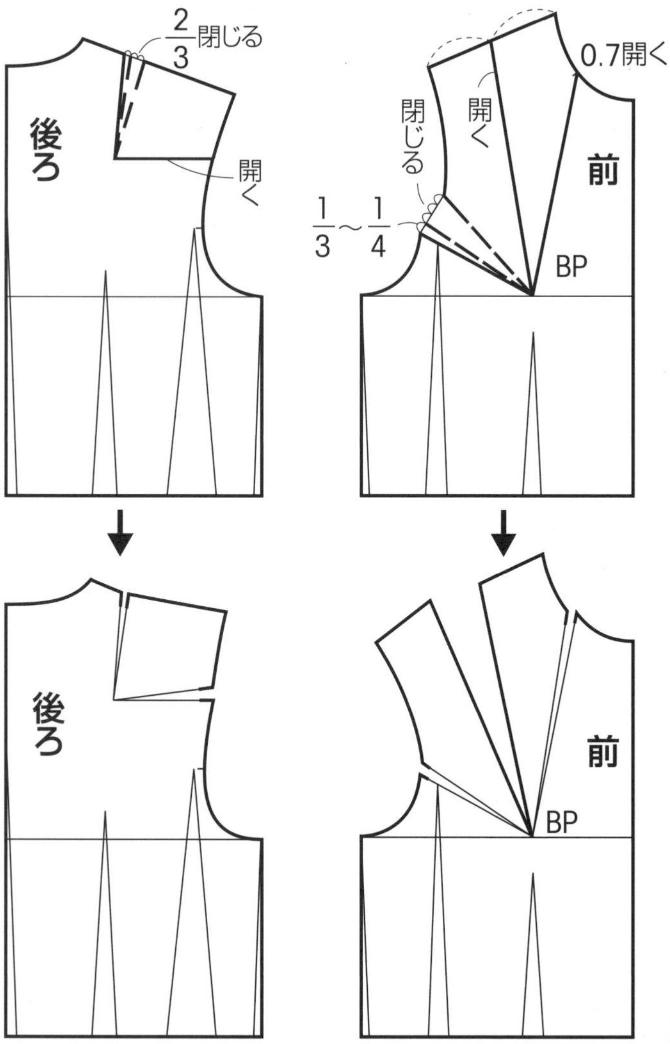

作図要点

身頃

- 前身頃、脇身頃、後ろ身頃の3面で構成。脇でゆとり分1.5cm加え、ウエストラインをそろえて水平線上に置き、ややハイウエストのシルエットで作図する。
- ジャケット丈、ヒップラインをかき、後ろ中心線をかく。
- テーラードカラーの後ろ衿ぐりが落ち着くように、バックネックポイントで0.3～0.5cm追加する。
- 肩線をかく。前肩先は、肩パッドの厚み分を加えてかく。
- 後ろ袖ぐりは背幅の運動量を加え、前袖ぐりは原型の袖ぐり線よりもゆるやかな線でかく。
- 出来上り線の背幅線と胸幅線間の中点を求め、1cm前身頃寄りを合い印とする。
- 後ろパネルラインは、ウエストダーツdと同じ位置に、ヒップラインと結ぶようにかく。
- ラペルの返り止りは、BLとハイウエストライン間を3等分して決める。
- 前身頃のパネルラインは、合い印と原型の胸幅線の間の$\frac{1}{3}$に設定しウエストラインでのしぼり量は、ウエストダーツbの$\frac{1}{2}$（◬）ぐらいとする。
- 3面構成の作図では、ヒップの必要寸法の不足分（●）は、前身頃のパネルラインをヒップライン上で交差してかく。
- 肩に移動した胸ぐせダーツを、衿ぐりに移動する。折返り線と衿つけ線との中点とBPから1.5cm前中心寄りの点を結び、切開き線とする。
- 切開き線を前中心寄りに移動するのはダーツがラペルの下に隠れる位置にするためであるが、移動しすぎるとBPの方向から離れて、胸ぐせダーツの効果がなくなる（胸の立体感が美しく表現されない）。
- 衿ぐりに移動するダーツ分量が多い場合、ダーツ止りはBPに近く、ダーツ量が少ない場合は、BPから離れた位置にすると、自然な胸の立体感が表現できる（26ページを参照）。

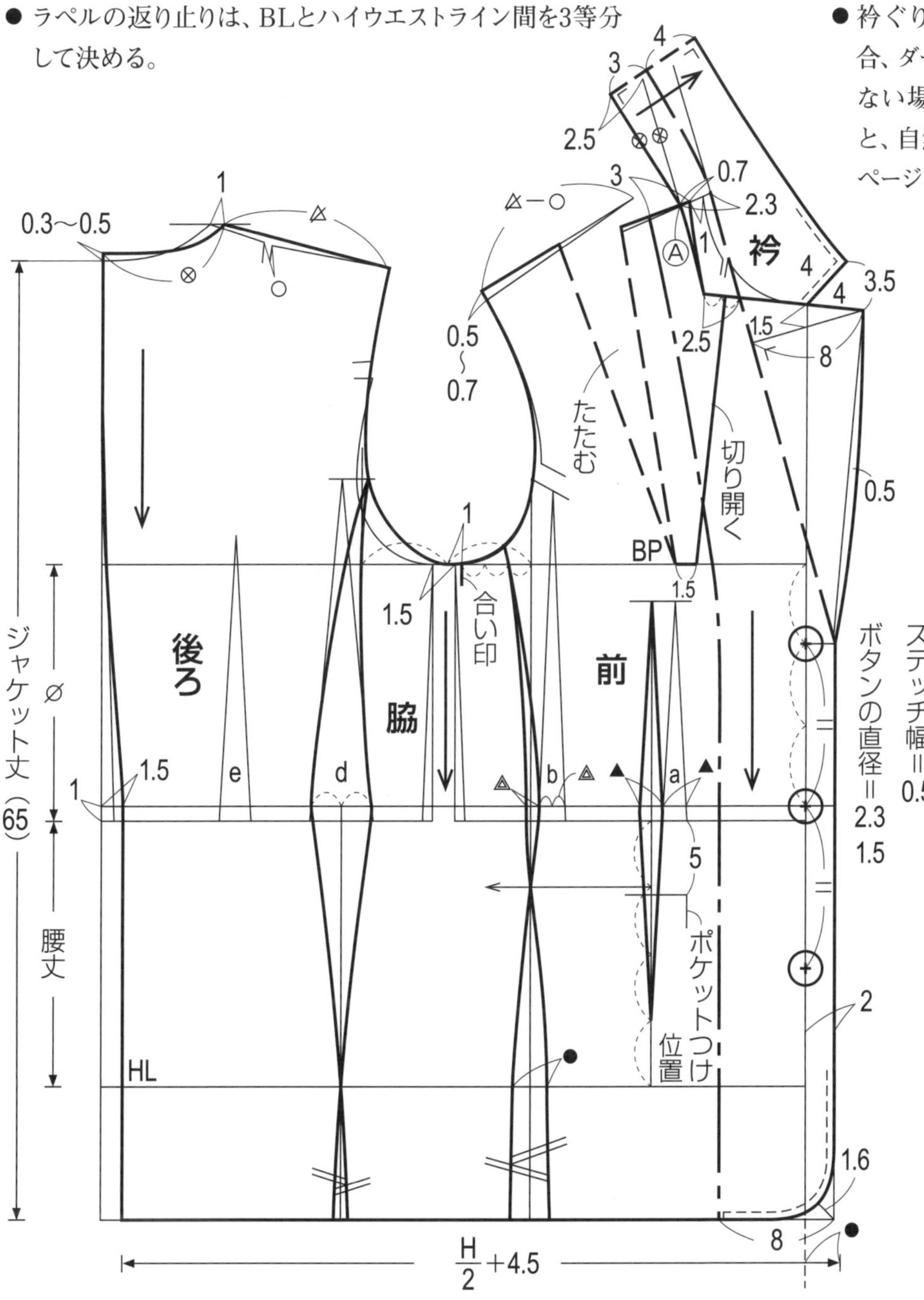

前肩線のかき方

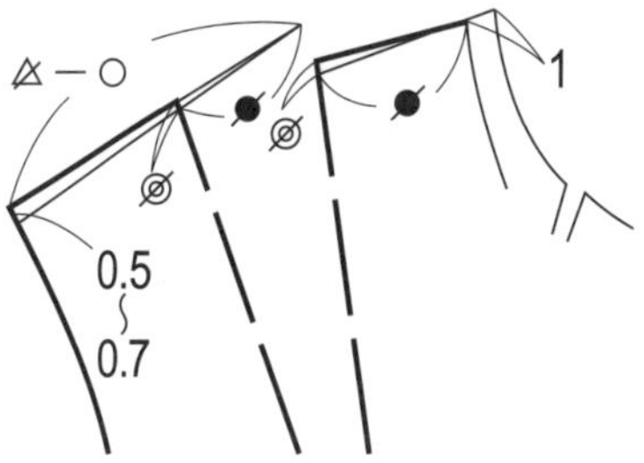

合い印の決め方

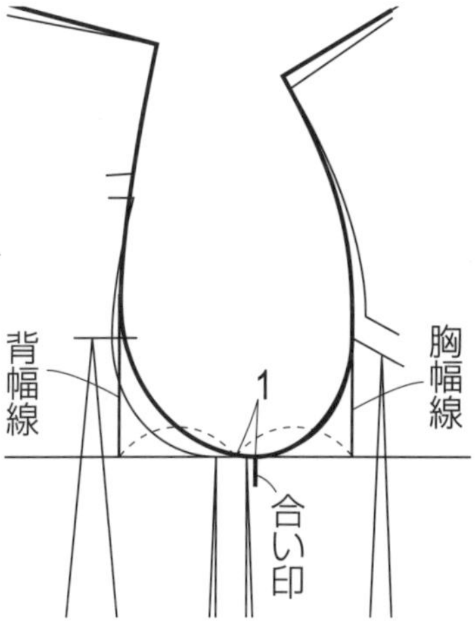

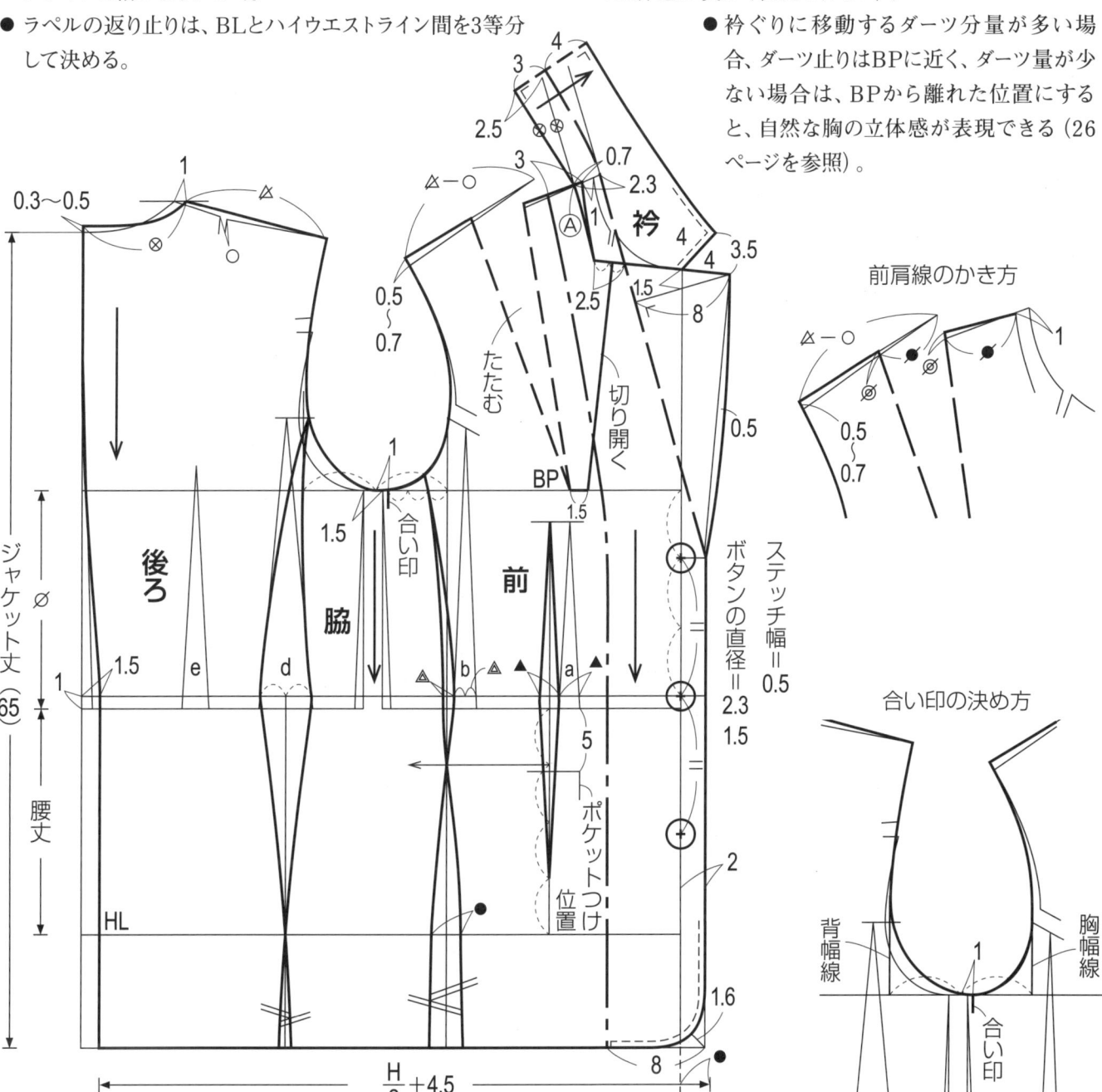

ポケットのかき方

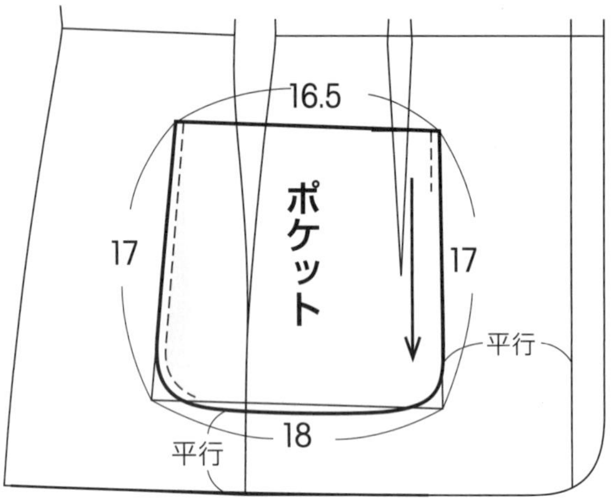

ポケットは、パネルラインを縫い合わせた状態にし、
前中心と裾線に平行になるようにかく

ダーツ止り位置の決め方

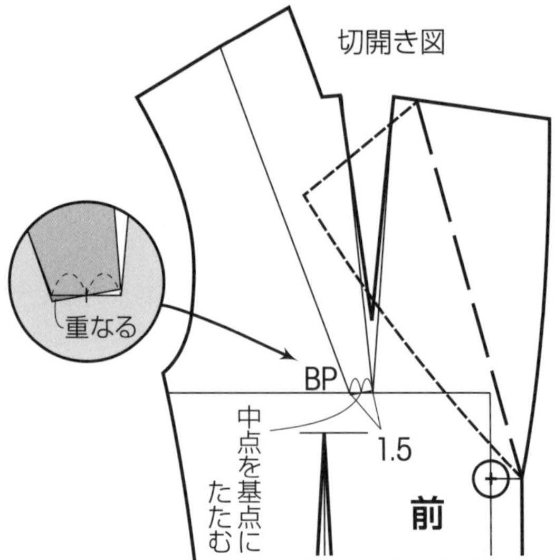

ダーツ量が多い場合、ラペル幅
よりダーツが長くなる

テーラードカラーの作図理論

- 前後の肩線を突き合わせ、肩線の延長線上にA点から前衿こし幅をとり、返り止りと結んで折返り線をかき、身頃のパターン上に衿のデザインをかく。次に、後ろ中心で、衿こし、衿幅の寸法をとって前衿の線とつなげてかき、後ろ衿の外回り寸法（◬）を求める（図1）。
- ラペルと前衿の形を折返り線から反転してうつし取り、前衿こしを立てた位置Aから折返り線に平行に線を引き、後ろ衿ぐり寸法（⊗）をとる。その線から直角に後ろ衿こし、衿幅寸法をとり、前の衿と結ぶ（図2）。
- A点を押さえ、C点を後ろ衿の外回り寸法が◬寸法になるまで移動する（図3）。この寸法が作図上のねかし寸法である。
- 衿の外回りの線をつながりよくかき直す（図3）。

衿の作図順序

①前身頃のサイドネックポイントから0.7cm入った位置Aから前衿こし寸法（2.3cm）をとり、返り止りと結んで折返り線をかく。0.7cmは定寸法ではなく衿のデザインによって増減する。
②返り線から直角にラペルの幅をとり、ラペルと前衿ぐり線をかく。
③衿こしをとった位置Aから返り線と平行に線を引き、後ろ衿ぐり寸法（⊗）をとる。
④Aを基点として後ろ衿ぐり寸法を弧線上に（2.5cm）移動し、A点と結んで後ろ衿つけ線をかく。この線から直角に線をかき、後ろの衿こし（3cm）と衿幅寸法（4cm）をとる。
- 前の衿幅を決め、衿外回り線をかく。
  A点よりつながりよく前衿つけ線をかく。

図1

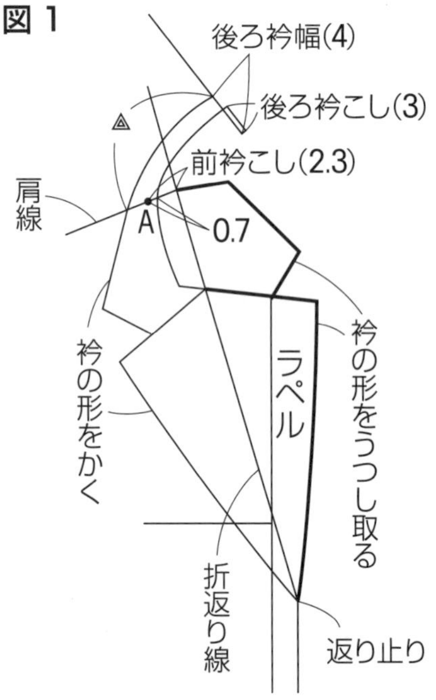

図2

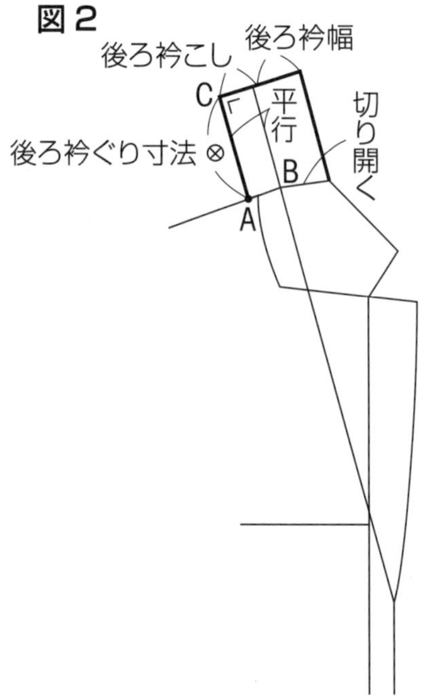

図3

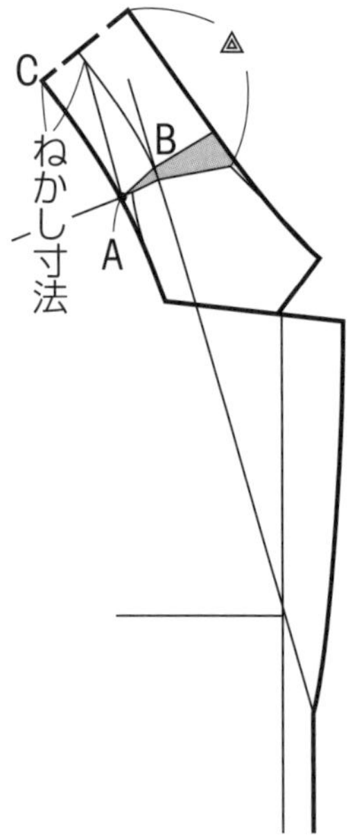

袖（2枚袖）

外袖（腕の外側）と内袖（腕の内側）の2枚のパターンからなる袖でジャケットやコート類などのデザインに用いられる。2枚パターンで構成されているため、腕の形にそった前方への方向性のある袖になる。

作図順序

①袖山の高さを決める。

前後のアームホールをうつし取る。合い印の点を直上直下し袖山線とする。前後の肩先の差の$\frac{1}{2}$地点からBLまでの長さの$\frac{5}{6}$を袖山の高さとする。

②袖丈・ELをかく。

袖山から袖丈寸法＋6cmをとる。この袖丈寸法は手根点までの長さで、ジャケットの袖はそれより3〜6cm加える。ELはBLから原型のWLまでの長さとする。

③袖山点を決めて、前後袖山の案内線をかく。

前方に方向性をもった袖にするために、袖山線より後ろ身頃側に1cm移動した位置を袖山点とする。袖山点からBL上に前AH寸法、後ろAH寸法＋1をとる。

前後袖幅をそれぞれ2等分し、袖口と垂直に結ぶ。

④袖山の形をかき、袖の輪郭線をかく。

身頃の袖ぐり底のカーブ線を両端に反転してうつし、袖山カーブ線とつなげてかく。袖口寸法は$\frac{袖幅}{2}$の$\frac{3}{4}$くらいを目安とする。袖山のいせ分量を確認する。いせ分量はAH寸法の6〜8%くらいが適当である。

⑤内袖と外袖にかき分ける。

前袖縫い目は⨻寸法の$\frac{1}{3}$くらいを目安するとバランスがよい。後ろ袖縫い目はあきみせとの関連やヨーク切替えなど、デザインによって寸法が変わる。外袖は折り山線を軸に反転してかく。

⑥袖口より8cm上をあきみせ止りとし、ボタンつけ位置をかく。

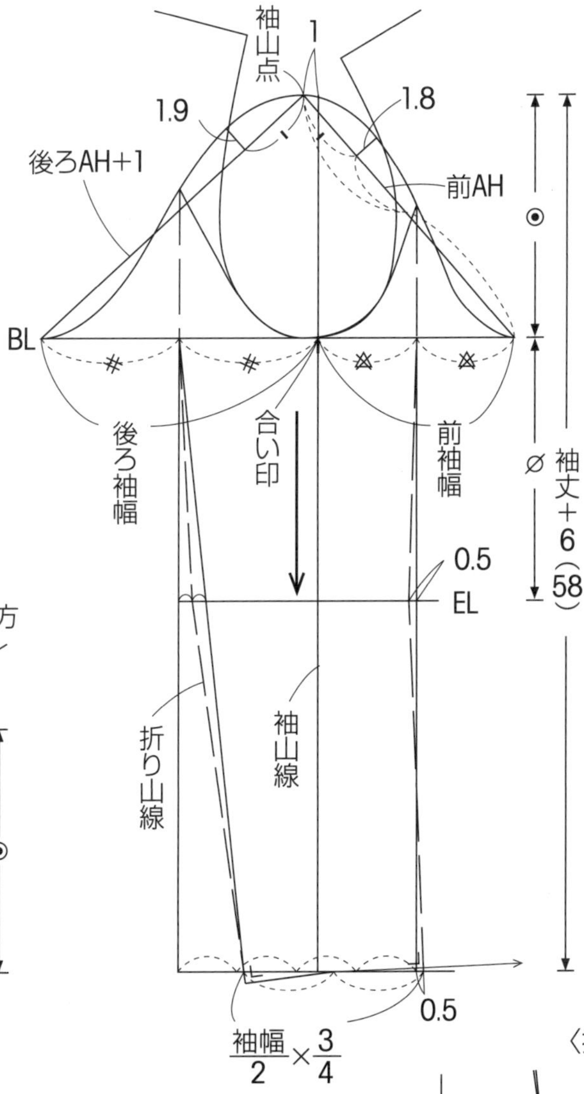

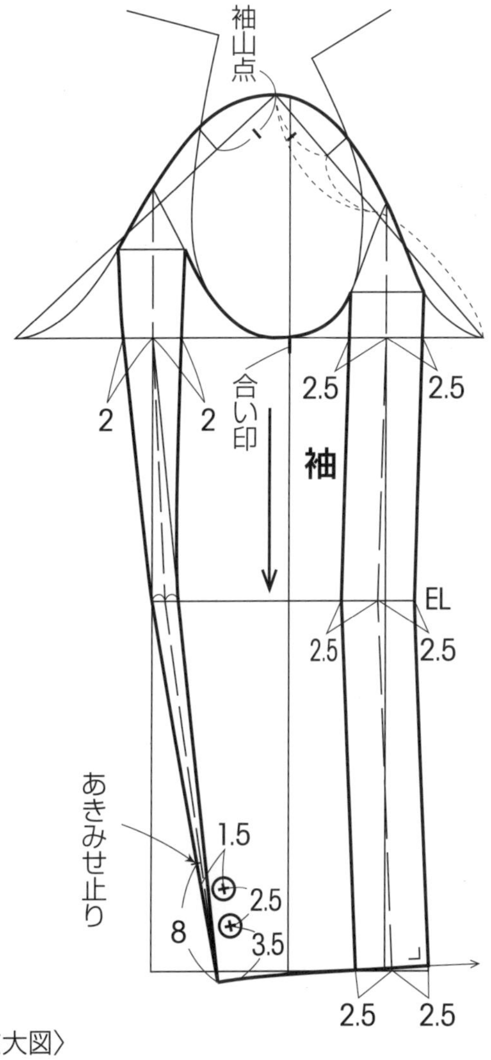

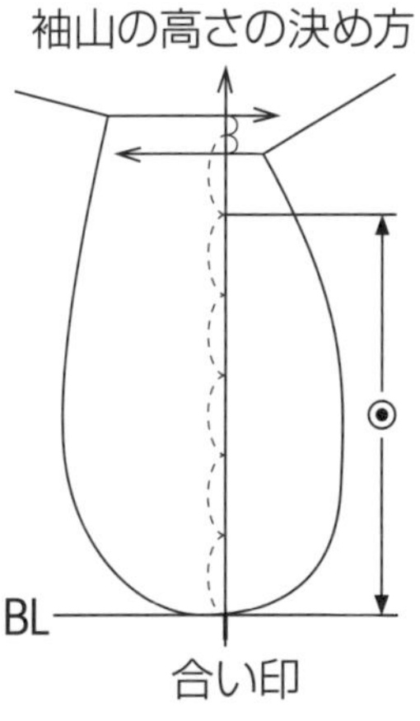

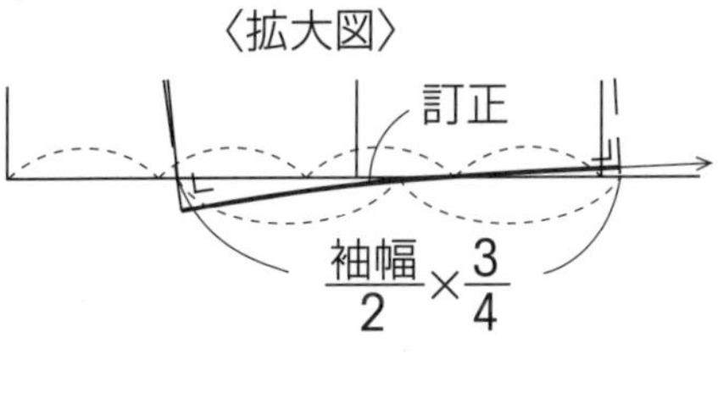

バスト寸法の変化によるAHの不足分の寸法については184ページの寸法表★を参照

ダブルブレスト、ピークトラペルのジャケット

シングルブレストのテーラードジャケットをもとにデザインされているが、よりメンズ感覚の雰囲気をもつジャケットである。

ラペルの先が剣のようにとがって上向きになっていることからピークトラペルと呼ばれる。

布地はギャバジン、タキシードクロス、カシミア、ドスキンなど、緻密に織られたものが適している。

使用量　表布　150cm幅230cm
裏布　90cm幅230cm
接着芯　90cm幅前身頃丈×2+15～20cm
肩パッドの厚さ　0.8～1cm

部分縫い　ピークトラペルの縫い方109ページを参照
フラップポケットの作り方126ページを参照
箱ポケットの作り方135ページを参照

原型のダーツ操作

「テーラードジャケット」と同様に操作する。

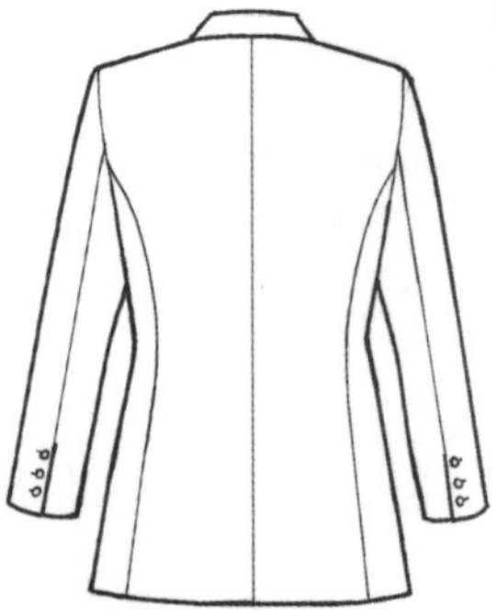

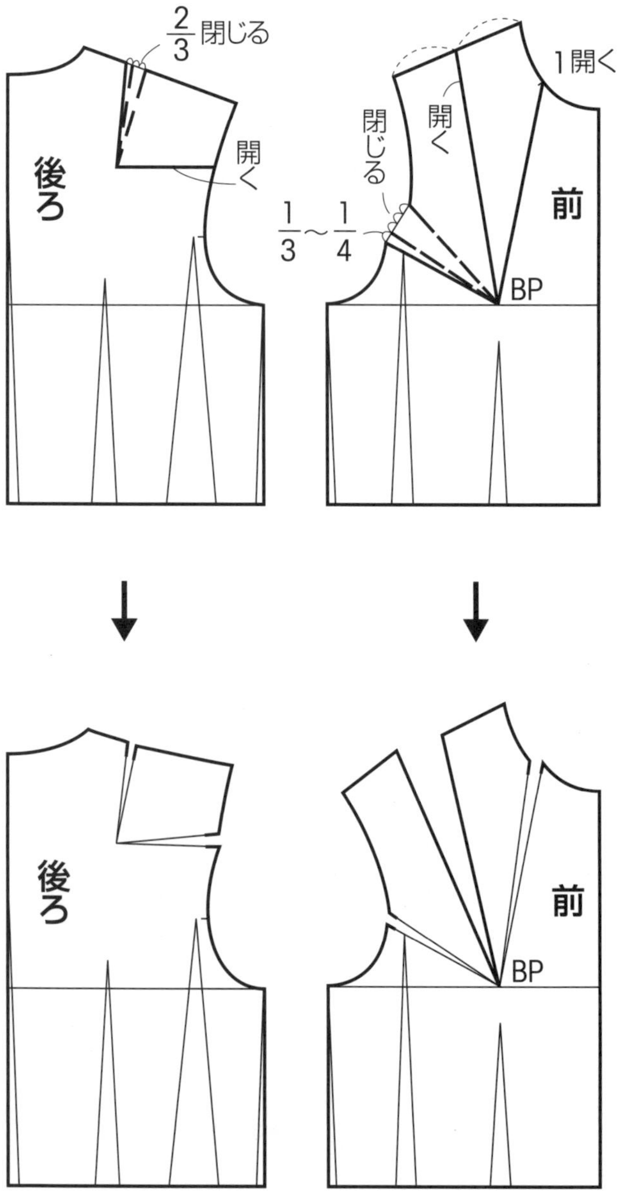

作図要点

身頃

- 身頃は3面構成なので、「テーラードジャケット」を参照してかく。
- ラペルの返り止りは、BLとWL間を4等分して決める。
- 前身頃のパネルラインは、合い印と原型胸幅線の間を3等分した地点からウエストラインと胸幅線を直下した点を通り、ヒップラインでは不足分（●）を2等分して直下線の両側に分けた地点を結んでかく。
- 胸ぐせダーツの移動は「テーラードジャケット」を参照。
- 肩線で肩パッドの厚み分を加える。

衿

- ラペル幅は原型のフロントネックポイントから4.5cm下の点で、折返り線に直角に交わる線上にラペル寸法を求めてⒷ点とする。Ⓑ点とフロントネックポイントより0.5cm下の点を結び、折返り線との交点から2.5cm延長した点とサイドネックポイントを結んで衿つけ線をかく。
- 上衿のかき方は「テーラードジャケット」を参照。

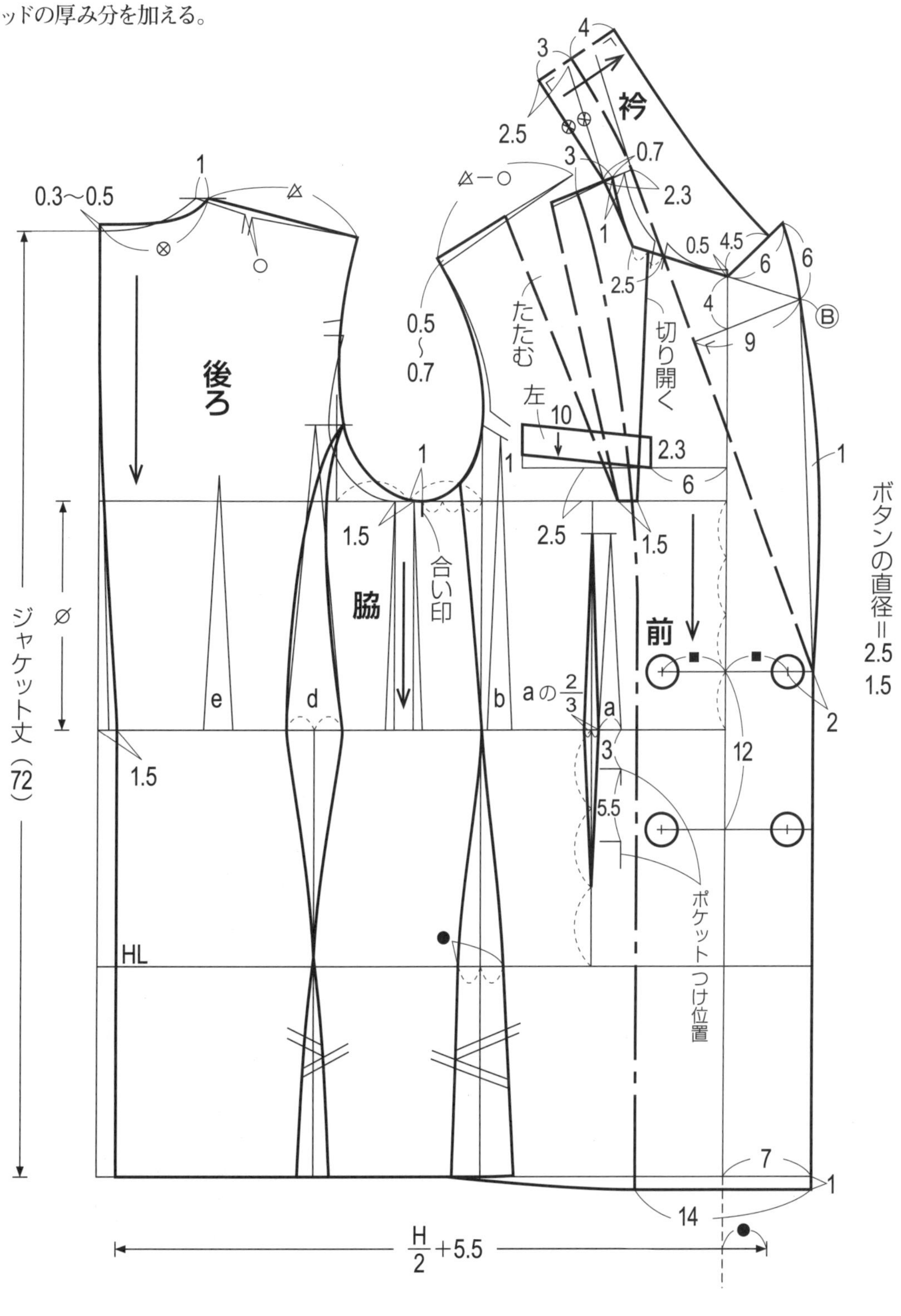

切開き図

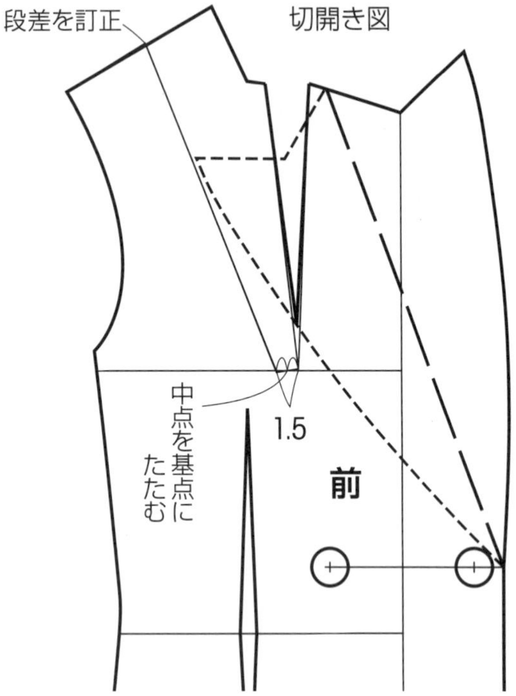
段差を訂正
中点を基点にたたむ
1.5
前

ポケットのかき方

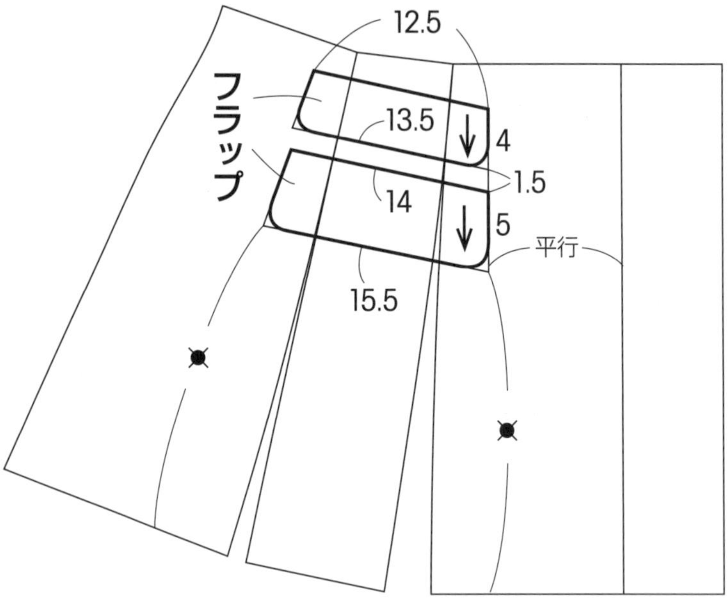
12.5
フラップ
13.5
4
1.5
14
5
平行
15.5

袖

- 「テーラードジャケット」のかき方と同様であるが、ピークトラペル、ダブルブレストのジャケットはメンズ感覚のデザインなので、より腕の形にそった方向性の強い作図になっている。
- 袖山点を袖山線より2cm後ろに移動し、袖の輪郭線も腕の形に合わせる。外袖縫い目線は折り山線に近く、腕の形に合わせてある。また、折り山線を外袖縫い目線にする場合もある。

袖山の高さの決め方

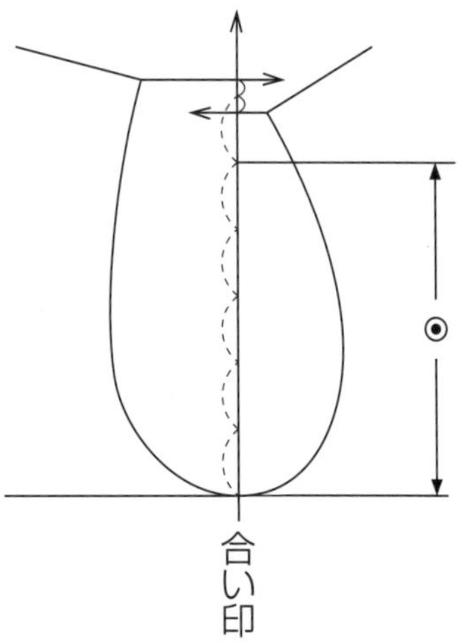
◎
合い印

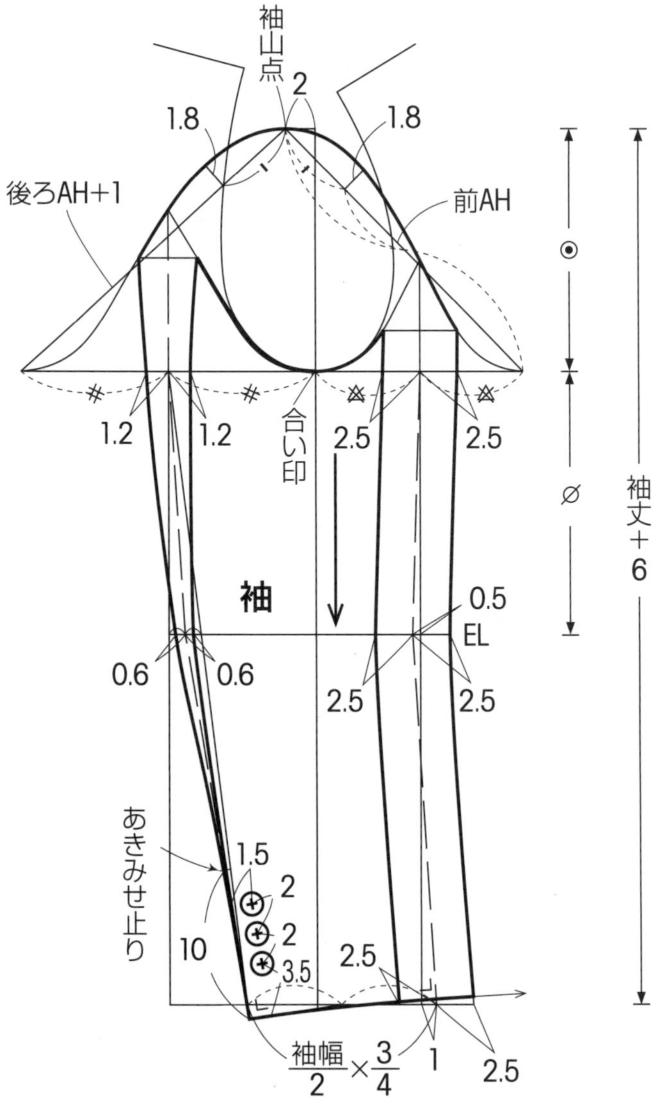
袖山点
2
1.8
1.8
後ろAH＋1
前AH
◎
1.2
1.2
合い印
2.5
2.5
⌀
袖丈＋6
袖
0.5
EL
0.6
0.6
2.5
2.5
あきみせ止り
1.5
2
2
10
3.5
2.5
袖幅/2 × 3/4
1
2.5

プリンセスライン、ショールカラーのジャケット

フェミニンな雰囲気をもつジャケットで、小さめのショールカラーは表衿が見返しから続け裁ちになっている。

体の曲面の強い部分にデザイン線を入れるので、体型にほどよくフィットさせることができる。

布地は「テーラードジャケット」に準じる。

使用量　表布　150cm幅180cm
裏布　90cm幅230cm
接着芯　90cm幅前身頃丈+15〜20cm
肩パッドの厚さ　0.8〜1cm

部分縫い　ショールカラーの縫い方113ページを参照
両玉縁ポケットの作り方145ページを参照

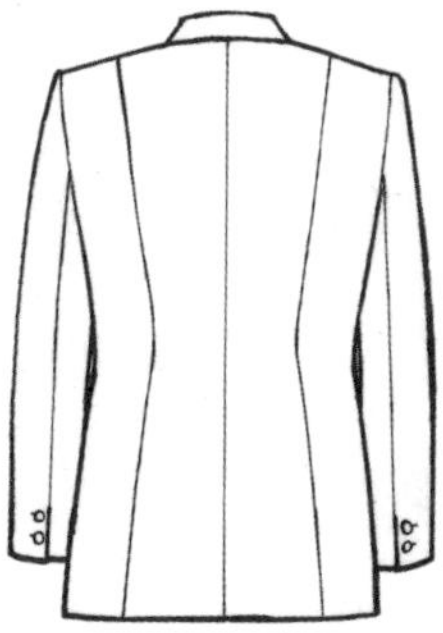

原型のダーツ操作

「テーラードジャケット」と同様に操作する。

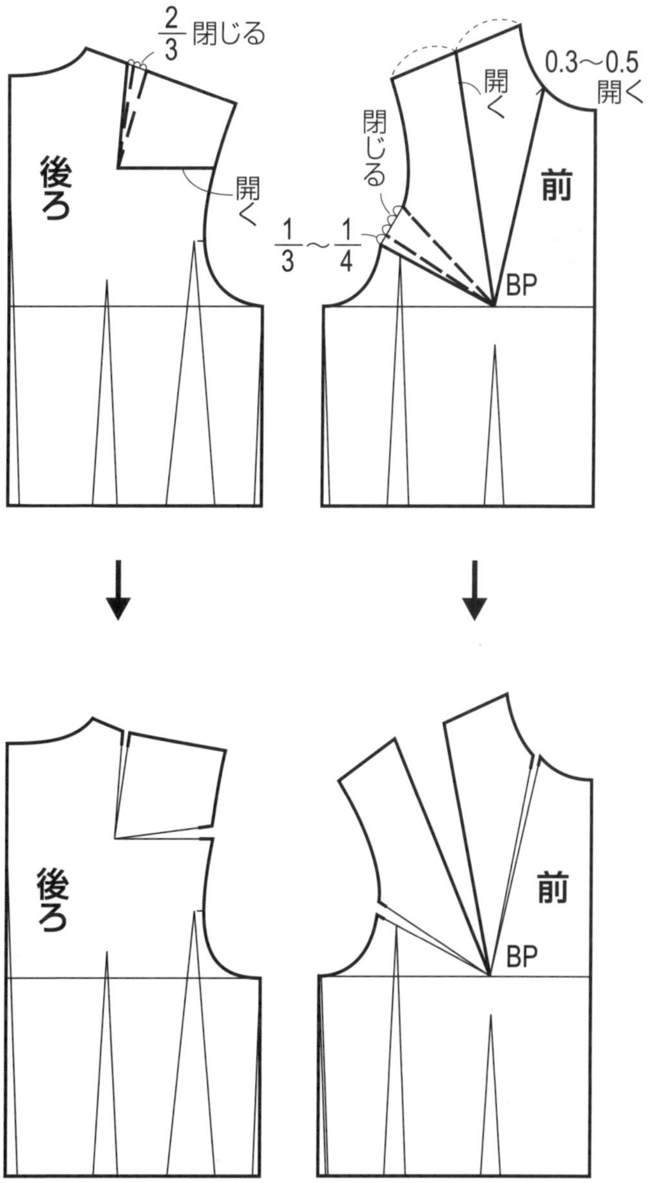

作図要点

身頃

- 前身頃、前脇身頃、後ろ身頃、後ろ脇身頃の4面構成。
- 後ろ身頃のプリンセスラインは、肩幅の中点からウエストダーツe の脇側と結ぶ。ダーツd と同量をとって脇身頃側をかく。
- 前身頃は肩線で肩パッドの厚み分を加える。プリンセスラインは、肩で後ろ身頃と同寸（●）、BPでは1.5cm脇側を通り、ダーツa の脇側と結ぶ。WLではダーツaから脇側に同寸をとり、直下線をかき、HLで交差する点を通ってかく。
- 前身頃のヒップラインのゆとり幅は、腰ポケットの袋布の厚みが加わり後ろより多く必要となるためプリンセスラインがヒップラインで交差する。
- 腰ポケットはダーツa の直下線とミドルヒップラインの交点を目安に決める。

衿

- この衿は、表衿と見返しが一続きに裁断され、裏衿は別のパターンで身頃に縫い合わせるようになっている。
- テーラードカラーと同様に折返り線に直角に交わる線上で衿幅を決めて衿の形をかいてから裏衿の切替え線をかく。
- パターンの作り方は113ページの部分縫い「ショールカラー」を参照。

袖

- 「テーラードジャケット」に準じてかく。

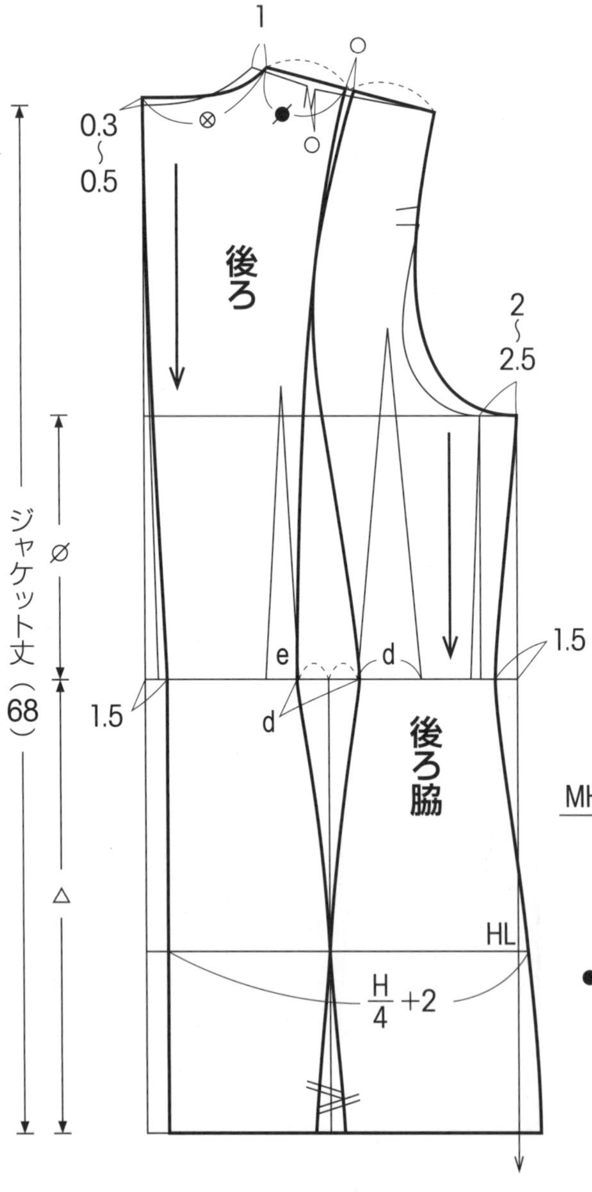

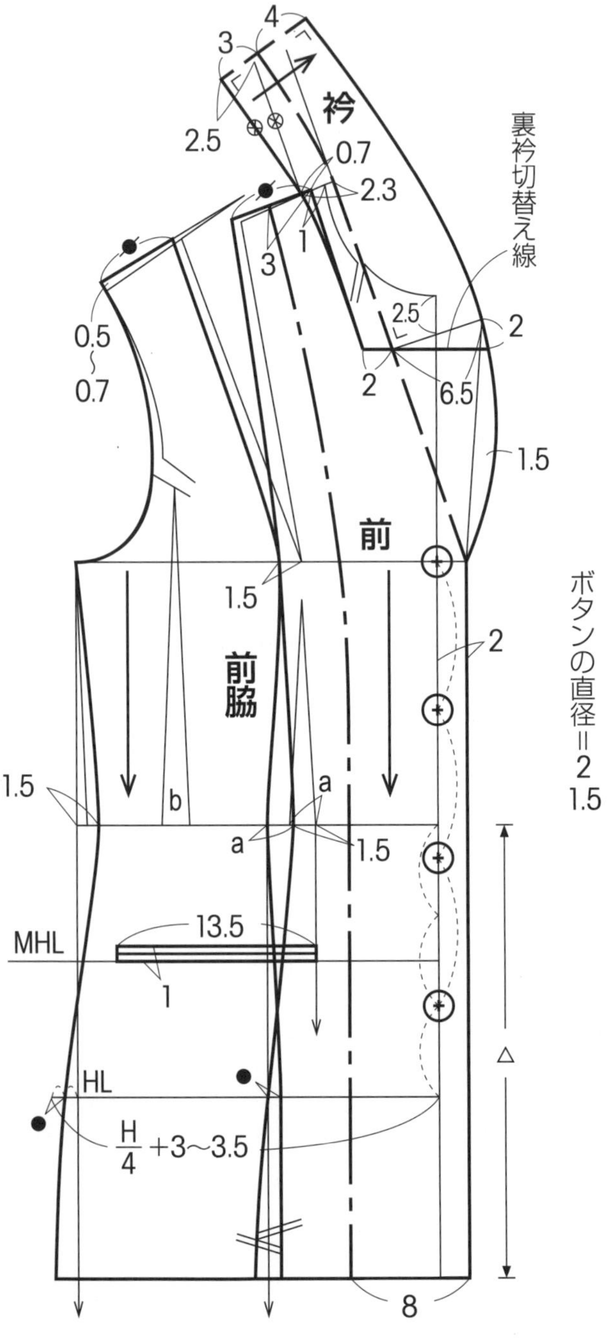

袖山の高さの決め方

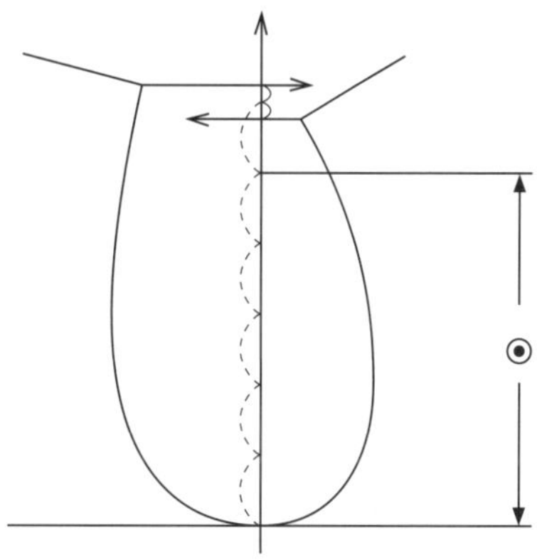
◎

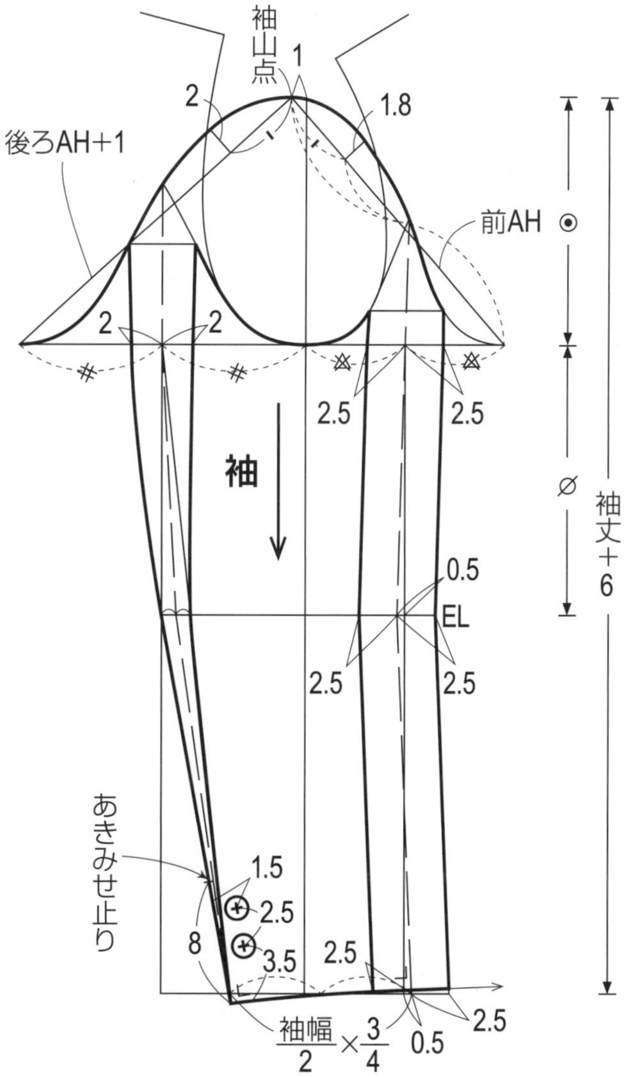
袖山点
1
2
1.8
後ろAH+1
前AH
◎
2
2
2.5
2.5
袖
⌀
袖丈+6
0.5
EL
2.5
2.5
あきみせ止り
1.5
2.5
8
3.5
2.5
袖幅/2×3/4
0.5
2.5

パネルライン、シャツカラーのジャケット

パネルラインで切り替え、体にフィットさせたショート丈のジャケット。

シャツカラーは首回りにそわせるため、衿こしの部分を切り替えている。

布地は「テーラードジャケット」に準じる。

使用量　表布　150cm幅140cm

裏布　90cm 幅200cm

接着芯　90cm幅前身頃丈×2+15〜20cm

肩パッドの厚さ　0.8〜1cm

部分縫い　シャツカラーの縫い方116ページを参照

箱ポケットの作り方135ページを参照

原型のダーツ操作

「テーラードジャケット」と同様に操作する。

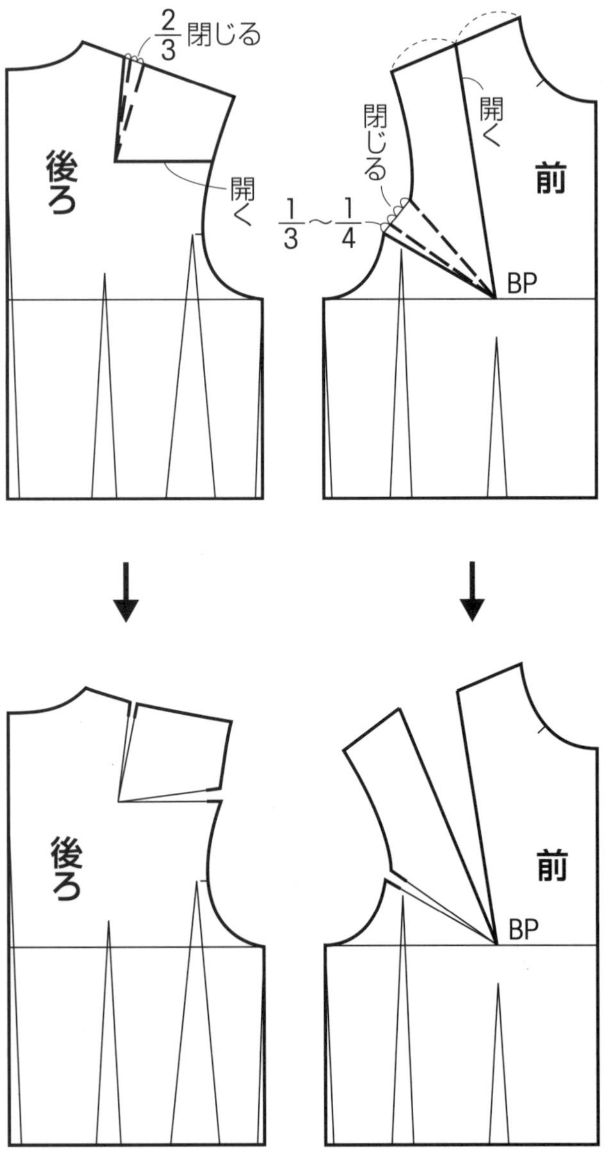

作図要点

身頃

- 前身頃、前脇身頃、後ろ身頃、後ろ脇身頃の4面で構成。
- 後ろ脇に2〜2.5cmゆとり分を加える。
- 前身頃の肩に移動した胸ぐせ分量はパネルラインに移動し、布地の厚み、張り、かたさのぐあいで、いせまたはダーツにする。

衿

- シャツカラーを、より首回りにそわせたい場合、また張りやかたさのある布地を使用する場合は、衿こしを切り替えて作る。
- 衿こしは返り線より0.7cm下の位置で図のように切り替え、パターン操作する。
  パターンの作り方は116ページの部分縫い「衿こし切替えのシャツカラー」を参照。

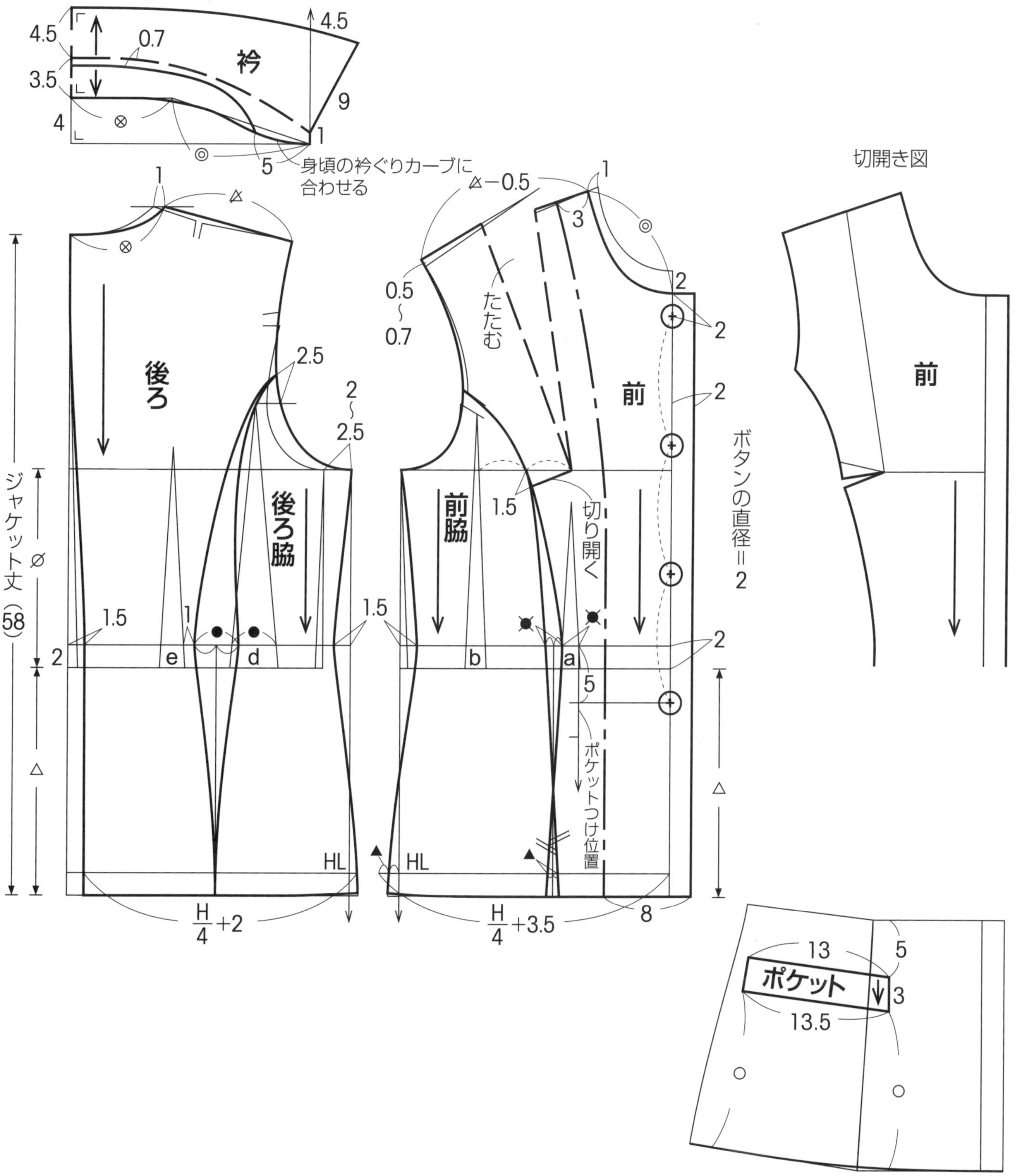

袖（1枚袖）

- 1枚のパターンの袖で、ソフト感覚のジャケットに用いられる。
- 前後のアームホールをうつし取り、袖山の高さを決める。
- 袖山線より1cm後ろ身頃側に移動した位置を袖山点とする。袖山点からBL上に前AH寸法、後ろAH寸法＋1をとる。
- 前後袖幅をそれぞれ2等分し、袖口と垂直に結ぶ。
- 袖山の形をかき、袖の輪郭線をかく。
- 袖山点と合い印を結び、袖口まで延長線をかく。

前袖折り山線をかき、袖口寸法を決めて、この点をⒸ点とする。

袖山のⒶ点とⒸ点を結ぶ。ELとの交点と折り線間の中点をⒷ点とし、ⒶⒷⒸ点を結び、後ろ袖折り山線とし、続けて袖口線をかく。

前袖と後ろ袖を展開する。前袖は折り山線を軸にELと袖口で同寸法とってかく。

後ろ袖はBLとELで袖下縫い線に直角にそれぞれ延長線をひく。後ろ袖折り山線までの寸法と同寸法をその線上にとる。袖山線も同様にⒶ～Ⓓをかきうつす。

ELから袖口まではⒷ'～Ⓒ'の線を軸に展開する。

袖山の高さの決め方

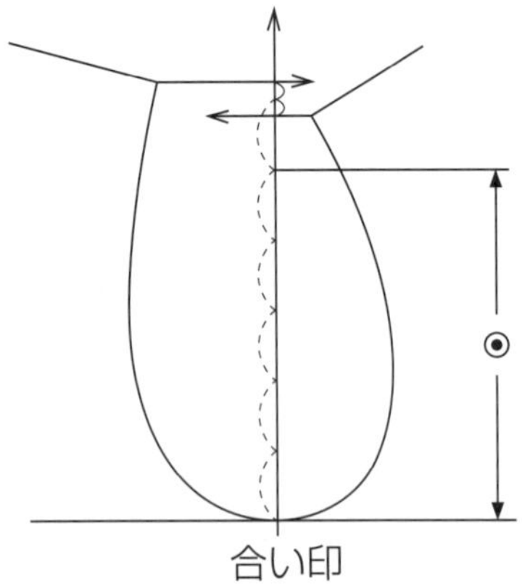

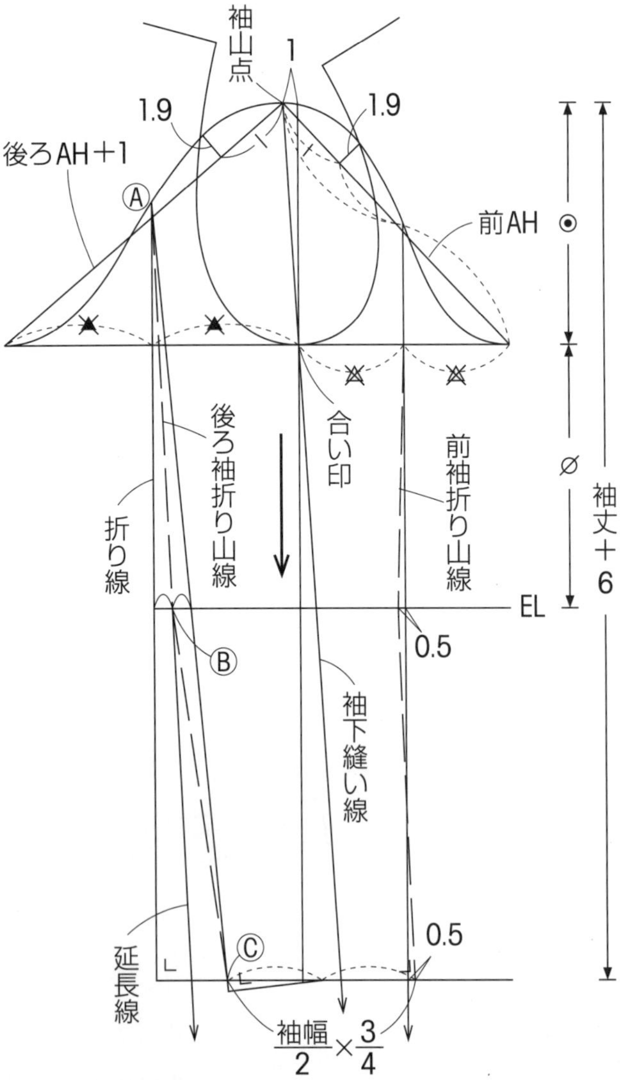

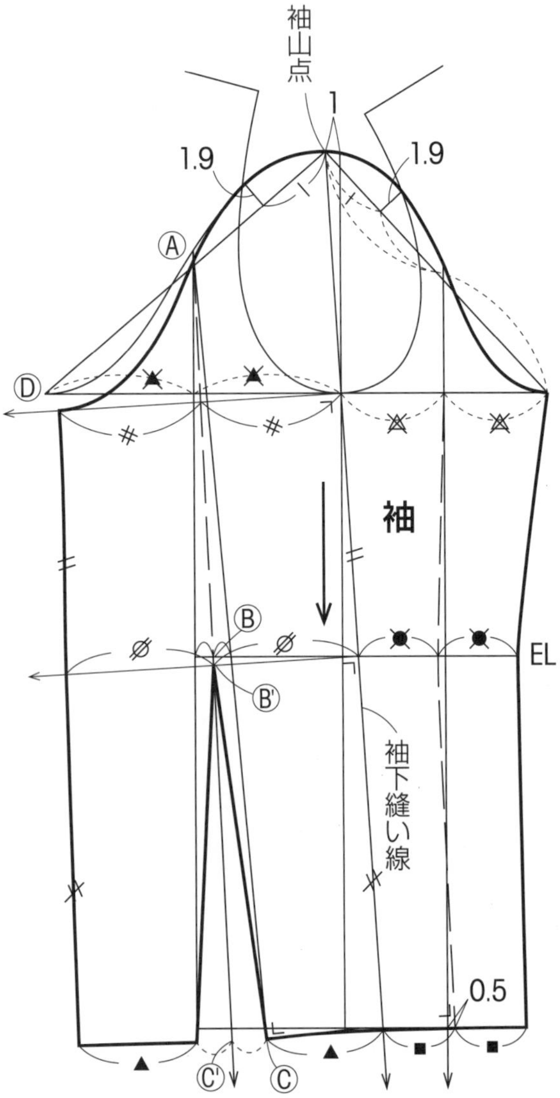

カーブドラペルのジャケット

ウエストをシェープさせ、フレアの入ったペプラムをつけたソフトでエレガントなジャケット。

衿は、大きくあけたネックラインにそわせてカーブしている。

袖は袖山にタックを入れたやさしい感じの1枚袖である。

布地は中肉のツイード、ヘリンボーンなど、ソフト感のあるものを選ぶとよい。

使用量　表布　150cm幅150cm
裏布　90cm幅180cm
接着芯　90cm幅前身頃丈+20cm
肩パッドの厚さ　0.8～1cm

部分縫い　カーブドラペルの縫い方118ページを参照

原型のダーツ操作

「テーラードジャケット」と同様に操作する。

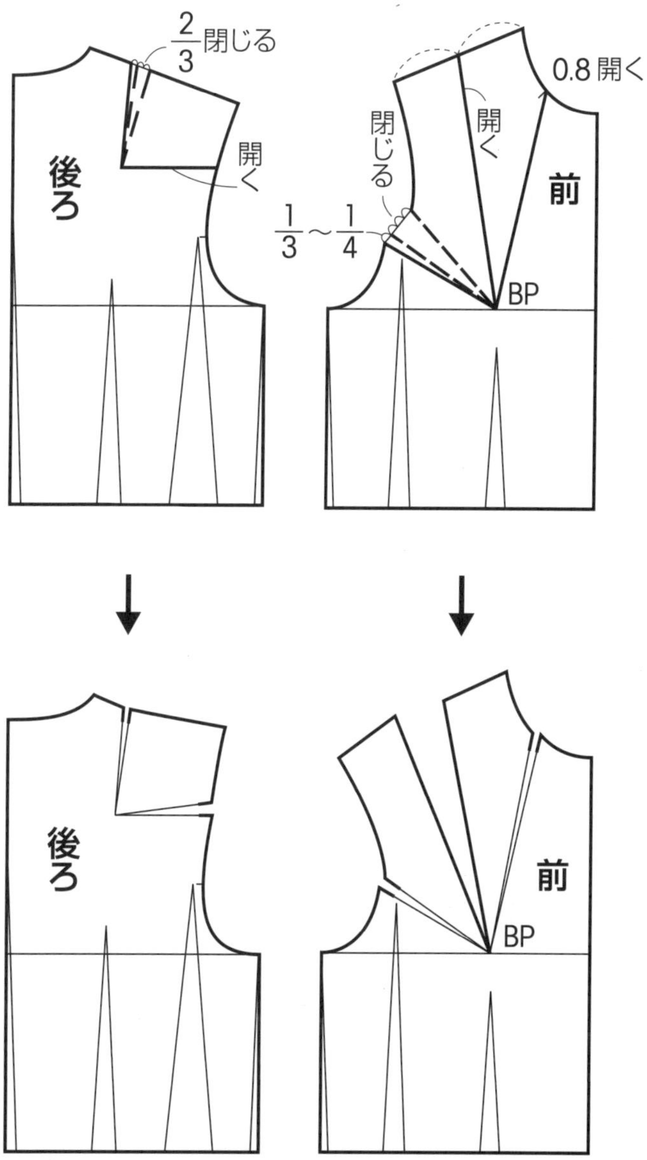

作図要点

身頃

- 首から離れたフラットな衿なので、衿ぐりは多めにくる。
- 後ろ身頃のパネルラインは、袖ぐりからウエストダーツdとｅの中点を結び、脇身頃側はダーツdと同寸とってかく。肩幅はタック袖をつけるので原型肩幅より1〜1.5cmせまくする。
- 衿つけ止りをフロントネックポイントとBL間を3等分して決め、サイドネックポイントと衿つけ止り間を４等分し、丸みをもたせてかく。
- 前身頃のパネルラインは、袖ぐりからウエストダーツａ、ｂの中点でダーツａと同寸を両側に分けた地点を結ぶ。
- 前後のペプラムは裾開きにかき、中心と脇のパーツをつなげてさらにフレア分を切り開く。
- 胸ぐせダーツはたたんでパネルラインに切り開く。

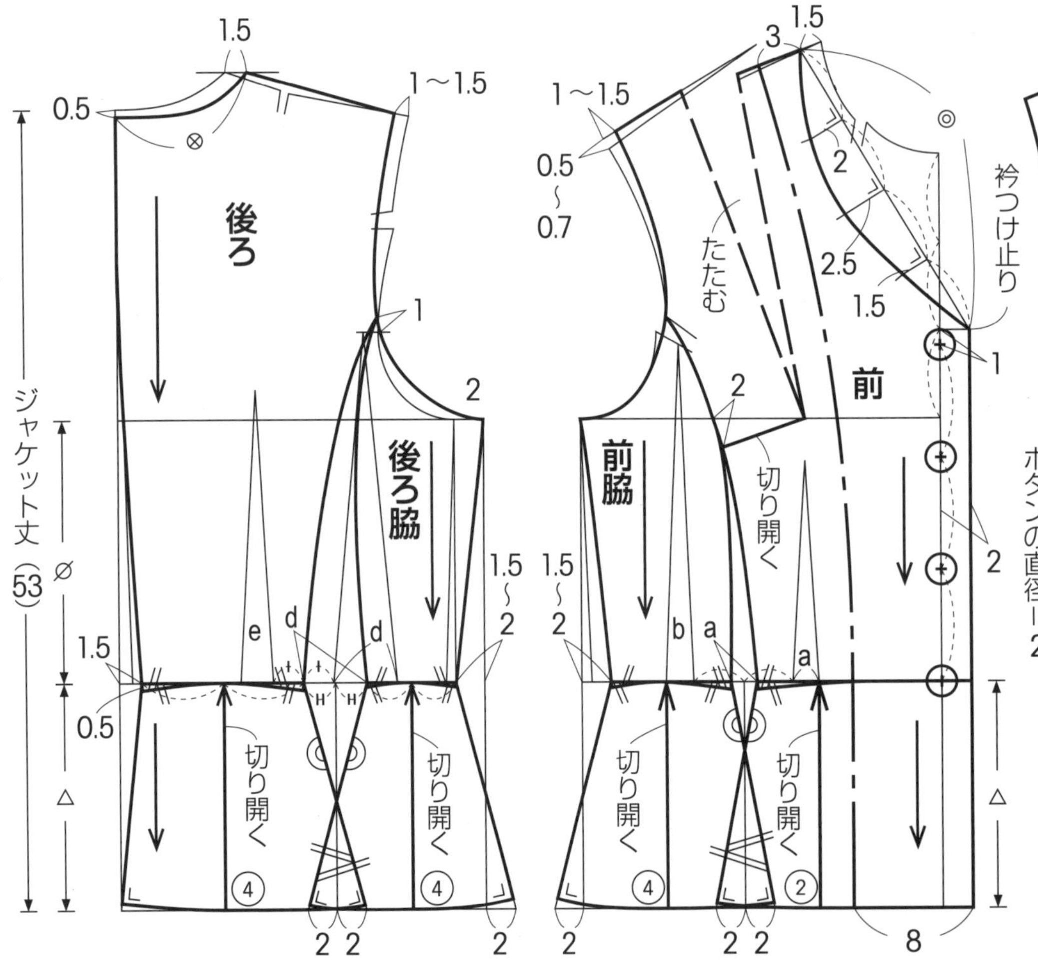

切開き図

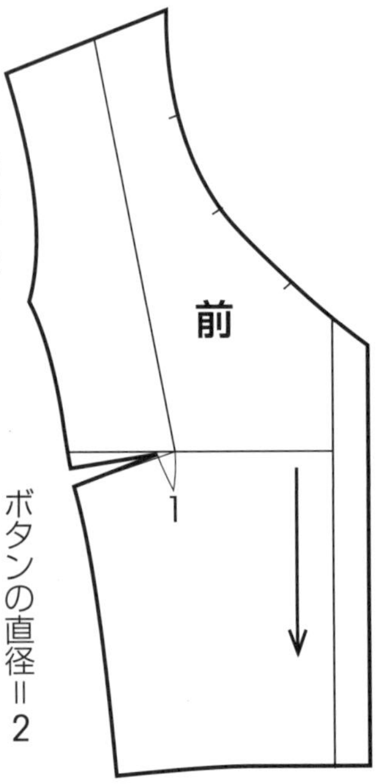

後ろペプラム

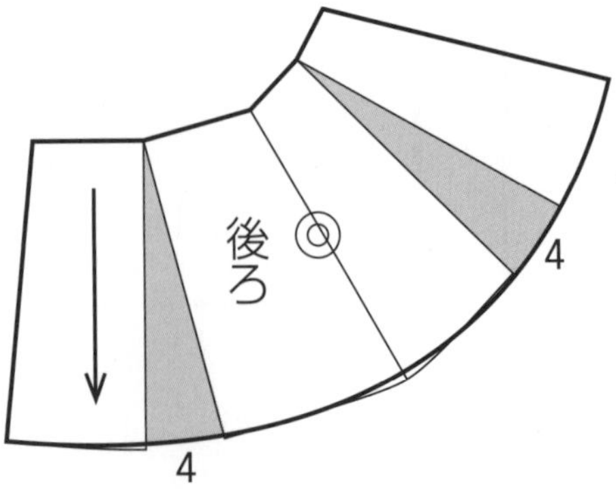

前ペプラム

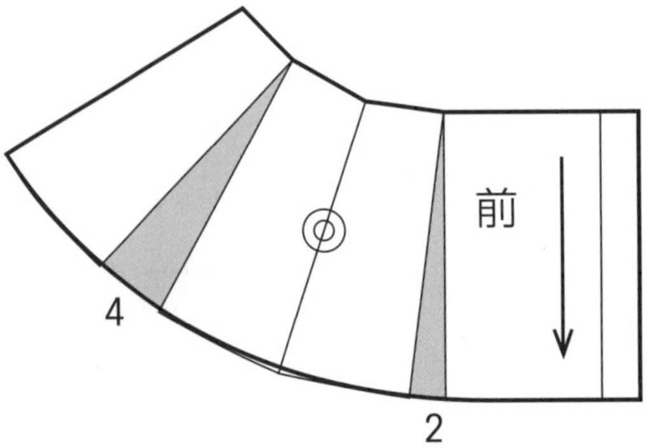

衿

- 身頃の衿ぐり寸法より衿つけ寸法を短くとって作図する。これは、前衿のつけ線を伸ばしてつけることによってラペルの返り線が美しい曲線になるためである。

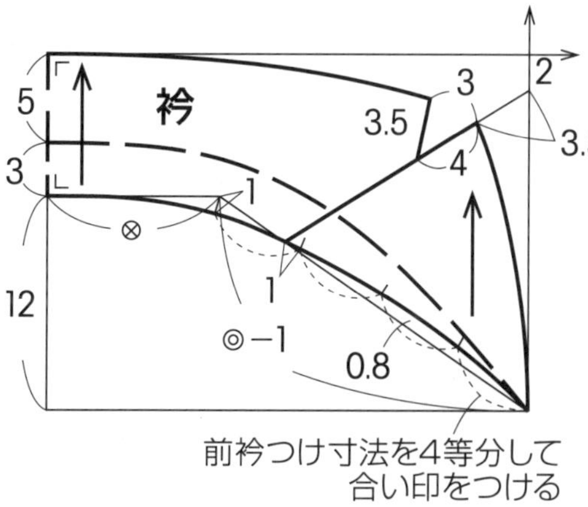

衿
5
3
12
3.5
3
2
3.5
4
1
1
⊗
◎−1
0.8
前衿つけ寸法を4等分して
合い印をつける

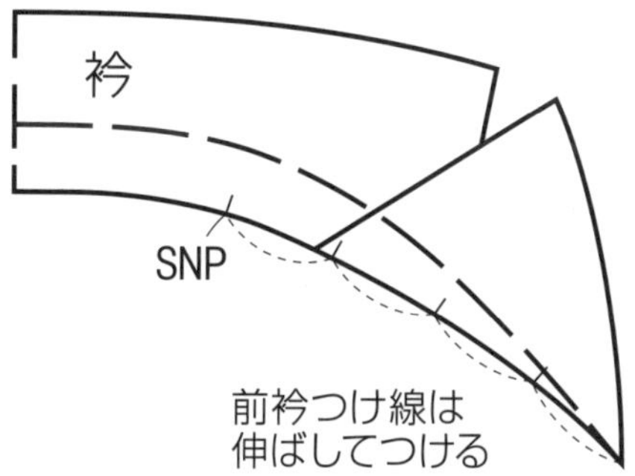

衿
SNP
前衿つけ線は
伸ばしてつける

袖山の高さの決め方

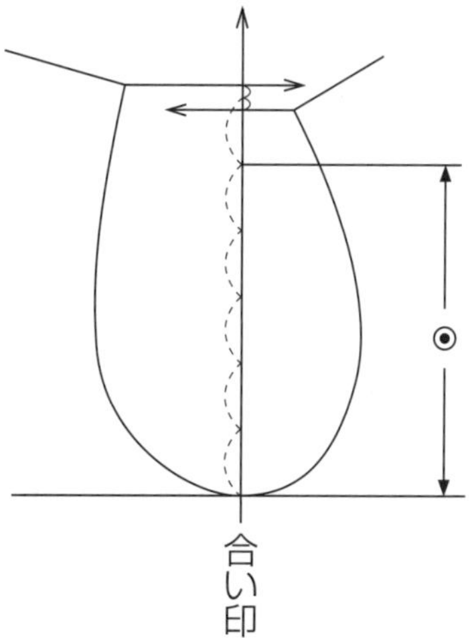

合い印

袖

- 36ページと同様に、1枚袖を作図して、タック分量を切り開く。袖山点と後ろ袖折り山線を4等分して切開き線をかく（40ページ図1）。
- 切り開く分量は、布地の厚さによって異なる。厚地の場合は、布の厚み分を考えて多くする（図2）。
- 展開前の袖山線を目安にタックの方向を決める。2本目のタックは、切り開いた方向にたたむと下向きに流れるので、展開前の袖山に向けてかく（図3～4）。
- 袖下縫い線は、ELに向かってなだらかな線に訂正する。
- 1本目のタックでは、袖山のいせ分（0.5cm）がタック分に加えられているので、この部分のいせ分量は少なくなるが、その他の部分はタックのない袖と同様にいせを入れる。

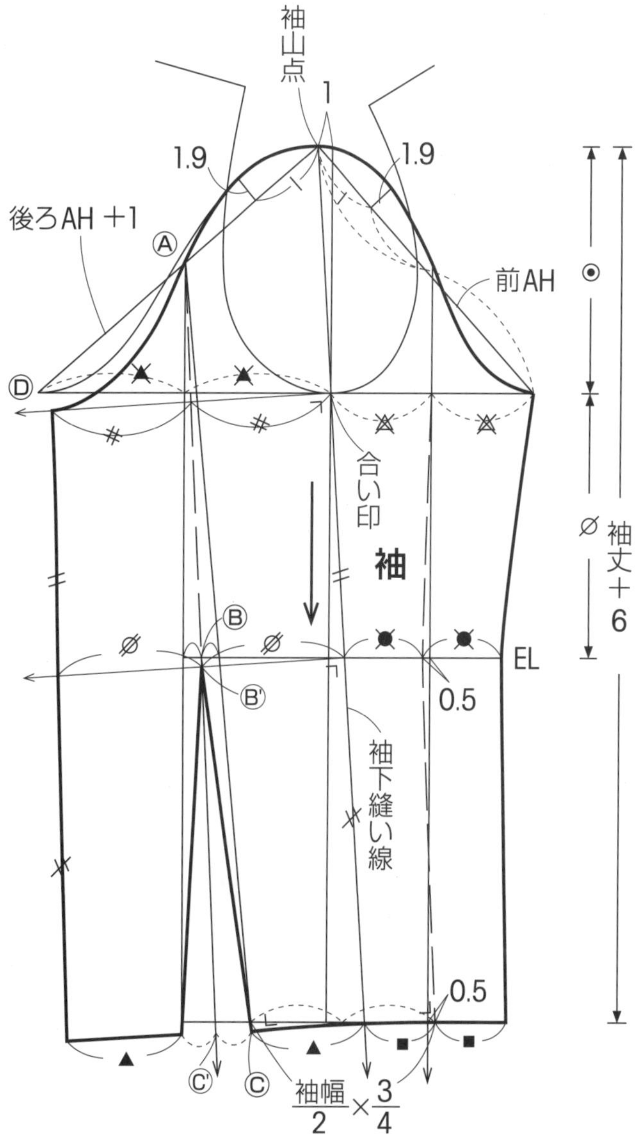

袖山点
1
1.9
1.9
後ろAH ＋1
Ⓐ
前AH
Ⓓ
合い印
袖
Ⓑ
Ⓑ'
EL
0.5
袖下縫い線
袖丈＋6
0.5
Ⓒ'
Ⓒ
袖幅/2×3/4

図１

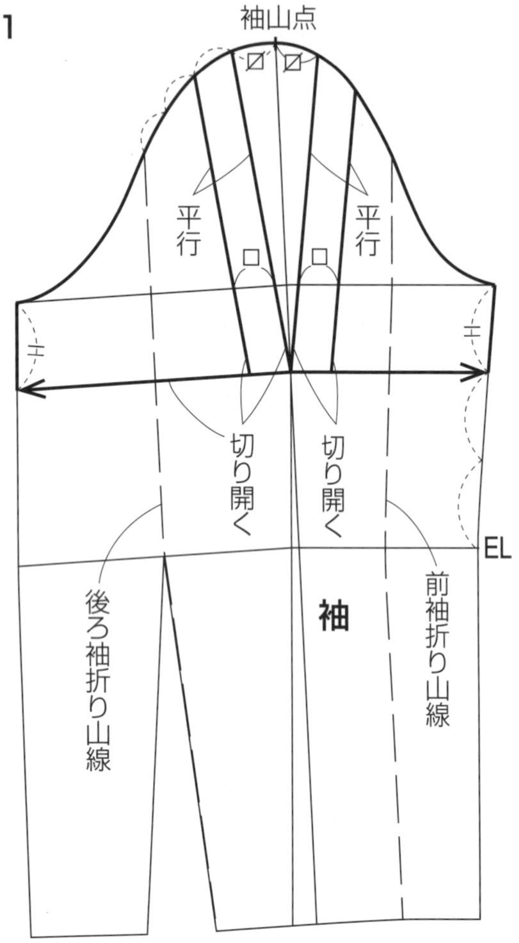

袖山点
平行
平行
切り開く
切り開く
後ろ袖折り山線
前袖折り山線
EL
袖

図２

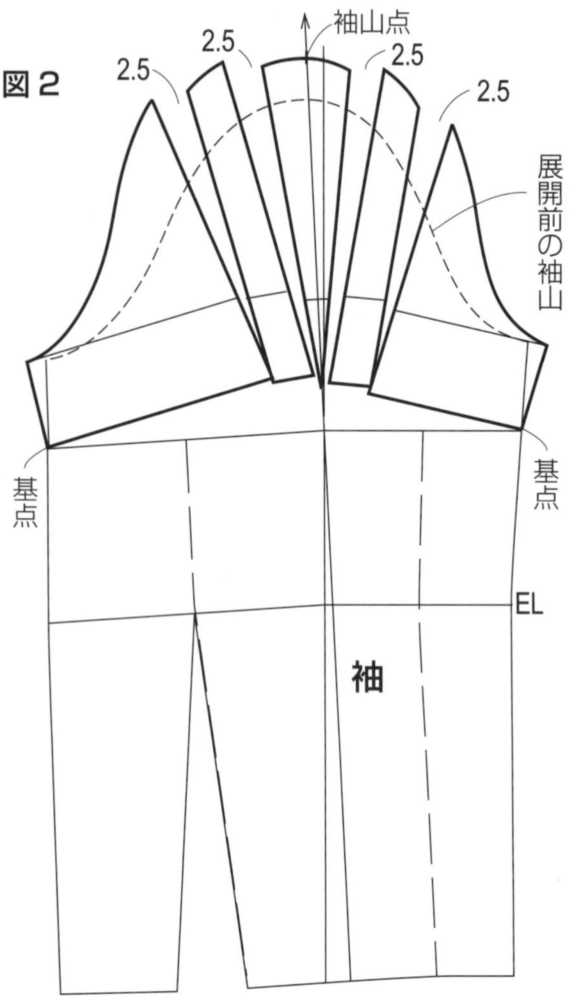

袖山点
2.5
2.5
2.5
2.5
展開前の袖山
基点
基点
EL
袖

図３

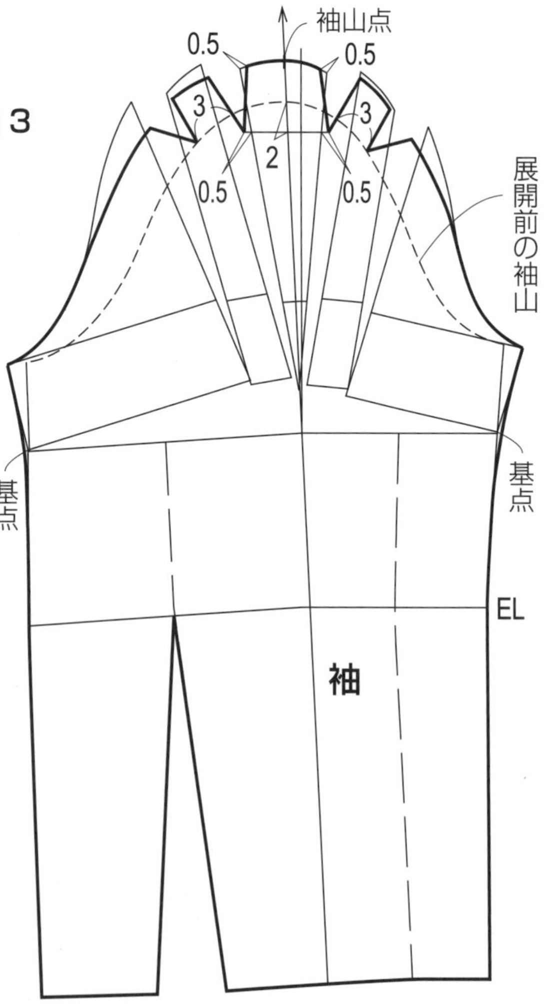

袖山点
0.5
0.5
3
3
2
0.5
0.5
展開前の袖山
基点
基点
EL
袖

図４

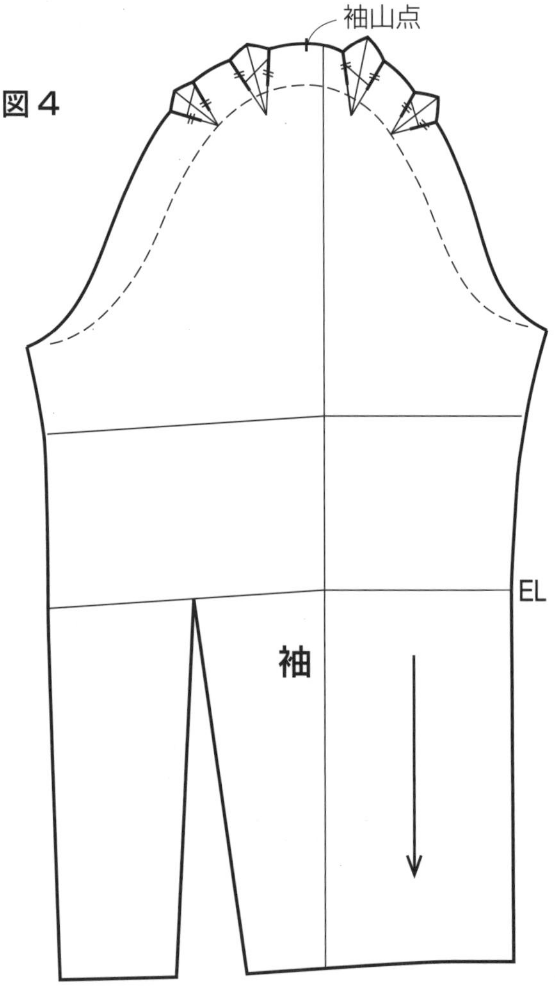

袖山点
EL
袖

カーディガンジャケット

衿なしでボックス型シルエットのジャケット。胸ぐせダーツは裾に展開して1本のダーツにまとめてある。
布地はツイードなどのソフトな感覚の布地が適している。

使用量　表布　150cm幅140cm
裏布　90cm幅180cm
接着芯　90cm幅前身頃丈+15〜20cm
肩パッドの厚さ　0.8〜1cm

部分縫い　箱ポケットの作り方135ページを参照

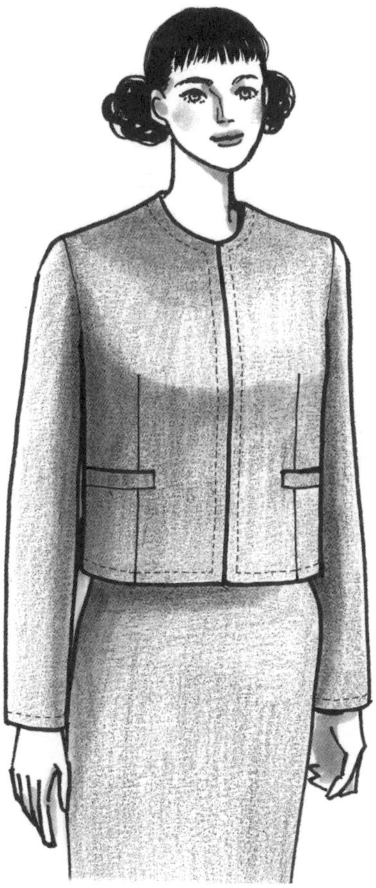

原型のダーツ操作

「テーラードジャケット」と同様に操作する。

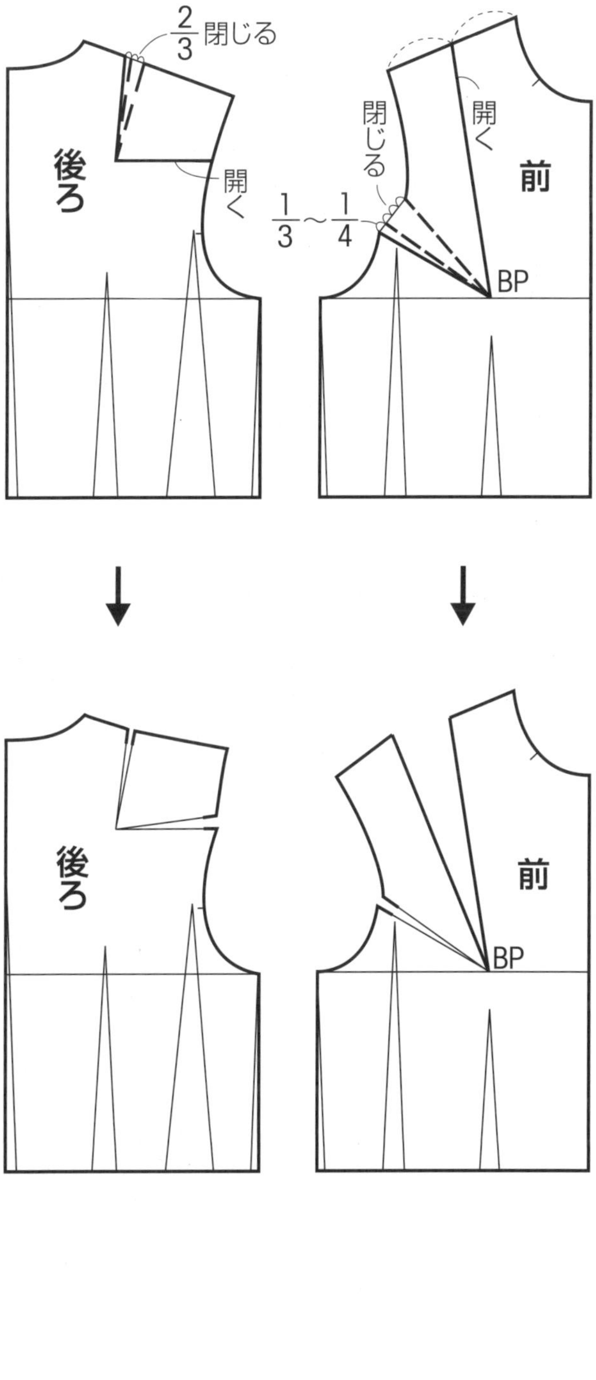

作図要点

身頃

- 2面構成のジャケットで、脇縫い目を後ろ身頃に移動し、前端は打合せなしの突合せである。
- ルーズなシルエットでは、後ろ身頃の裾が体から離れやすいので、後ろ中心線を脇に移動し、その線に直角に後ろ裾をかく。
- ジャケット丈が短い場合でもヒップラインでゆとりを加えた寸法でかく。
- 胸ぐせダーツはウエストダーツに切り開くため、脇側の布目は大きく変わる。
- ヒップ寸法が大きい場合は、後ろ身頃の切替え線でもHLで交差させる。

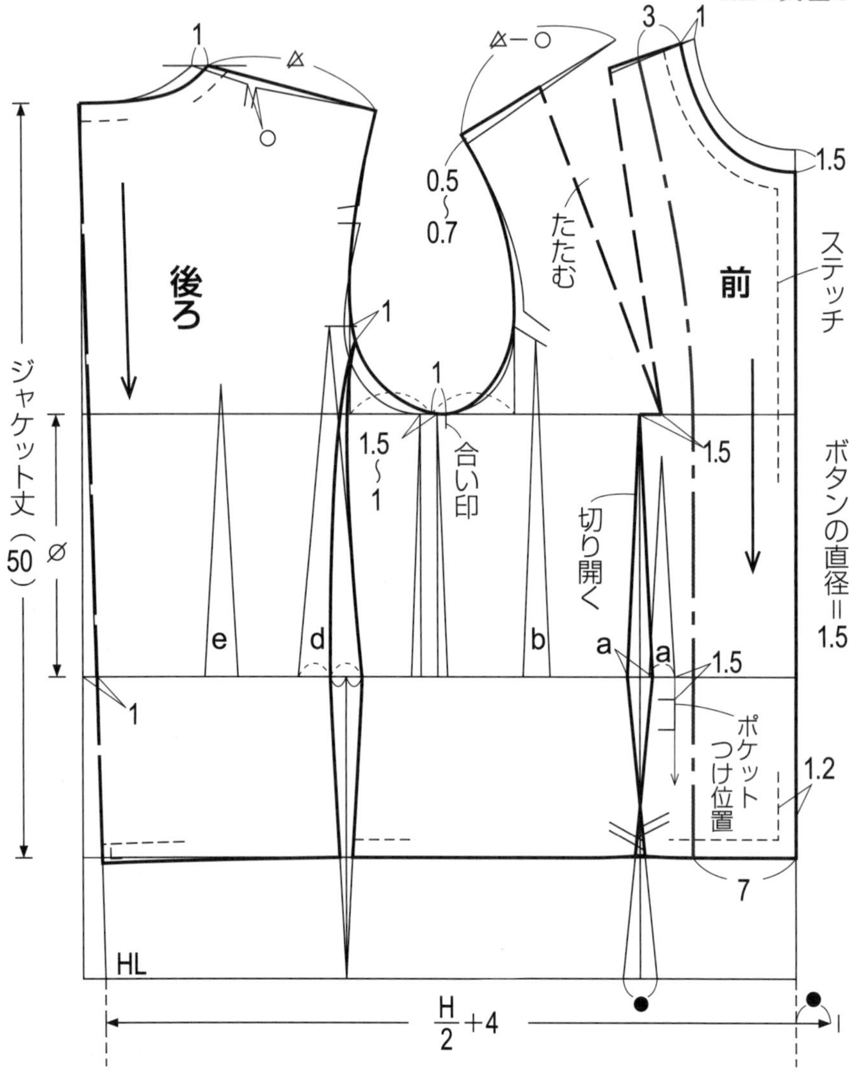

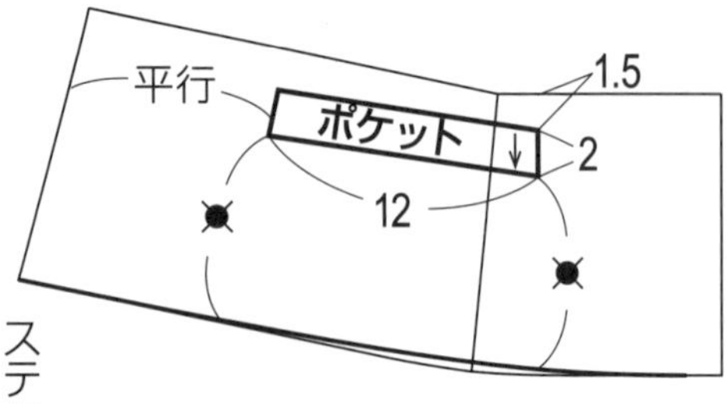

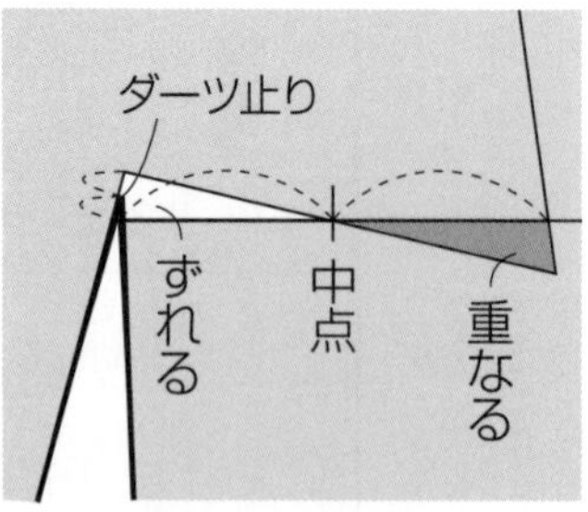

- 中点を基点に肩ダーツをたたんでウエストダーツに移動する
- ウエストダーツは、ずれた分の中点をダーツ止りとして訂正する

図 1

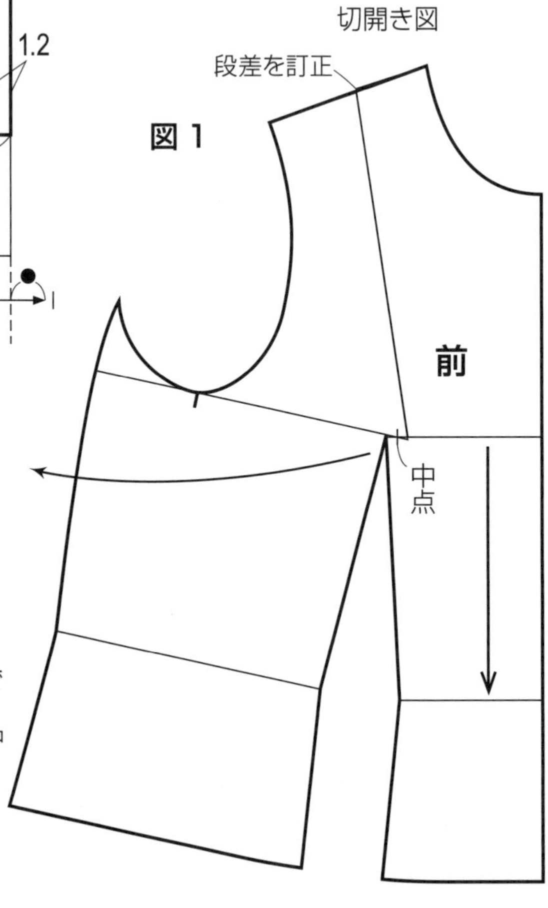

袖

- 「テーラードジャケット」と同様に作図し、飾りボタンをつける。
- 内袖の運動量を追加するために、図2のように操作する方法もある。

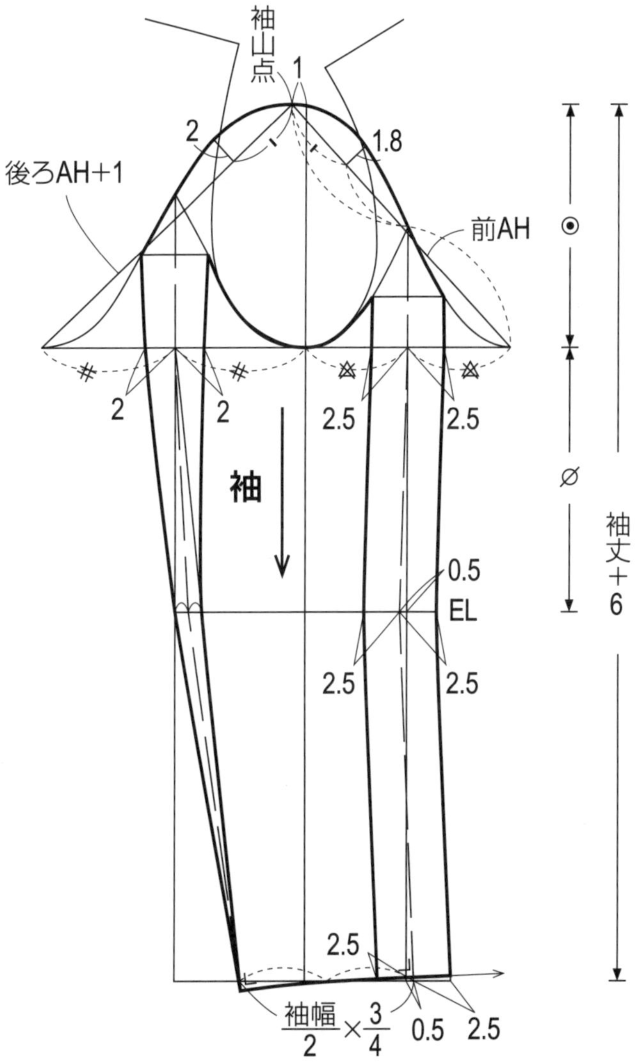

袖山の高さの決め方

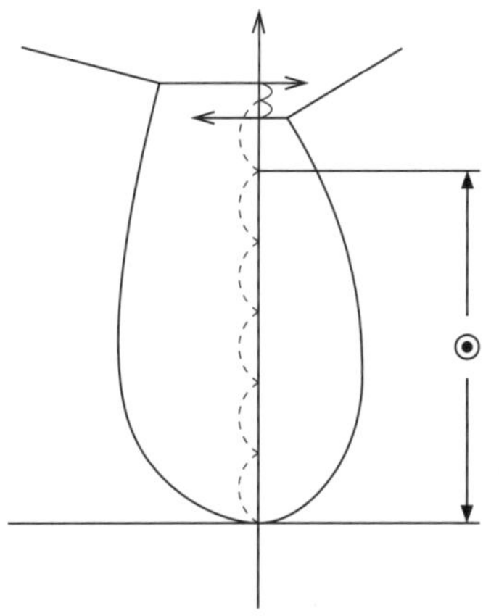

図2

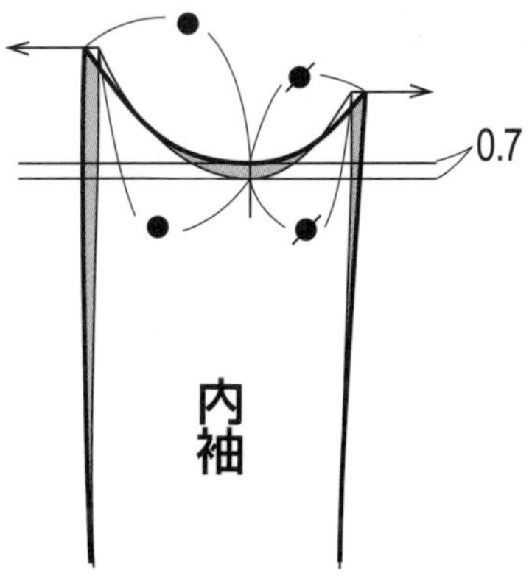

袖底を0.7上げて袖下寸法を長くし、その位置から図のように袖つけ寸法をとり直し、内袖幅を広くする

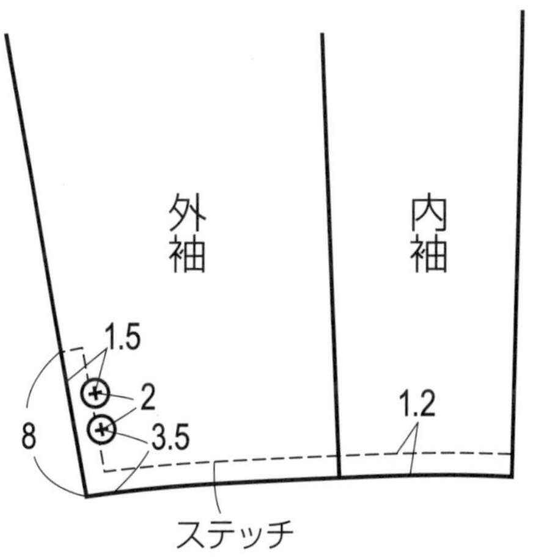

4　シーチングでの仮縫い方法と試着補正法

表布で裁断をする前に、前もってシーチングで形を作り、シルエットやゆとりなどを見極めるために試着補正をする。

(1) パターンメーキング

ファーストパターンの作成

- 作図から各パーツのパターンをうつし取る。
- 布目線はシーチングにうつしやすいようにパターンの上下端まで入れる。
- ダーツ、ボタン位置、ポケット位置、パターンの名称を各パーツに入れる。
- BL、WL、EL、HLの合い印を入れる。

ファーストパターンのチェック

- 前後の切替え線の寸法の確認（図1）。
- 袖ぐり線の形状の確認（図2）。
- 前後身頃の肩線を合わせ、肩のいせ分量と同時に衿ぐり線と袖ぐり線のつながりを見る（図3）。
- 裾線のつながりの確認。角にならないように訂正（図4）。
- 外袖と内袖の袖山のつながりを見る（図5）。
- 袖ぐり底のカーブ線の確認（6図）。
- 袖のいせ分量の確認（46ページを参照）。
- 身頃の衿ぐり寸法と衿のつけ寸法の確認（図7）。

図1　パターンチェック

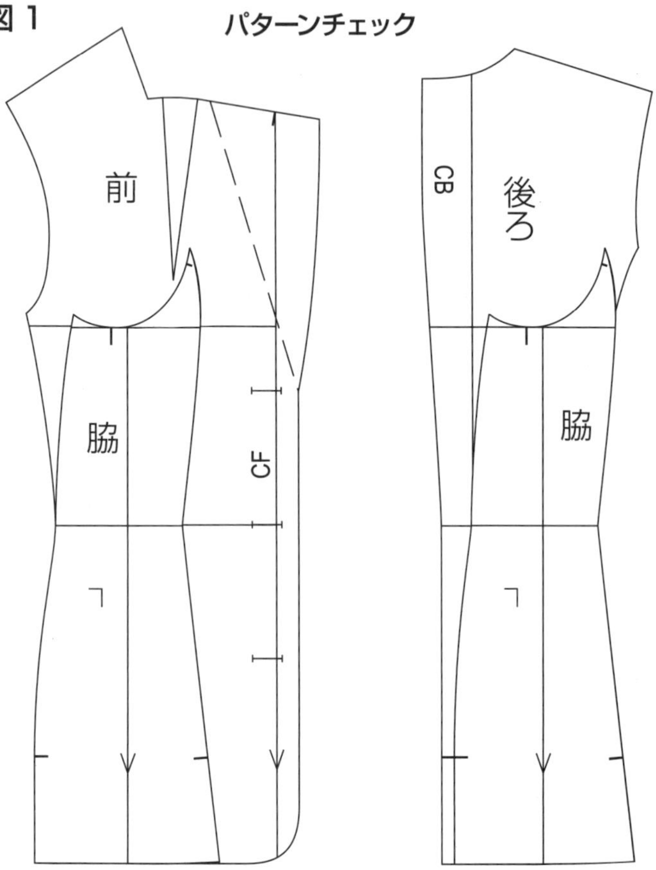

図2

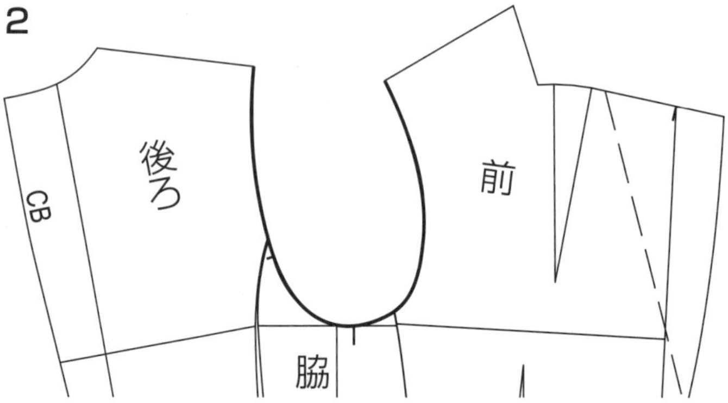

図3

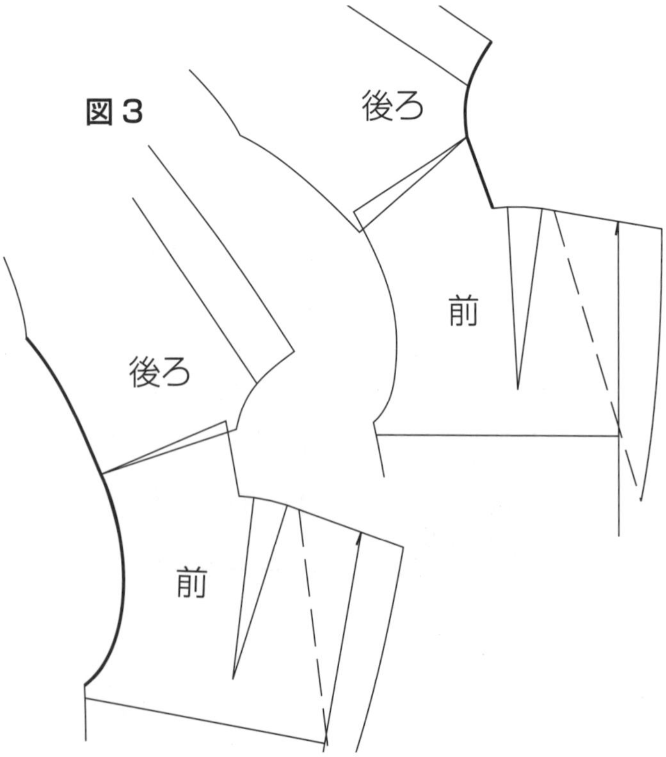

図4

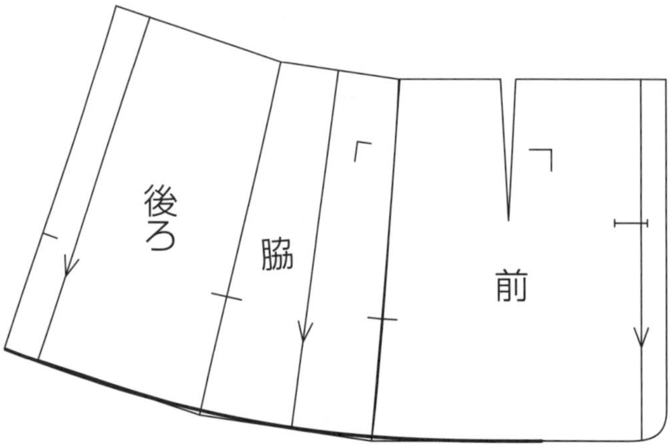

図5

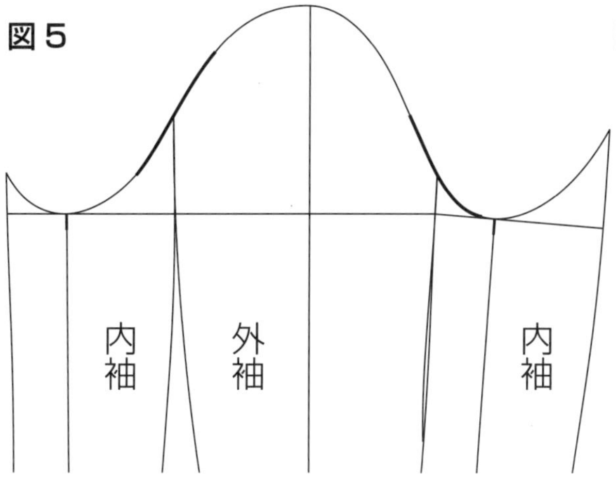
内袖
外袖
内袖

図6

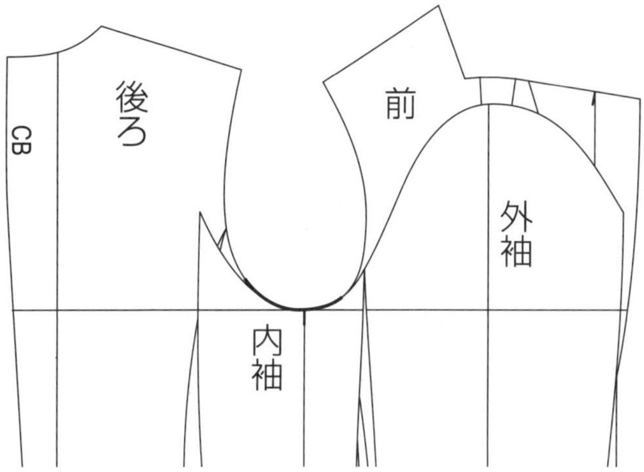
CB
後ろ
前
外袖
内袖

図7

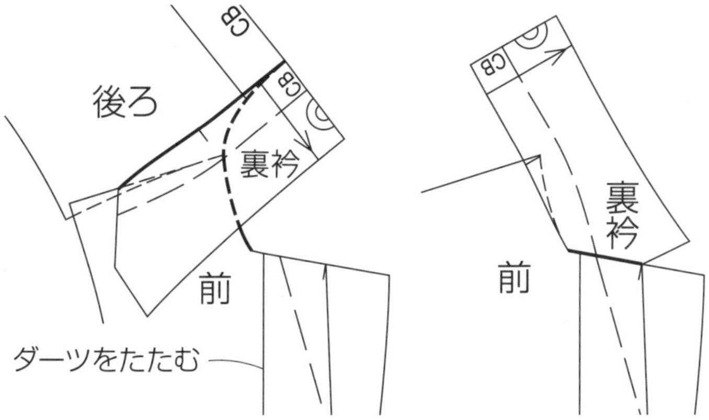
CB
後ろ
CB
裏衿
前
ダーツをたたむ
CB
裏衿
前

ファーストパターンの合い印の決め方

- 後ろ身頃、前身頃、脇身頃に合い印を入れる。
- 袖と袖山に合い印を入れる。

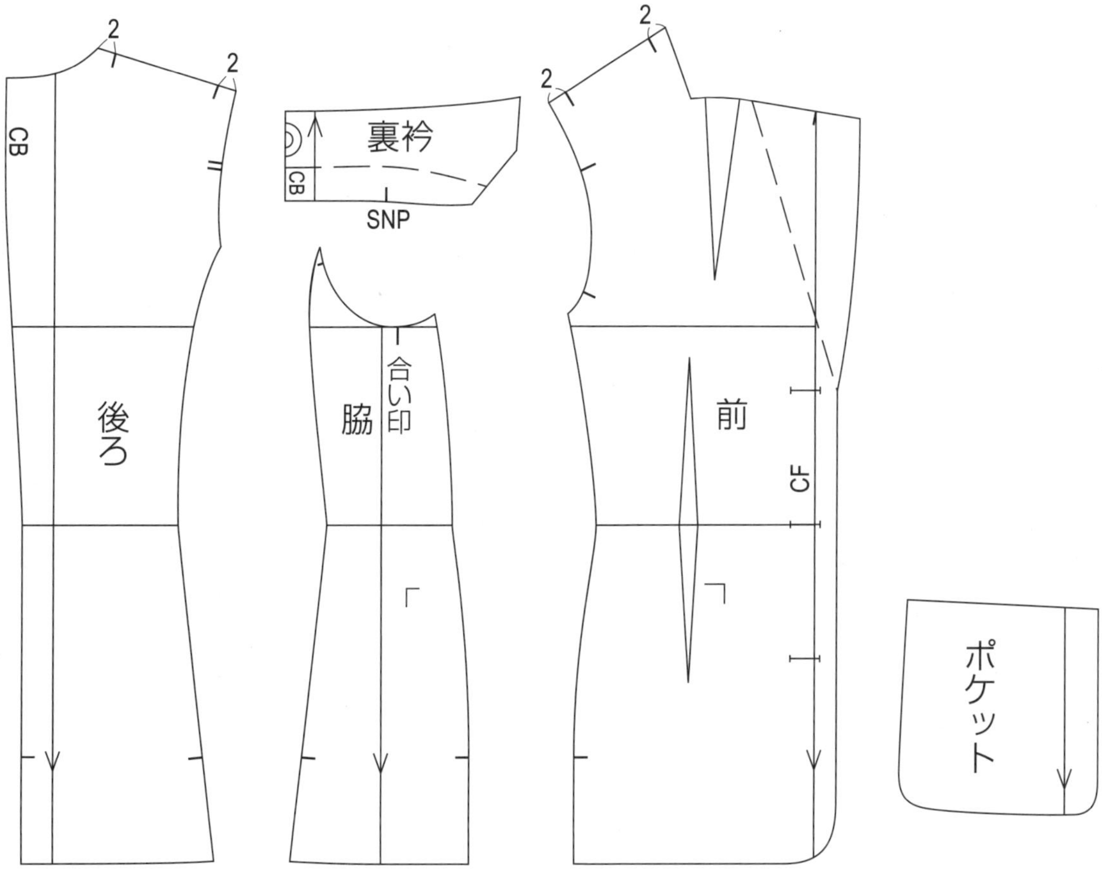
2
2
CB
後ろ
裏衿
CB
SNP
脇
合い印
2
2
前
CF
ポケット

袖ぐりの合い印の決め方

① 脇身頃の合い印（または脇線）を直上し、前SPからの水平線と交わる点をⒶ点とする。
② Ⓐ点と合い印間を3等分し、上$\frac{1}{3}$の位置より1cm上に水平線をかき、前後身頃の合い印とし、それぞれⒷ点、Ⓕ点とする。
③ 下$\frac{1}{3}$をさらに等分して、前袖ぐりに向かって水平線をかき、前袖ぐり底の合い印とする。
④ 後ろは、Ⓑ点と脇身頃の合い印間を等分して、後ろ袖ぐり底の合い印とする。

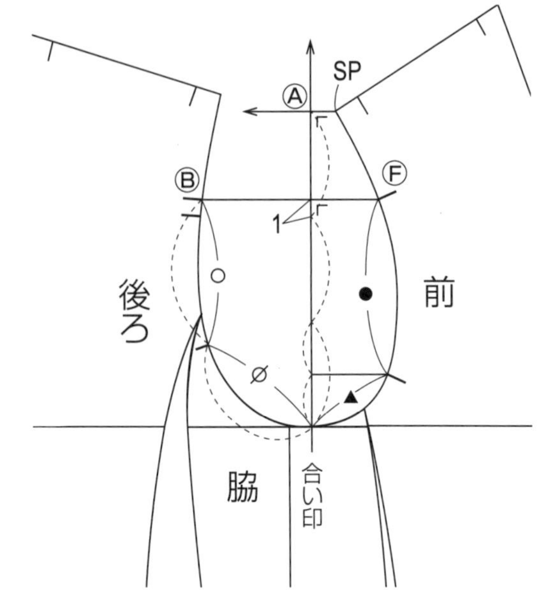

☆後ろ身頃と袖山の後ろ側の合い印は、前後の区別をつけるために、1cm くらい離してもう 1 本かき、2 本にする。

袖山の合い印の決め方

① いせ分量の配分は、素材や袖の形によって異なり一定ではない。これは、24ページ「テーラードジャケット」の作例である。

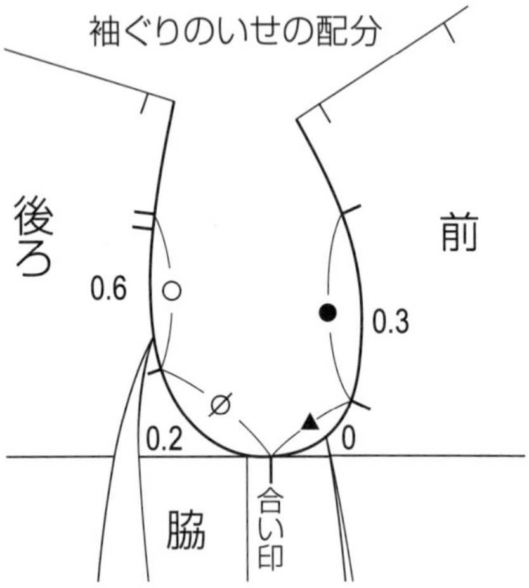

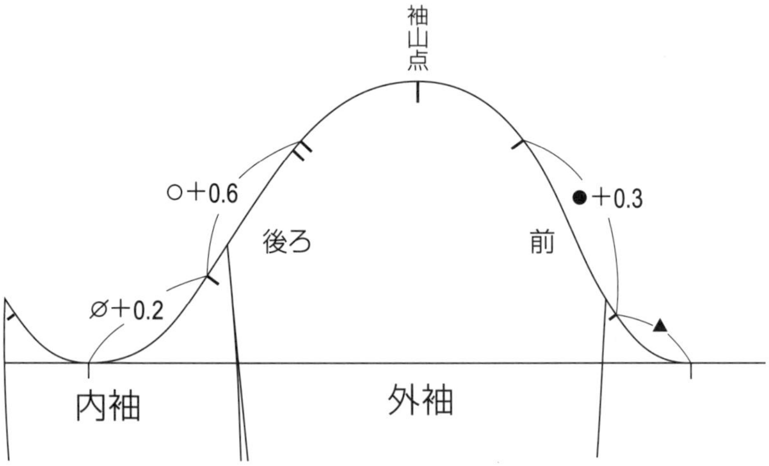

袖の合い印の決め方

① BLとEL間の袖山線を2等分し、1.5cm下で水平線をかき、ELより上の合い印とする。それと同寸をELの下にも入れる。
② 袖山と袖口から合い印までの寸法をはかり、同寸を内袖縫い目の合い印とする。

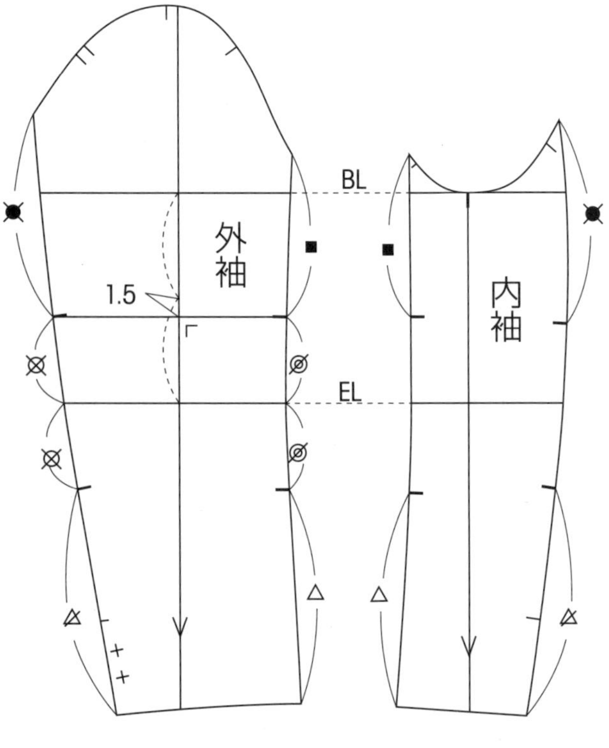

総裏仕立ての縫い代のつけ方

縫い代は、出来上り線に平行につける。衿ぐりや袖ぐりなど、複雑なカーブ線のつながりを正確に縫うために縫い代に角を作る。

- 縫い代幅は、仮縫いをして試着補正をするので、幅や丈の訂正ができるように、必要な個所には多めに縫い代をつける（48ページを参照）。
- パネルラインの縫い代のとり方は、鈍角になる側（A）の縫い目線を延長し、袖ぐり縫い代との交点を求め、角を作る。もう一方も、延長線上に同寸をとって角を作る。

縫い代幅のつけ方

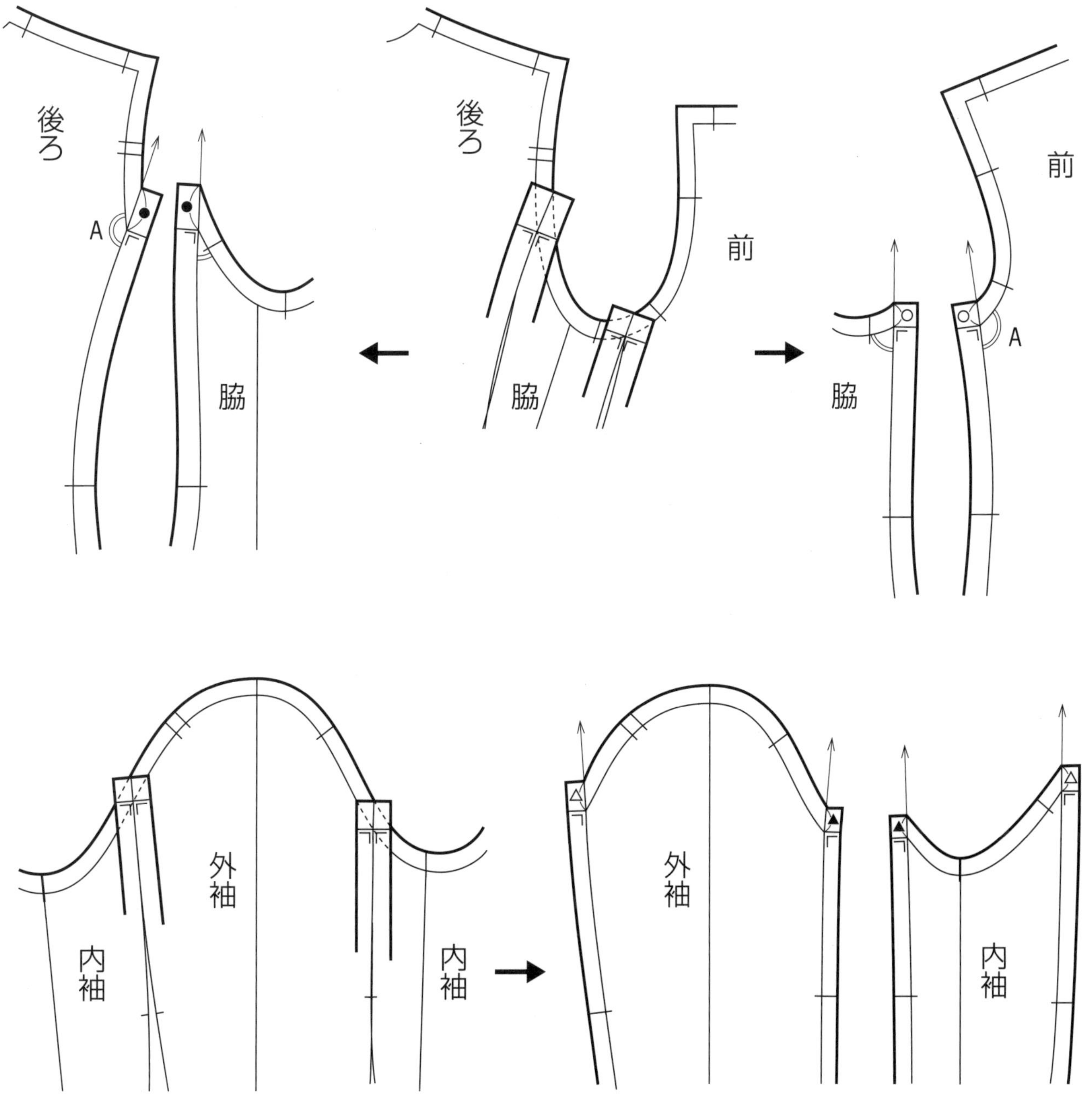

(2) 裁断と印つけ

裁断

シーチングとは平織り綿布のことで、布のタイプに厚手、中肉、薄手がある。表布の張りや厚みに合わせ、適切なシーチングを選ぶ。

地直し

シーチングは両端の布目がかなりゆがんでいるため、両端を2〜3cm裁ち落とし、アイロンで布目を整えておく。

印つけ

シーチングを二つ折りにし、右身頃のパターンを表面に向け、布の中央寄りにパターンの前中心がくるように配列する。

布と布の間に両面チョークペーパーを入れ、ルレットやへらで印をつける。薄手のシーチングの場合は、パターン上に1枚ずつ粗裁ちしたシーチングを置き、鉛筆で輪郭をうつす。

裁合せ図

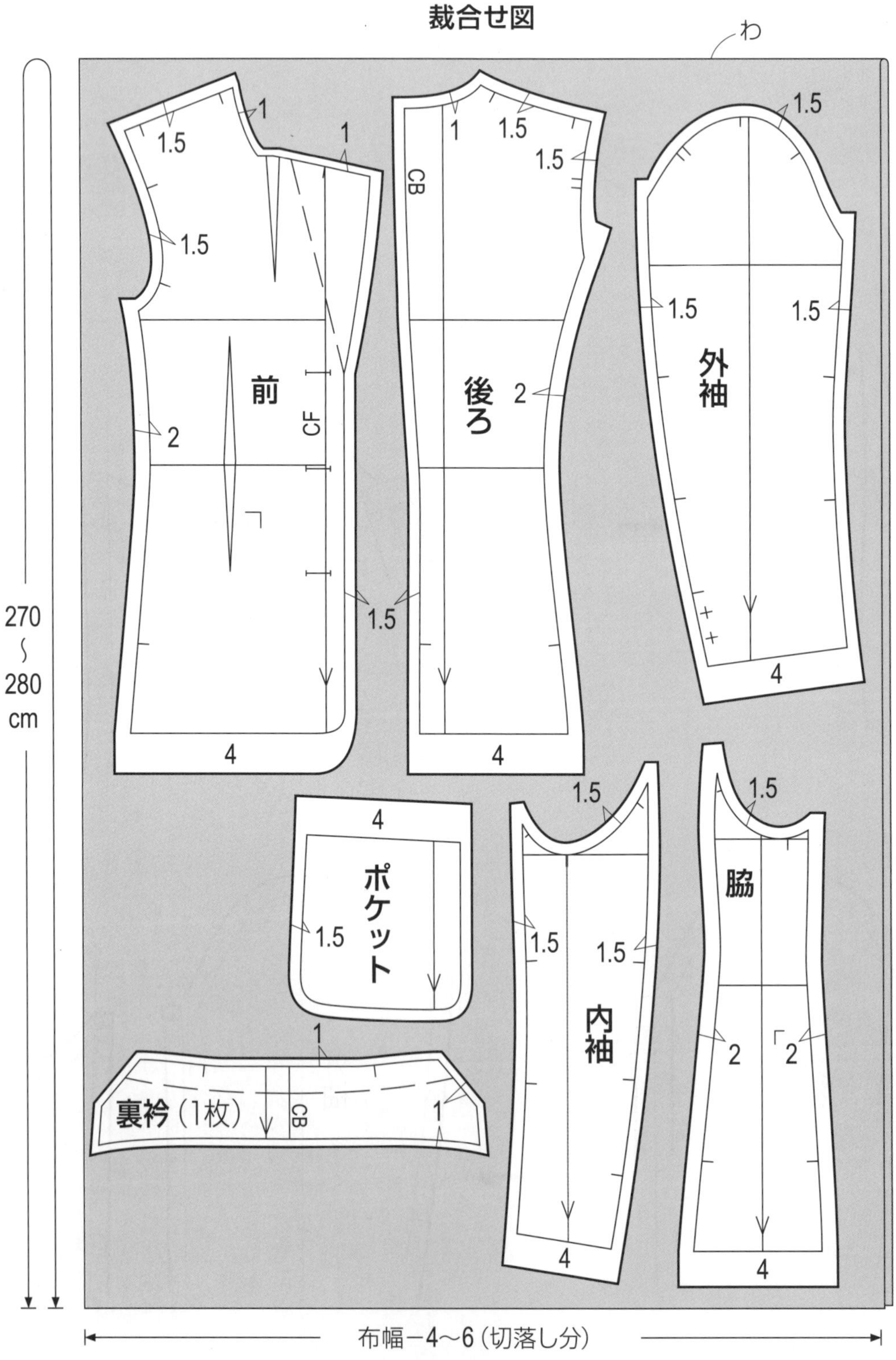

わ
前
CF
後ろ
CB
外袖
ポケット
内袖
脇
裏衿（1枚）
270〜280cm
布幅−4〜6（切落し分）

芯の裁断と接着

- 形を保つため、薄手か中肉程度の接着芯を使用する。
- シーチングと同様、両端から2〜3cm裁ち落とす。シーチングと布目を同方向に合わせる。シーチングの裁ち端から0.2cmぐらい小さく裁断し、接着剤のついたほうを下にしてシーチングと重ねる。
- アイロンの底にしみ出した接着剤がつかないように接着芯の上にハトロン紙またはトレーシングペーパーを重ねてアイロンで接着する。
- アイロンはドライアイロンを使い、布全体にすき間なくアイロンがかかるように押さえる。温度は150度前後で一定に保つ。

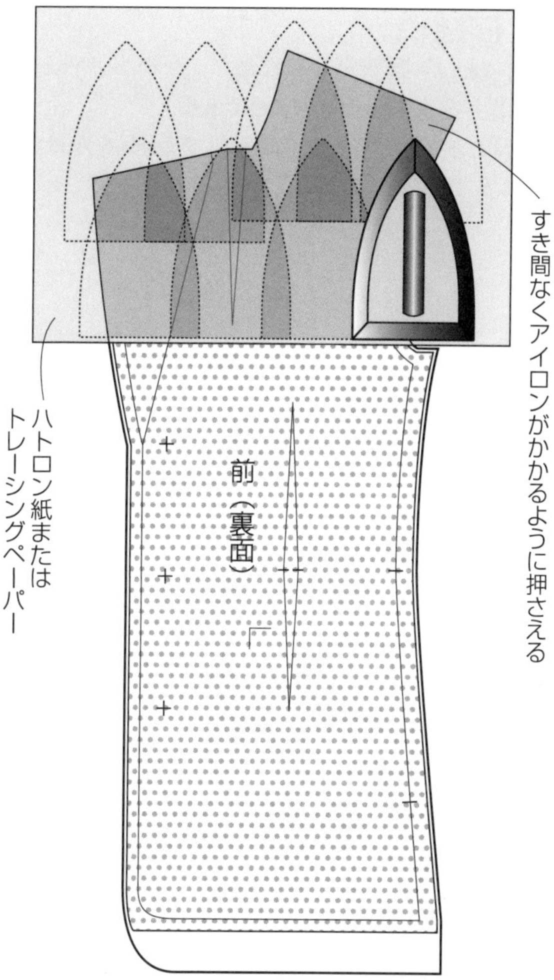

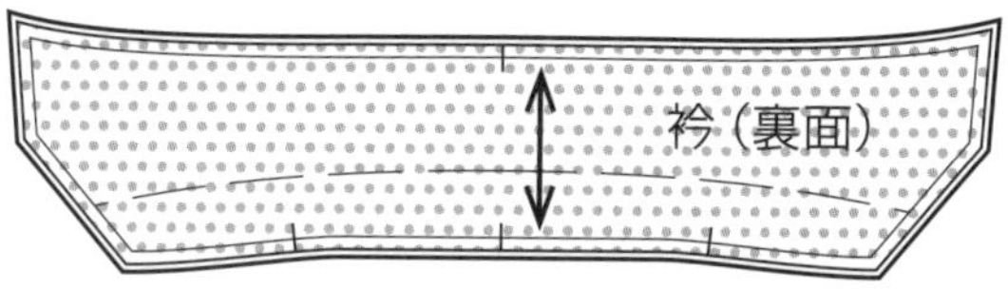

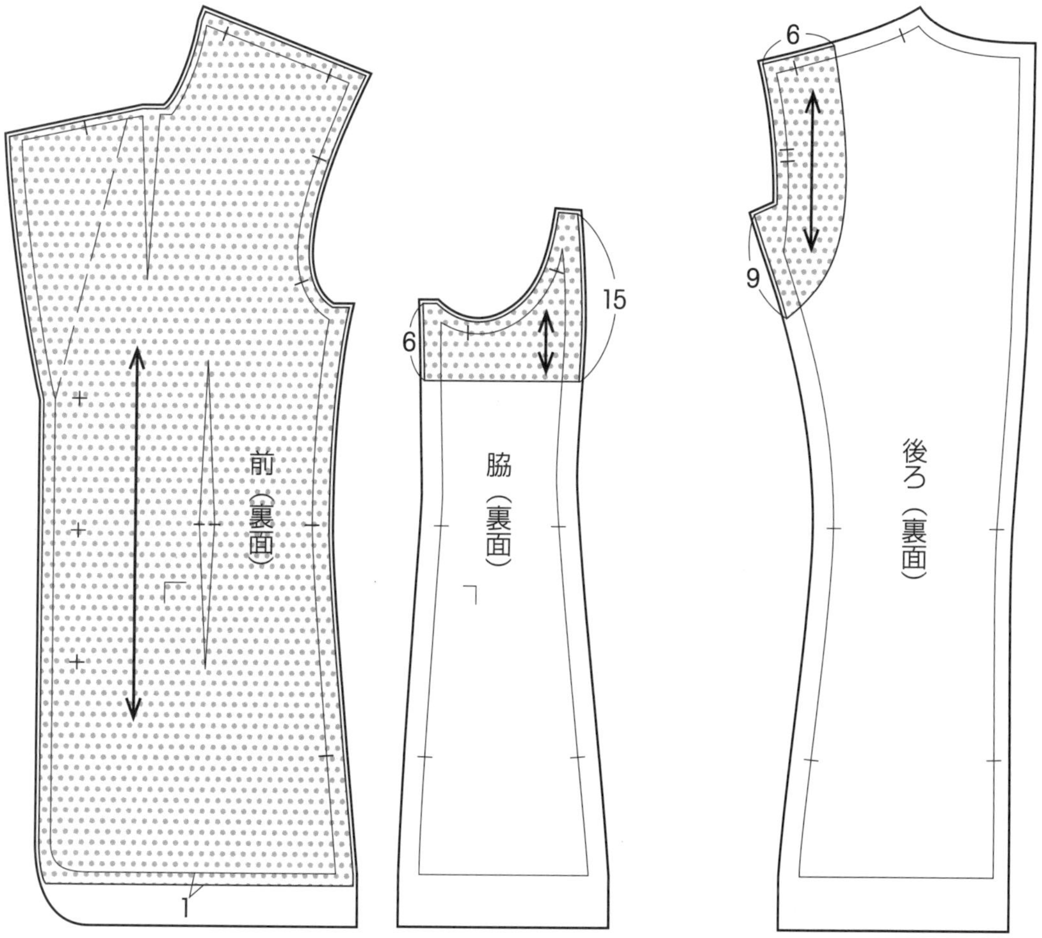

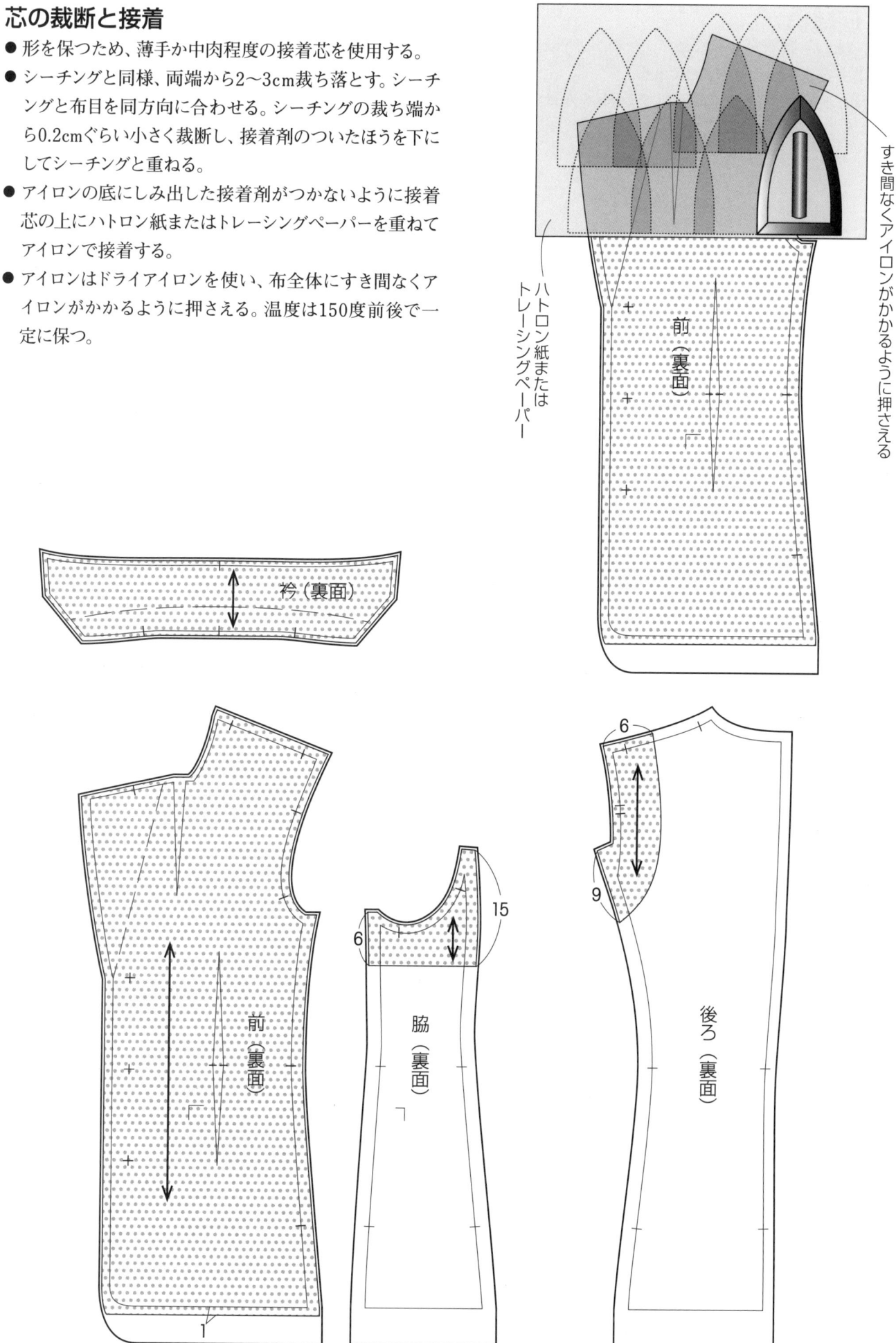

(3) 仮縫い

仮縫いとは、試着補正のためにシーチングや実物の表布で形作りをする縫合せのことである

3cm間に8～9針の大きめの針目でミシンをかけるか、しつけ糸1本で手縫いする。

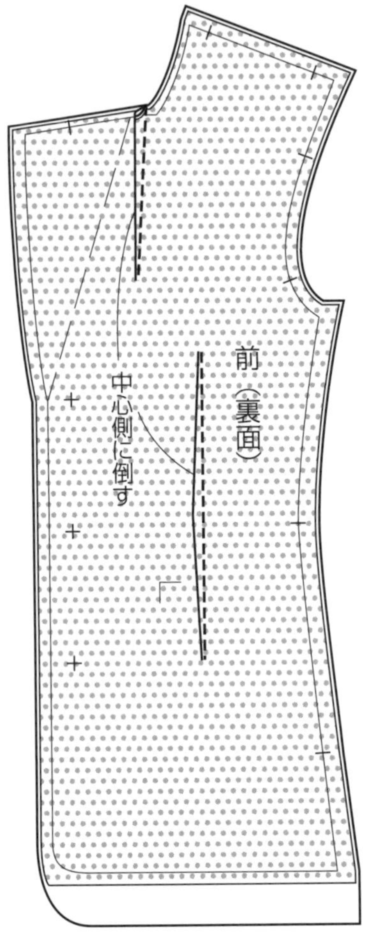

1 衿ぐりダーツ、ウエストダーツを縫う

ダーツは前中心側へ倒し、軽くアイロンで押さえる。シーチングが厚手でダーツの落着きがよくない場合は表側から押えじつけをする。

2 後ろ中心、脇を縫い合わせる

脇身頃の縫い代を出来上りに折り、前身頃と後ろ身頃の出来上り線に合わせてピンを打ち、押えミシンをかける。

後ろ中心は右身頃を出来上り線に折り、左身頃に重ねて押えミシンをかける。

手縫いの場合は中表にして縫い合わせる。

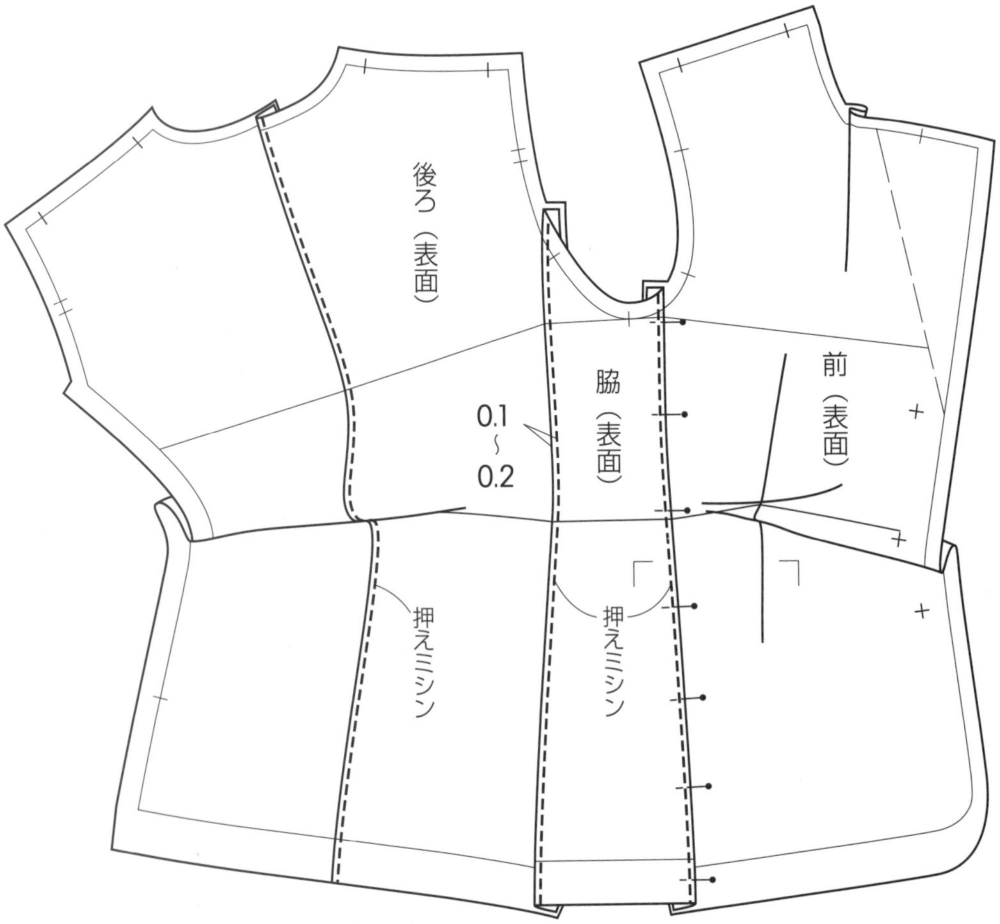

3 前端、裾を折る

左身頃のラペルから、前端、裾、右身頃のラペルまで順に折ってしつけをする。前端裾の丸い部分は細かくタックをとって形作る。

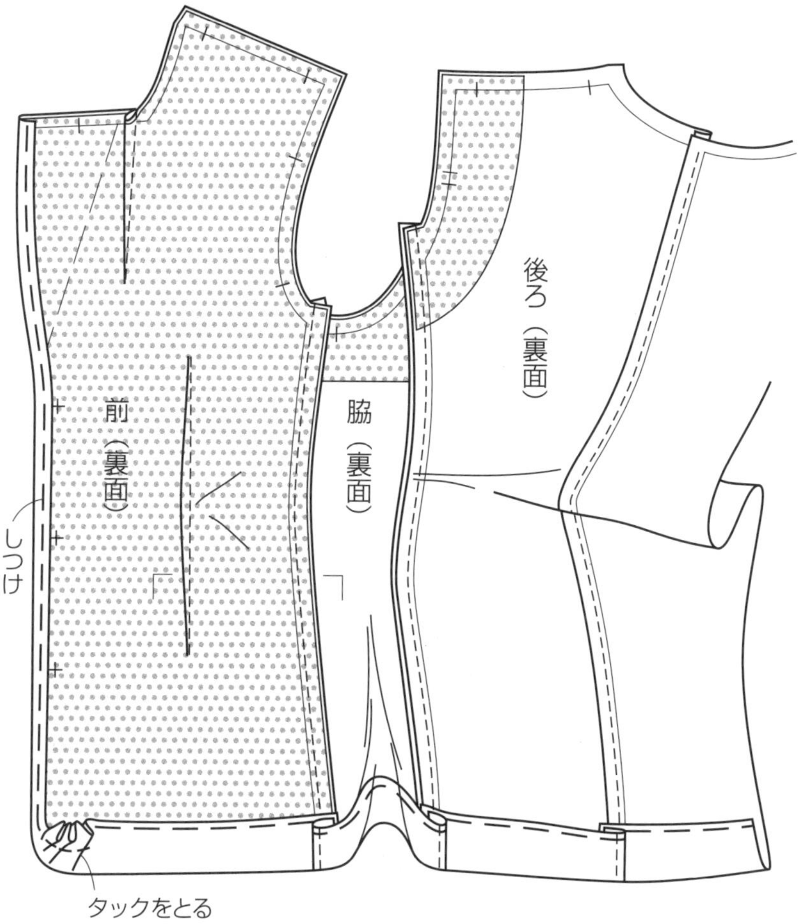

4 肩を縫う

前後の肩を中表に合わせ、ネックポイントとショルダーポイントにピンを打つ。中央部分に均等にいせ分量を配分してピンを打ち、袖ぐり縫い代の裁ち端まで縫う。縫始めと縫終りは返し縫いをする。

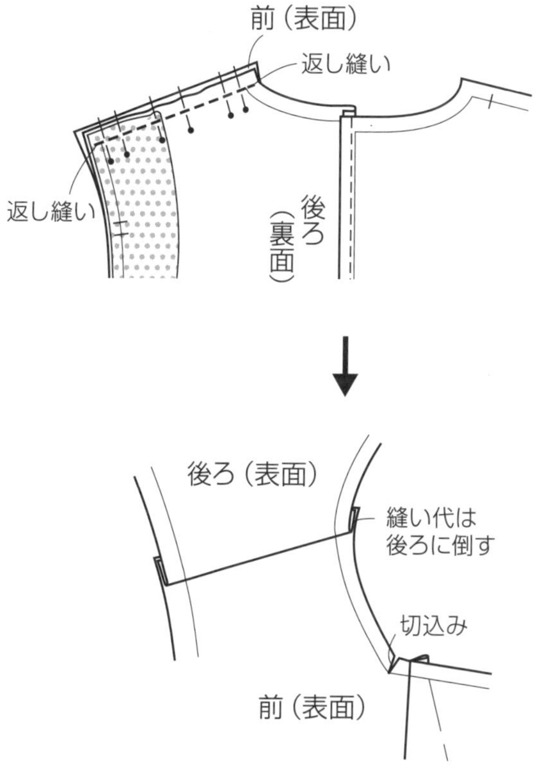

5 衿を作り、つける

衿外回りの縫い代は裏面側へ、衿つけ縫い代は表面側にアイロンで折る。衿つけは、身頃の衿ぐりの返り線の奥に入れた切込み位置（A）まで衿を身頃衿ぐりの上に置き、細かい針目で押えじつけをする。

ゴージライン（A～衿つけ止りまで）は衿のほうを身頃の裏側に入れてしつけで押さえる。

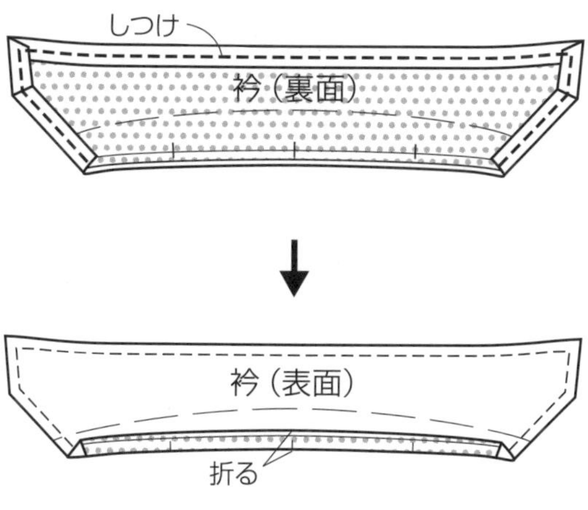

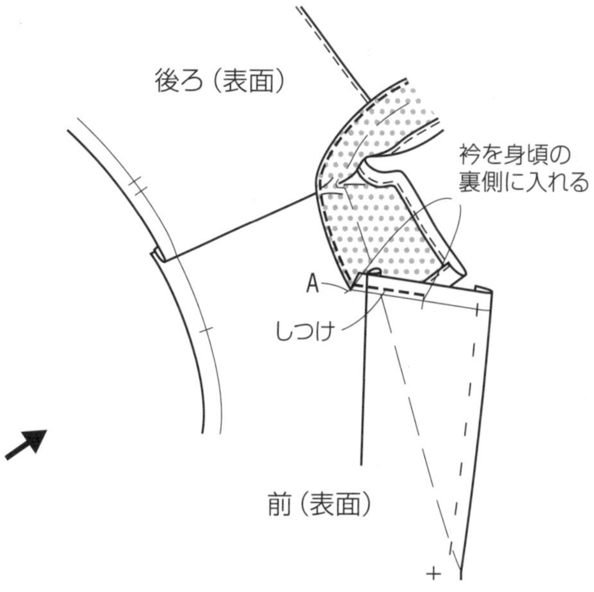

6　袖を作る

外袖を出来上りに折り、内袖に重ねて押えミシンをかける。

袖口を折り上げてしつけで押さえる。

外袖と内袖を中表に合わせて縫う。

袖山のぐし縫いは出来上り線から0.2cmと0.7cm離れた位置にしつけ糸1本で2列縫う。縫始めと縫終りは糸を長く残して2列一緒に引き、いせ分量を配分する。

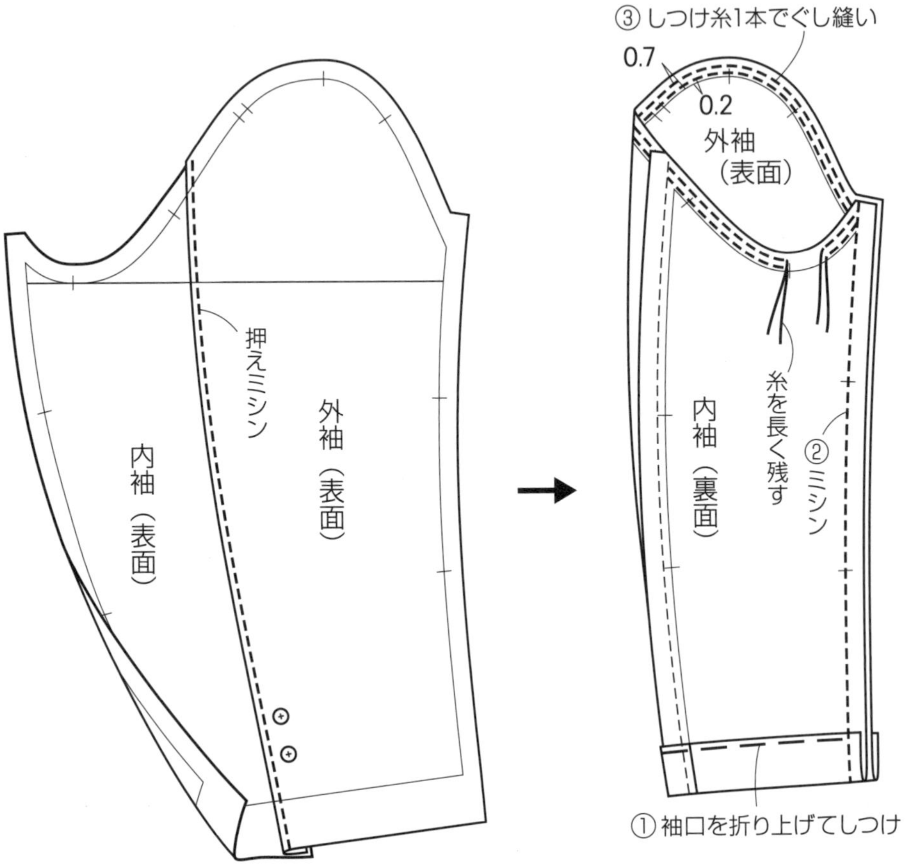

7　袖をつける

身頃袖ぐりの合い印と袖山の合い印を合わせ、いせ分量を配分しながらピンを打ち、袖側から細かい針目で縫い合わせる。

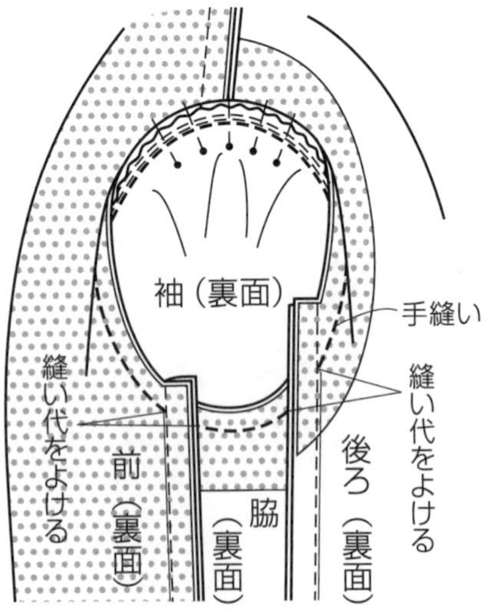

8　肩パッドをつける

パッドは肩縫い目線を中心に、後ろ身頃側を0.7〜1cm長くし、袖つけ線から1〜1.5cm袖側に出して身頃の肩部になじませてピンを打ち、落しじつけで止める。

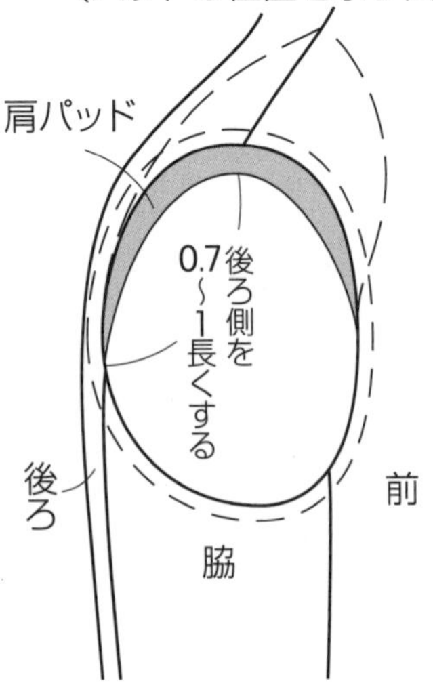

（パッドの位置を示す図）

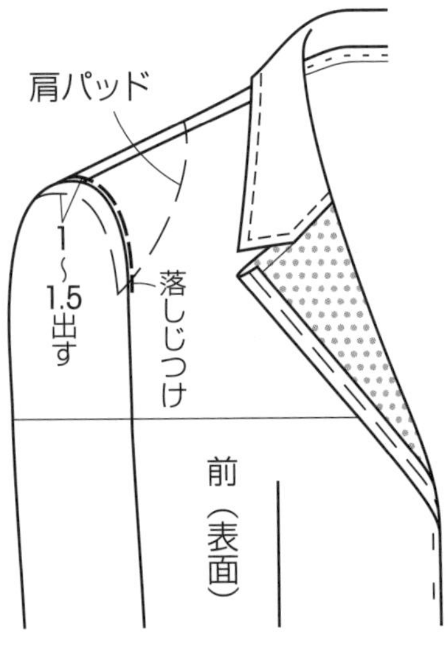

肩パッドの種類

肩パッドにはテーラードジャケットのようにシャープな感じを作る三角形のパッド（A）と肩回りのデザインに丸みを作るための栗形パッド（B）がある。厚みにも種類がありシルエットや体型に合わせて選ぶ。

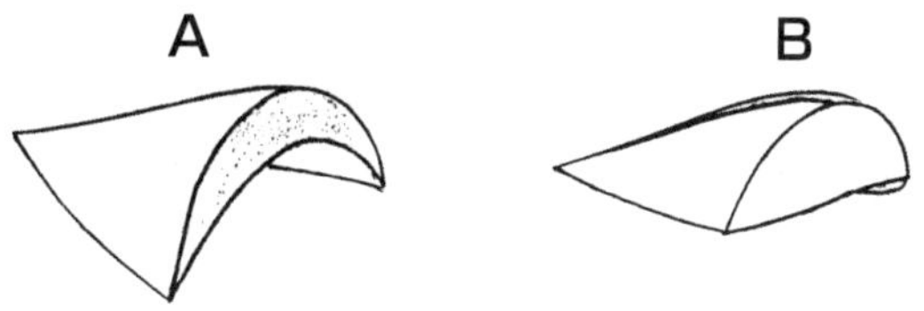

体型による選び方

● 肩に厚みがある体型の場合

肩の厚みより狭いパッドをつけると肩回りの厚みになじまず、パッドのあたりが服の表面に出てしまう。この場合は、薄手で大きい面をもつパッドをつけ、肩全体を包むようにつける（図2）。

● 前肩が出っ張っている体型の場合

前肩の部分に薄く、後方に厚みをもつパッドを使用する（図3）。

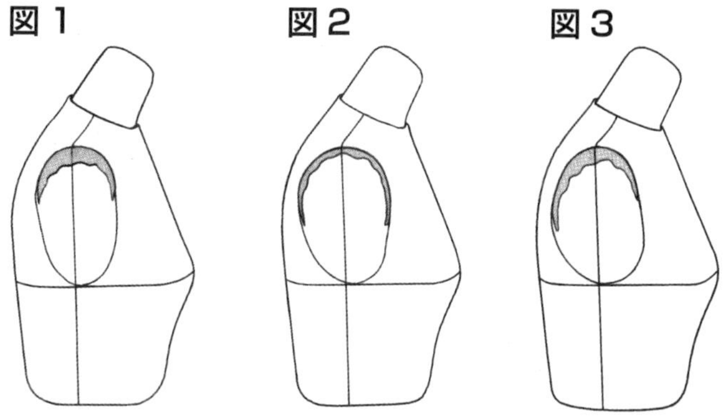

標準体型（9AR）

9　ポケットを作り、つける

ポケット口を折ってしつけ糸で押さえる。

外回りは厚紙でポケットの型を作り、裏面に当て、アイロンで押さえながら形作る。

身頃のつけ位置に据え、ポケットの回りを押えじつけでつける。

10　ラペルにテープをはり、ボタンをつける

上衿つけ止りからラペルの端まで、出来上り線がはっきり見えるようにテープをはる。

シーチングをボタンの形にカットしてつける。

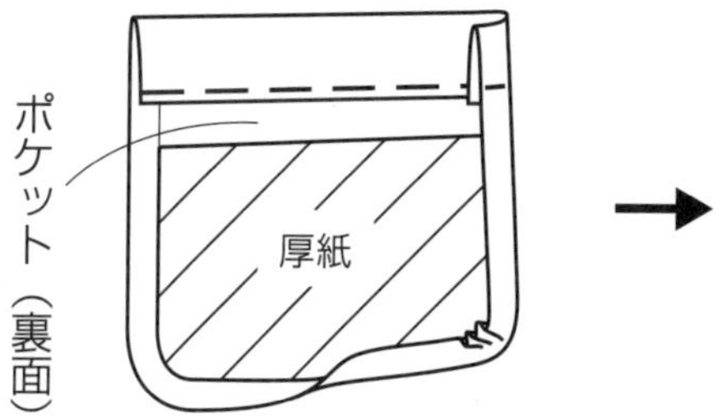

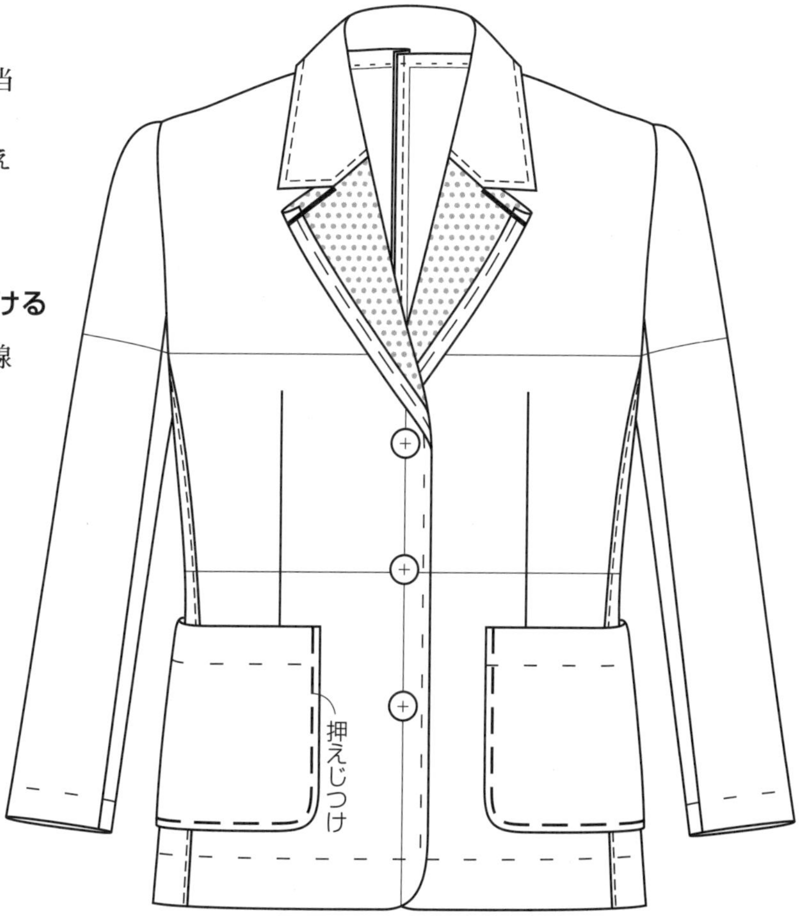

(4) 試着補正方法とパターン訂正

試着は出来上がったときの着装状態で行う。ジャケットの下は実際に着用するものを着て、自然な姿勢で立つ。

全体の形がデザイン画のイメージと合っているかを見る。次に各部位の布目、ゆとり量、バランスを見る。

①縦の布目がまっすぐ通っているか。

②横の布目が床に対し水平であるか。

前面、後面、側面から見る。

③身頃のゆるみは適切か。

静止姿勢から腕を前方に出す、軽く上げるなどの動作による運動量が適切か。

④袖幅のゆとり、袖山の高さ、袖丈のバランスはよいか。

⑤着丈、ポケット位置と大きさはよいか。

⑥ラペルの返り止り、返り線、上衿外回りの落着きぐあいはよいか。

補正の原因は単に1か所だけという場合は少なく、いろいろな要素が複雑に影響し合う場合が多い。

ここでは補正原型を使わない作図の場合、試着時に多く見られる前丈と後ろ丈のアンバランスから生じる斜めじわと、いかり肩から生じる袖山の引かれじわの補正方法を説明する。

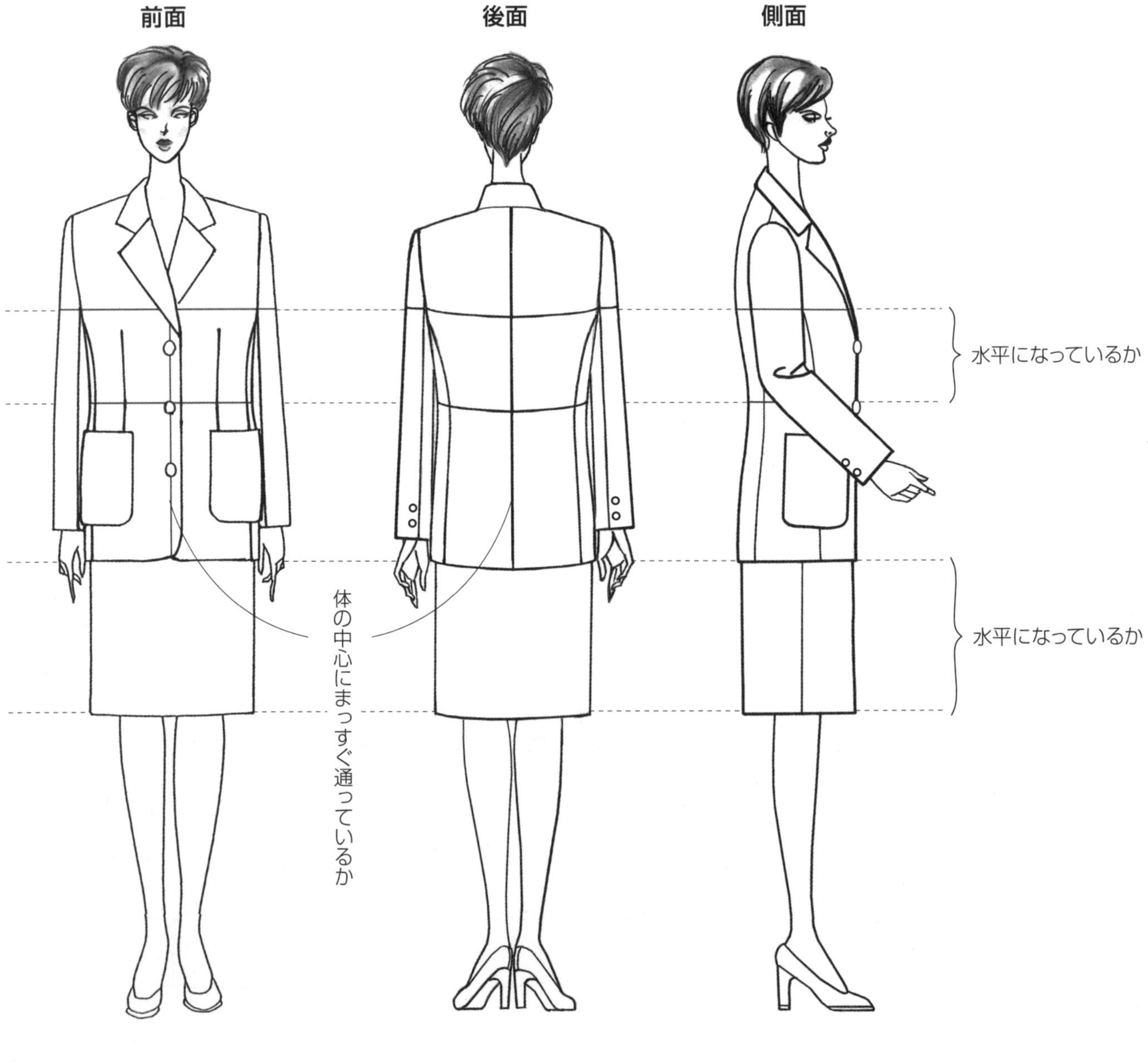
前面
後面
側面
水平になっているか
水平になっているか
体の中心にまっすぐ通っているか

袖ぐりから後ろ中心、ウエストへ向かって斜めじわが出る場合

原因は、肩甲骨の張りが弱く、後ろ丈が余って生じる場合と、反身体型で乳房が高く、前丈が不足して生じる場合がある。

側面から見ると脇線が前方にずれて後ろ身頃の裾がヒップにあたり、前身頃の裾がはね上がる。

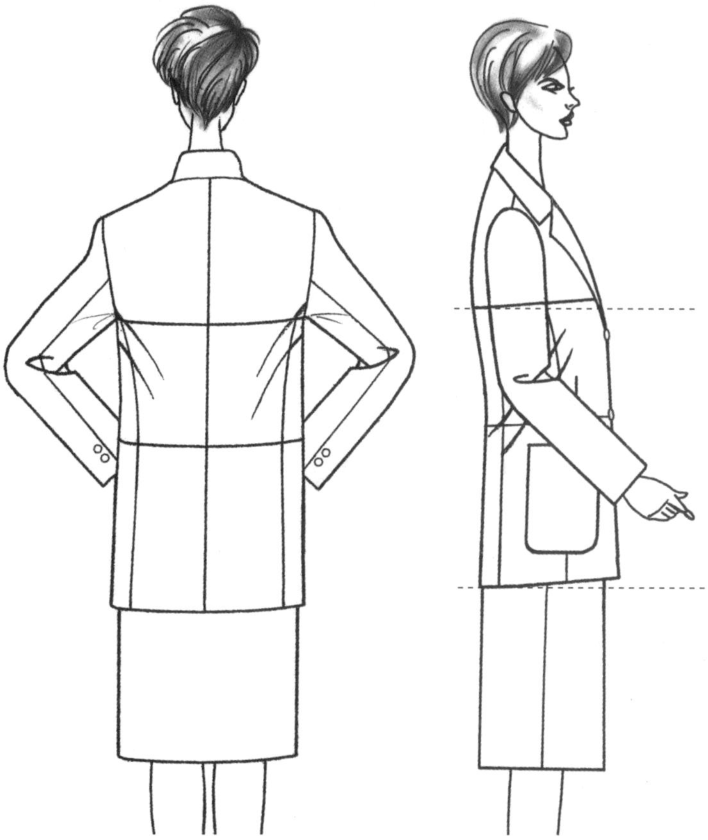

原因──肩甲骨の張りが弱く、後ろ丈が余って生じる

補正法 1

- 後ろ身頃の肩甲骨あたりで斜めじわが消えるまでつまむ。後ろ中心から肩甲骨あたりまで水平に、肩甲骨から袖ぐりにかけてつまむ量をゼロにする（図1）。後ろ丈が短くなり、引き上げられるのでしわが消える。
- パターン訂正はいせ分量を少なくし、袖ぐり寸法が変わらないように後ろ丈を短くする（図2）。

図 1

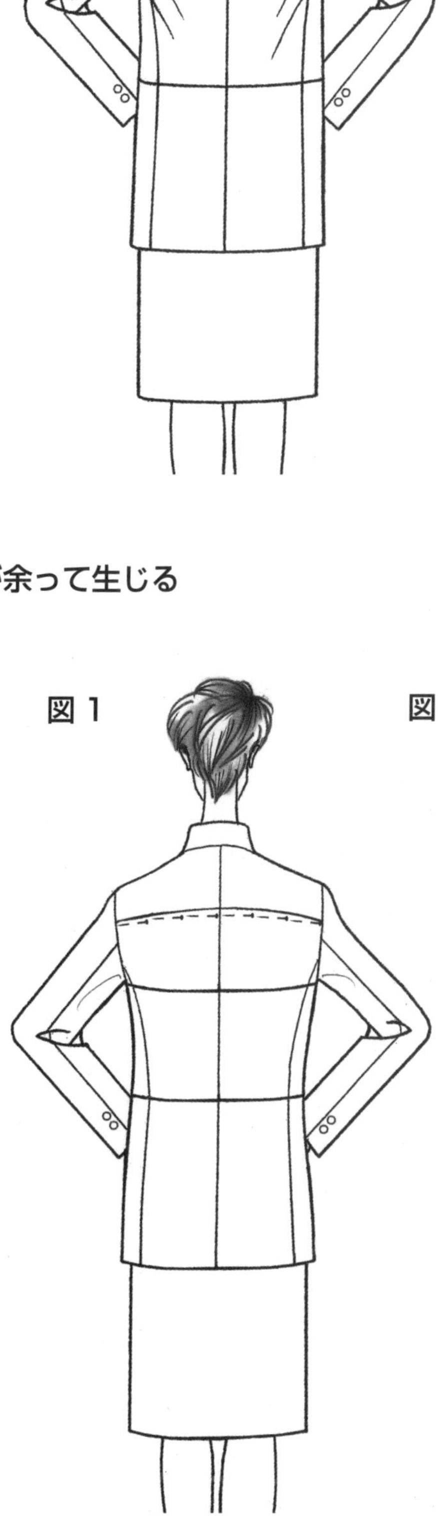

図 2

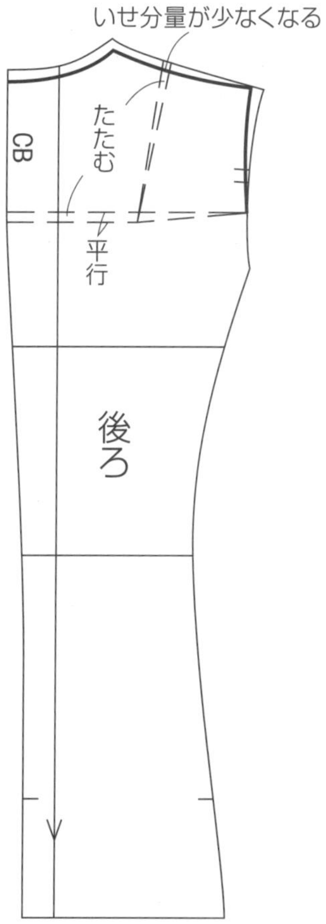

補正法2

- 肩甲骨あたりで、後ろ中心から袖ぐりにかけて余っている分を平行につまむ（図3、4）。
- この場合は袖ぐり寸法が変わるので袖のパターンの訂正が必要になる（図5）。

図3

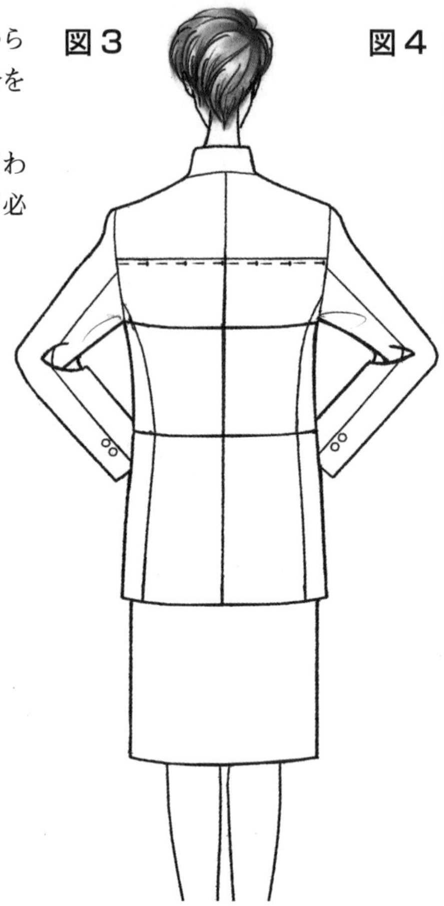

図4

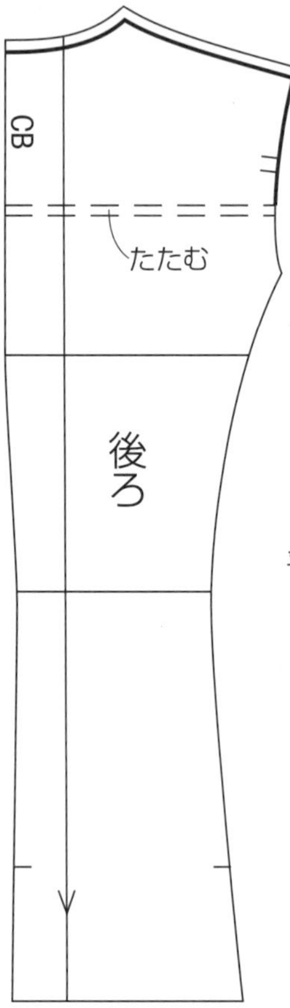
CB
たたむ
後ろ

図5

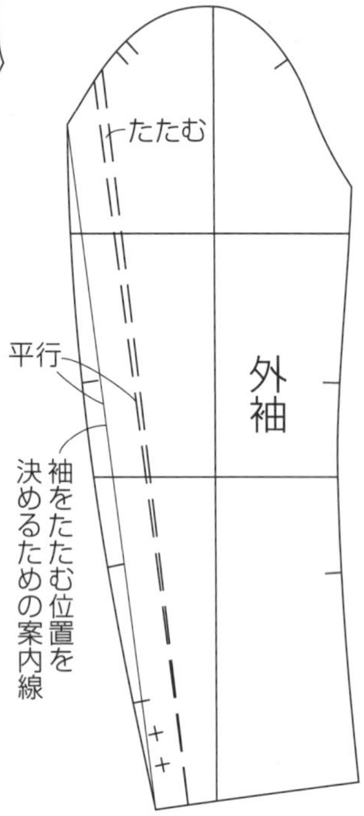
たたむ
平行
袖をたたむ位置を決めるための案内線
外袖

補正法3

- 後ろ身頃丈が必要以上に長くなるために斜めじわが出る場合は、バストラインから下で脇まで余った分をつまむ（図6）。
- パターン訂正する（図7）。この場合、袖ぐり寸法は変わらない。

図6

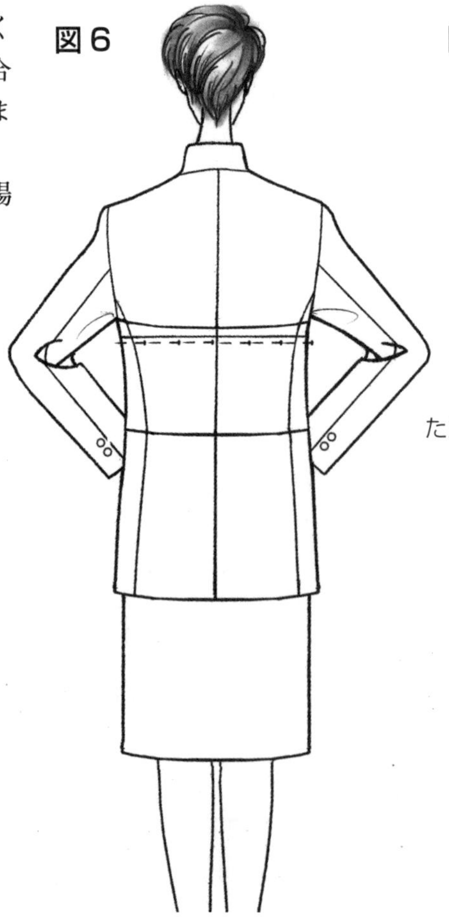

図7

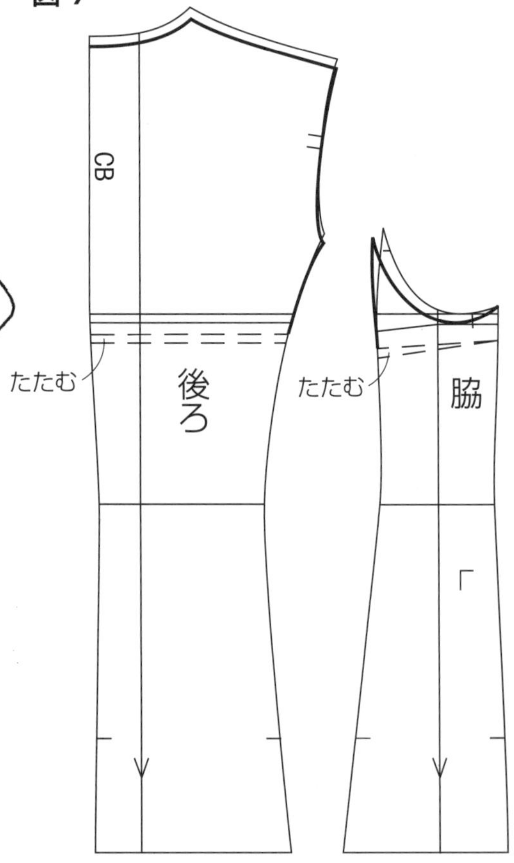
CB
たたむ
後ろ
たたむ
脇

原因——反身体で乳房が高く、前丈が不足する

補正法

- 袖、ポケットをはずし、前のパネルラインの縫い目をとく。
- 不足分を裾に追加し、BL、WL、HLの位置をずらし、AHでその分をピンでつまみ、パターン上でたたんで衿ぐりダーツに開く（図9）。
- 衿ぐりダーツの分量が多くなるので、ダーツ止りを長くする。

図８

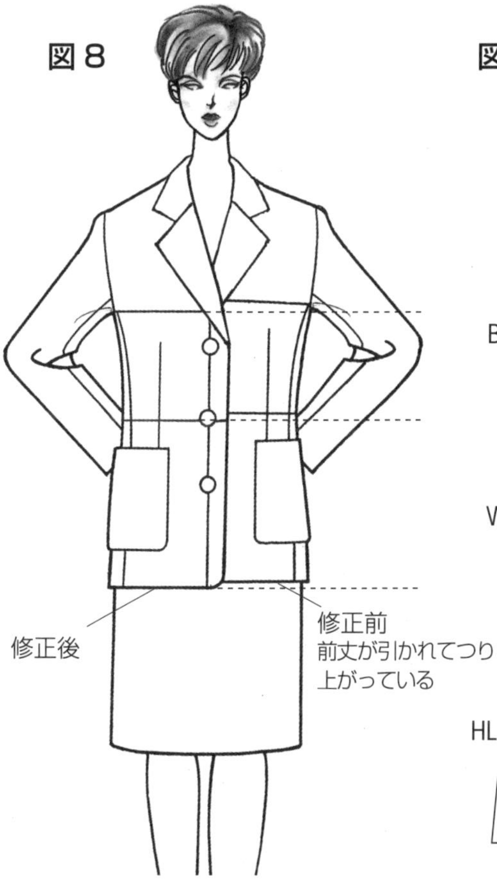

修正後
修正前
前丈が引かれてつり
上がっている

図９

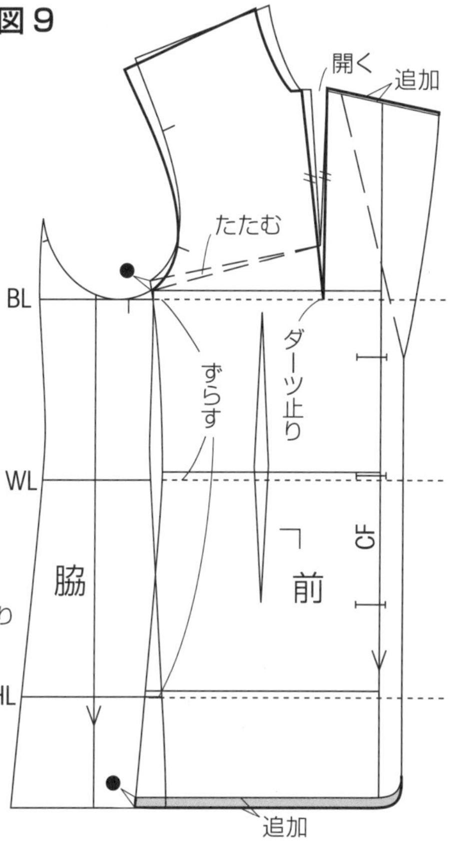

開く
追加
たたむ
BL
ずらす
ダーツ止り
WL
CF
脇
前
HL
追加

袖山に引かれじわが出る場合

原因は多くの場合、肩傾斜が少ないいかり肩のため、袖山に向かって斜めにしわが出る。

補正法

- 袖をはずす。肩線をとき、肩傾斜をゆるくする。
- 袖山の高さを追加し、袖ぐり底を上げる。

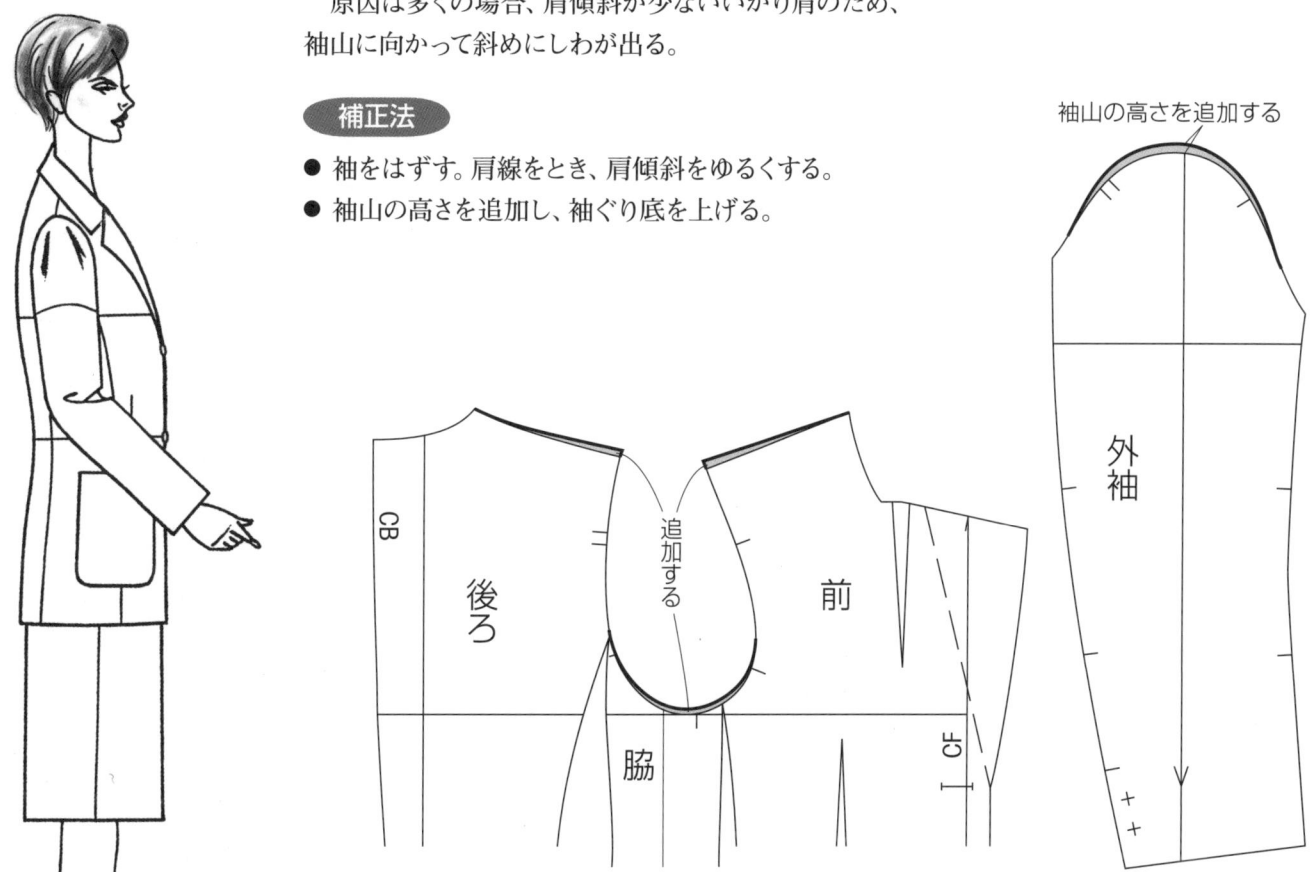

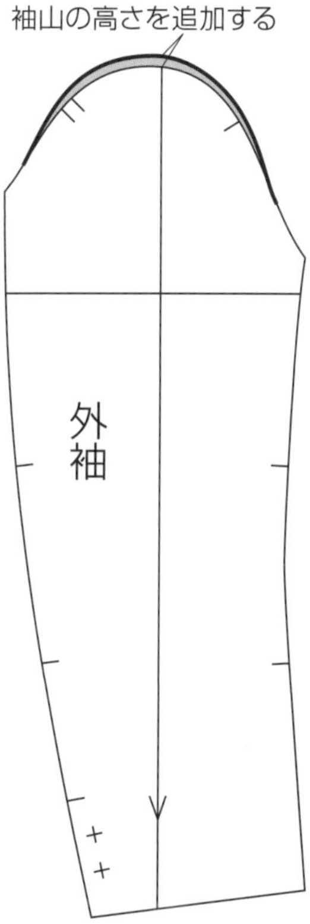

袖山の高さを追加する
外袖

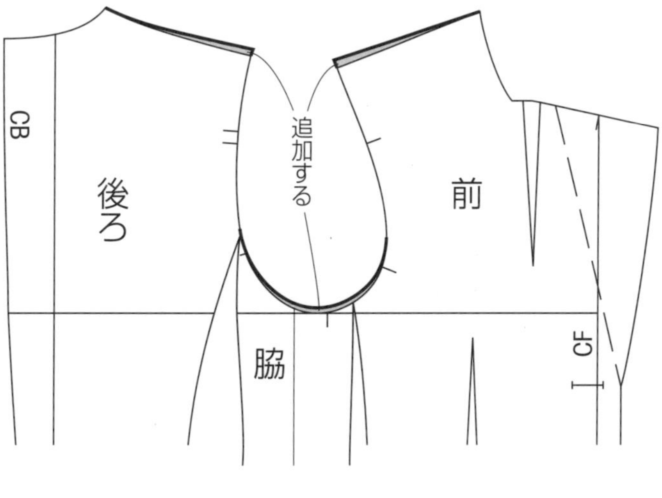

CB
後ろ
追加する
前
脇
CF

5　実物製作用のパターンメーキングと裁断

(1) 縫い代つきパターンメーキング

シーチングでの仮縫い後、補正のあった作図の個所を訂正し、実物本縫い用のパターンを作る。ここでは、中肉ウール程度の布地使用として説明する。

本縫い用パターンはシーチング仮縫い用とは縫い代幅が異なるが、縫合せ位置の寸法合せ、形状合せ、いせ分量、袖ぐり、衿ぐりのつながり、裾線、袖山のつながりの確認は、ファーストパターンの作成と同様に行う（44、45ページを参照）。

縫い代のつけ方

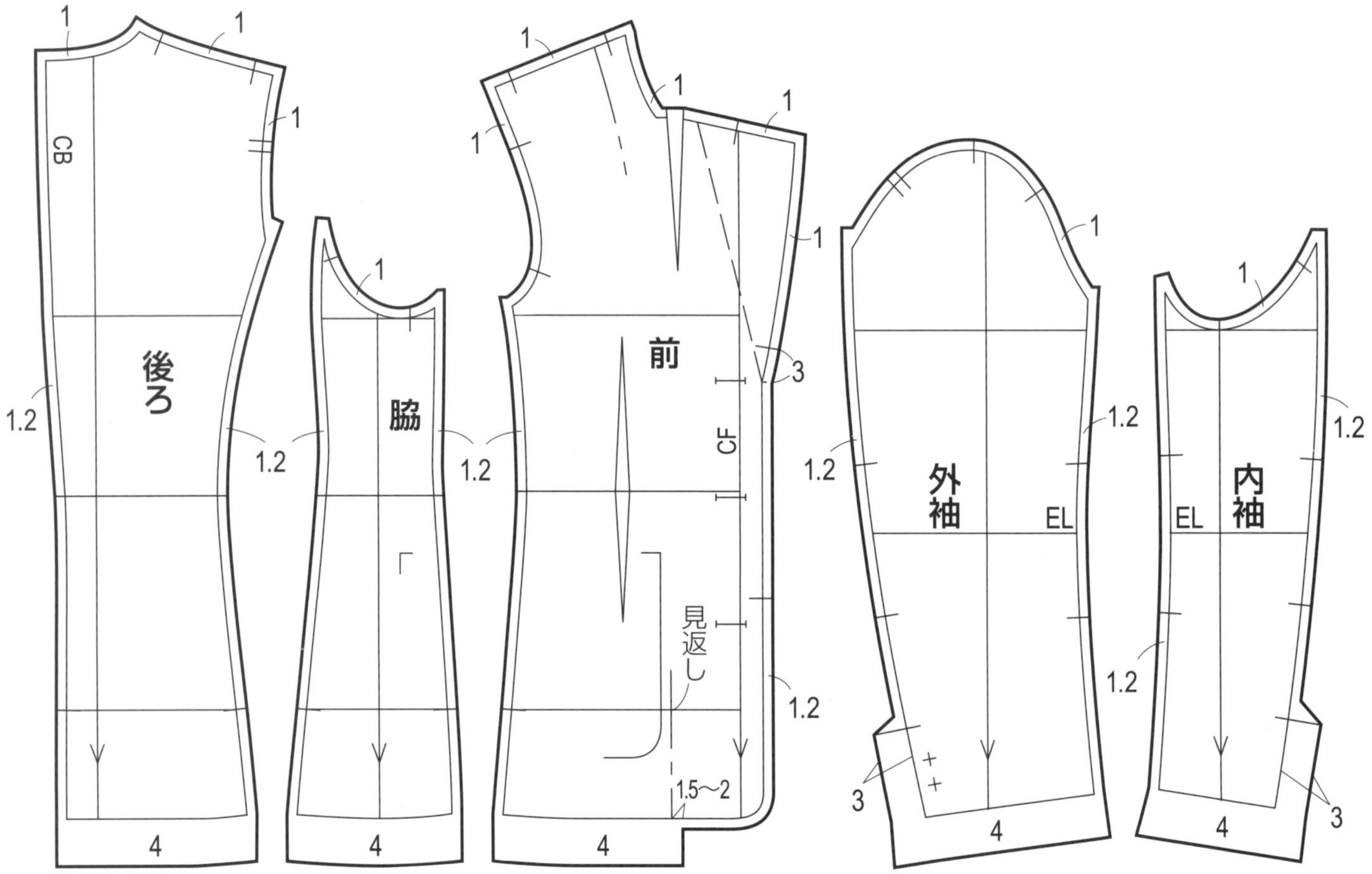

ポケットのパターンメーキング

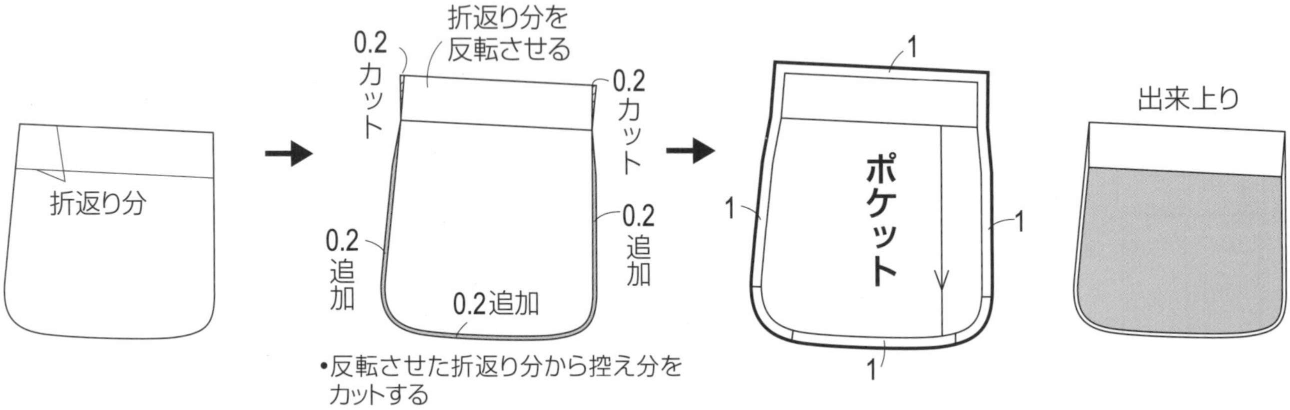

•反転させた折返り分から控え分をカットする
•ポケット口を除いた回りに控え分を追加する

表衿・見返しのパターンメーキング

衿が折り返ったとき表衿の分量が不足する。その不足分を補うために、裏衿のパターンを展開する。

前身頃の作図から見返し部分をうつし取り、折返りのゆとり分量と布地の厚み分を加え、見返し奥の丈にゆとり分を加える。

表衿の展開のしかた

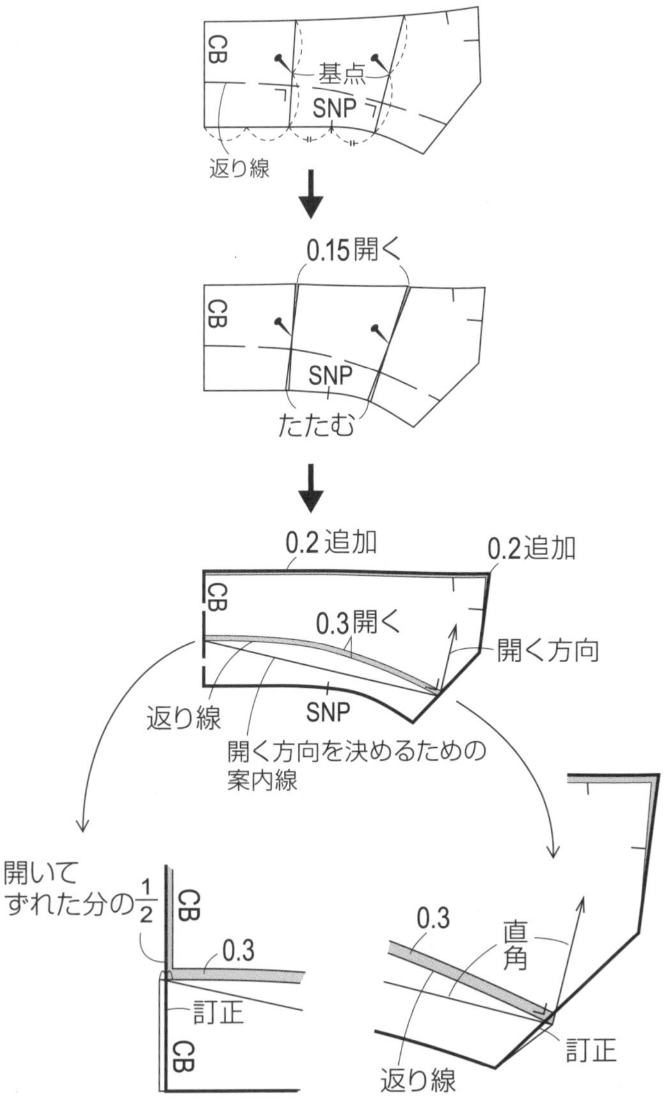

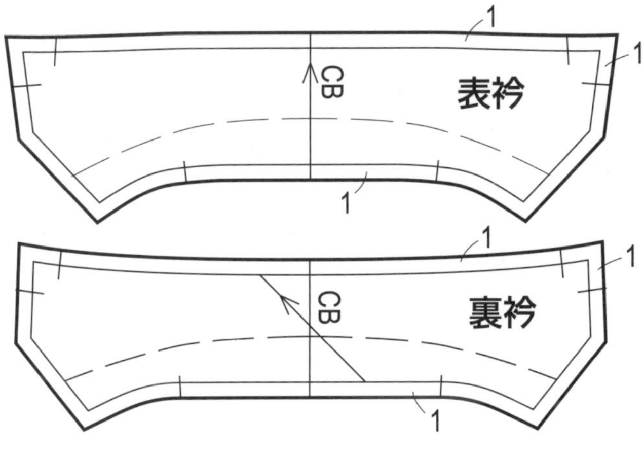

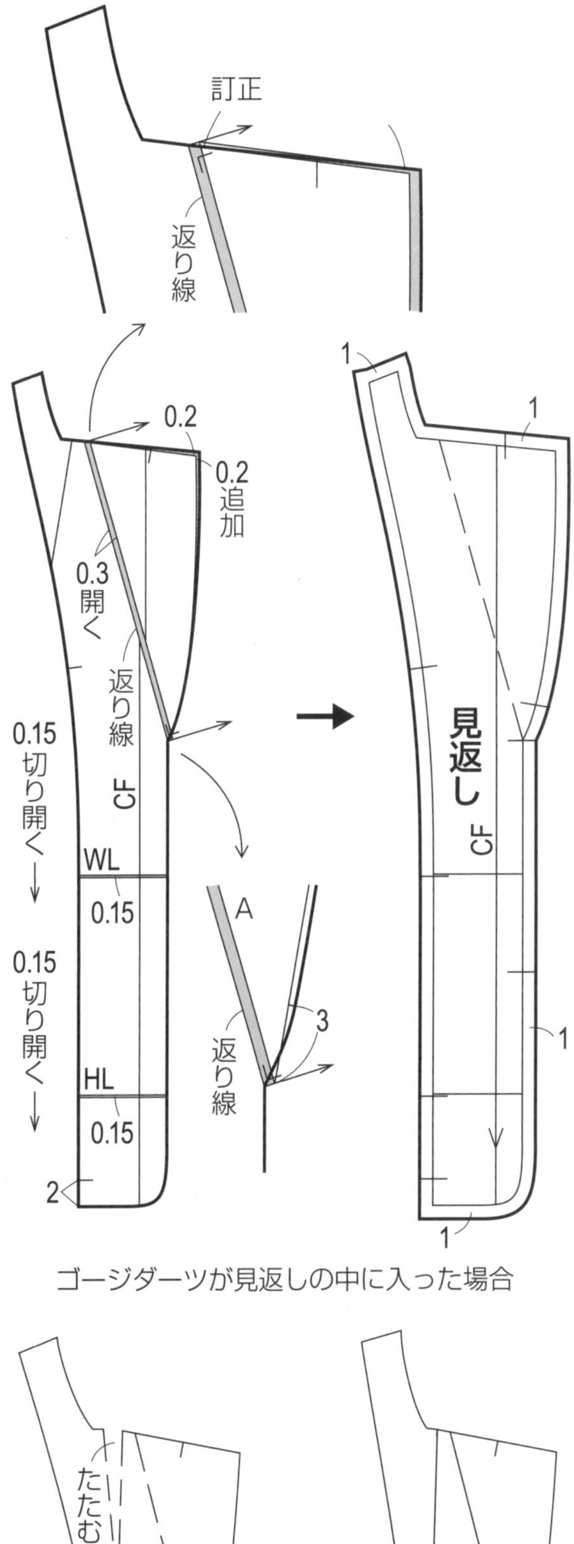

ゴージダーツが見返しの中に入った場合

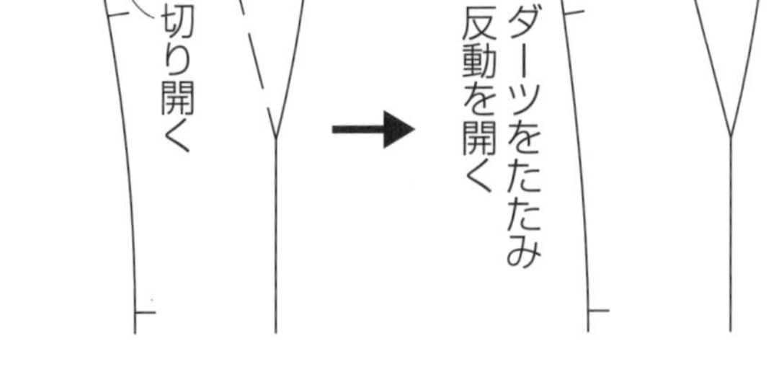

(2) 裏布のパターンメーキング

裏布は表布のような伸縮性がないため、必要なゆとりを丈と幅に加える。

身頃

● 背幅のゆとり
着用時、最も運動量が多い個所なので、後ろ中心に多く入れる。

● 後ろ身頃、脇身頃、前身頃の脇縫い代幅のゆとり
表布の伸びに合わせるため、出来上りから0.2〜0.3cm外側を縫ってきせを入れる。縫い代幅は表布よりその分広くする。

● 丈のゆとりはウエストラインで0.3cm、ヒップラインで0.3cm切り開いて入れる。

● 見返しと裏前身頃
見返しと裏前身頃のそれぞれの合い印を合わせて縫う。見返しの丈のゆとり(0.3cm)と裏前身頃の丈のゆとり(0.6cm)の寸法の差は、裏前身頃に0.15cmずつ丈のゆとりとなる。

ゴージダーツが裏布にかかった場合

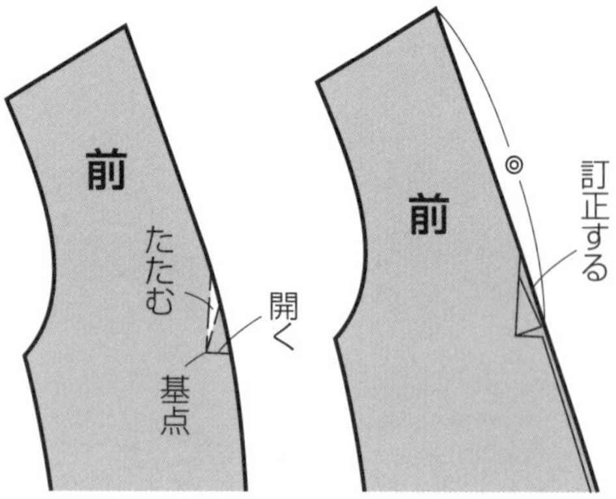

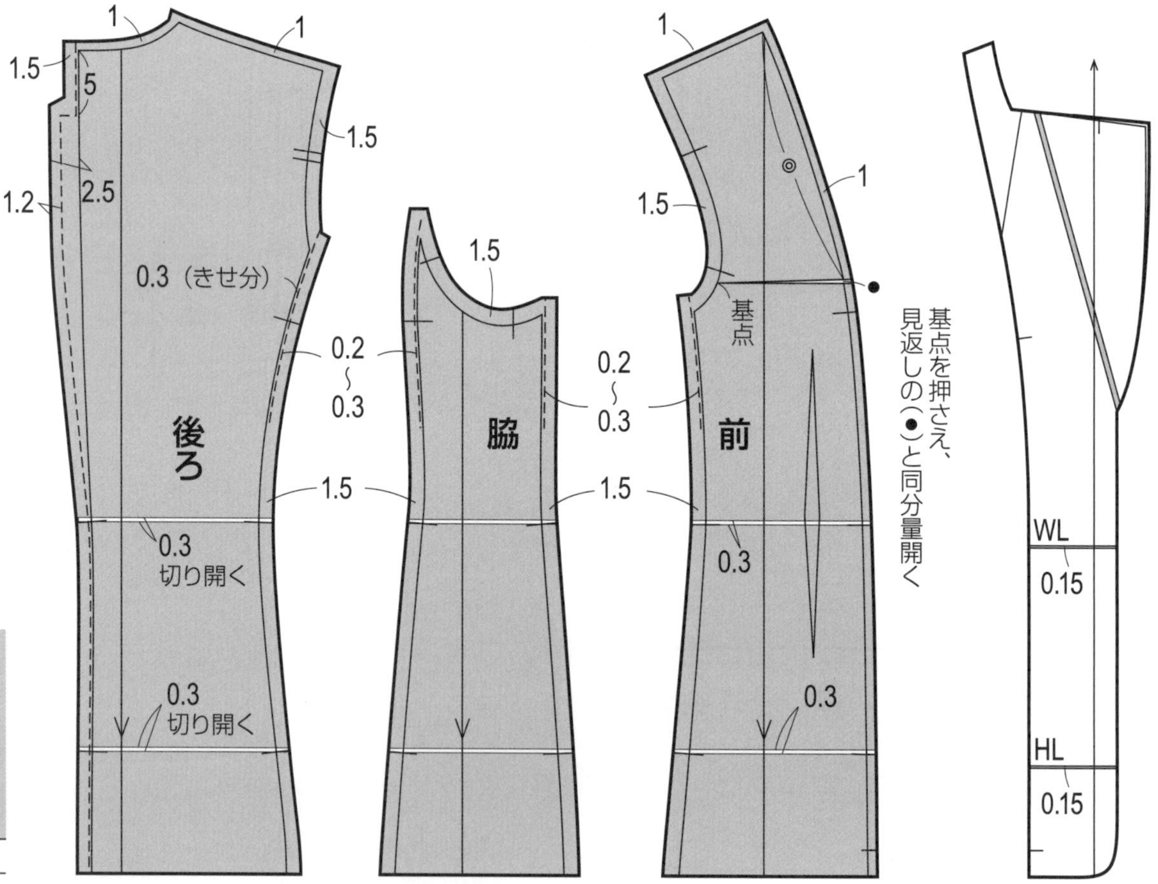

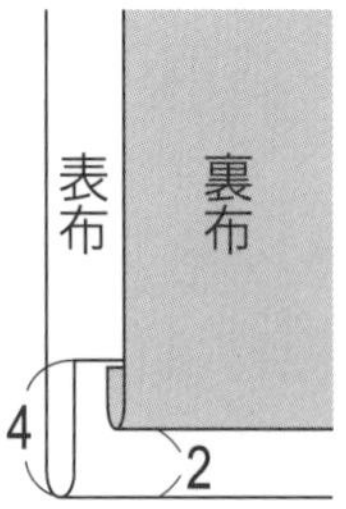

※ほつれやすい裏地の場合は、裾に多めに縫い代をつけておき、裾始末のときにカットする

袖

- セットインスリーブの場合、袖ぐり底の縫い代を包むために裏布に丈と幅のゆとりが必要である。袖ぐり底と、縫い目線で追加する（図1）。袖山は内回りになるためいせ分量は表袖より少なくてよい。袖は丈のゆとりとしてELで0.5cm切り開く。

図 1

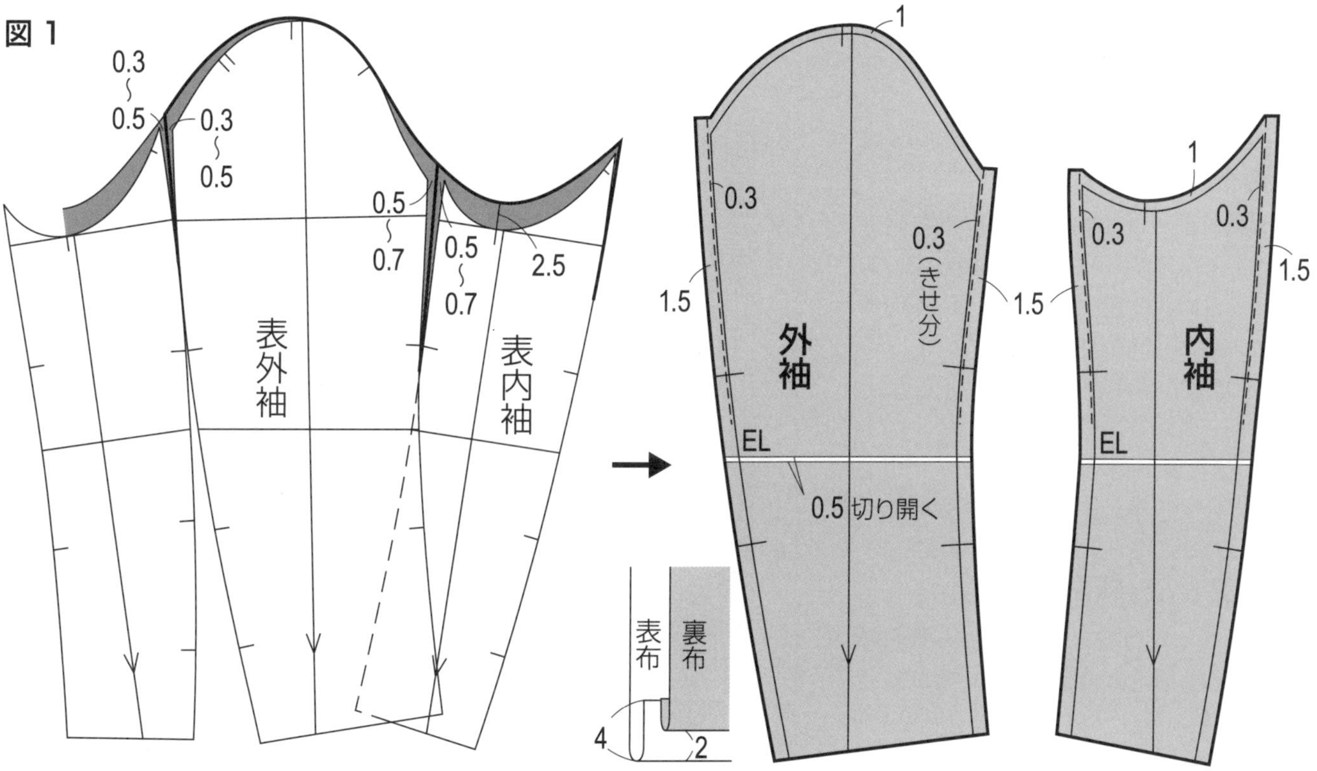

ポケット

- ポケット口と周囲の控え分をカットし、周囲に1cmの縫い代をつける

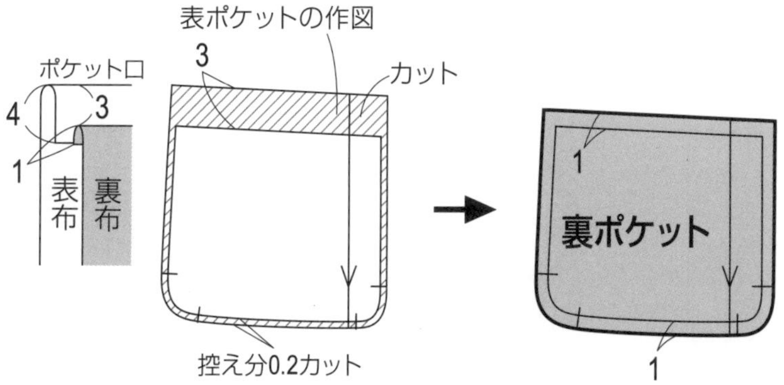

(3) 地直し(縮絨)について

地直しとは、布を仕上げる過程での布目のゆがみや耳のつれ、熱や水分を与えることで収縮する布地の特性を、裁断の前に整えることである。

使用量が多い場合や、アイロンのあたりが出やすい布の場合は、専門店に出すこともあるが、一般的に次のようにする。

布目を正しく通す

- よこ糸がまっすぐ通るまで裁ち端のよこ糸をほどく。
- 横布目が縦布目と直角であるか直角定規を当ててみる。ゆがんでいる場合、ゆがんでいる方向とは逆方向に布を引っ張りながらアイロンで整える。
- 耳がつれている場合は切込みを入れる。

(4) 表布の裁断

地直しをした布地を中表にして、裁ち端の布目が縦・横に直角に通っているか確認する。

布幅150cmの無地の場合を図示するが、むだに残り布が出ないようにパターンを配列する。特に毛並みがなくても一方方向に置くほうがよい。耳端はアイロンで整えても布目がゆがんでいることがあるので布幅の中央部に前身頃・後ろ身頃・外袖の中心部がくるように配列し、2枚重ねて裁断する。

衿は二つ折りにしたそれぞれの面で1枚ずつ裁断する。

表布の裁合せ図

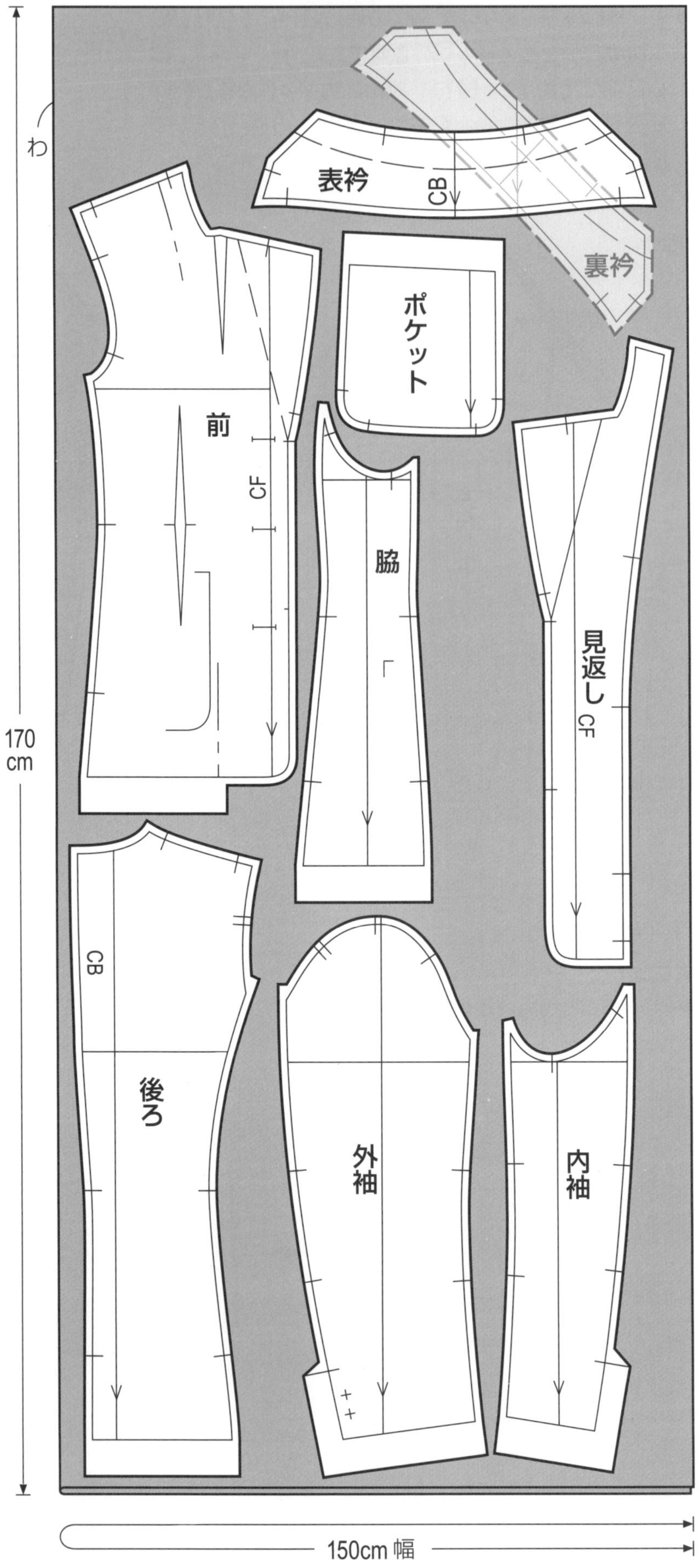

(5) 柄合せ

柄にはいろいろあるが、ジャケットによく使われる格子柄について説明する。

- 左右対称の格子柄は中表にして裁断できるが、布の表面が少しでもけば立っていると下側の布がずれる場合があるので、その場合は右身頃のみ裁断し、その布をもう一方の左身頃用の布の上に裁ち端をそろえて置いて裁つと柄がずれない。
- 格子の縦縞のどの柄を中心にするか決め、前身頃、後ろ身頃、袖の中心に合わせる。脇身頃は、切替え位置が前後身頃の縞となるべく重ならないように縞を選ぶ（64ページを参照）。
- 身頃の横の縞は、バストラインに通す。
- 外袖の横の縞は、前身頃袖ぐりの合い印に合わせる。縦の縞は、切替え位置で内袖と外袖が重ならないように選ぶ（64ページを参照）。
- 表衿は縦の縞を後ろ身頃の中心に合わせるが、衿外回りの縞は身頃についた状態にパターンを置き、身頃の横縞とそろえる（65ページ①を参照）。
- 見返しは表衿のゴージラインと縞のつながりを見て縞を選ぶが、ラペル端の縞を縦に通したい場合は布目を変える（65ページ②を参照）。
- ポケットは前身頃のポケット位置の縞をパターンにうつして裁断する（65ページを参照）。
- この柄合せは一般的な方法であり、格子の大きさ、縞の太さ、格子の色の濃淡によって変えることもある。柄合せはデザインとしての要素も含まれているので、いずれにしてもシーチング仮縫いの際、シーチングに格子を描いてみるとよい。

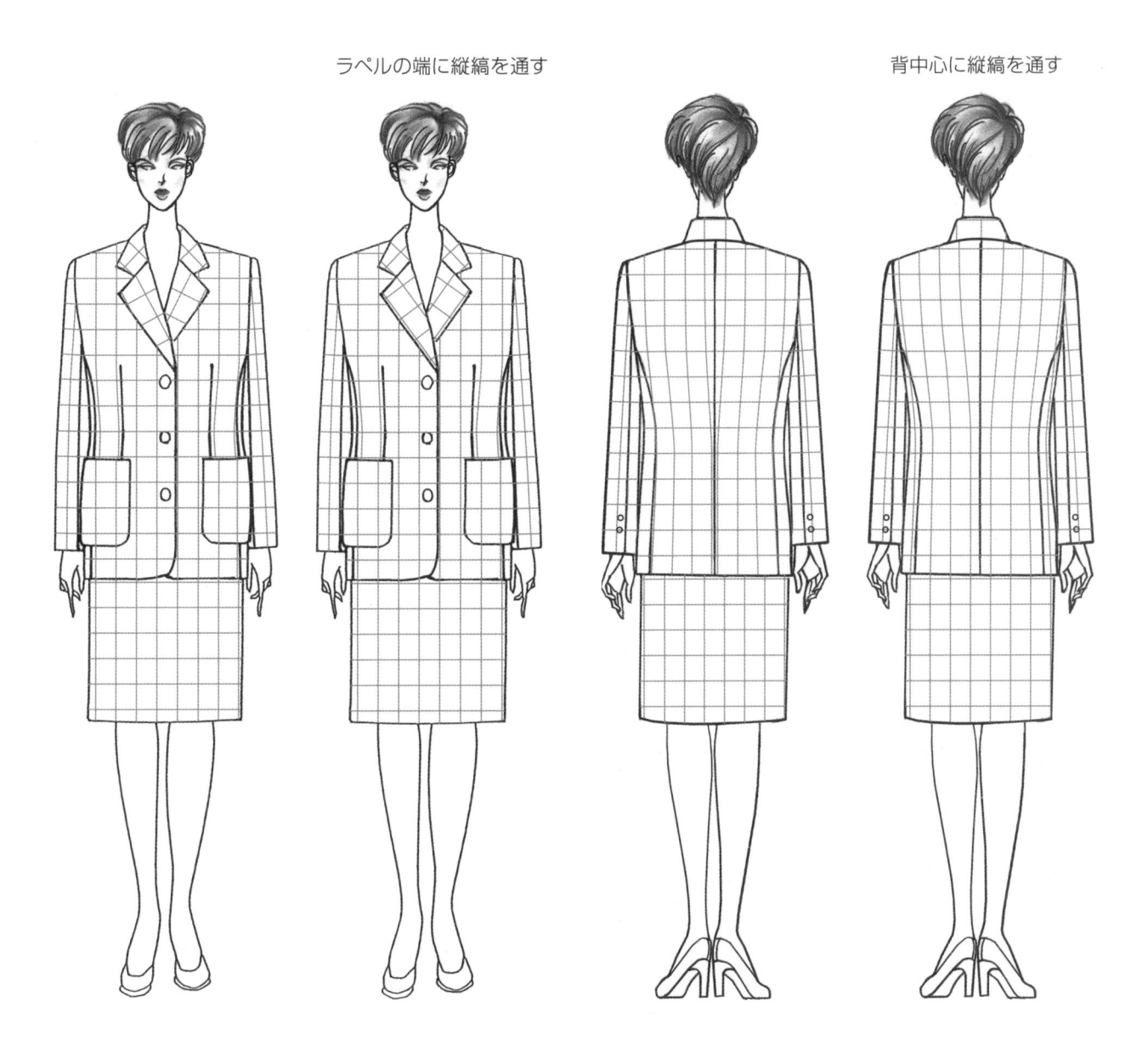

ラペルの端に縦縞を通す

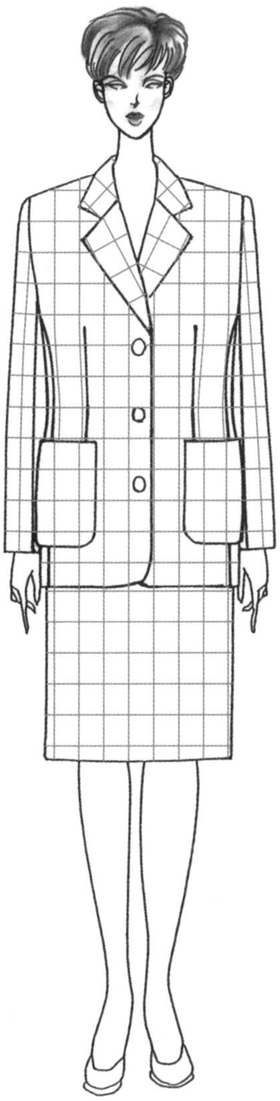

背中心に縦縞を通す

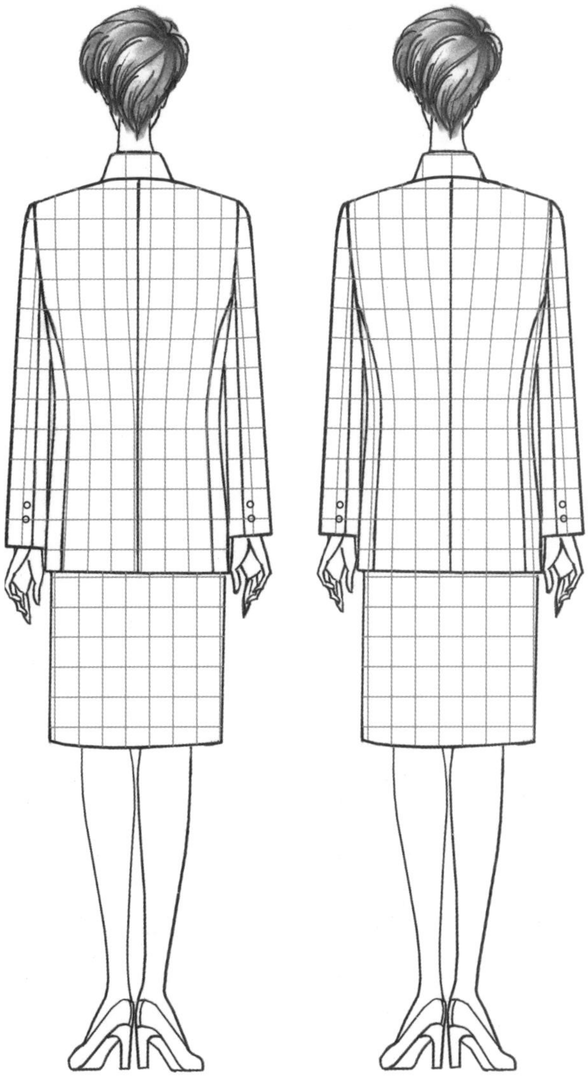

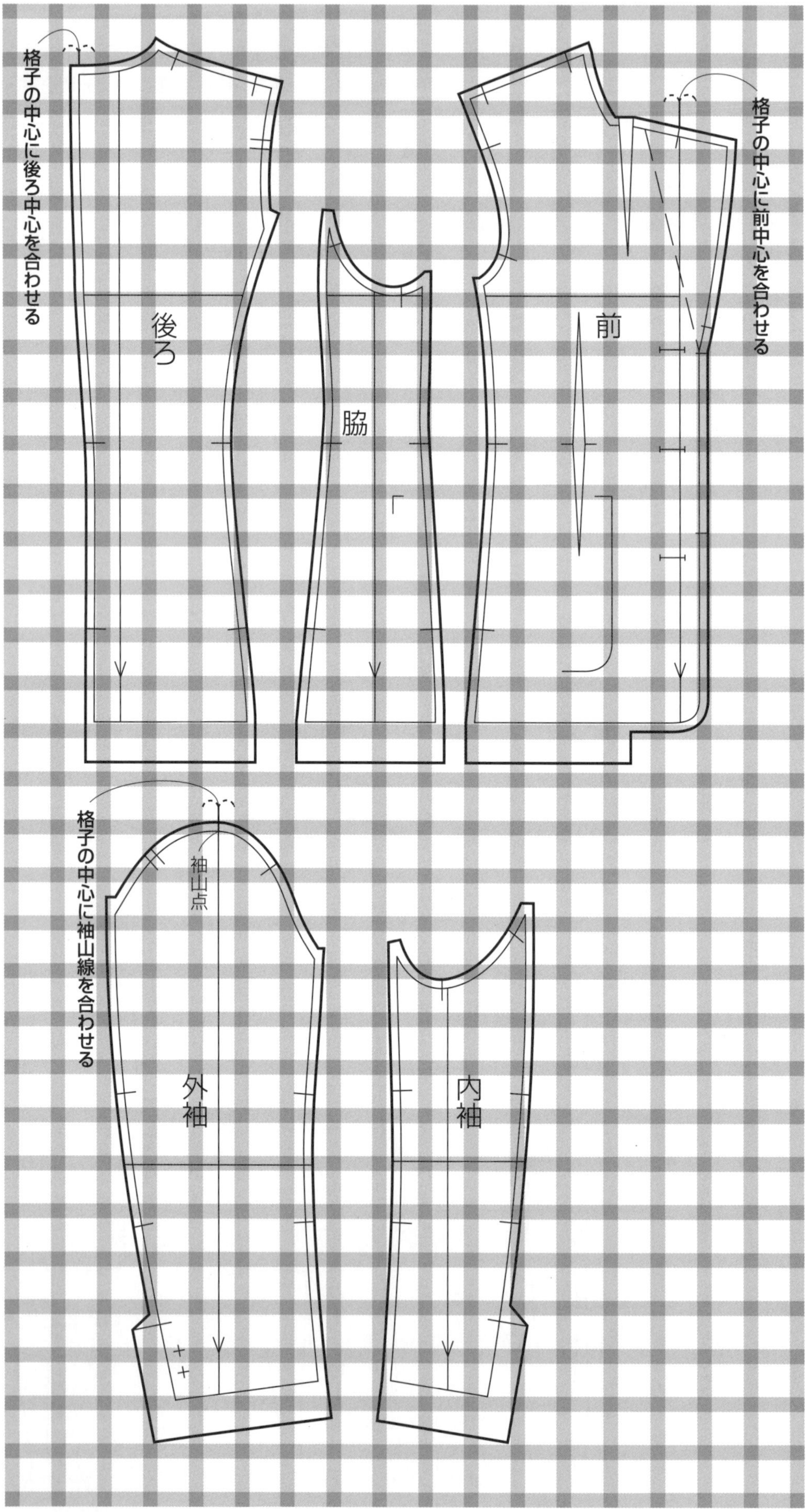
格子の中心に後ろ中心を合わせる
後ろ
脇
前
格子の中心に前中心を合わせる
格子の中心に袖山線を合わせる
袖山点
外袖
内袖

身頃と衿の格子の合せ方

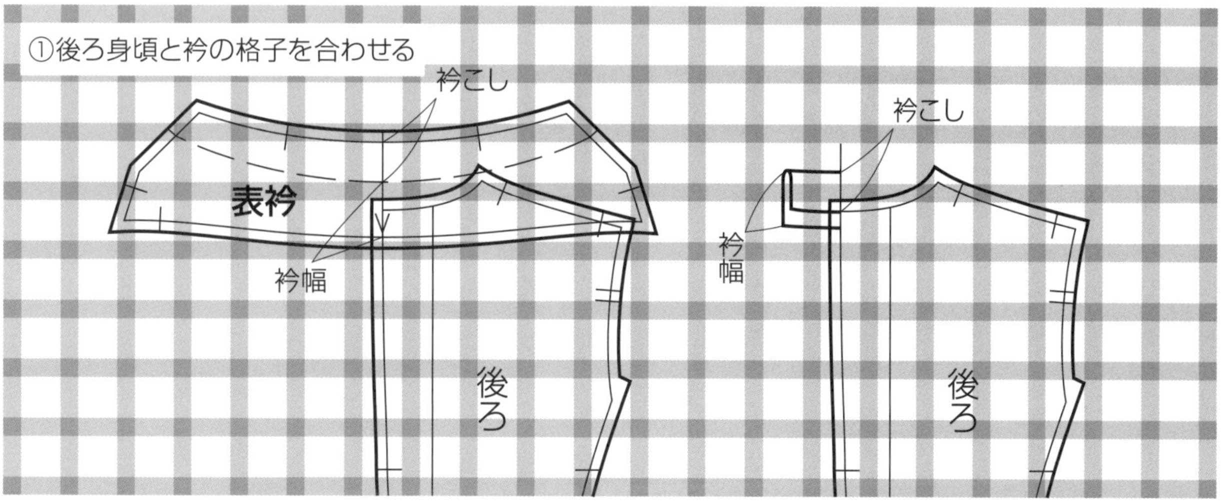
①後ろ身頃と衿の格子を合わせる
衿こし
表衿
衿幅
後ろ
衿こし
衿幅
後ろ

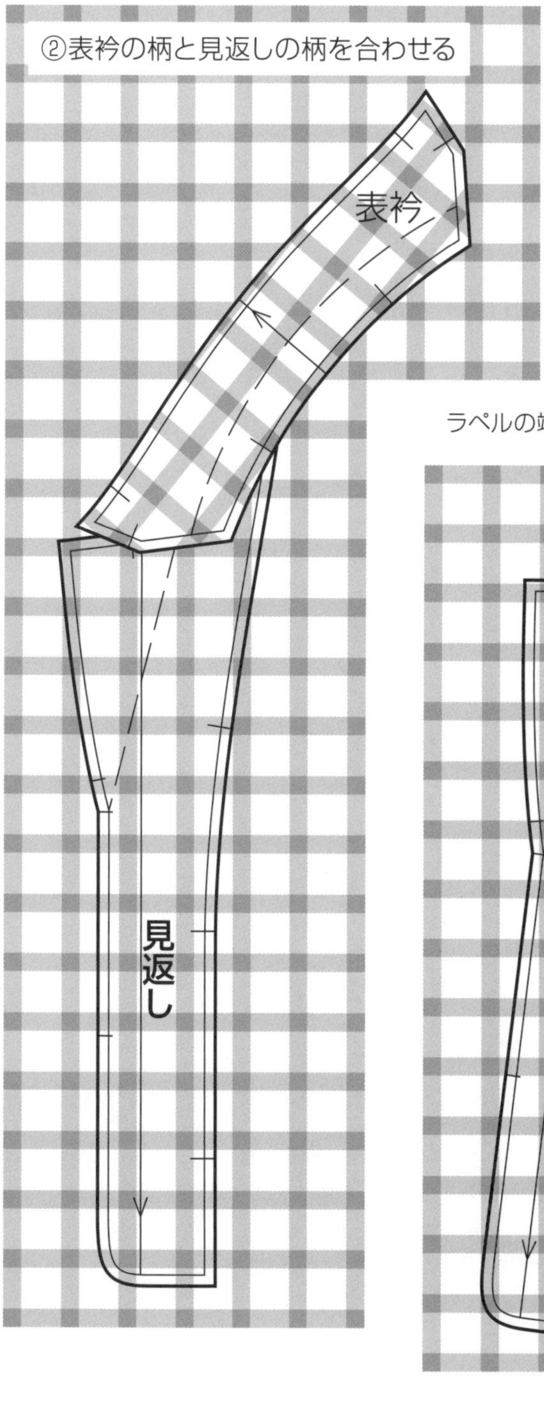
②表衿の柄と見返しの柄を合わせる
表衿
見返し

ラペルの端に縦縞を通したい場合

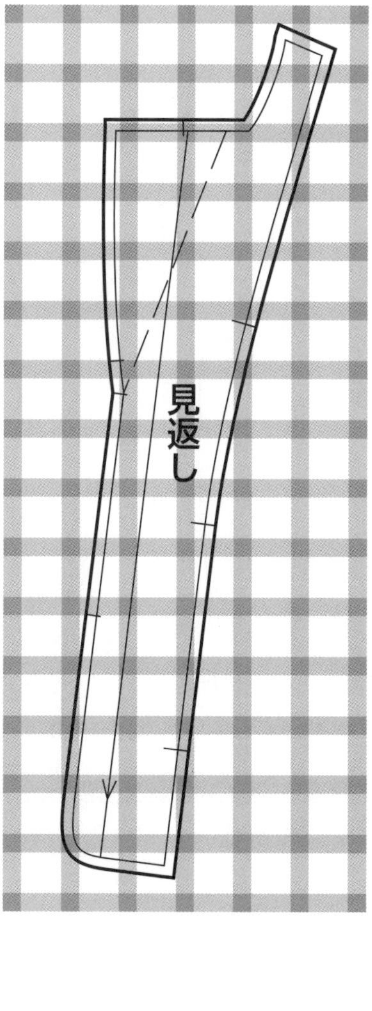
見返し

前身頃とポケットの格子の合せ方

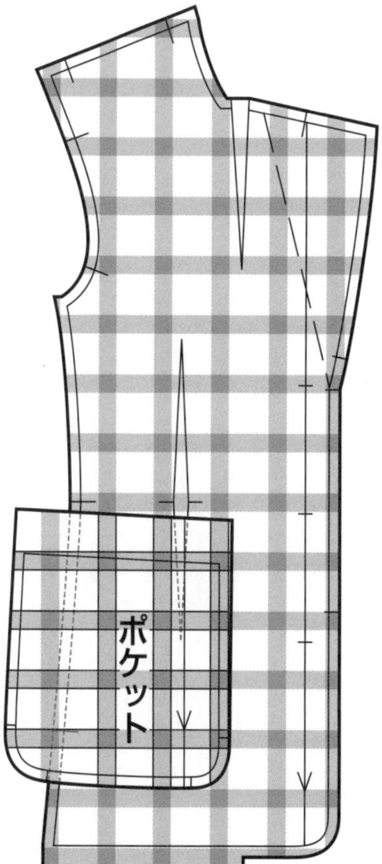
ポケット

(6) 裏布の裁断

裏布について

裏布はすべりがよいので、表布と合わせることで脱ぎ着を楽にさせ、服の形くずれを防ぐ。ほかに保温効果を高めたり、表布を保護する。

したがって裏布を選ぶときは、表布の風合いとなじみ、肌ざわりがよく、吸湿性に富み、静電気が起きず、丈夫でしわになりにくいなどの点を考慮する。

裏布の織り方には、平織り、綾織り、朱子織り、編み地などがあり、素材はコットンリンターを原料とするキュプラ、パルプの中の繊維を原料にするレーヨン、石油を原料にするポリエステル、蚕からとれるシルクなどがある。

裁ち方

中表に2枚重ね、パターンを一方方向に配列する。裏布はすべりやすいため、布目がずれないように周囲をピンで止める。

裏布の裁合せ図

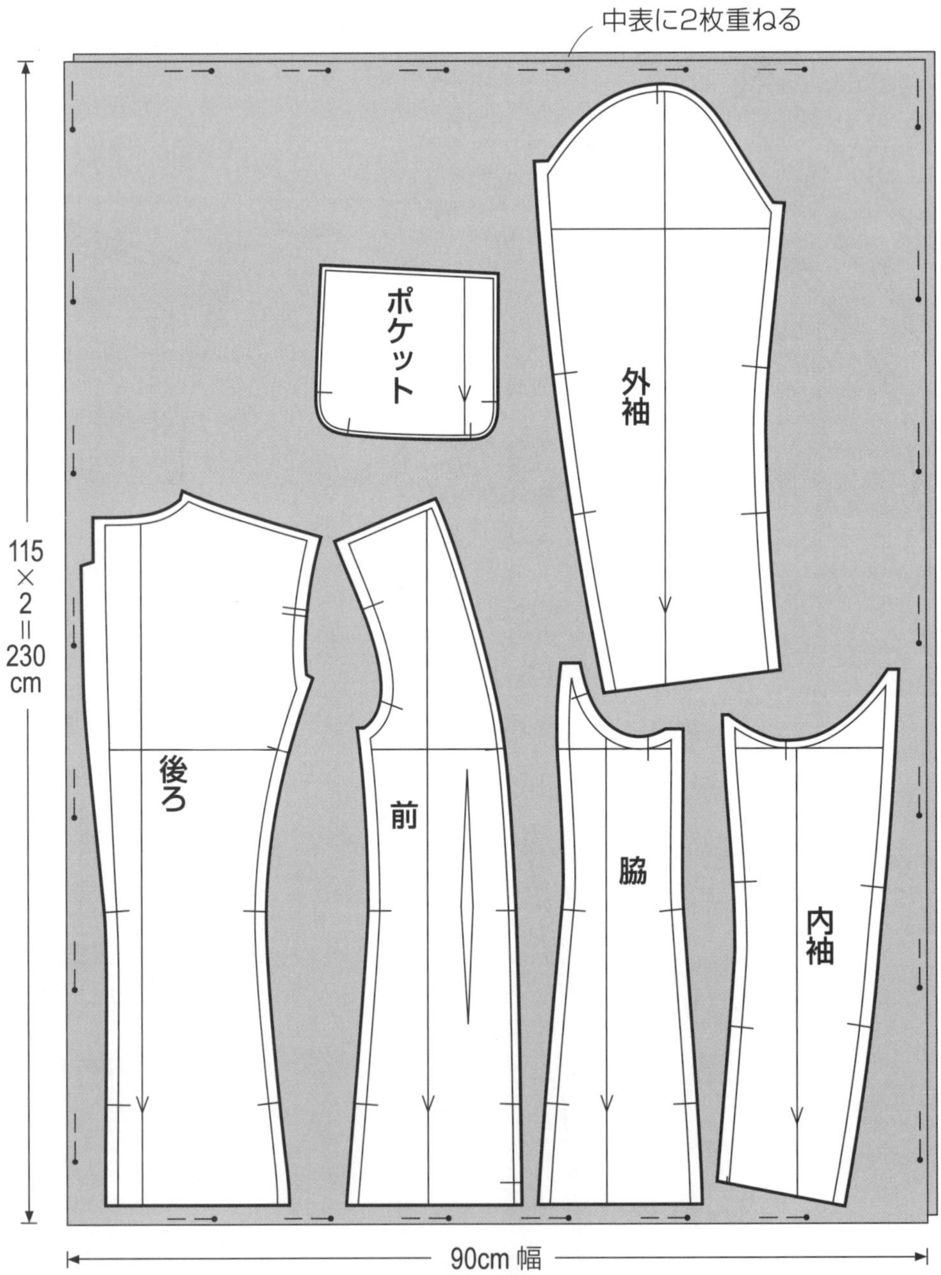

(7) 芯について

芯の役割

- 服に張りや立体感を出し、シルエットを美しく整える。
- 脱ぎ着の繰返しやクリーニングによる形くずれを防ぐ。
- ポケット口、袖口、裾など、部分的に補強する。

芯の種類

裏面に接着剤のついた接着芯と天然素材の芯とに分けられる。

天然素材の芯には、毛芯、パンピース、アルパカ、麻芯、スレキなどがあるが、このジャケットでは接着芯を使用する。

接着芯について

接着芯の基布には大きく分けて織物、編み物、不織布、複合布の4タイプあり、綿、レーヨン、ポリエステル、ナイロンなどの繊維が使われている。また接着剤も完全接着と仮接着に分けられる。

完全接着芯はクリーニング後も接着力が維持され、縫製面でもステッチなしでも可能だが、仮接着芯は接着力が弱くクリーニングではがれることがあるため、ミシンがかかる部分芯として使用することが多い。

接着芯の選び方

主にジャケットに使用される布地にはウールジョーゼット、ツイード、フラノ、ギャバジンなどがあるが、表布と接着芯との組合せによって表布の風合いに違いが出る。表布となじみがよいか、表布の動きに合うか、形くずれを防ぐか、適度の張りがあるかなどを比較し、デザインやシルエットに適合した接着芯を選ぶ。残り布に試しばりをしてこれらの要点を確認するとよい。

織物の芯地

表布と同じようにたて糸、よこ糸があり、どの布にもなじみ、張りをもたせる。特に縫製上くせとりを必要とするとき、表布と同じ地の目であるほうが、アイロンの操作がしやすい。

編み物の芯地

はった後もソフト感を保つ。ツイードのような紡毛素材には特に適合する。

複合布の芯地

不織布の縦方向にポリエステル糸を用いて寸法を安定させ、横方向に適度な伸びがある。胸の張りを出したいジャケットには、伸びのないほうを横に使う場合もある。

不織布の芯地

横方向に適度な伸びがある。

表布と接着芯の風合いを見る

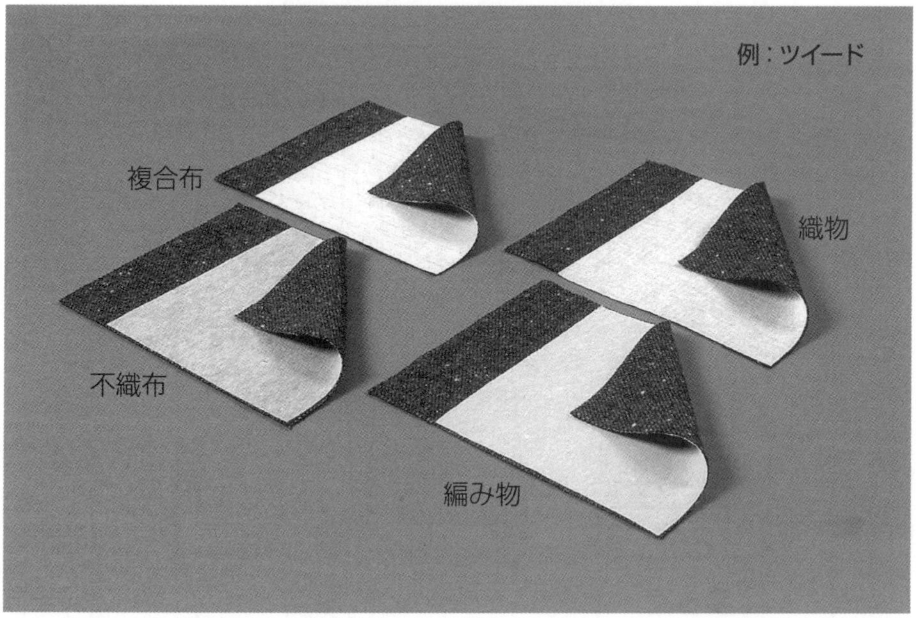

(8) 接着芯の裁断とはり方

- 織物の芯地を使用する場合は表布と同じ布目で裁断する。
- 芯をはる位置
  前身頃、脇身頃、裏衿、表衿、見返しには全面にはる。
  後ろ身頃は袖ぐりと裾にはる。
  外袖は袖口とあきみせの部分、内袖は袖口部分にはる。
  ポケットはポケット口にはる。
- はり方の要点は、シーチング仮縫いのはり方と同様だが、表布の種類によってアイロンを布に当てている秒数・圧力・温度によって接着の状態が異なるので残り布で必ず試しばりをする。
  余熱があるうちは布をたたんだり、動かしたりしないようにする。

芯の裁合せ図

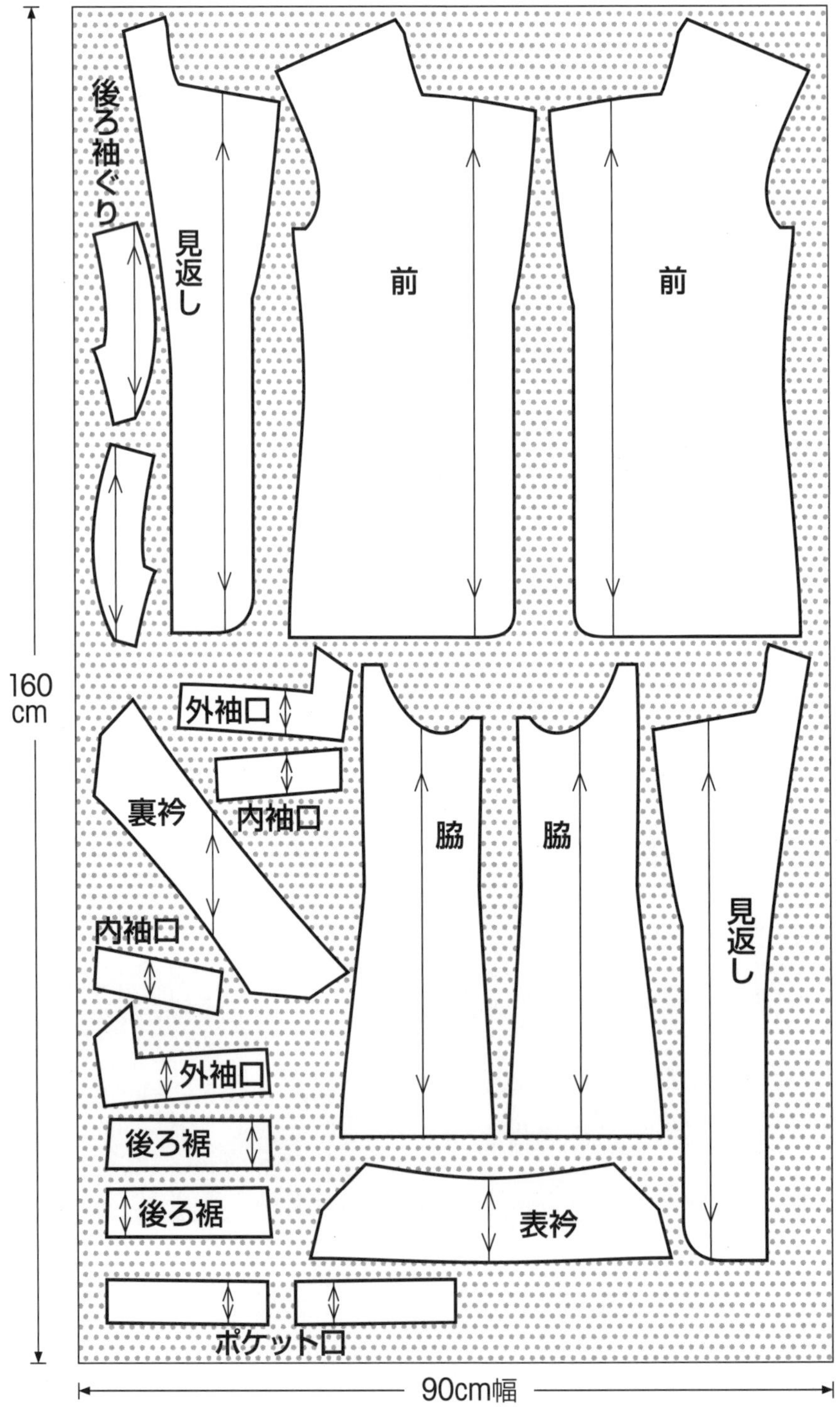

芯をはる位置

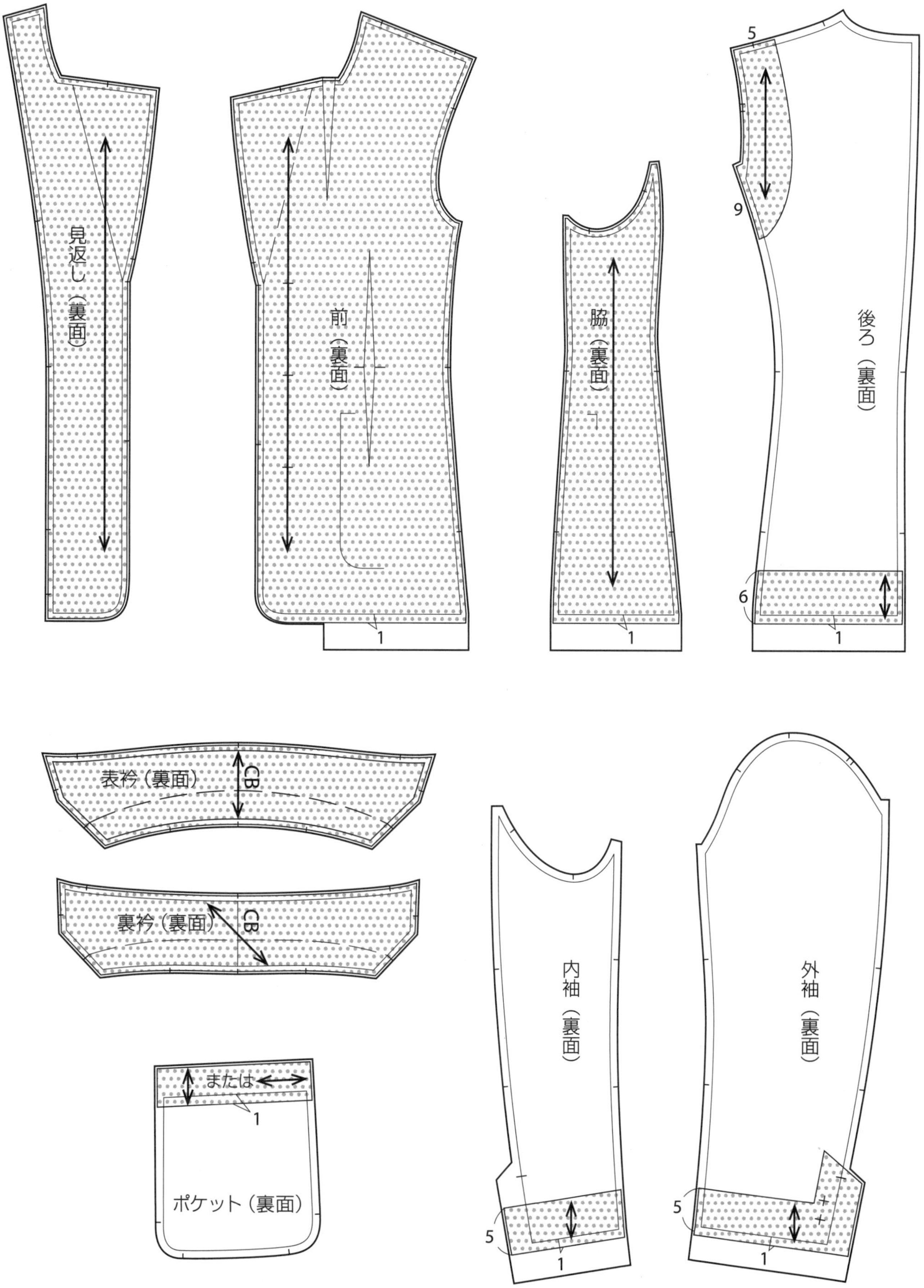
見返し（裏面）
前（裏面）
1
脇（裏面）
1
5
9
後ろ（裏面）
6
1
表衿（裏面）
CB
裏衿（裏面）
CB
または
1
ポケット（裏面）
内袖（裏面）
5
1
外袖（裏面）
5
1

実物の布地で仮縫いをする場合

これまではシーチングで仮縫いをしてから実物製作用のパターンメーキングする方法を解説してきたが、シーチングと風合いが大きく異なる素材を用いる場合は、実物の布で仮縫いをするほうがより的確にシルエットの確認ができる。

仮縫いの要点

①パターンの配列（62ページを参照）

②裁断

仮縫いのための縫い代は、シーチングで仮縫いをする場合より多めにつける。

③印つけ

実物の布地の印つけは切りじつけをするのが一般的だが、芯をはってから切りじつけをするため、布地に厚みが増し、布がすくいにくくなる。そのため厚地の場合は1枚ずつ縫い印をする。

切りじつけ—パターンの輪郭、ダーツ、ボタン穴位置、返り線、合い印をチョークでうつし、パターンをはずして線のゆがみや不明瞭な部分を改めてチョークで引き直す。次にチョークの線上をしつけ糸2本どりで切りじつけをする。袖ぐり、衿ぐり、袖山など、曲線のところは2～3cm間隔に細かく、直線やゆるやかな曲線のところは4～5cmくらいの間隔に切りじつけをする。

2本の線が交わるところや合い印は、糸を十字形に渡してすくう。

縫い印—布の表面にパターンを重ねてピンで止め、パターンのきわを縫う。

④仮縫いの順序

シーチングの仮縫いと同様にする。衿つけは、衿ぐりの切込みを入れないつけ方にする。

切りじつけ

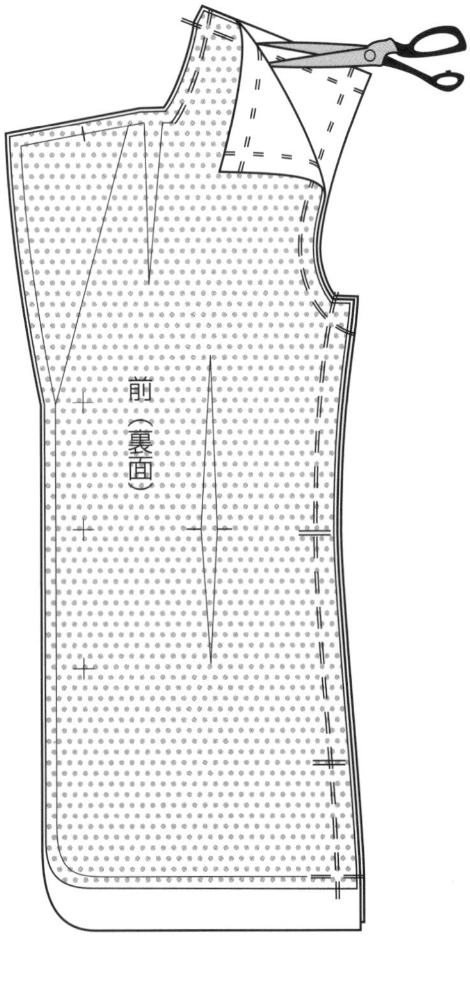

縫い印

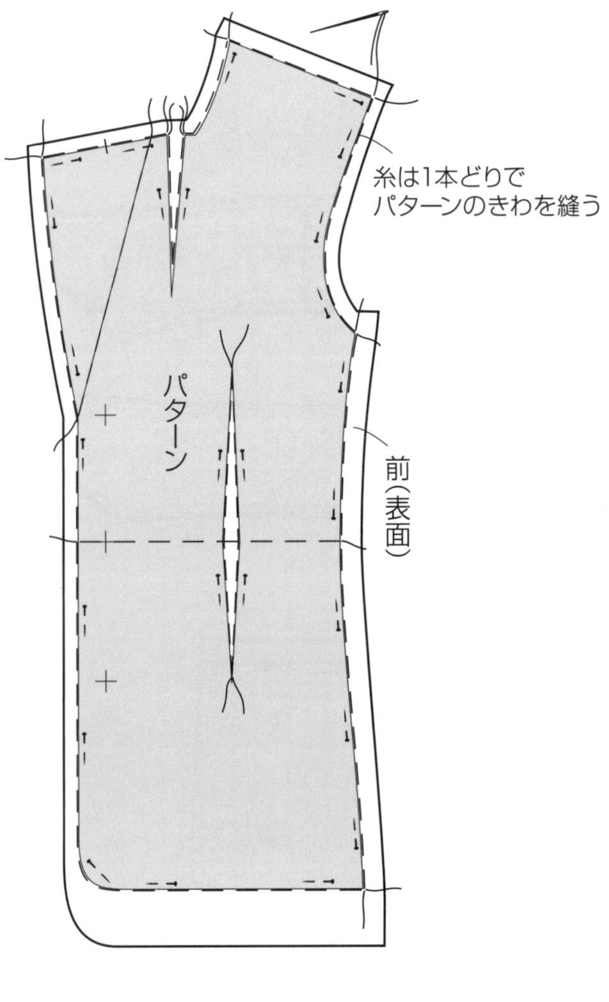

6　テーラードジャケットの縫製法

テーラードジャケットを仕上げるには、着用するシーズンや表地素材の性質によって、裏布のつけ方を変える。裏布のつけ方には総裏仕立て、背抜き仕立て、半裏仕立て、背裏仕立て、また裏布をつけない一重仕立ての方法がある。それぞれの裏布の裁断や縫い方、縫い代の始末の方法をここで解説する。

下の図は、総裏仕立ての表布、裏地、芯地の各パーツを表にしたものである。仕立て方によって裏地と芯地のパーツが変わってくる。これらを組み合わせて、効率よく縫製する工程表を次ページに示してある。工程表でおおまかな縫製順序を把握して本縫いに入るとよい。

ジャケットの裏布仕様

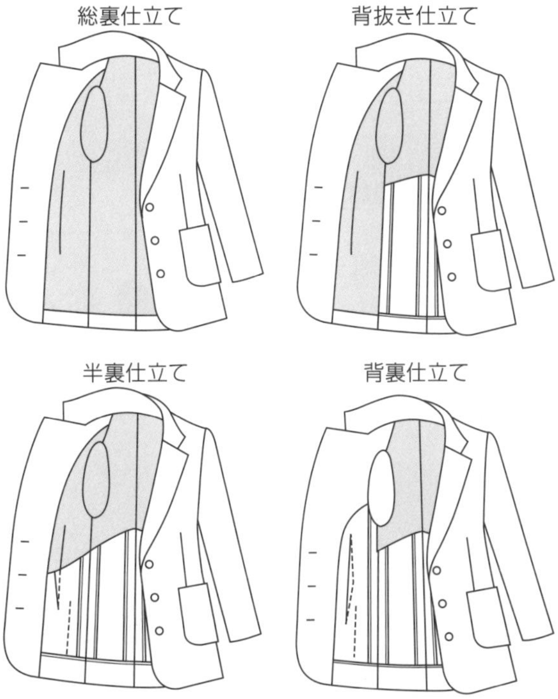

総裏仕立てに必要なパーツ一覧

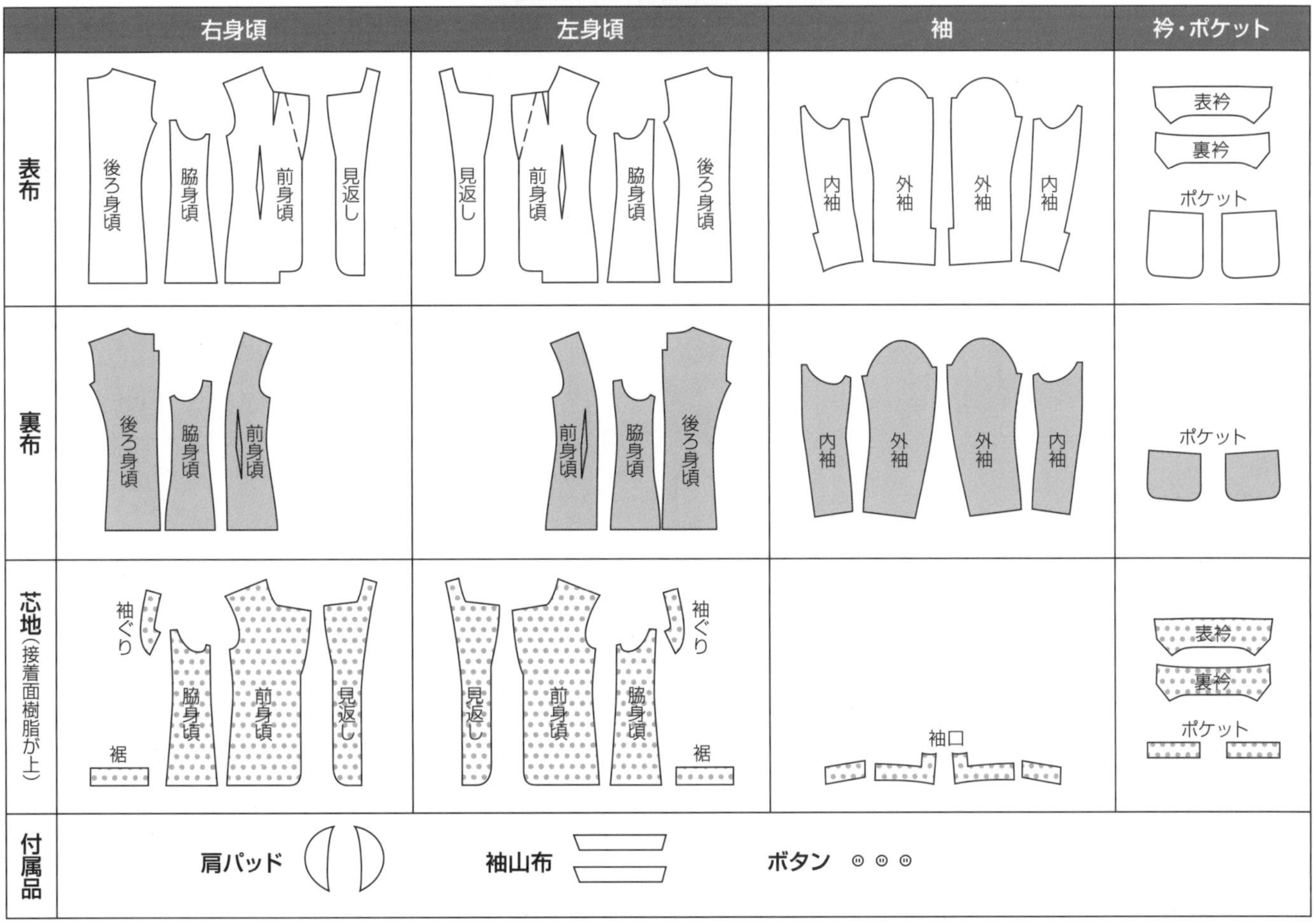

総裏仕立てのジャケットの縫製工程

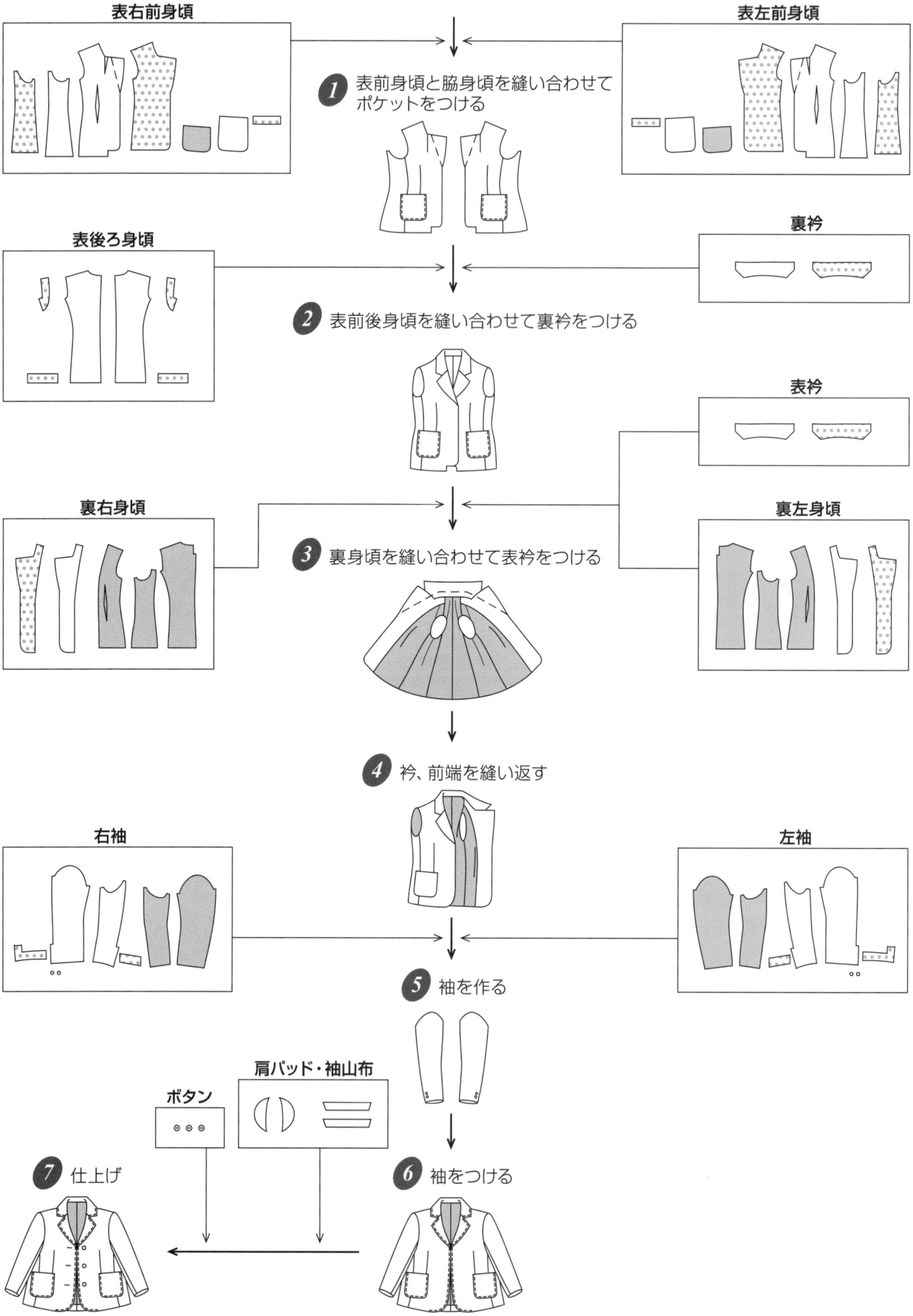
表右前身頃
表左前身頃
1 表前身頃と脇身頃を縫い合わせて
ポケットをつける
表後ろ身頃
裏衿
2 表前後身頃を縫い合わせて裏衿をつける
表衿
裏右身頃
裏左身頃
3 裏身頃を縫い合わせて表衿をつける
4 衿、前端を縫い返す
右袖
左袖
5 袖を作る
肩パッド・袖山布
ボタン
6 袖をつける
7 仕上げ

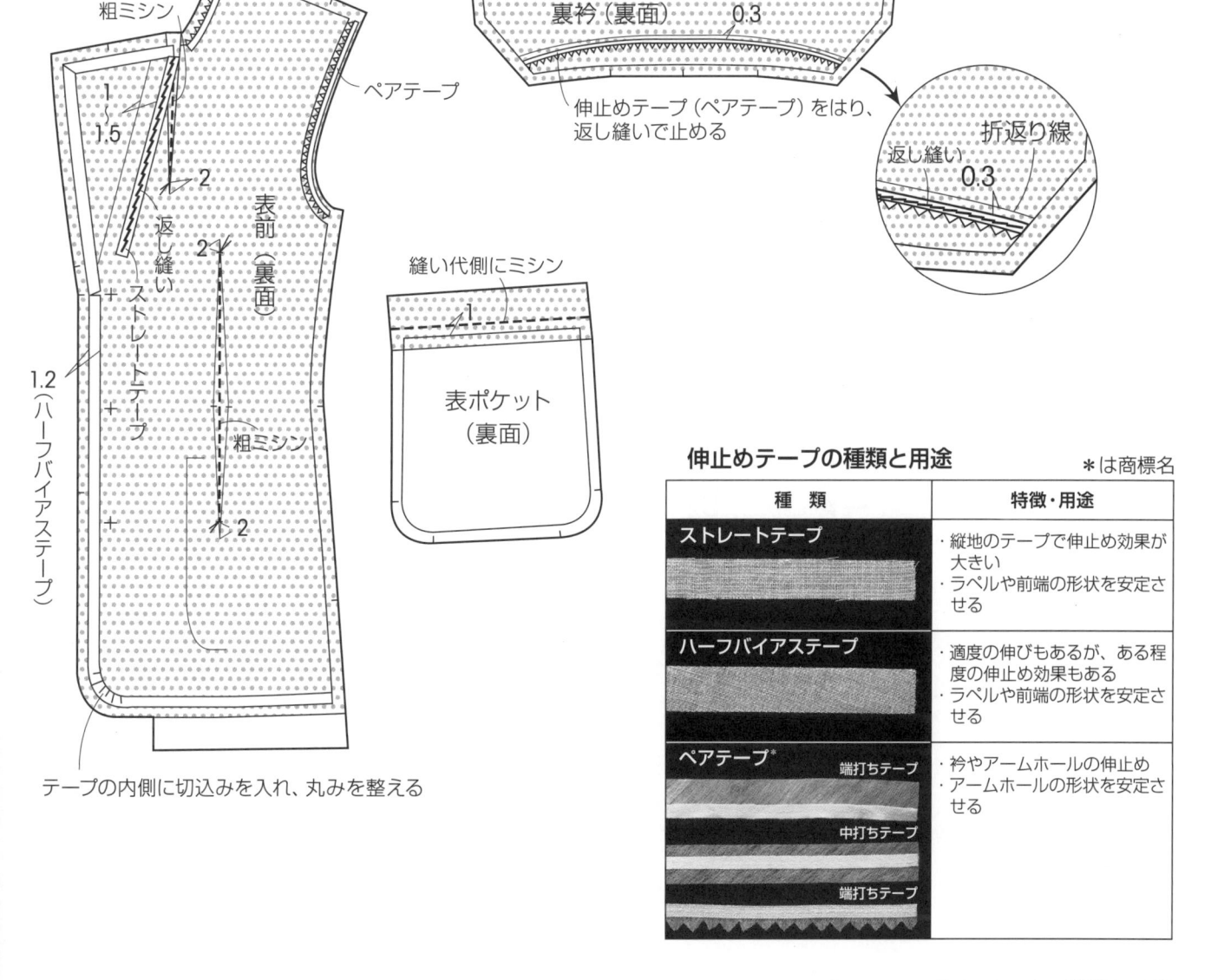

（1）総裏仕立て

縫製工程

総裏仕立てのジャケットは、表布、裏布、芯とパターンの数（パーツ）も多く、複雑な構造になる。

このジャケットの縫製工程は、表身頃、裏身頃ともそれぞれ衿つけまで縫い上げてから、2枚を中表に合わせて縫い返す方法で、初心者が習得しやすい順序で組み立てられている。

工程 1　表前身頃と脇身頃を縫い合わせてポケットをつける

1　接着テープをはり、ダーツの中心に粗ミシンをかける

布目や縫い目が伸びやすい部分に、伸止めと補強のためにテープをはる。ラペルと裏衿のテープは返し縫いする。

ダーツの中心に粗ミシンをかけ、表布と芯が離れないようにする。

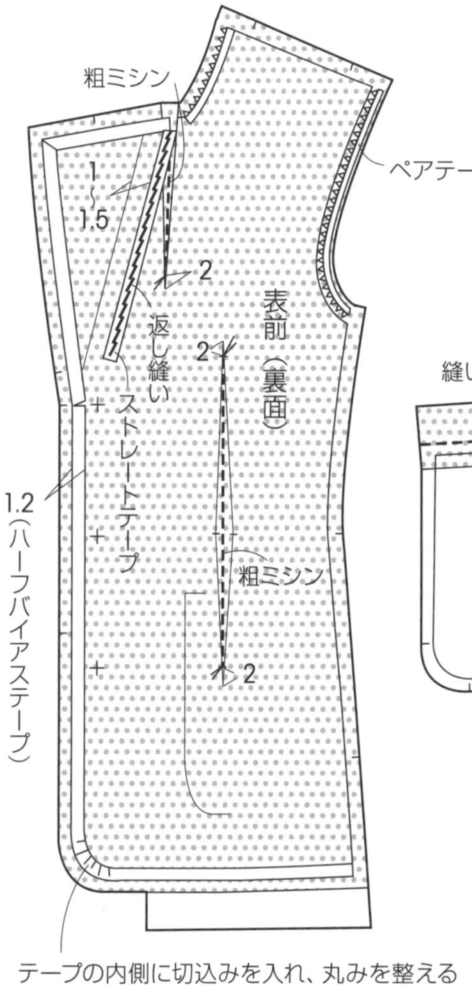

粗ミシン
ペアテープ
1
1.5
2
返し縫い
表前（裏面）
2
ストレートテープ
1.2（ハーフバイアステープ）
粗ミシン
2
テープの内側に切込みを入れ、丸みを整える

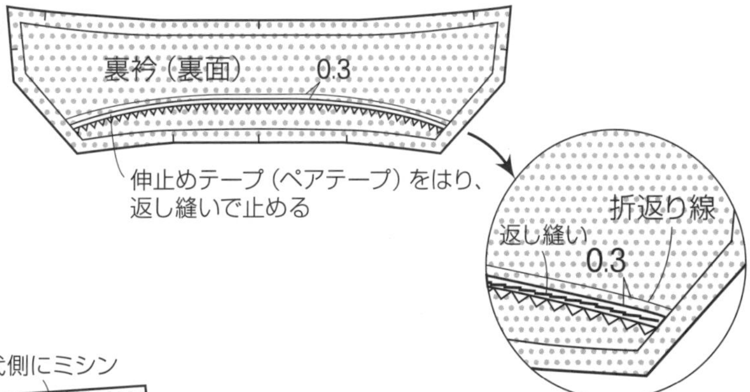

裏衿（裏面）
0.3
伸止めテープ（ペアテープ）をはり、返し縫いで止める
返し縫い
折返り線
0.3

縫い代側にミシン
1
表ポケット（裏面）

伸止めテープの種類と用途　＊は商標名

種　類	特徴・用途
ストレートテープ 	・縦地のテープで伸止め効果が大きい ・ラペルや前端の形状を安定させる
ハーフバイアステープ 	・適度の伸びもあるが、ある程度の伸止め効果もある ・ラペルや前端の形状を安定させる
ペアテープ＊ 端打ちテープ 中打ちテープ 端打ちテープ	・衿やアームホールの伸止め ・アームホールの形状を安定させる

2 表前身頃のネックラインダーツ、ウエストダーツを縫う

ダーツのあたりが表に出ないように、バイアス裁ちのスレキを片側に重ねて縫う。厚地には表布を使う場合がある。

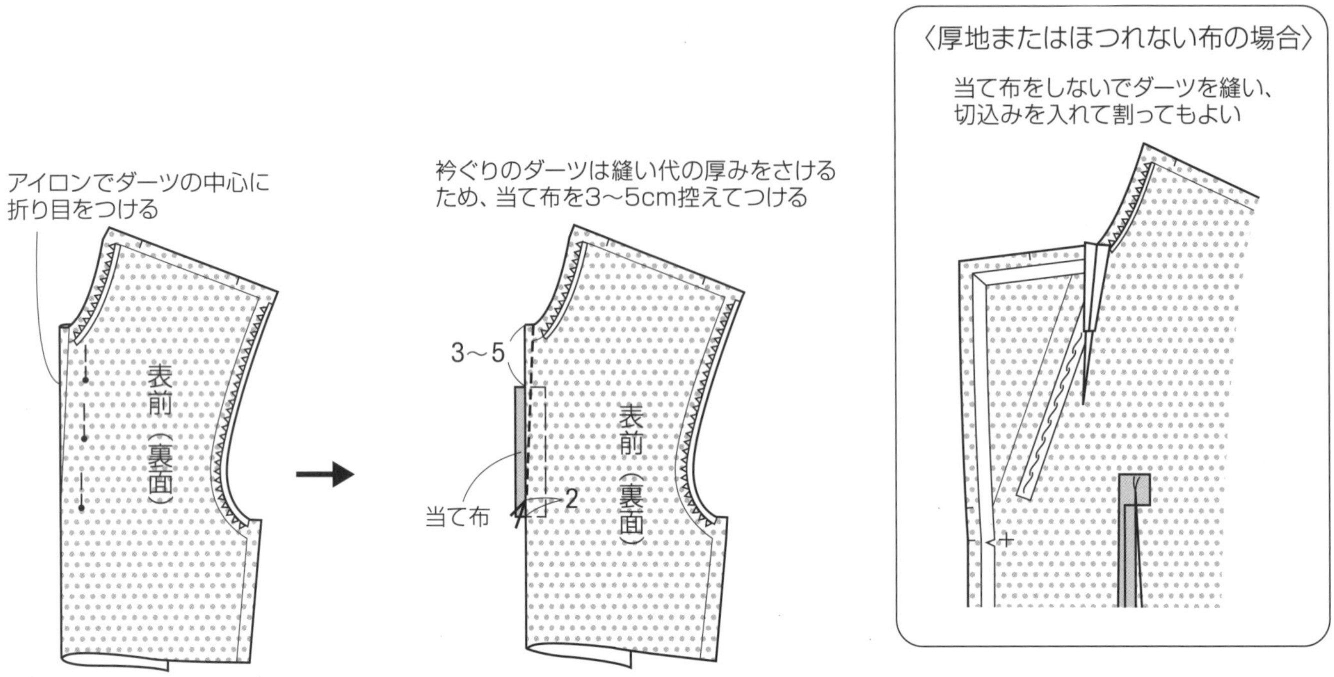

アイロンでダーツの中心に折り目をつける
表前（裏面）
衿ぐりのダーツは縫い代の厚みをさけるため、当て布を3〜5cm控えてつける
3〜5
当て布
2
表前（裏面）
〈厚地またはほつれない布の場合〉
当て布をしないでダーツを縫い、切込みを入れて割ってもよい

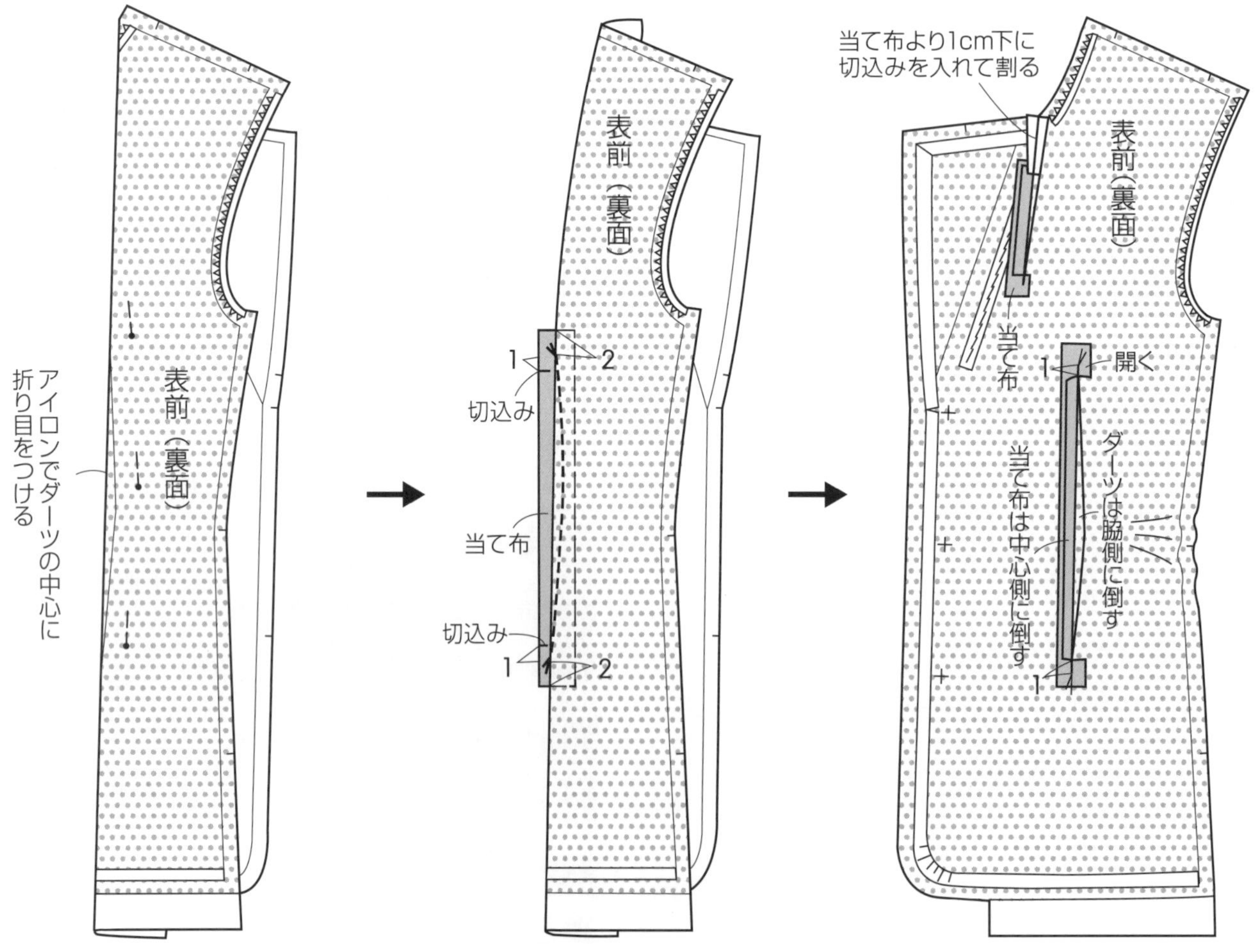

表前（裏面）
アイロンでダーツの中心に折り目をつける
表前（裏面）
1
2
切込み
当て布
切込み
1
2
当て布より1cm下に切込みを入れて割る
表前（裏面）
当て布
1
開く
ダーツは脇側に倒す
当て布は中心側に倒す
1

3 表前身頃のパネルラインを縫う

裁ち端をそろえ、合い印を合わせてピンまたはしつけをして縫う。

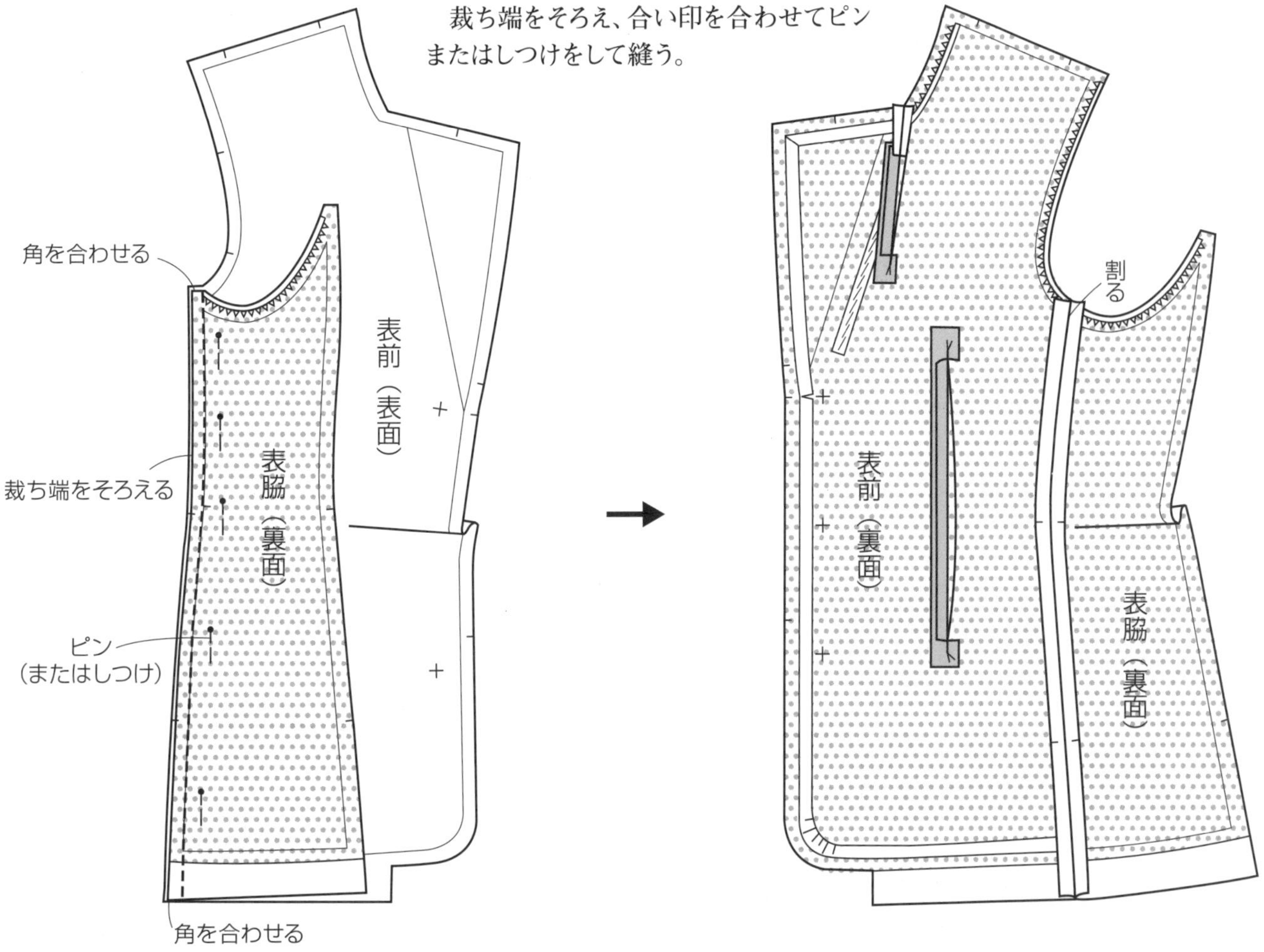
角を合わせる
裁ち端をそろえる
ピン
（またはしつけ）
角を合わせる
表前（表面）
表脇（裏面）
表前（裏面）
割る
表脇（裏面）

4 ポケットを作る

ポケット口側の表布と裏布のはぎ目を縫い残し、そこから表に返す。

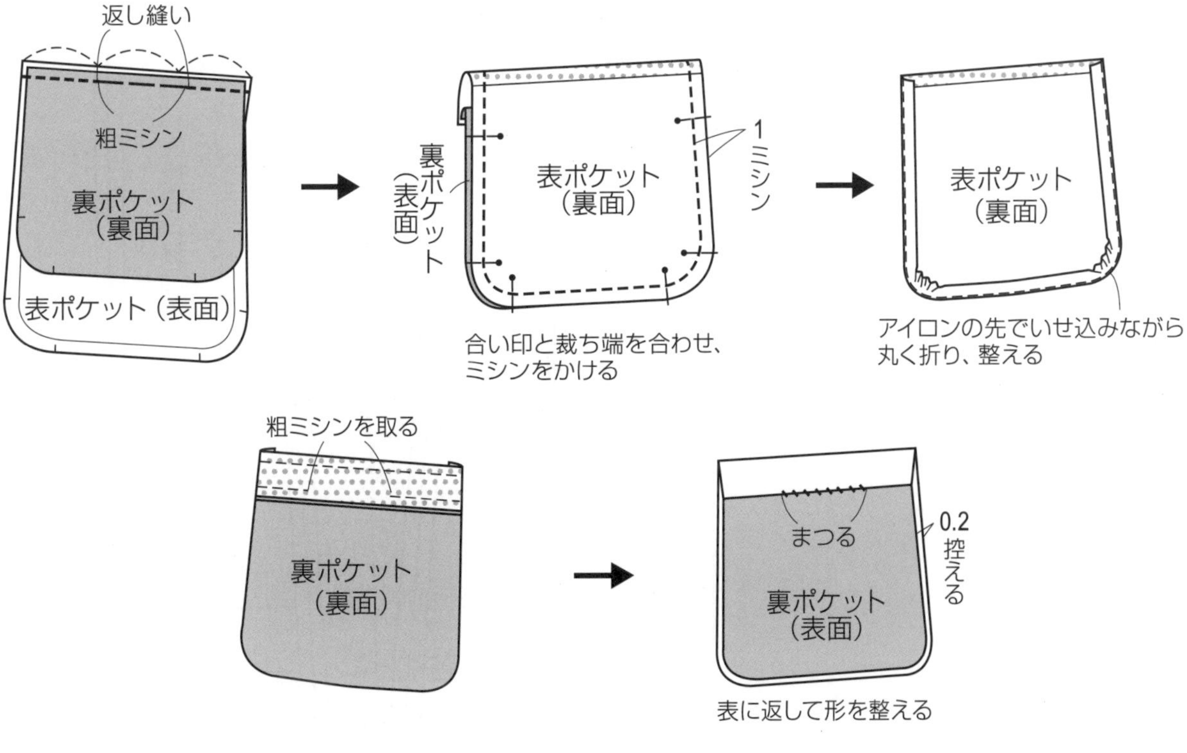
返し縫い
粗ミシン
裏ポケット
（裏面）
表ポケット（表面）
裏ポケット
（表面）
表ポケット
（裏面）
1ミシン
合い印と裁ち端を合わせ、
ミシンをかける
表ポケット
（裏面）
アイロンの先でいせ込みながら
丸く折り、整える
粗ミシンを取る
裏ポケット
（裏面）
まつる
0.2
控える
裏ポケット
（表面）
表に返して形を整える

5　ポケットをつける

プレスボールの上で腰の丸みに合わせて外回りのゆとりを入れ、ポケット口をやや浮かせぎみにしてピンを打ち、しつけをする。

ポケット口の縫始めと縫終りを返し縫いする。

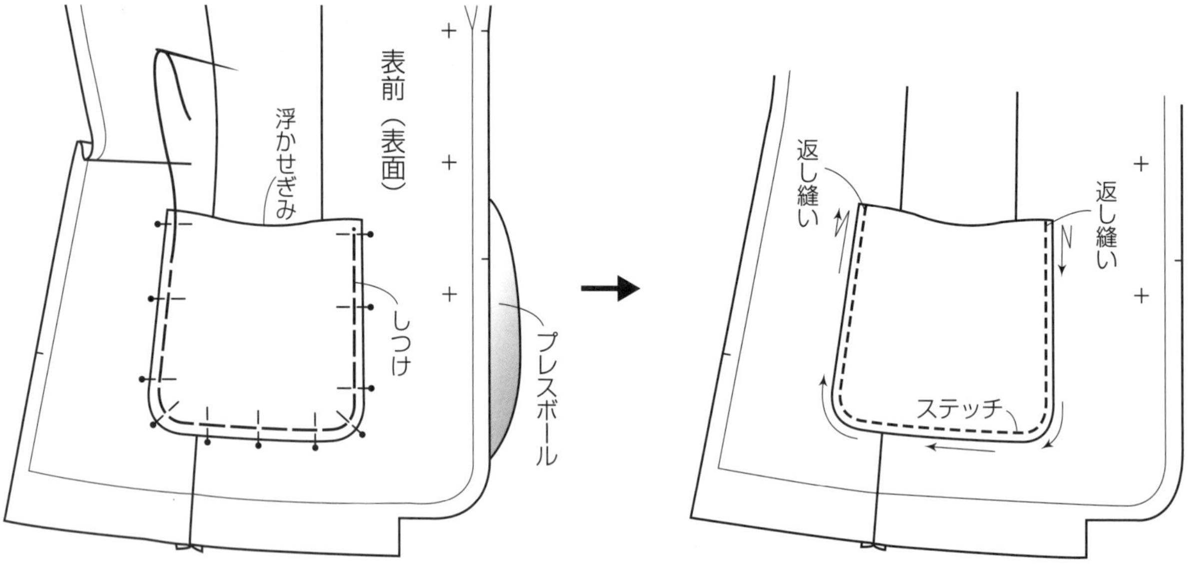

表前（表面）
浮かせぎみ
しつけ
プレスボール
返し縫い
返し縫い
ステッチ

工程 2　表身頃を縫い合わせて裏衿をつける

1　表後ろ身頃の中心とパネルラインを縫う

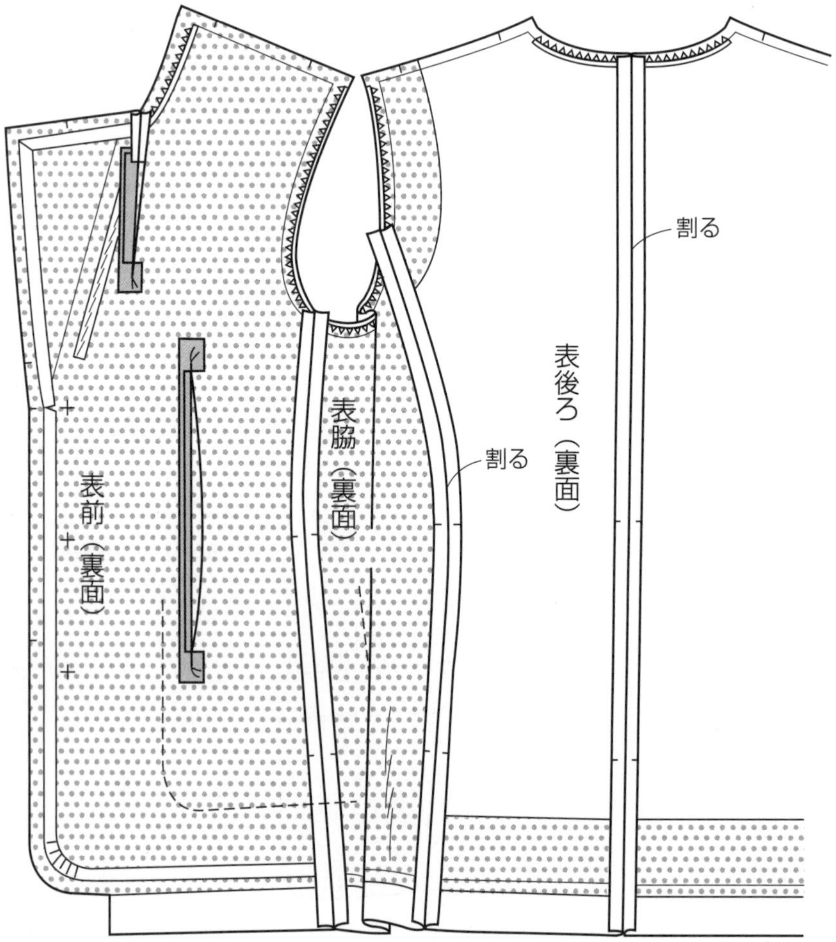

表前（裏面）
表脇（裏面）
割る
表後ろ（裏面）
割る

2 表身頃の肩を縫う

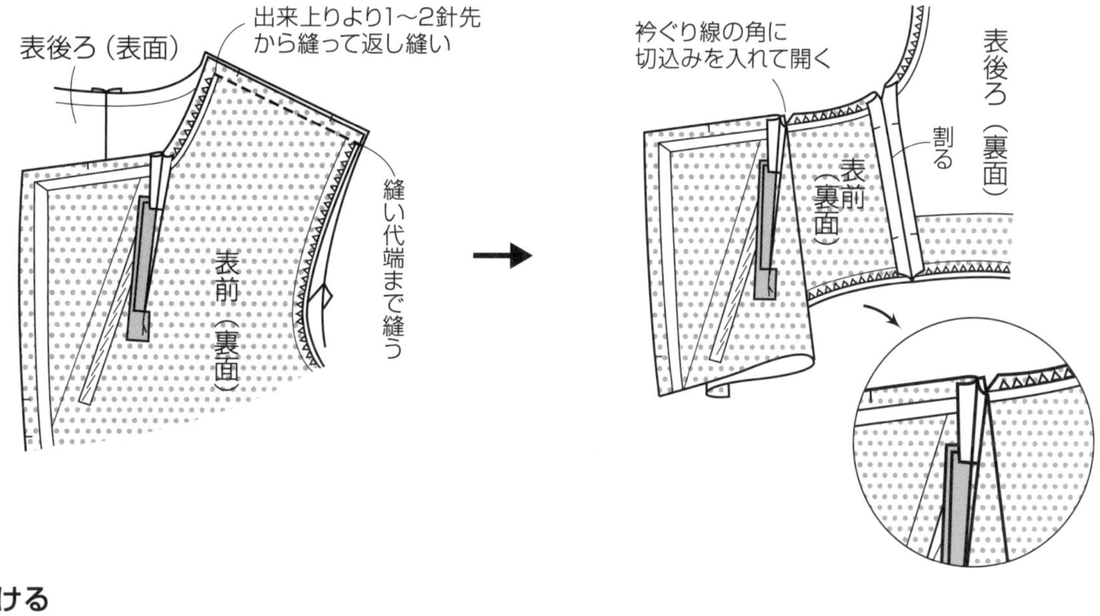
表後ろ（表面）
出来上りより1〜2針先
から縫って返し縫い
縫い代端まで縫う
表前（裏面）
衿ぐり線の角に
切込みを入れて開く
表後ろ（裏面）
割る
表前（裏面）

3 裏衿をつける

①衿つけ止り、②切込み位置、③サイドネックポイント、後ろ中心の順に合い印を合わせ、縫い代の裁ち端をそろえてしつけをし、衿つけミシンをかける。縫始めと縫終りは返し縫いをする。

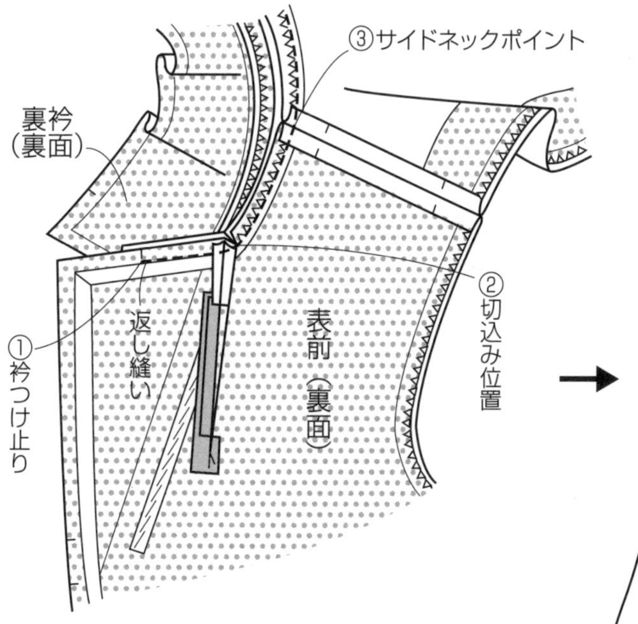
③サイドネックポイント
裏衿
（裏面）
返し縫い
表前
（裏面）
②切込み位置
①衿つけ止り

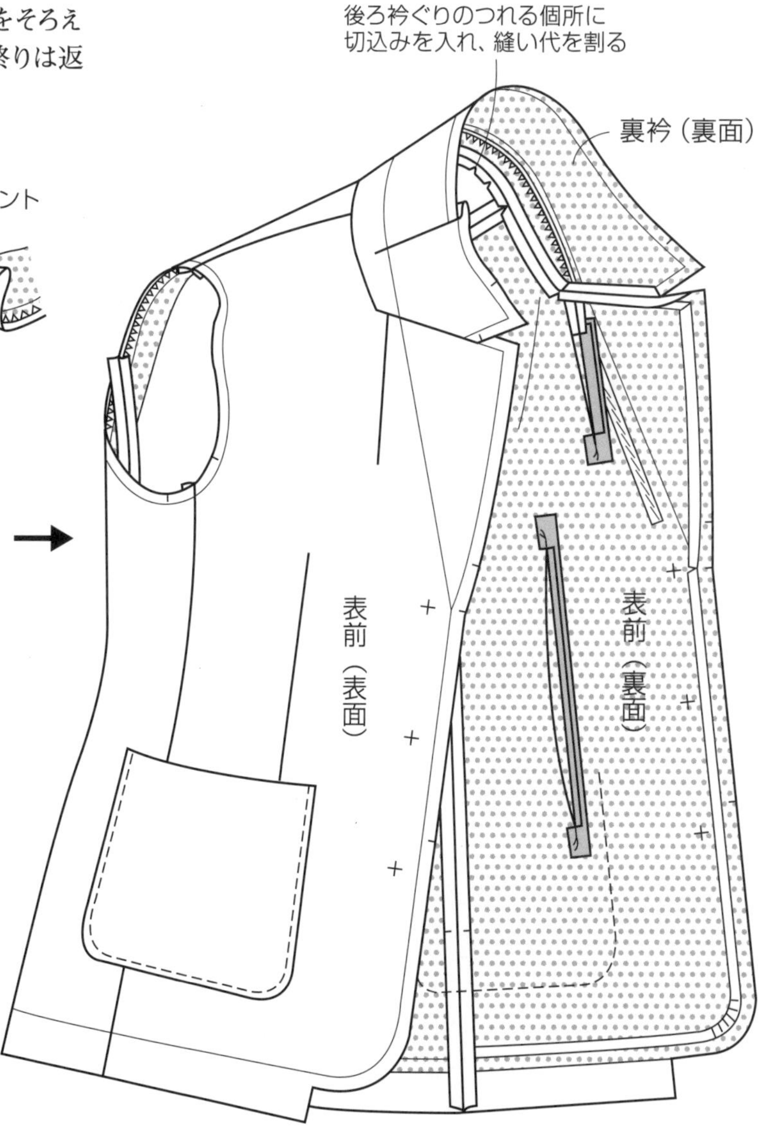
後ろ衿ぐりのつれる個所に
切込みを入れ、縫い代を割る
裏衿（裏面）
表前（表面）
表前（裏面）

工程 3
裏身頃を縫い合わせて表衿をつける

1　裏前身頃のダーツとパネルラインを縫う

2　見返しと裏前身頃を縫い合わせる

3　裏後ろ身頃の中心とパネルラインを縫う

出来上り線にしつけをし、ミシンは0.2〜0.3cm縫い代側にかける。縫い代は出来上り線をアイロンで折り、後ろ中心は右身頃側に、ほかは後ろ身頃側に倒す。

出来上り線のしつけは、仕上げアイロンの後で抜く。

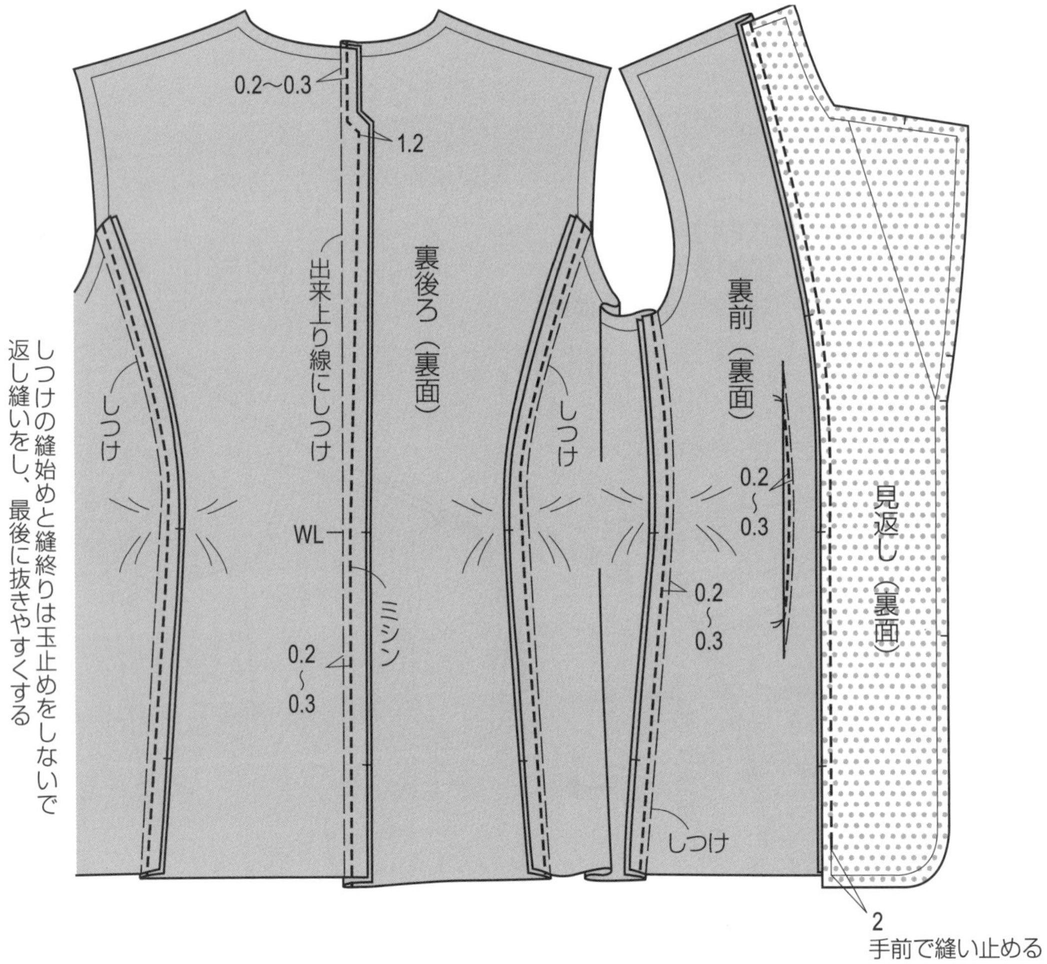

4　裏身頃の肩を縫う

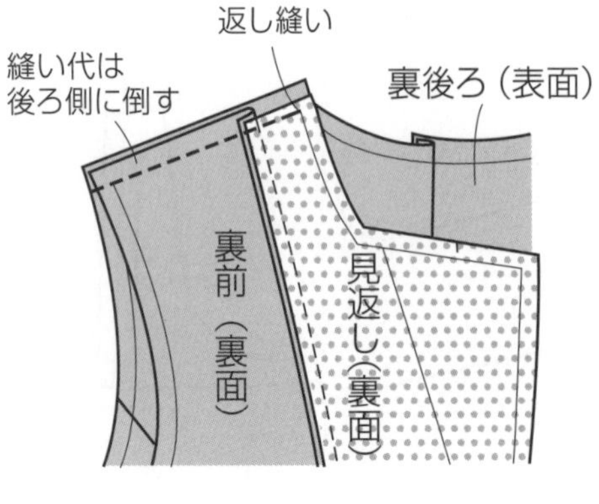

5 表衿をつける

サイドネックポイントと衿つけ止りの間は、縫い代を割り、後ろ衿ぐりは裏身頃縫い代に切込みを入れ、身頃側に倒す。

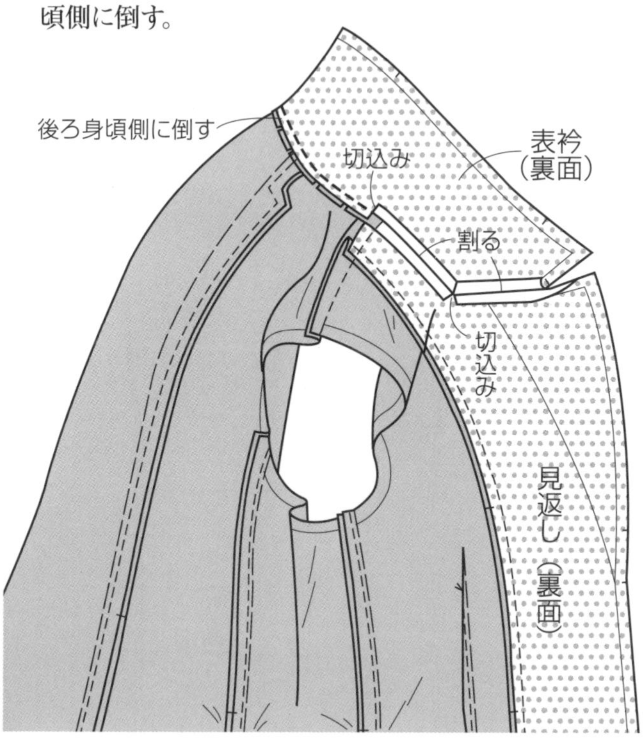

工程 4

表身頃と裏身頃を中表に合わせ、衿、前端を縫い返す

1 表と裏の衿つけ止りがずれないように4か所止めつける

ミシン糸2本どりまたはまつり糸1本どりで、衿つけ止りを①～⑥の順に0.1cmぐらいの小針にすくい、引き締めて結ぶ。

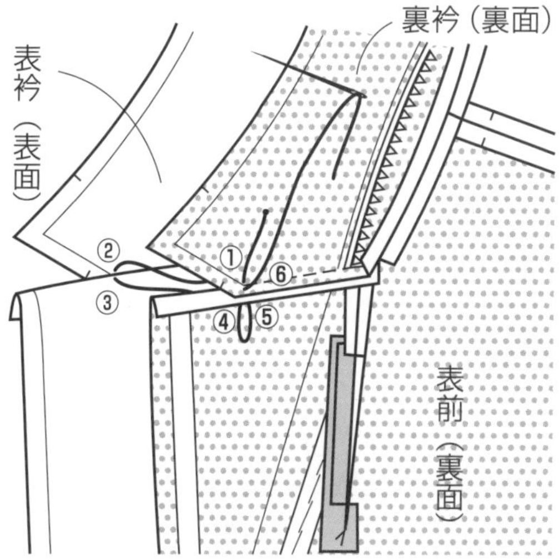

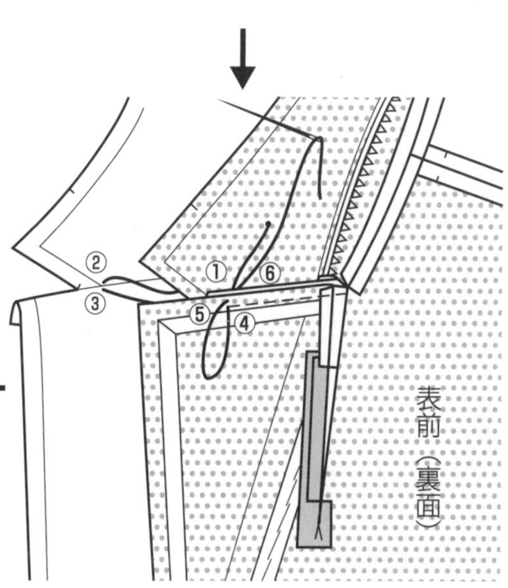

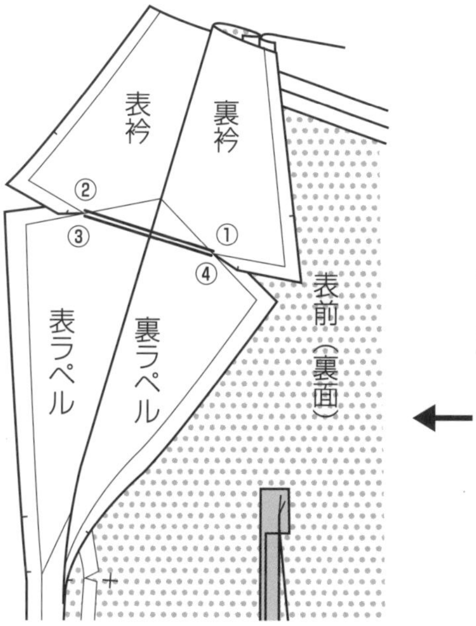

2 前端、衿外回りにしつけをする

返り止り、前端、ラペルの裁ち端をそろえて合い印を合わせ、ピンを打ってしつけをする。

表と裏の衿つけ線を合わせて落しじつけをする。

衿の後ろ中心、衿先、外回りの合い印を合わせてしつけをする。

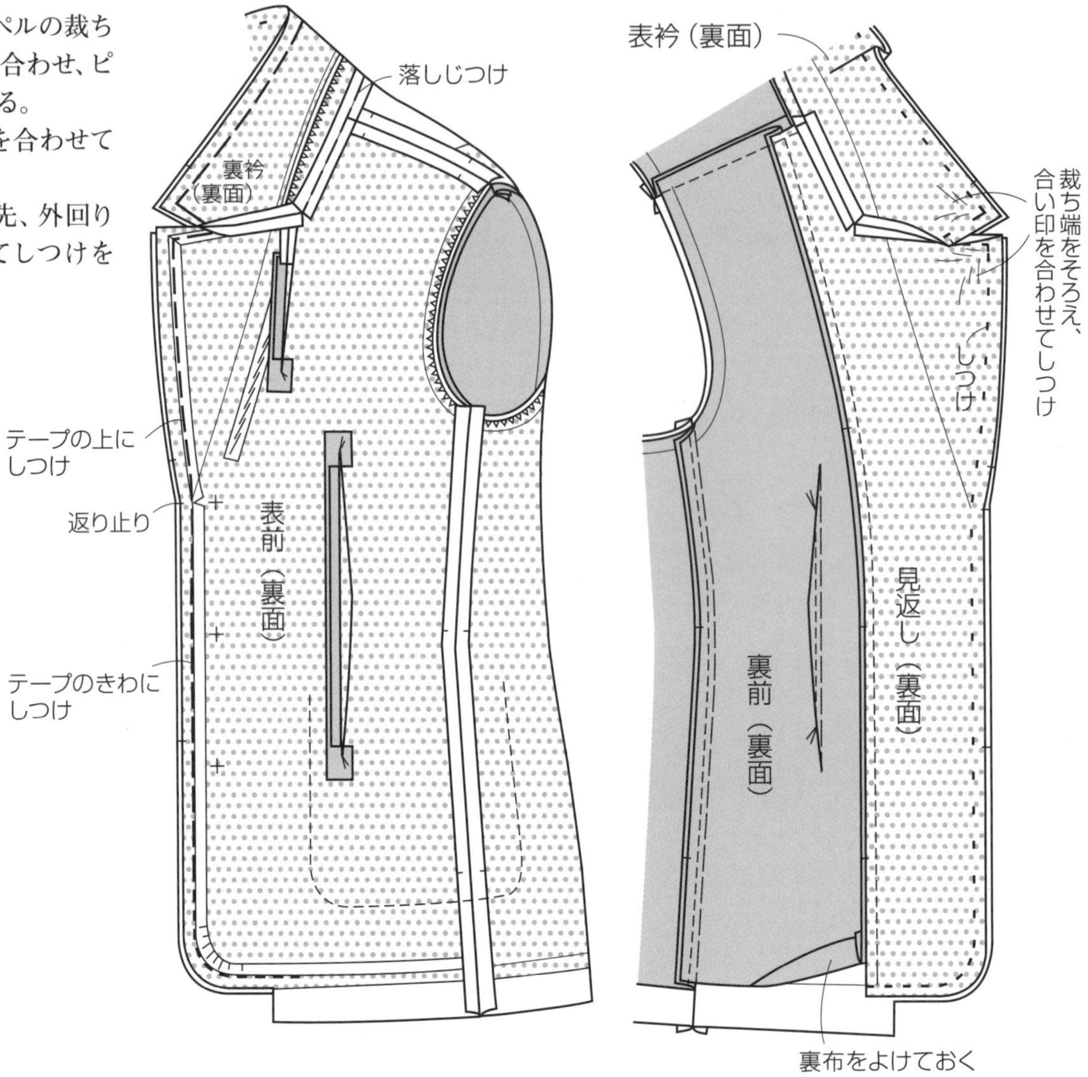
落しじつけ
裏衿（裏面）
テープの上にしつけ
返り止り
表前（裏面）
テープのきわにしつけ
表衿（裏面）
裁ち端をそろえ、合い印を合わせてしつけ
しつけ
見返し（裏面）
裏前（裏面）
裏布をよけておく

3 返り線で折り返し、表衿先、表ラペル先のゆとりを確かめる

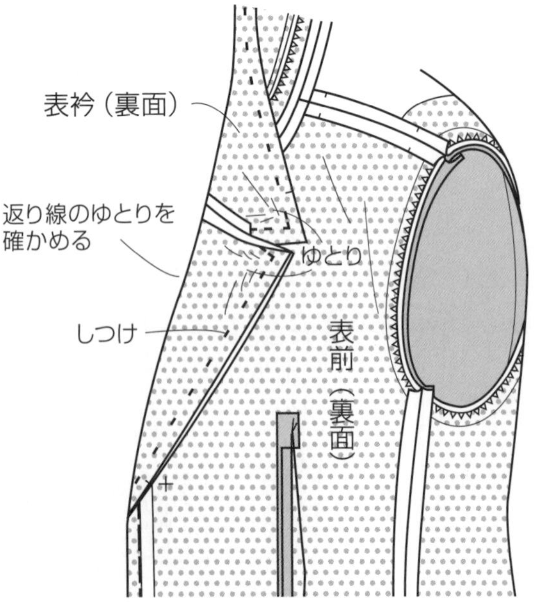
表衿（裏面）
返り線のゆとりを確かめる
ゆとり
しつけ
表前（裏面）

4 衿外回りを縫う

衿つけ縫い代をラペル側に倒して、衿つけ止りの0.2～0.3cm手前から縫う。

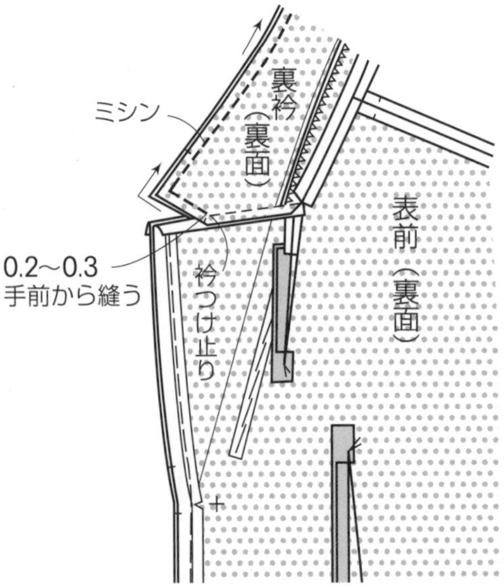
ミシン
裏衿（裏面）
0.2～0.3
手前から縫う
衿つけ止り
表前（裏面）

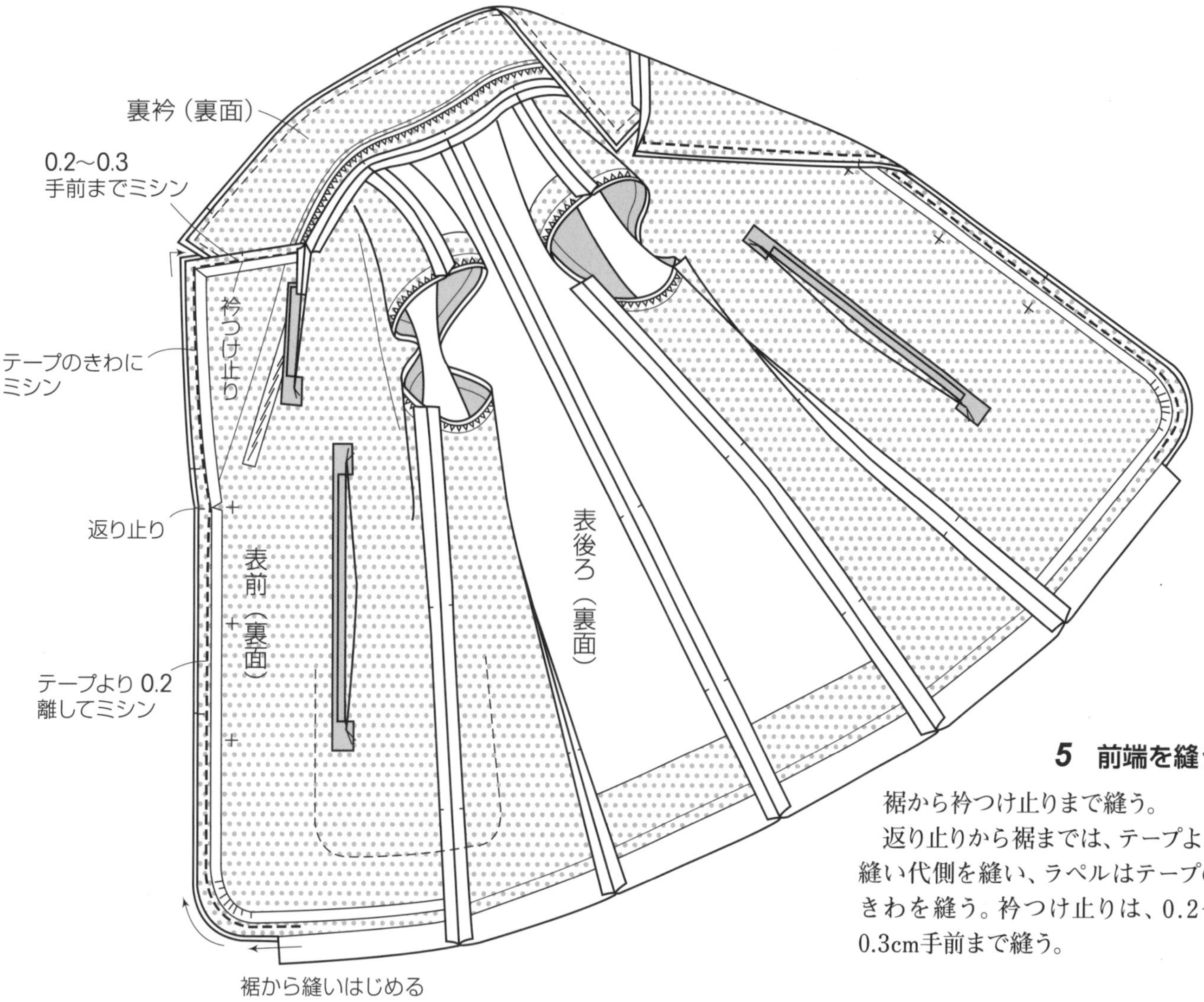
裏衿（裏面）
0.2～0.3
手前までミシン
衿つけ止り
テープのきわに
ミシン
返り止り
表前（裏面）
表後ろ（裏面）
テープより 0.2
離してミシン
裾から縫いはじめる

5 前端を縫う

裾から衿つけ止りまで縫う。

返り止りから裾までは、テープより縫い代側を縫い、ラペルはテープのきわを縫う。衿つけ止りは、0.2～0.3cm手前まで縫う。

6 前端、衿回りを表に返して整える

縫い代はいったん割り、表側になるほうの縫い代を0.3cm、裏側になるほうの縫い代を0.7cmにカットして段差をつけ、縫い代の厚みを少なくする。

衿つけ線の落しじつけを取り、表に返す。裏衿と身頃のラペルは0.1～0.2cm控える。アイロンかけは、裏衿、裏ラペルの側から当て布をしてスチームアイロンで圧力をかけながら、しっかりと押さえる。返り止りから下は、見返し側から同様にかける。

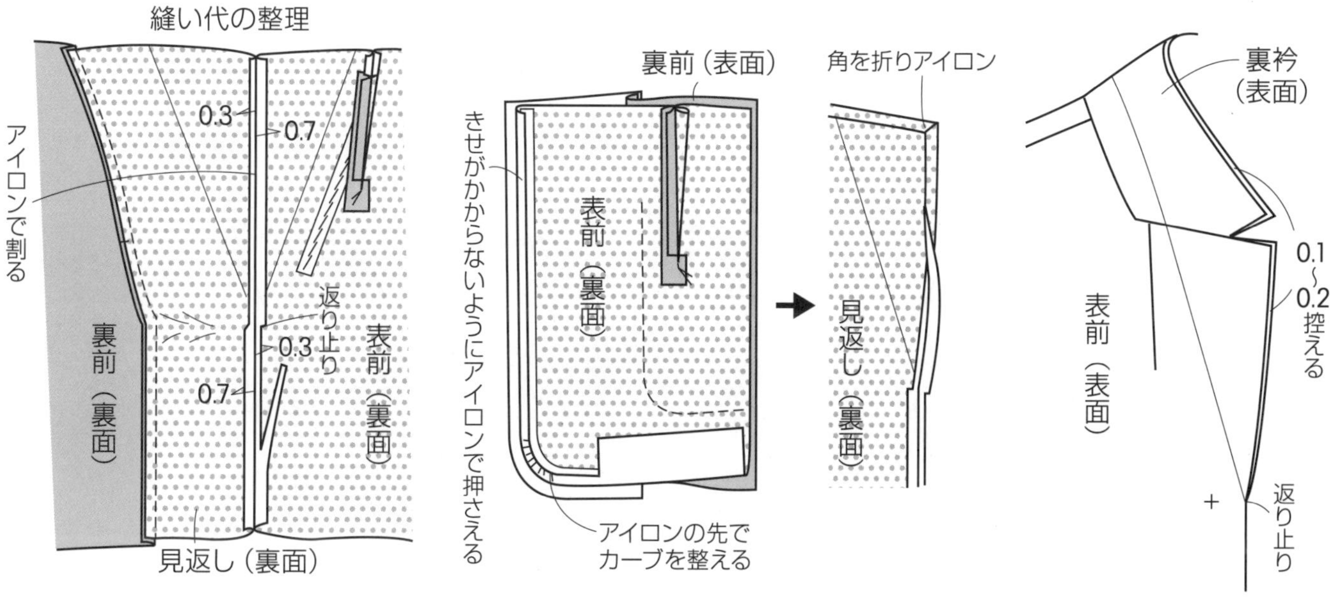
縫い代の整理
アイロンで割る
0.3
0.7
裏前（裏面）
返り止り
0.3
0.7
表前（裏面）
見返し（裏面）
裏前（表面）
きせがかからないようにアイロンで押さえる
表前（裏面）
アイロンの先でカーブを整える
角を折りアイロン
見返し（裏面）
裏衿（表面）
0.1～0.2控える
表前（表面）
返り止り

7　衿つけの中とじをする

前端、上衿の回りにしつけをする。

衿を出来上りの状態に折って表衿のゆとり分を確かめ、衿つけの縫い目に落しじつけをする。

衿つけ縫い目がずれないように表と裏の縫い代をしつけ糸で縫い合わせる。

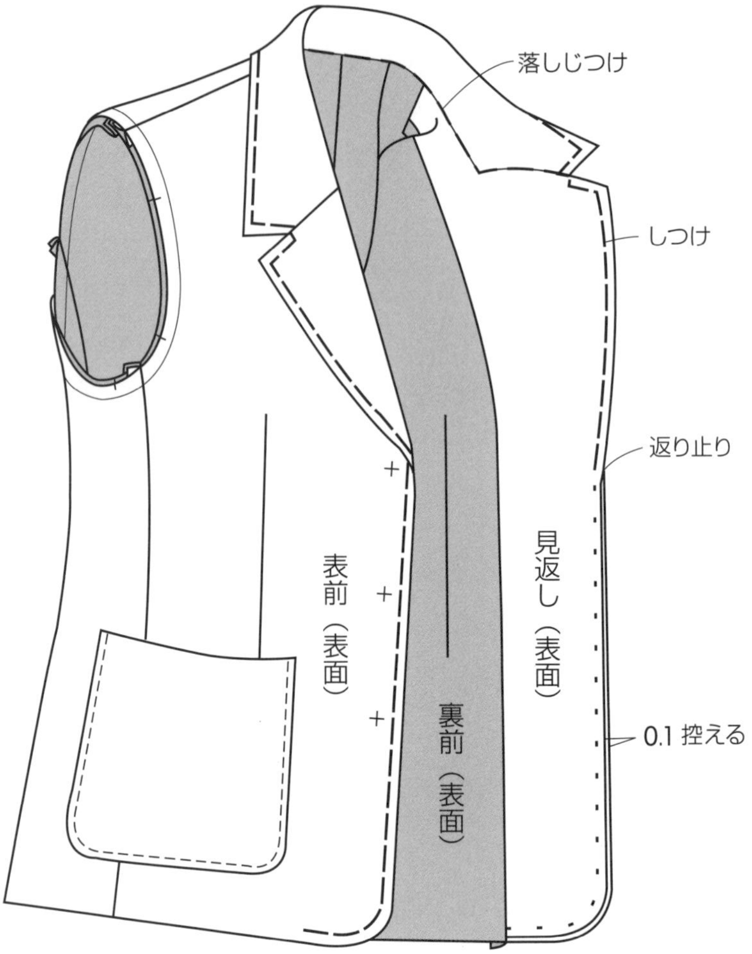

落しじつけ
しつけ
返り止り
見返し（表面）
表前（表面）
裏前（表面）
0.1 控える

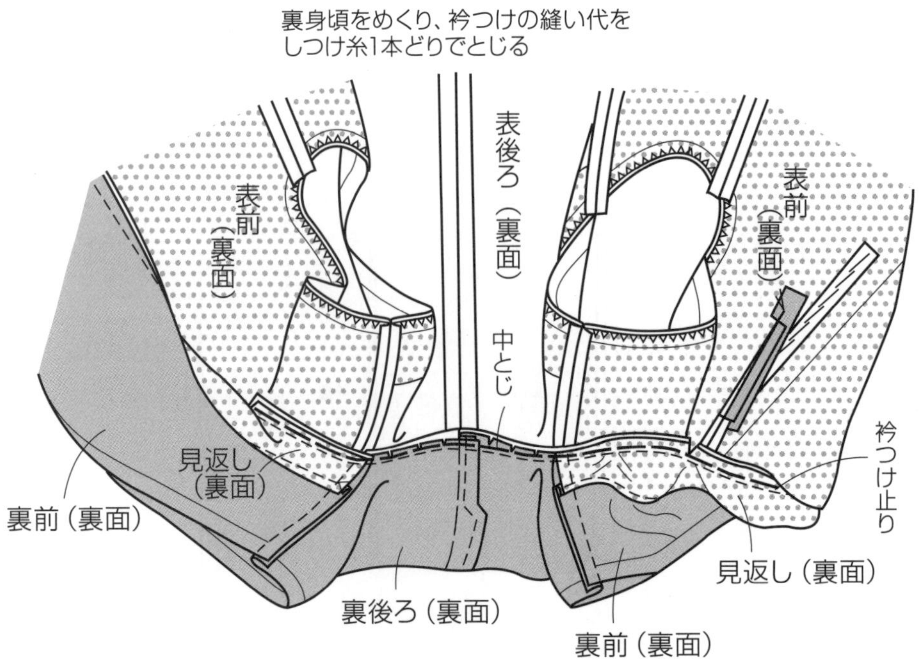

裏身頃をめくり、衿つけの縫い代を
しつけ糸1本どりでとじる
表後ろ（裏面）
表前（裏面）
表前（裏面）
中とじ
衿つけ止り
見返し（裏面）
裏前（裏面）
裏後ろ（裏面）
見返し（裏面）
裏前（裏面）

8　表身頃の裾を始末し、衿回り、前端にステッチミシンをかける

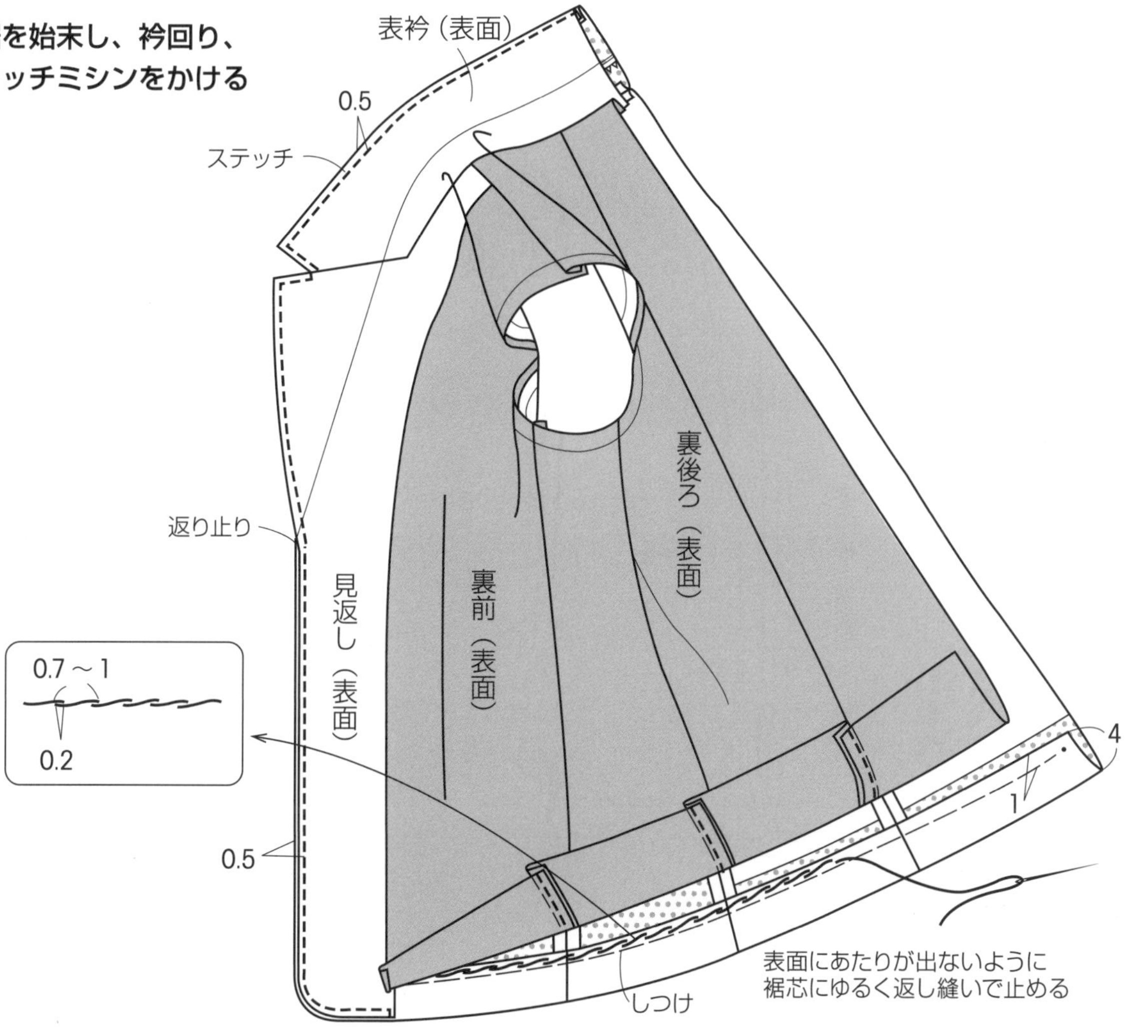
表衿（表面）
0.5
ステッチ
返り止り
見返し（表面）
裏前（表面）
裏後ろ（表面）
0.7～1
0.2
0.5
4
1
しつけ
表面にあたりが出ないように
裾芯にゆるく返し縫いで止める

工程 5　袖を作る

1　表袖の内側線を縫い、袖口を折る

裁ち端をそろえ、合い印を合わせて、ピンまたはしつけをかけて縫う。

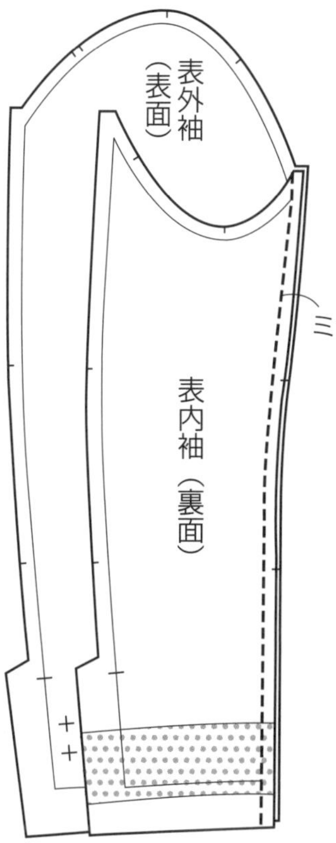
表外袖（表面）
ミシン
表内袖（裏面）

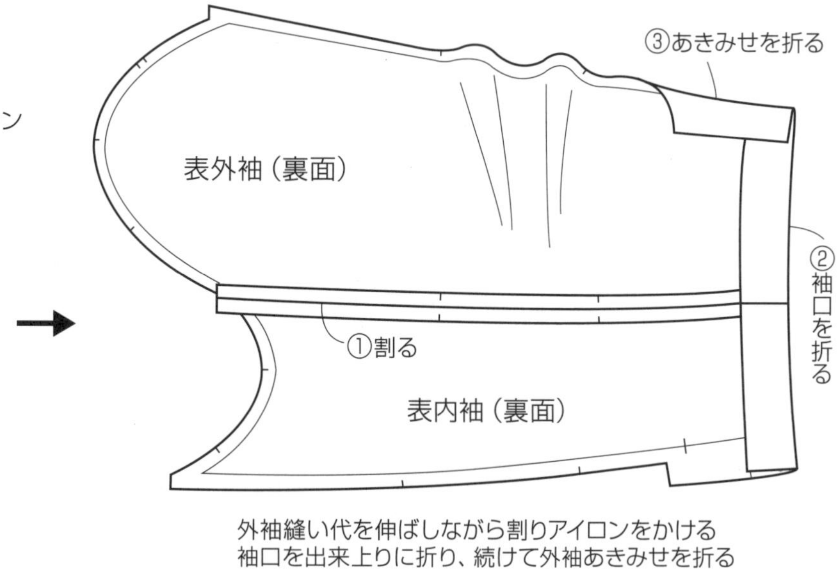
③あきみせを折る
表外袖（裏面）
②袖口を折る
①割る
表内袖（裏面）
外袖縫い代を伸ばしながら割りアイロンをかける
袖口を出来上りに折り、続けて外袖あきみせを折る

2 外側線を縫う

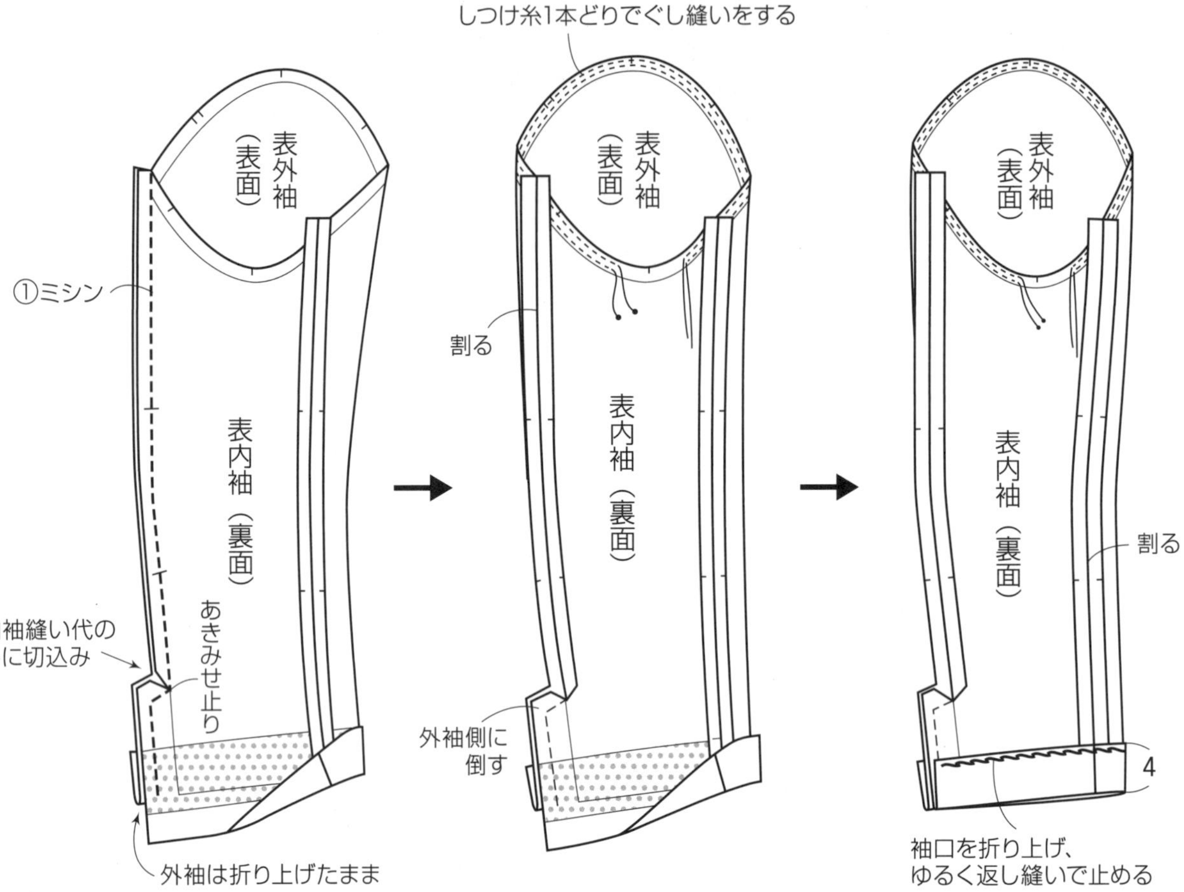
しつけ糸1本どりでぐし縫いをする
表外袖（表面）
①ミシン
表内袖（裏面）
あきみせ止り
②内袖縫い代のみに切込み
外袖は折り上げたまま
表外袖（表面）
割る
表内袖（裏面）
外袖側に倒す
表外袖（表面）
表内袖（裏面）
割る
4
袖口を折り上げ、ゆるく返し縫いで止める

3 あきみせを始末し、飾りボタンをつける

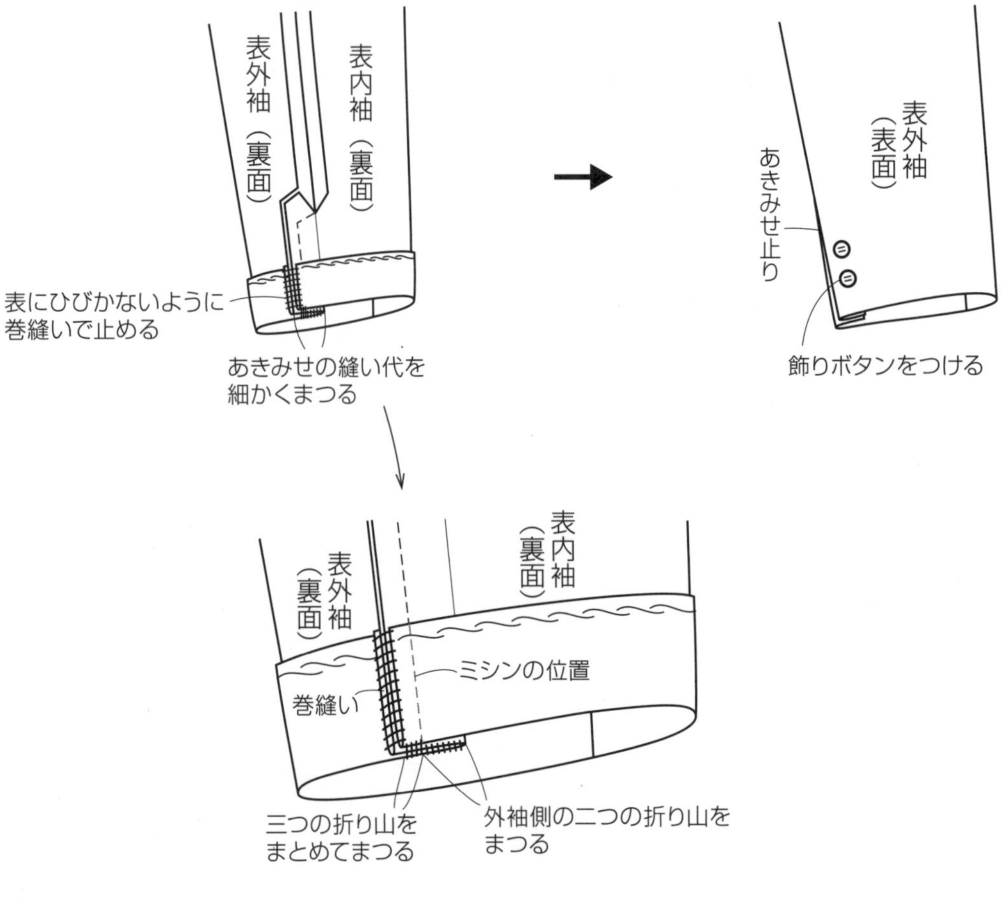
表外袖（裏面）
表内袖（裏面）
表にひびかないように巻縫いで止める
あきみせの縫い代を細かくまつる
表外袖（表面）
あきみせ止り
飾りボタンをつける
表外袖（裏面）
表内袖（裏面）
ミシンの位置
巻縫い
三つの折り山をまとめてまつる
外袖側の二つの折り山をまつる

4　裏袖の内側線、外側線を縫う

出来上り線にしつけをし、ミシンは0.2〜0.3cm縫い代側にかける。縫い代は外袖側に折る。

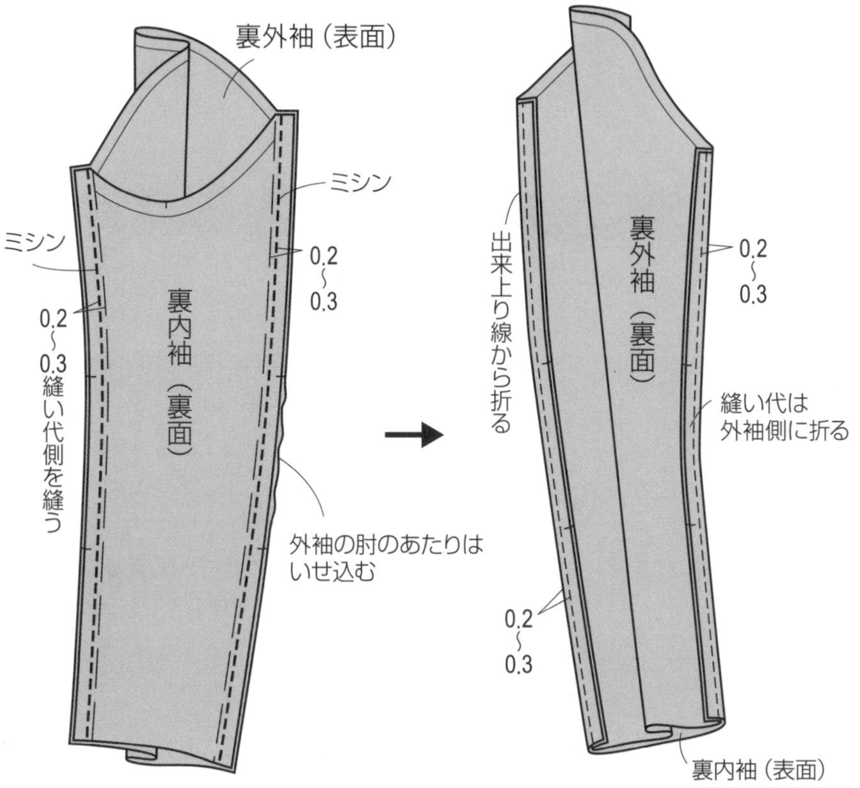

5　裏袖つけ線の縫い代を折る

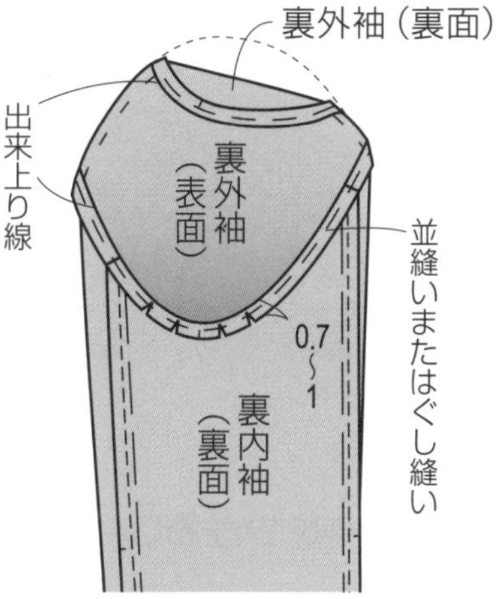

袖ぐり底の縫い代に切込みを入れる。
袖つけ線の縫い代を、仕上りに折って並縫いまたはぐし縫いをする。

6　表袖と裏袖の袖下縫い代を中とじする

表袖、裏袖の縫い代の合い印を合わせてピンを打ち、ゆるめにとじる。

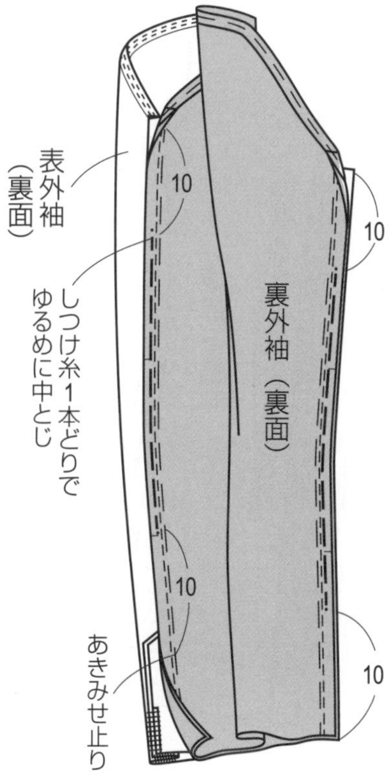

7　表に返し、表袖と裏袖をなじませて、斜めじつけで止める

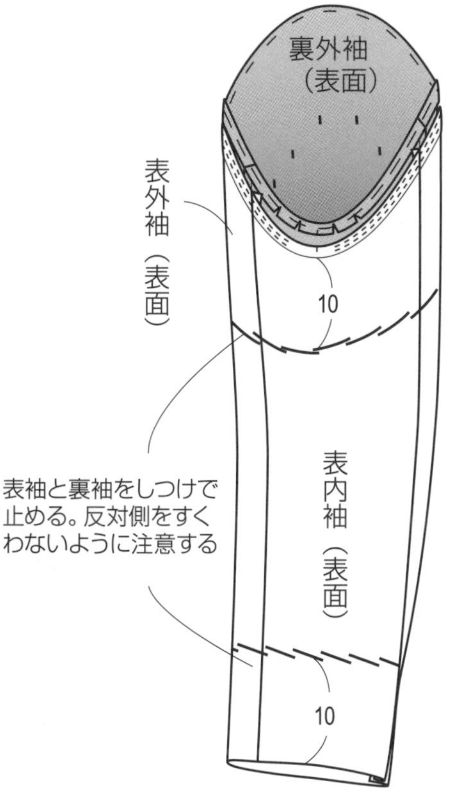

8　裏袖口をまつる

裏袖口を折り、しつけをする。折り山をめくってまつる。

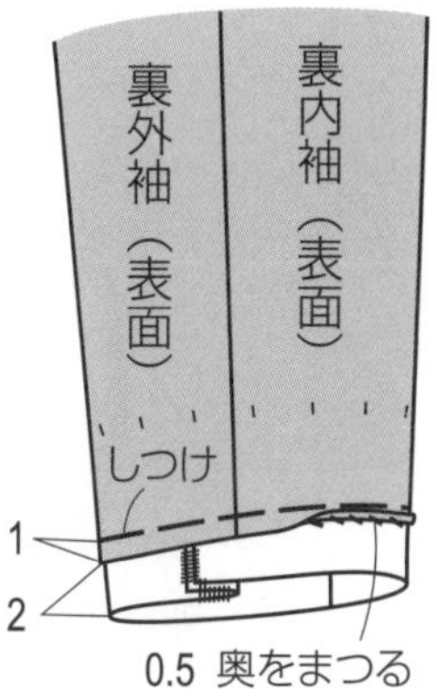

9　袖山のいせを整える

ぐし縫いの糸を軽く引き、いせ分量をアイロンで押さえる。

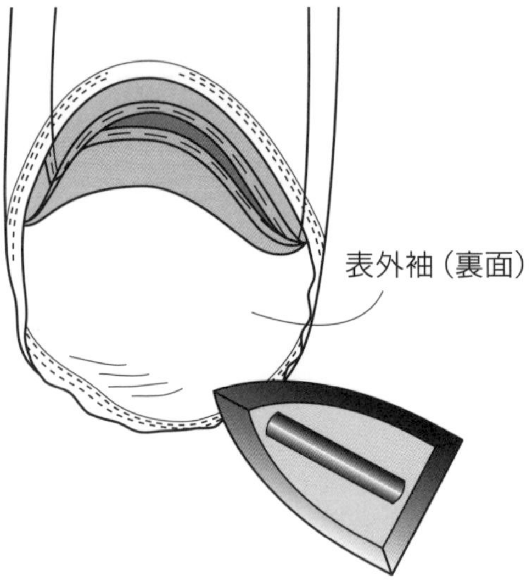
表外袖（裏面）

工程6　袖をつける

1　袖のしつけをする

身頃と袖山の合い印を合わせてピンを打つ。合い印間のいせ分量は、さらに細かくピンを打ちながら配分する。袖側から細かい針目でしつけをする

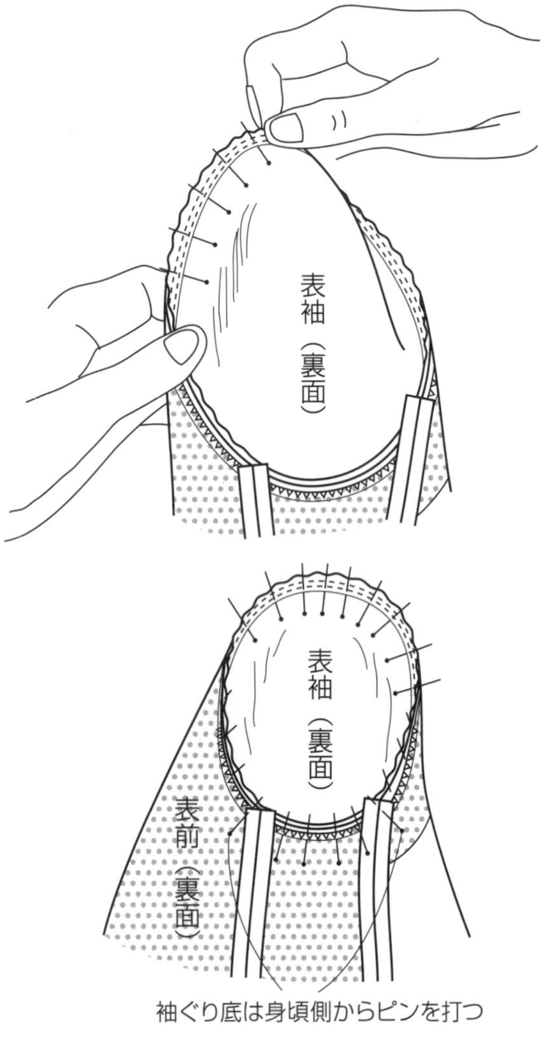
表袖（裏面）
表袖（裏面）
表前（裏面）
袖ぐり底は身頃側からピンを打つ

2　袖つけの状態を確認する

肩パッドを袖つけ縫い代に止めて、試着して袖つけのバランスを見る。袖のすわり、方向、いせの配分などを確認する。

3　袖つけミシンをかける

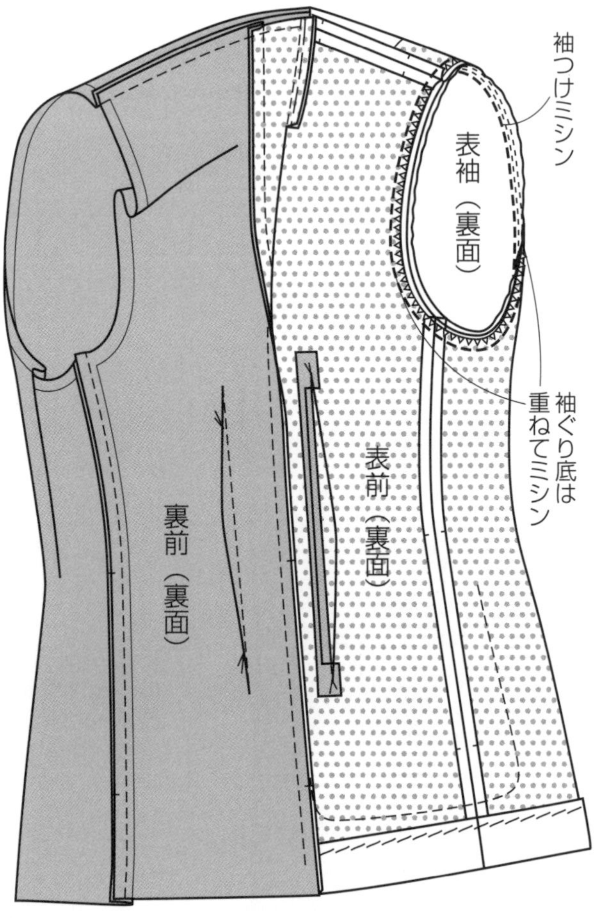
袖つけミシン
表袖（裏面）
袖ぐり底は重ねてミシン
表前（裏面）
裏前（裏面）

4 袖山布をつける

袖山に丸みと張りを出すために、袖つけ縫い代に袖山布をとじつける。

袖山布は、適度の厚みと弾力性のある素材がよい。表布や毛芯をバイアスに裁ったもの、フェルトタイプの芯または袖山布として市販されているものもある。

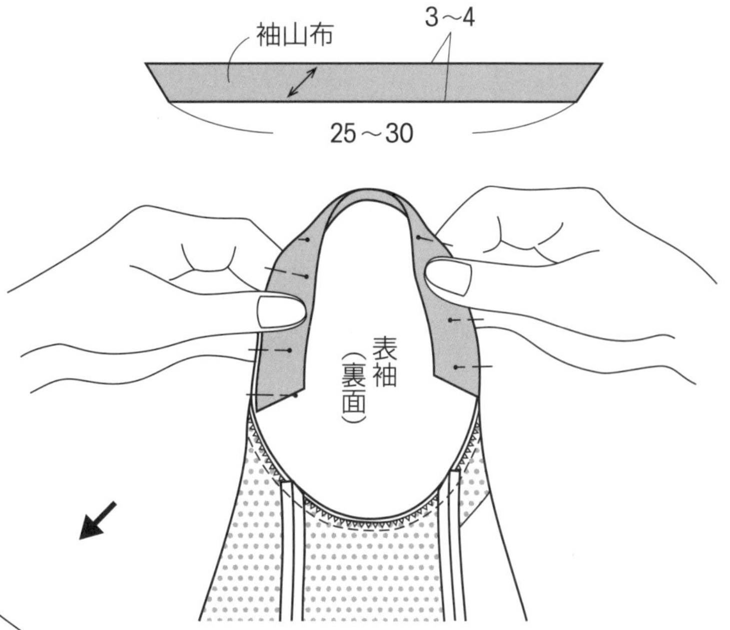
袖山布
3～4
25～30
表袖（裏面）

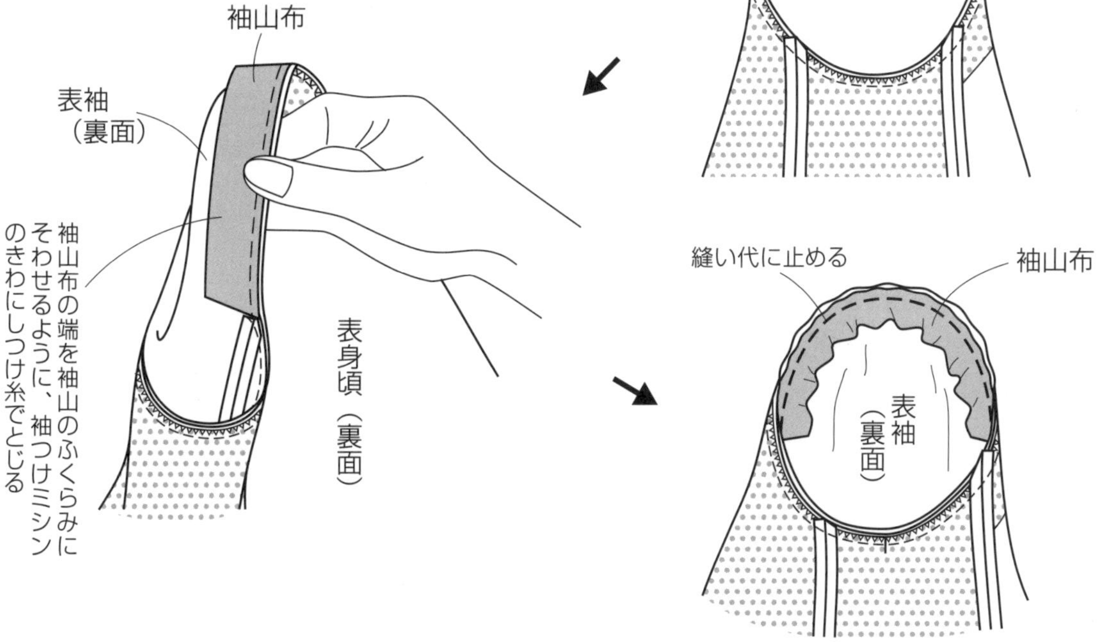
袖山布
表袖（裏面）
袖山布の端を袖山のふくらみにそわせるように、袖つけミシンのきわにしつけ糸でとじる
表身頃（裏面）
縫い代に止める
袖山布
表袖（裏面）

5 肩パッドをつける

肩縫い目と肩パッドの合い印を合わせ、袖つけ線から1.2～1.5cmくらい出して止める。

肩パッドの止め方は、肩になじむように整えながら、しつけ糸1本どりで返し縫いで止める。

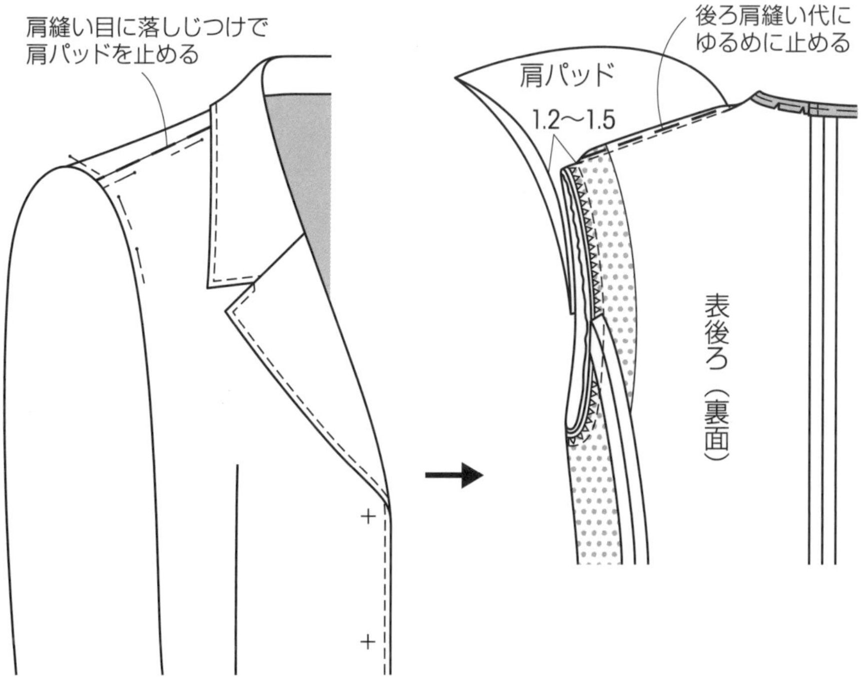
肩縫い目に落しじつけで
肩パッドを止める
後ろ肩縫い代に
ゆるめに止める
肩パッド
1.2～1.5
表後ろ（裏面）

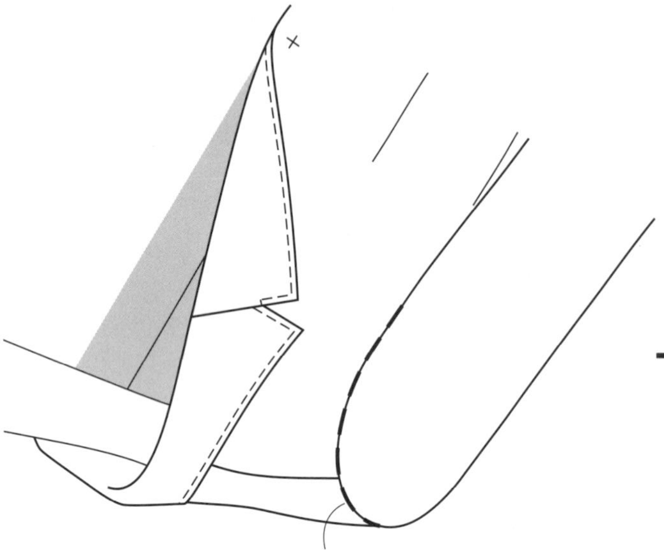
袖ぐりの内側を手で支えて袖つけ線に
落しじつけで肩パッドを固定する

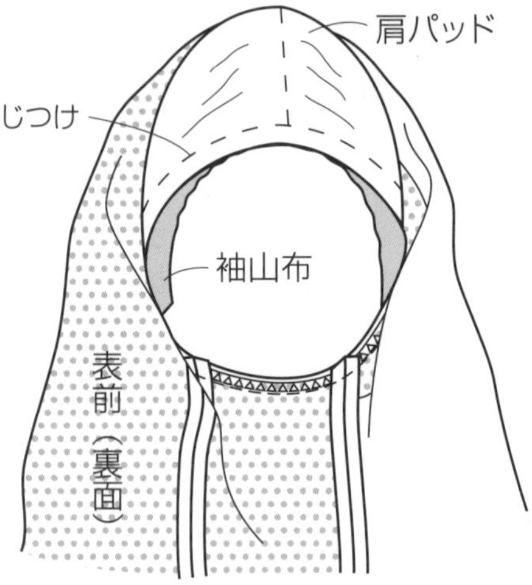
肩パッド
落しじつけ
袖山布
表前（裏面）

肩パッドのとじ方の断面図

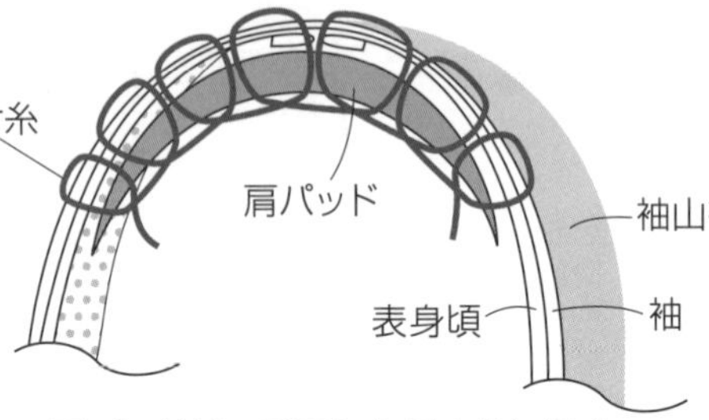
しつけ糸
肩パッド
袖山布
表身頃
袖
肩パッドが一番下になるように返す
針は直角に通して止める

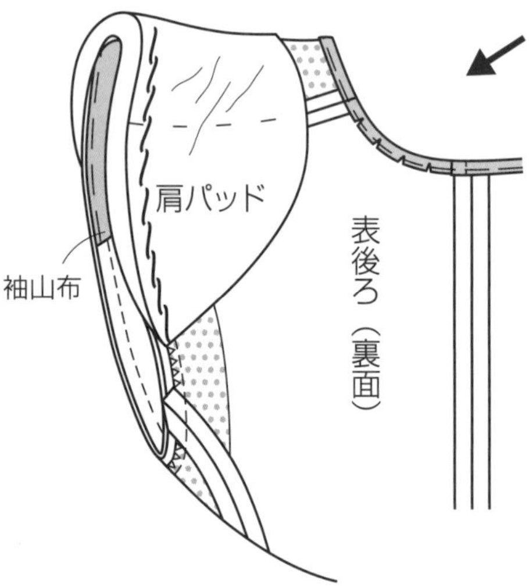
肩パッド
表後ろ（裏面）
袖山布

6 後ろパネルラインを中とじする

表身頃と裏身頃の後ろパネルラインの縫い代の合い印を合わせ、ゆるく中とじをする。

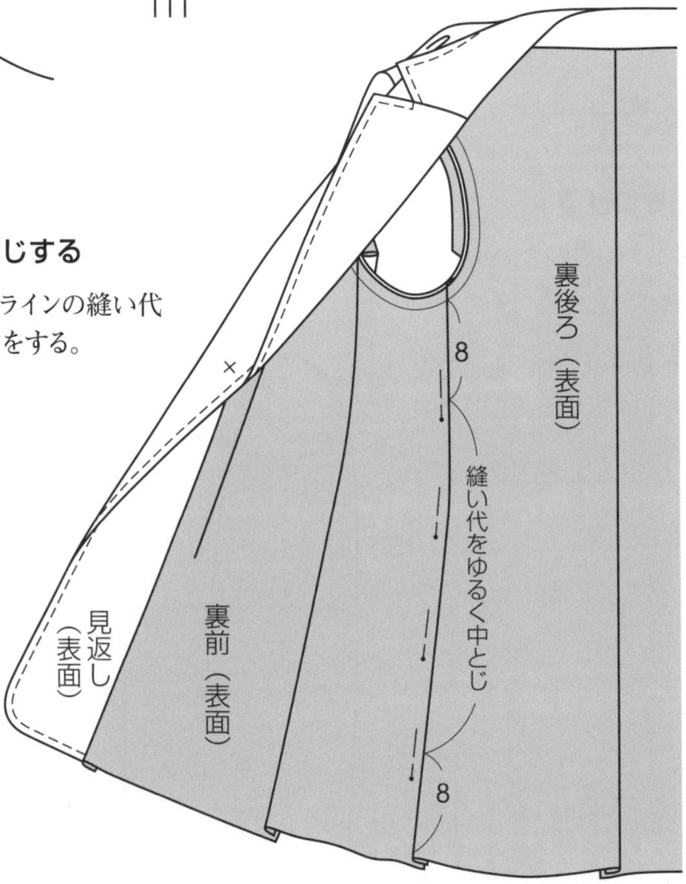
裏後ろ（表面）
8
縫い代をゆるく中とじ
8
裏前（表面）
見返し（表面）

7　袖ぐり縫い代を中とじする

表身頃と裏身頃の後ろ中心縫い目を合わせてピンを打ち、裏布の背幅、袖ぐり縫い代の合い印を合わせてピンを打つ。

表身頃から袖ぐりに落しじつけをする。

中とじは、落しじつけより0.2cm縫い代側に返し縫いでゆるめにとじる。

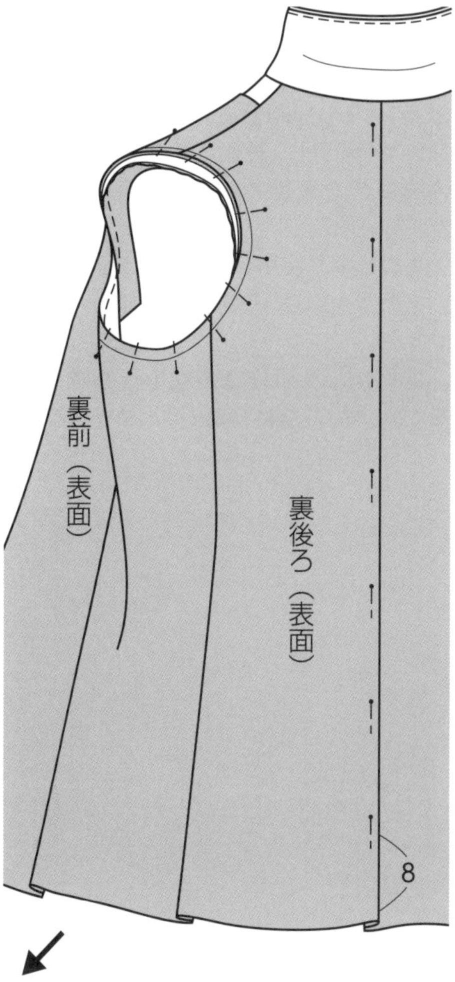
裏前（表面）
裏後ろ（表面）
8

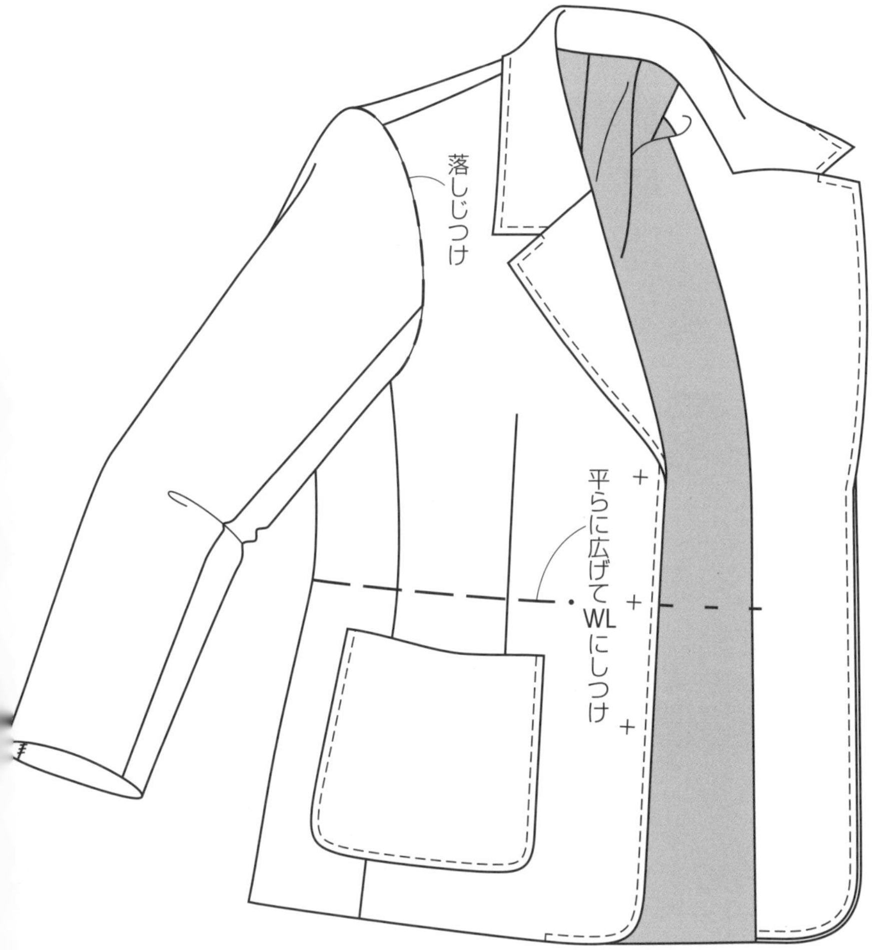
落しじつけ
平らに広げてWLにしつけ

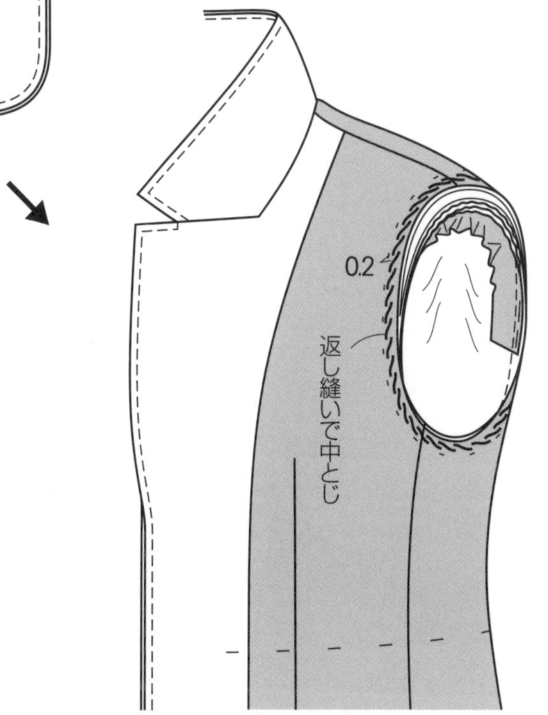
0.2
返し縫いで中とじ

8 裏袖を身頃にまつる

袖ぐり底、袖山点を合わせた後、残りの合い印を合わせる。いせ分量をバランスよく配分し、袖ぐり底の部分は袖つけ縫い代を裏地でつつむようにピンを打つ。

まつり糸を使用し、0.2〜0.3cm間隔でいせの少ない袖下から袖山に向かってまつる。

袖ぐり底の部分は裏袖を落ち着かせるため、袖つけ縫い代に星止めをする。

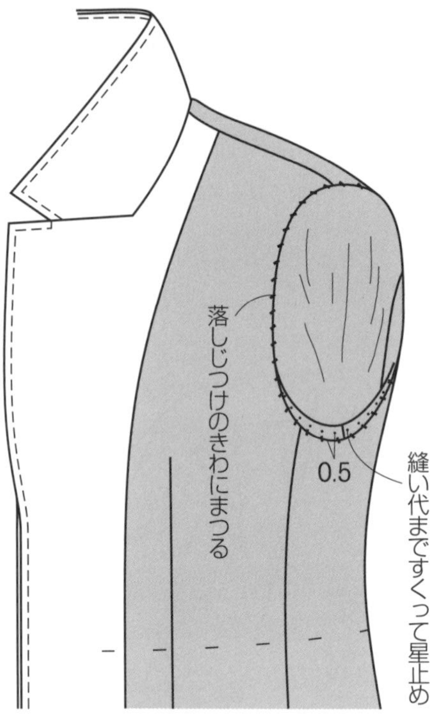
落しじつけのきわにまつる
0.5
縫い代まですくって星止め

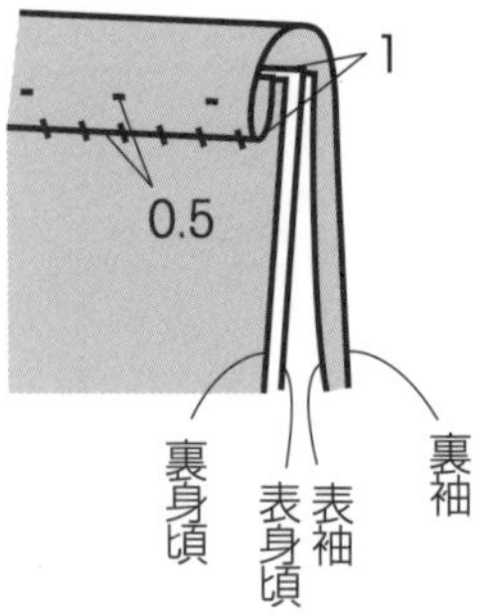
1
0.5
裏身頃
表身頃
表袖
裏袖

9 裏裾を折り上げて奥まつりをする

見返し裾の始末をする。

裏裾のしつけの位置を図のようにめくって、ゆるくまつる。

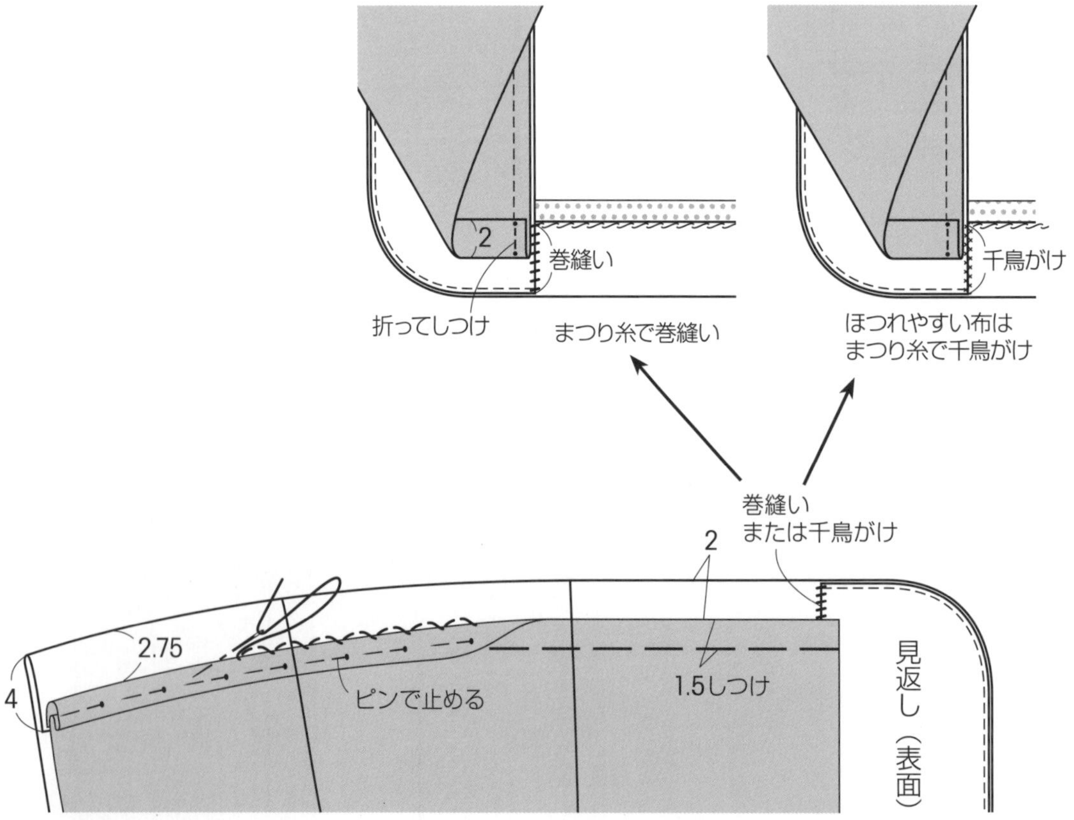
2
巻縫い
折ってしつけ
まつり糸で巻縫い
千鳥がけ
ほつれやすい布は
まつり糸で千鳥がけ
巻縫い
または千鳥がけ
2
2.75
4
ピンで止める
1.5しつけ
見返し（表面）

工程
7 仕上げ

1 ラペルの返り線奥に星止めをする

返り線を出来上りに折り、表ラペルの上回り分のゆとりをにがさないようにしつけをし、見返し側から身頃の芯まですくって星止めをする。

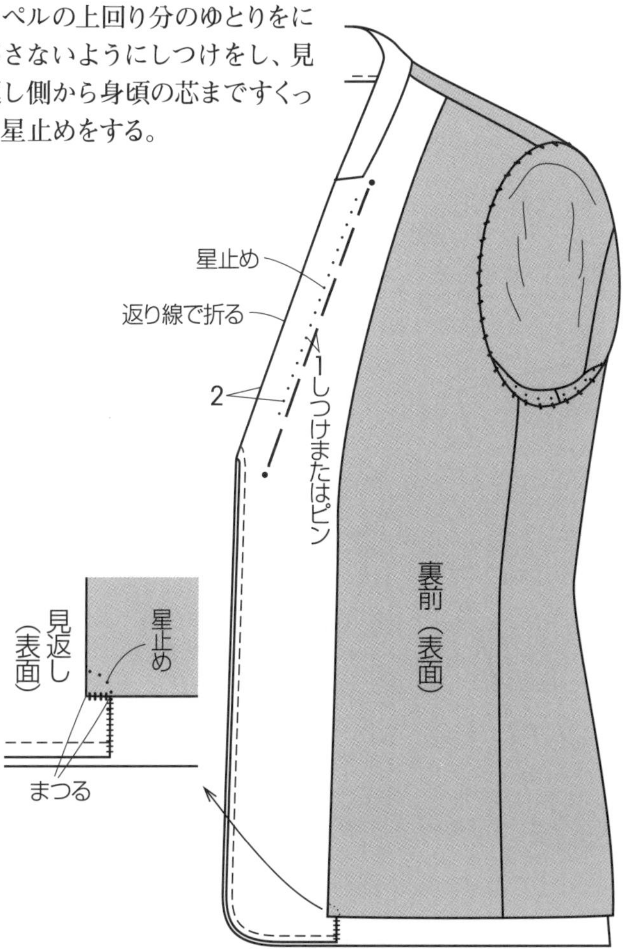

2 穴かがりをする

上前にはと目つき穴かがりをする。
かがり糸は絹穴糸またはポリエステル糸30番を使用する。

3 仕上げアイロンをかける

- アイロンのあたりを防ぐため、当て布をして表からかける。
- ダーツ、縫い目は、アイロンのかけ方が不足しているところだけ再度かける。
- ポケットはプレスボールの上でかける。
- 衿つけ線の縫い目を裏衿側からアイロンで押さえて薄く仕上げる。
- 肩の部分はプレスボールに着せるような感じで形を整え、水分を少し与えて肩パッドを肩になじませるようにアイロンをかける。このとき袖山の丸みをアイロンでつぶさないように注意する。
- 衿を折り返し、ラペル上部にかるく折り目をつける。

4 しつけを取る

裏布の縫い目のしつけ糸を目打ちの先端を使って抜く。

5 ボタンをつける

ボタンの糸足の長さは前端の厚み分くらいにする。
補強として見返し側に力ボタンをつける。
ボタンつけ糸は絹穴糸またはポリエステル糸の30番を使用する。

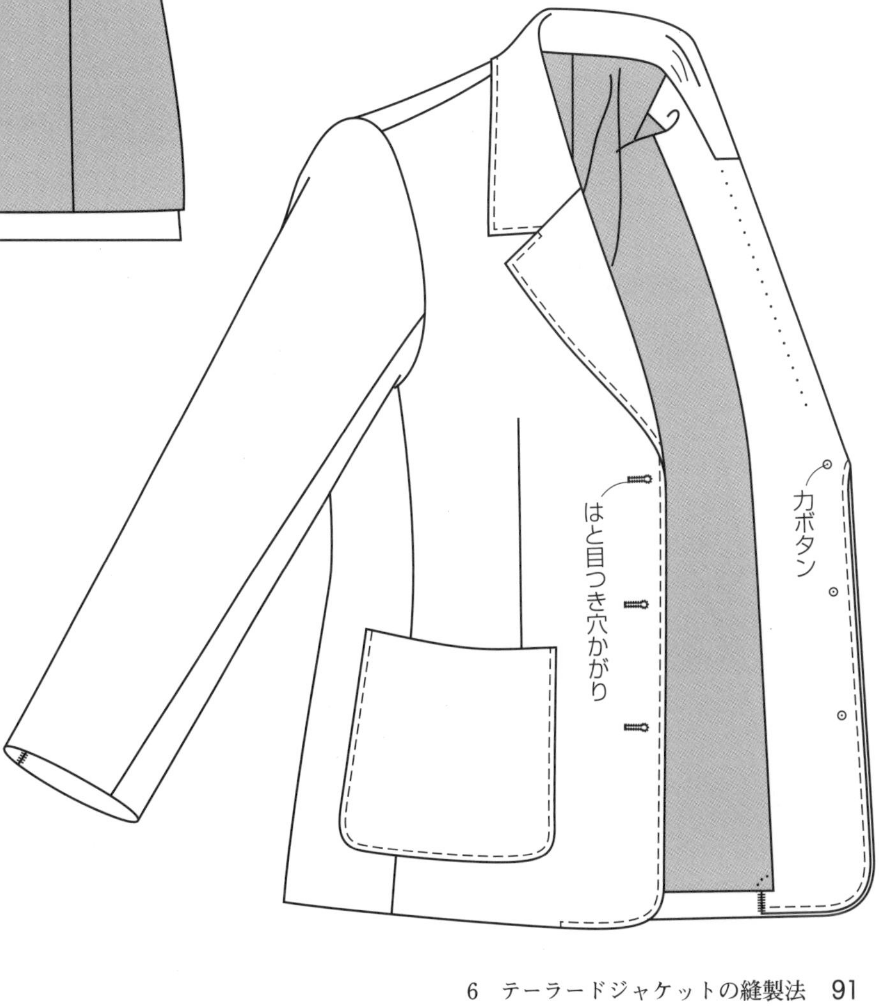

(2) 一重仕立て

裏布をつけない仕立て方で、すべりのよい緻密に織られた素材に適した方法である。したがって、芯はソフトな風合いのものが適している。

一重仕立ての縫い代の始末は、縫い代を割るか片返しにするかで異なる。縫い代を割る場合は、縁とり、ロックミシンをかけて折ってミシン、裁ち端を折ってミシン、ロックミシンの方法があり、縫い代を片返しにする場合は折伏せ縫い、ロックミシンでステッチ押えなどの方法がある。

縫い方順序は総裏仕立てを参考にする。ここではパターンメーキング、見返しの裁ち方、芯のはり方、袖口のあきの作り方を説明する。

縫い代つきパターンメーキング

●縫い代のつけ方

総裏仕立てと同様に、縫い代は出来上り線に対して平行につける。縫い代を割ったり、片返しにした場合、袖ぐり縫い代からはずれないように縫い代を延長して角を作る。

角と縫い代の裁ち端、合い印を合わせて縫った後、袖ぐりの縫い代にそろえてカットする。

縫い代を割る場合

角を作る位置で、縫い代が2倍の幅になる位置まで
出来上り線を延長して縫い代をつける
もう片方も同寸法延長して角を作る

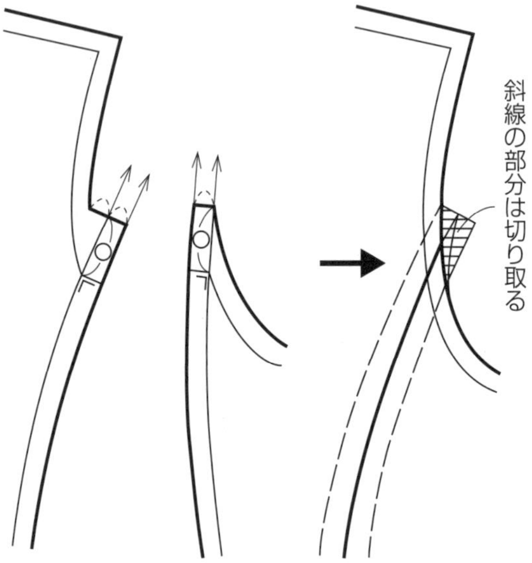

斜線の部分は切り取る

縫い代を中心側に片返しにする場合

縫い代のつけ方は、縫い代を割る場合と同じ
切り取る分量が違う

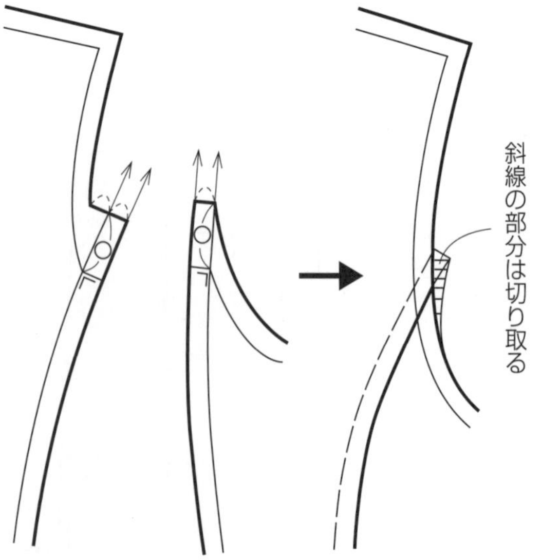

斜線の部分は切り取る

縫い代を脇側に片返しにする場合

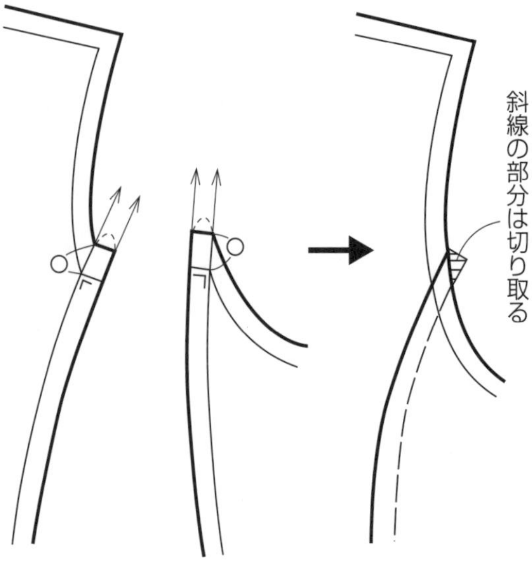

斜線の部分は切り取る

身頃・袖の縫い代のつけ方

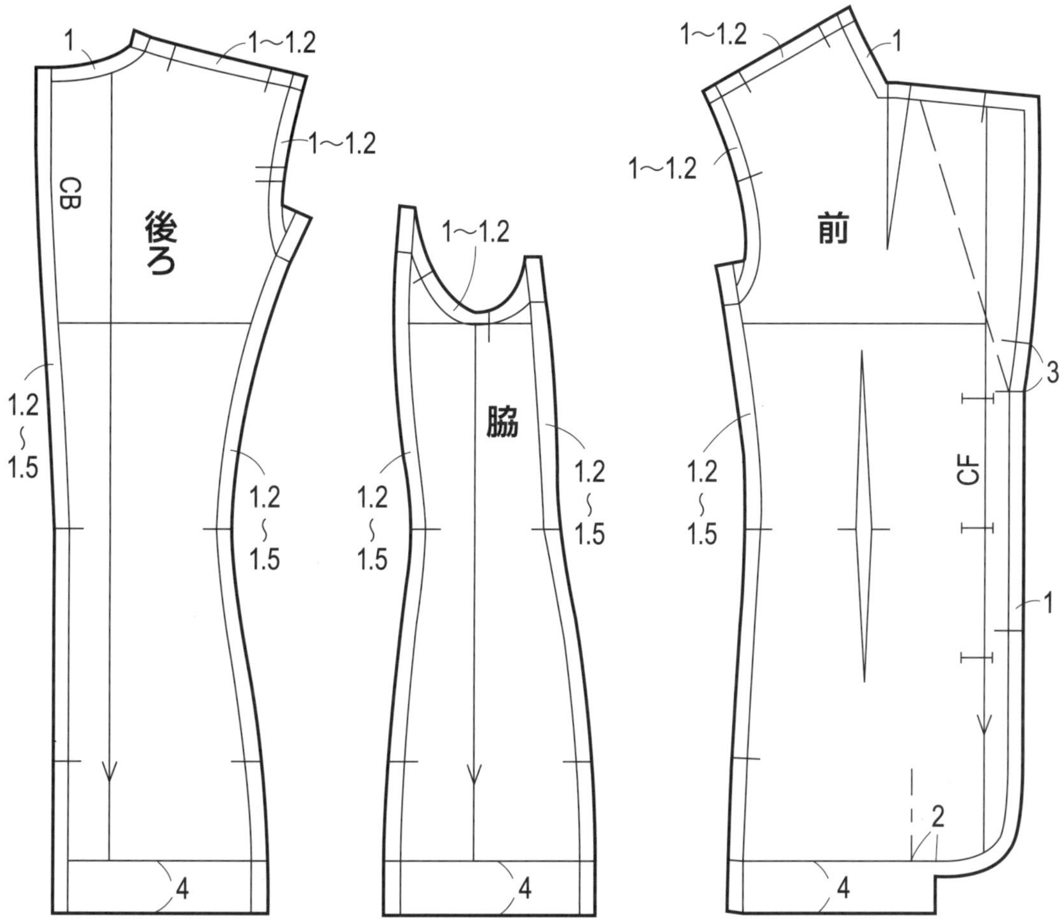

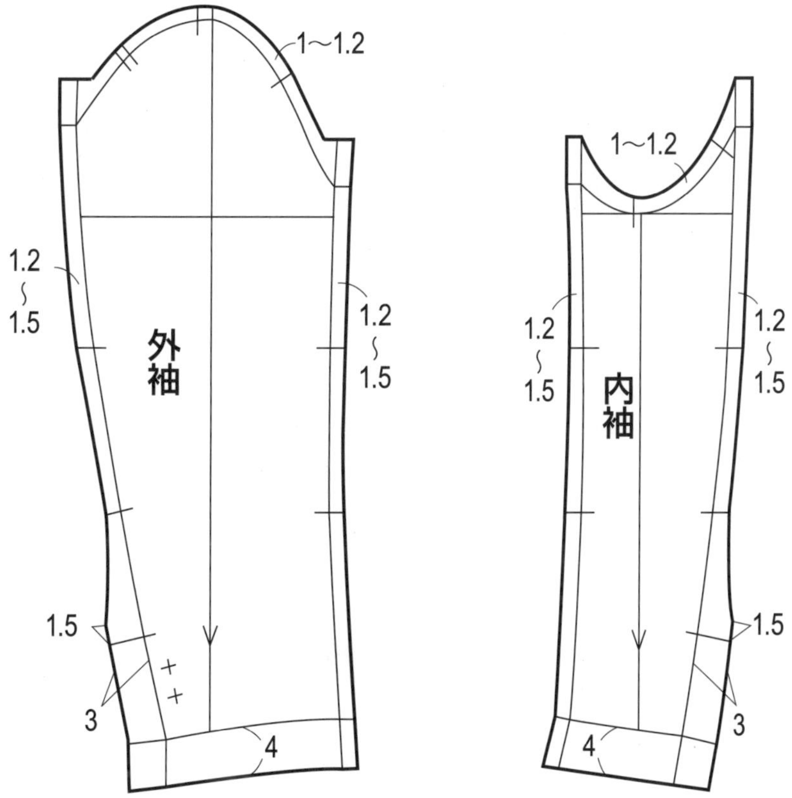

表衿・裏衿・見返しのパターンメーキング

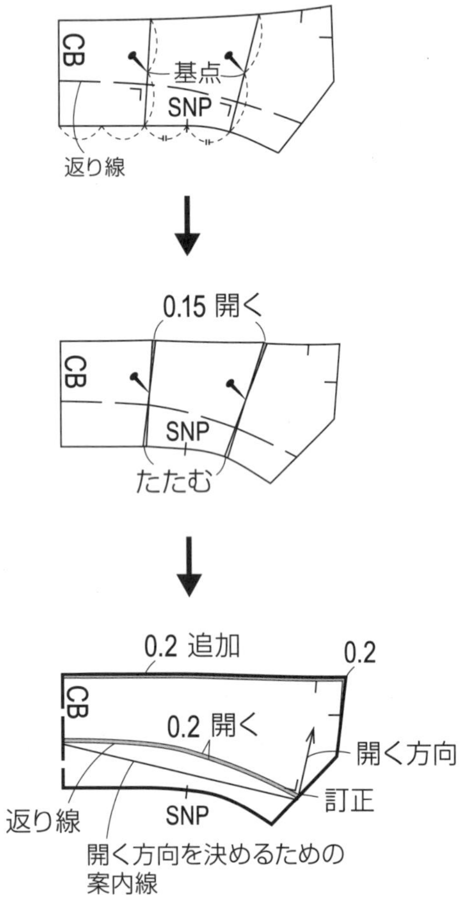

※ 59 ページを参照

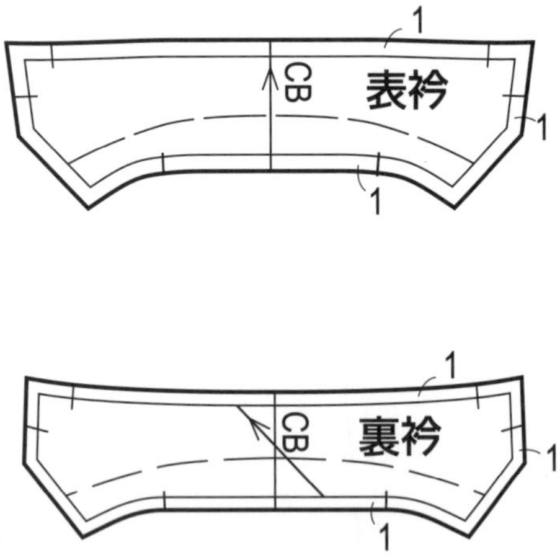

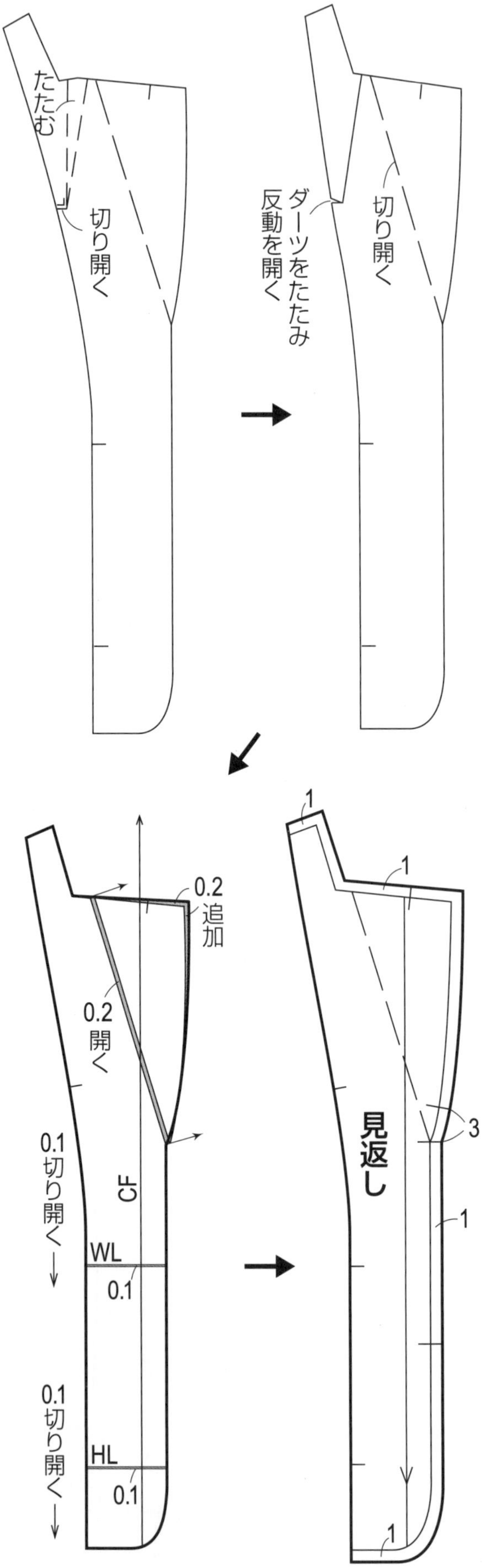

縫い代の始末

縫い代を割る方法

表布によって次の四つの方法を使い分ける。

1) 縁とりをする

2) ロックミシンをかけ、折ってミシン

3) 裁ち目を折ってミシン

4) ロックミシンをかける

4) は厚地でほつれにくい布で、カジュアルな仕立てに用いられるが、かがり糸が引かれたり、摩擦で切れやすい。

1) 縁とりをする

縫い代の裁ち端を、薄地（裏布）のバイアステープでくるむ方法で、透けない素材に用いられる。

方法— 正バイアスに裁断した布をアイロンで軽く伸ばす。表布とバイアステープの裁ち端をそろえてピンを打つ。裁ち端から0.3〜0.4cmにミシンか、ロックミシンをかける（図1、2）。裁ち端をくるんで、縁とりのきわにピンを打つ（図3）。ピンを抜きながらバイアステープのきわに落しミシンまたは、縁とりの上にステッチををかける。縁とり布を折り込んだときに出来上り線にかからないように注意する（図4、5）。

図1

端ミシンの場合

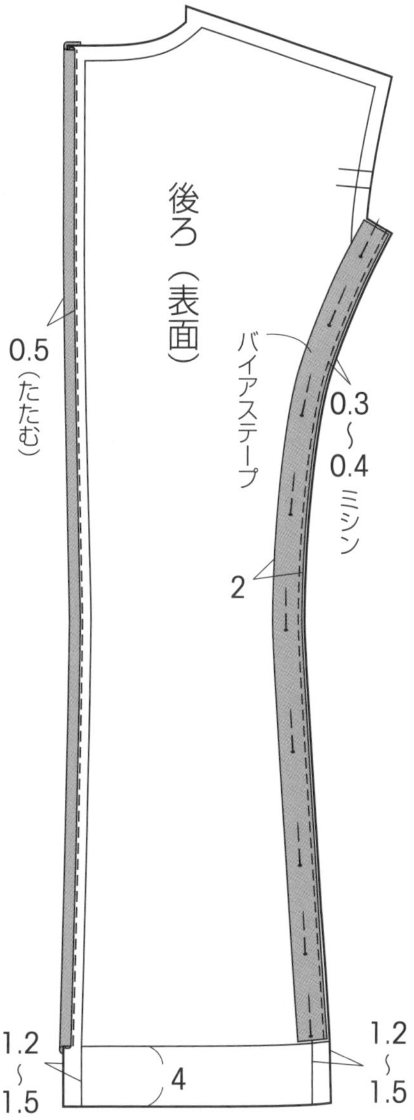

図2

ロックミシンの場合

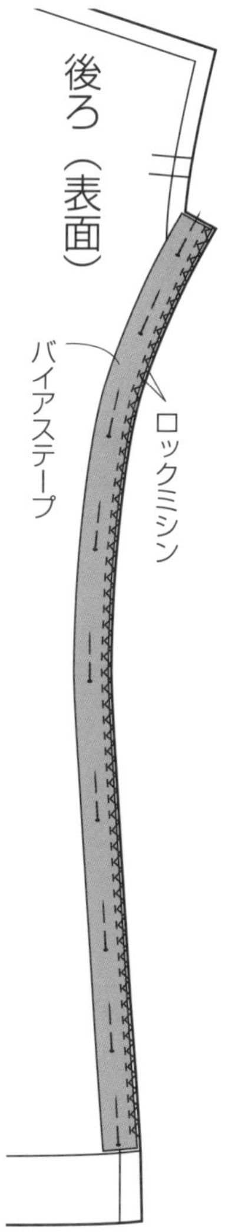

図3

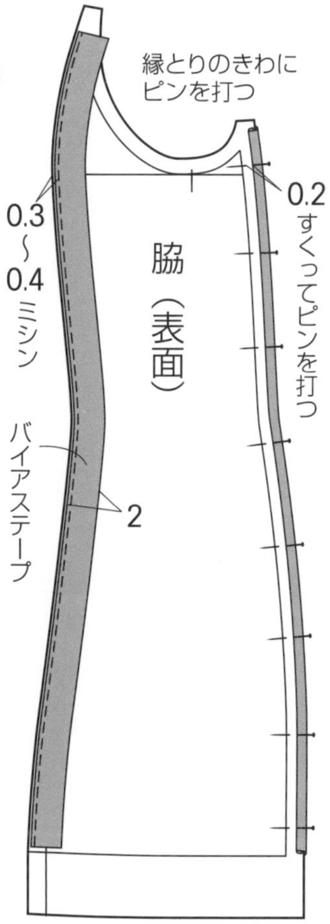

図4

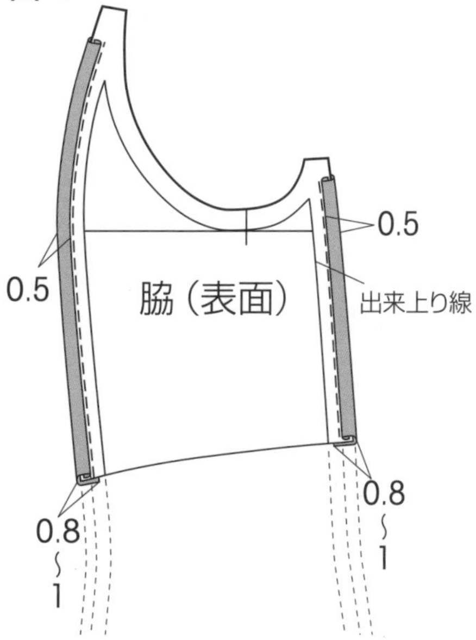

図5

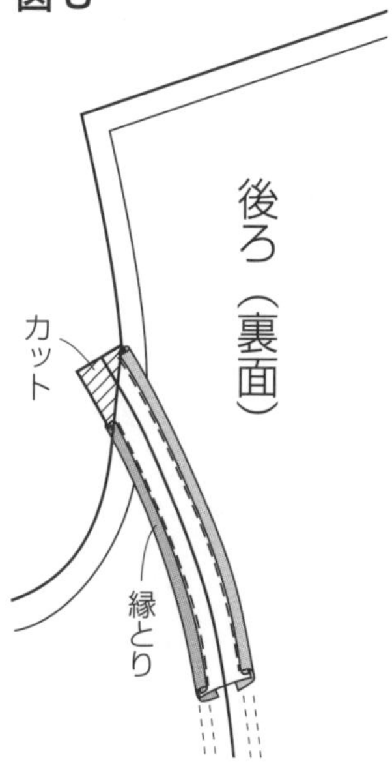

2）ロックミシンをかけ、折ってミシン

薄地でほつれやすい布地の場合に用いる。縫い代幅を狭くできるので、カーブの強い縫い目に適している。

方法― 裁ち端に表からロックミシンをかけ、ミシンのかがり糸の幅（0.3～0.4cm）を裏側に折ってミシンをかける（図6）。

3）裁ち目を折ってミシン

ほつれにくい布地の場合に用いる。

方法― 裁ち端を裏側に折ってミシンをかける（図7）。

図6

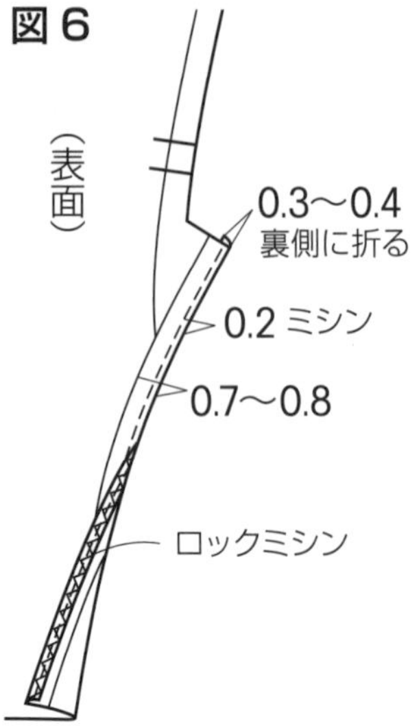
（表面）
0.3～0.4
裏側に折る
0.2 ミシン
0.7～0.8
ロックミシン

図7

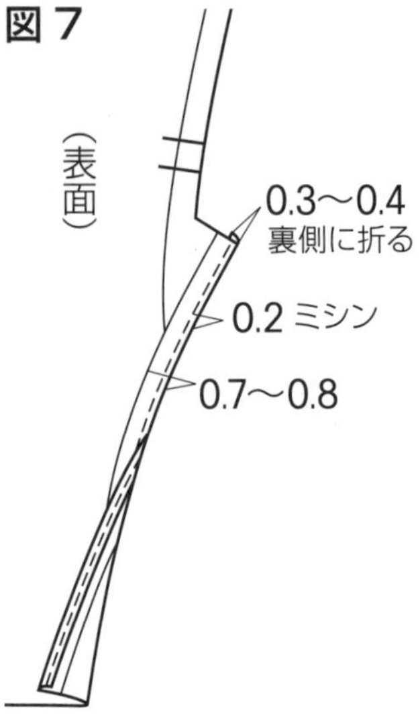
（表面）
0.3～0.4
裏側に折る
0.2 ミシン
0.7～0.8

縫い代を片側に倒す方法

1）縫い代を2枚重ねてロックミシン

縫い代幅を細く仕上げることができるので、薄手の透ける布地やほつれやすい布に用いられる。

方法― 裁ち端をそろえてロックミシンをかける。縫い代を細く仕上げる場合は、裁ち落としながらロックミシンをかける。ステッチで押さえる場合は、ステッチ幅に合わせて縫い代幅を決める。

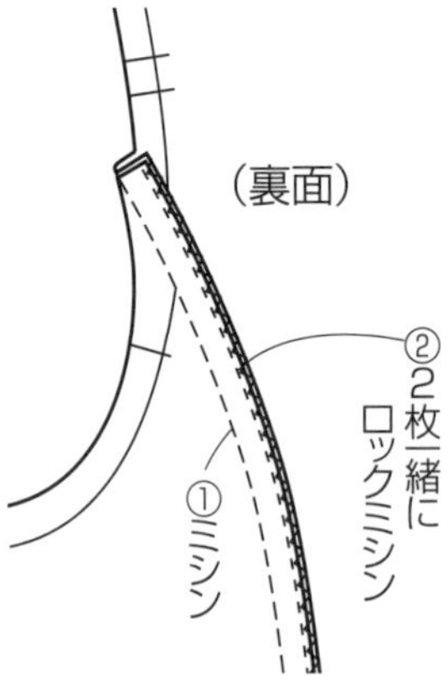
（裏面）
②2枚一緒にロックミシン
①ミシン

ステッチの種類

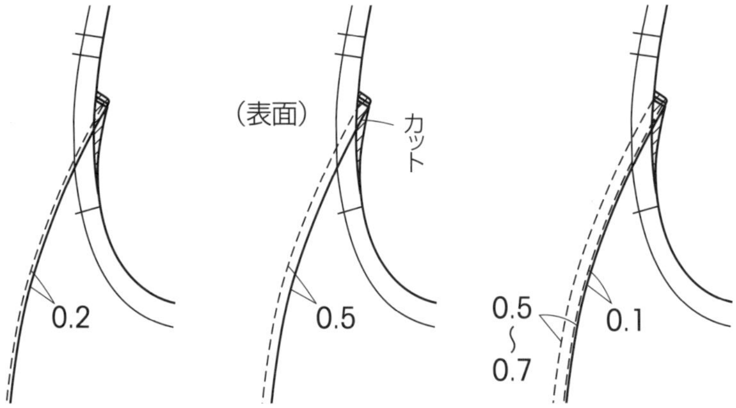
0.2
（表面）
カット
0.5
0.5～0.7
0.1

2）折伏せ縫い

薄手でほつれやすい布や、丈夫に仕立てたい場合に用いられる。

①裁ち端を合わせて縫う

後ろ（表面）
1.5～1.7
脇（裏面）

②倒す側の縫い代をカットする

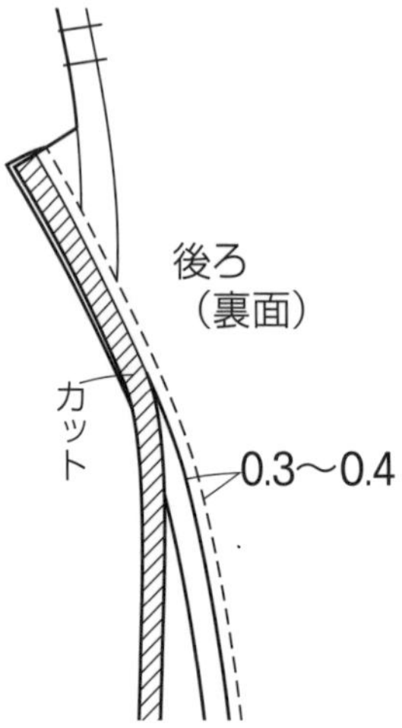
後ろ（裏面）
カット
0.3～0.4

③縫い代を仕上り幅に折ってミシンをかける

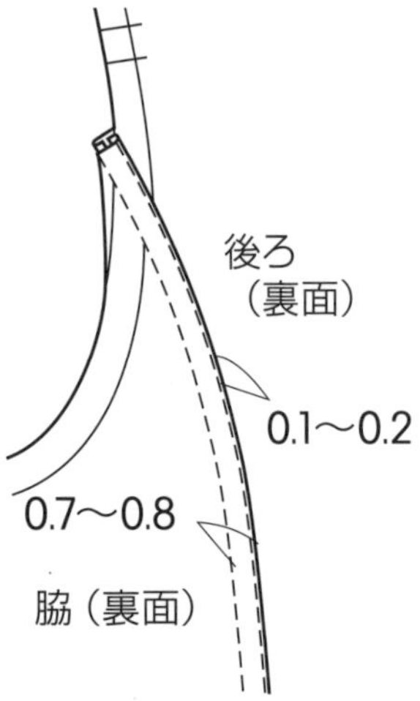
後ろ（裏面）
0.1～0.2
0.7～0.8
脇（裏面）

④ステッチをかける

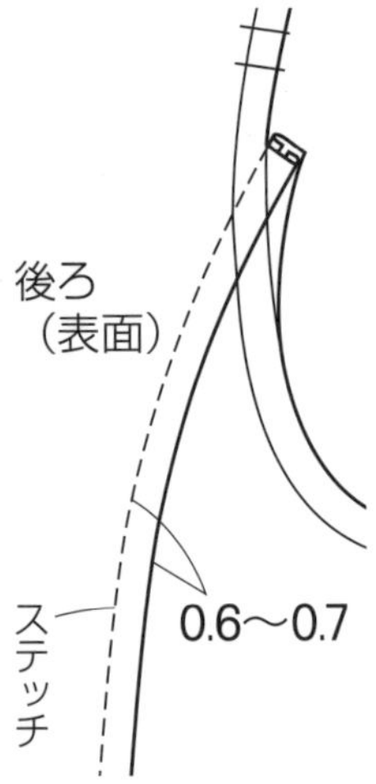
後ろ（表面）
ステッチ
0.6～0.7

見返しの裁ち方と芯のはり方

一重仕立て（A）

ブラウス風の仕立て方であるが、衿の形くずれがしないように後ろ衿ぐりに見返しをつける方法で、綿、麻、化学繊維など、カジュアルに着るジャケットに適している。

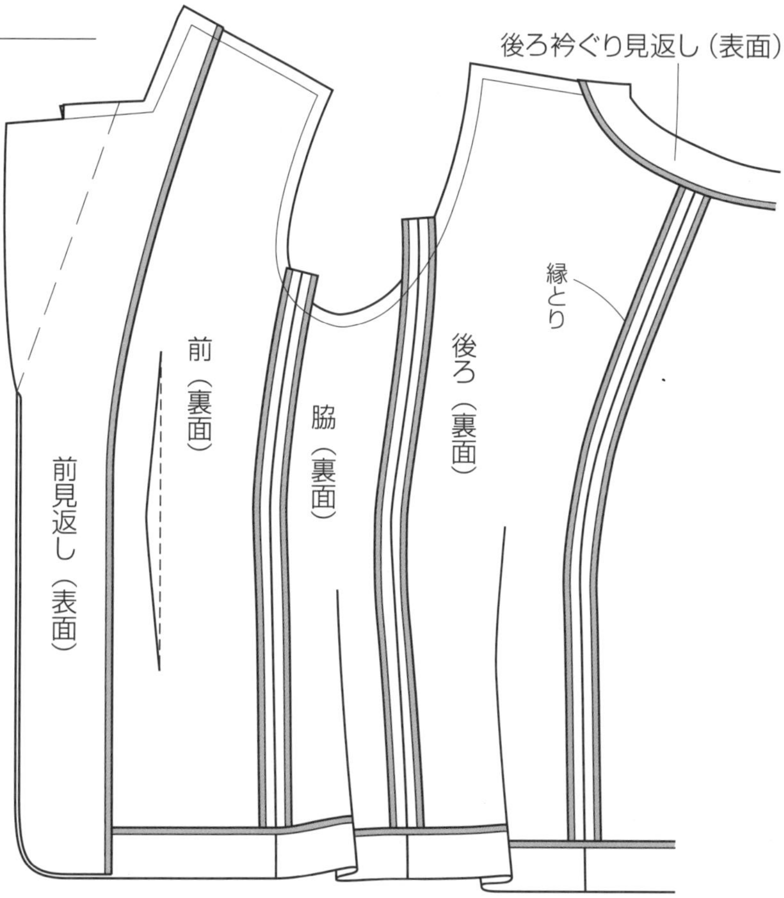

後ろ衿ぐり見返し（表面）
前（裏面）
脇（裏面）
後ろ（裏面）
縁とり
前見返し（表面）

芯のはり方

後ろ衿ぐり見返し

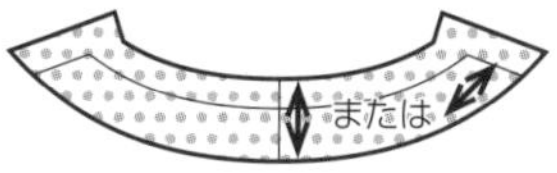

または

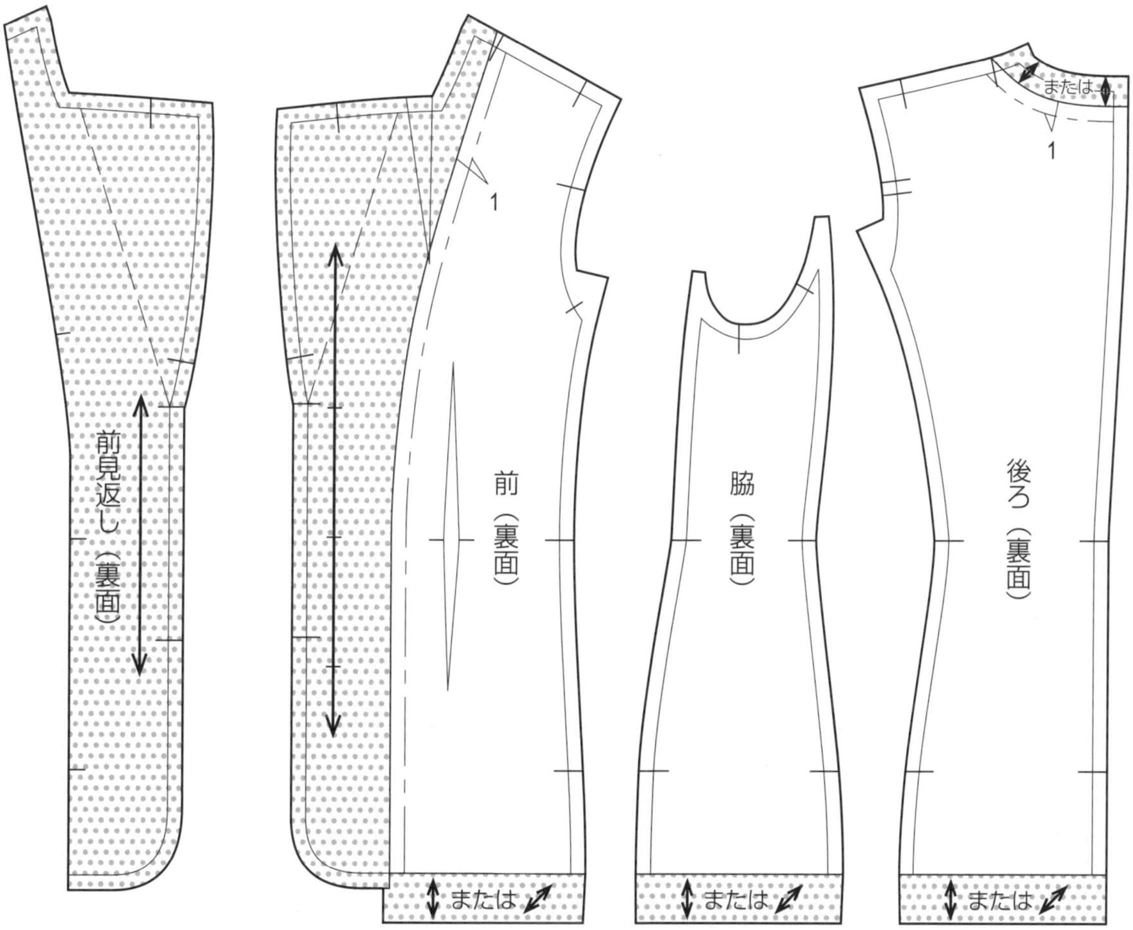

前見返し（裏面）
1
前（裏面）
または
脇（裏面）
または
または
1
後ろ（裏面）
または

一重仕立て（B）

前見返しを身頃の全面につけ、背面の形くずれを防ぐために、後ろ見返しを広くつけて仕立てる方法。肩パッドを入れる場合などに適している。

薄くて透けない素材に適している。

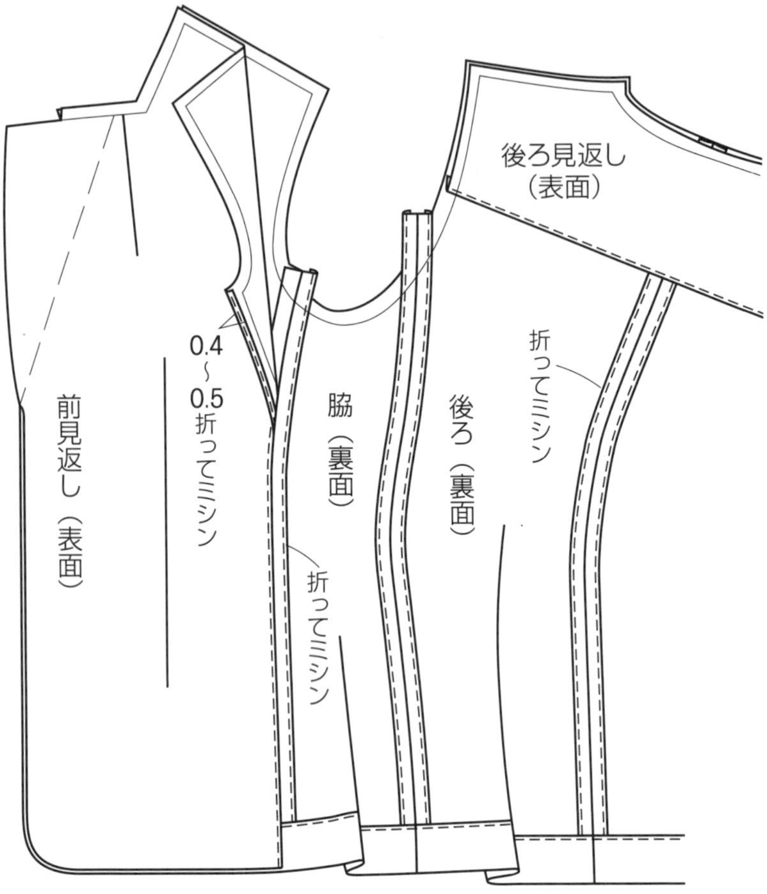

芯のはり方

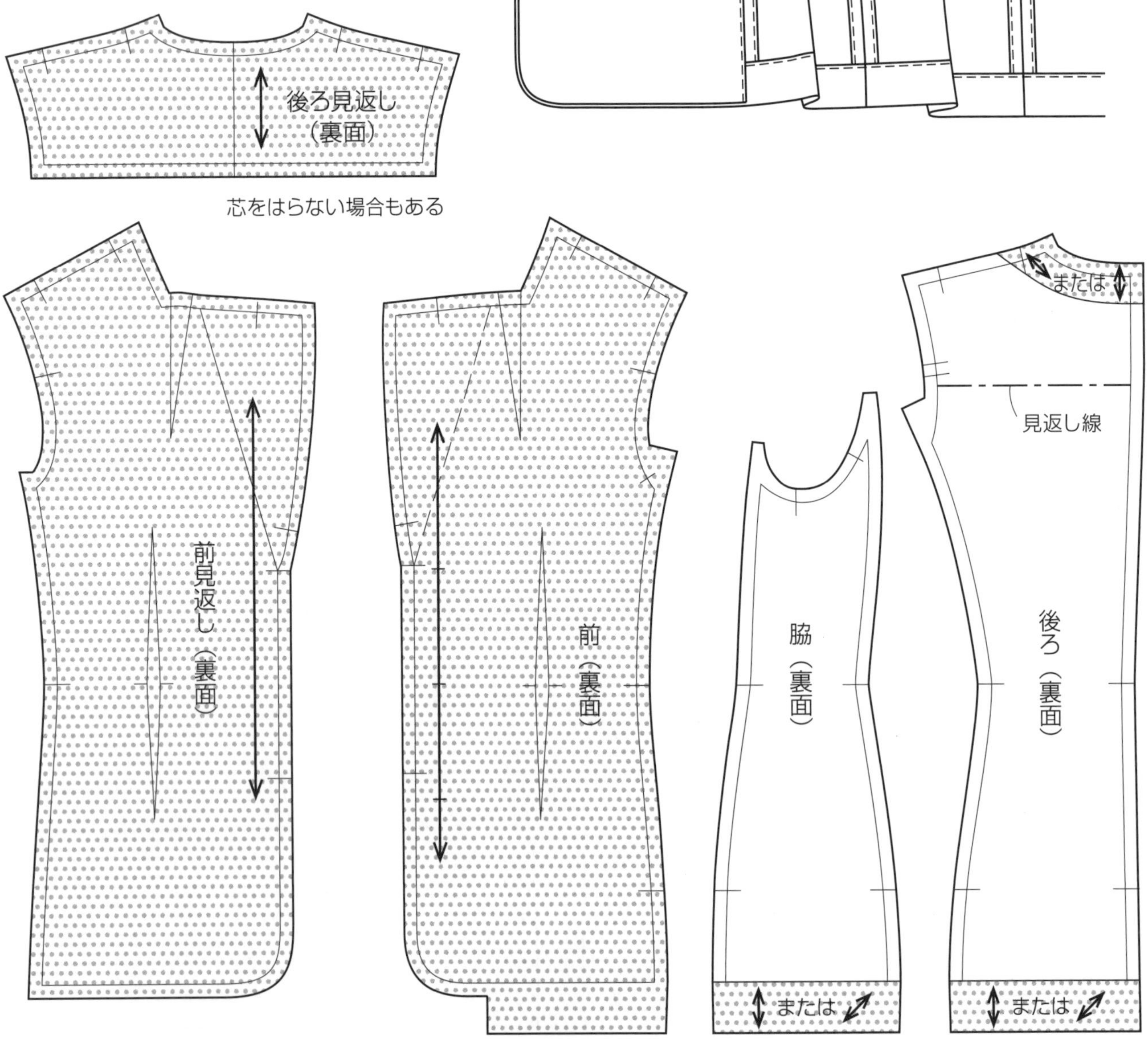

一重仕立て（C）

後ろ見返しを肩線から袖つけ線まで続け裁ちにする方法である。厚手ですべりのよくない素材に適している。

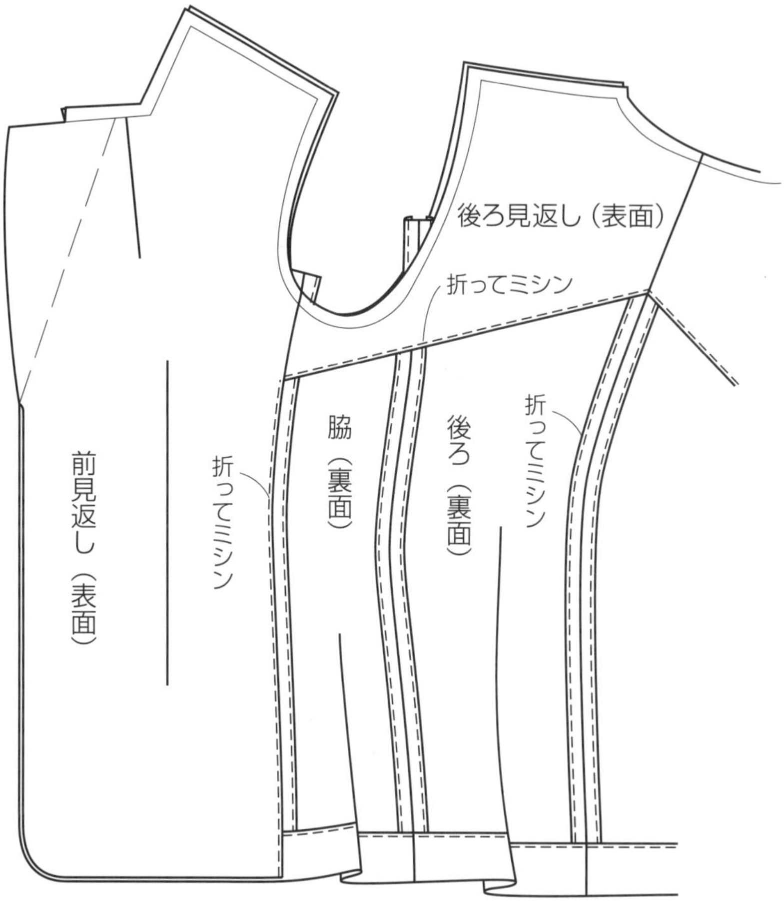
後ろ見返し（表面）
折ってミシン
前見返し（表面）
折ってミシン
脇（裏面）
後ろ（裏面）
折ってミシン

芯のはり方

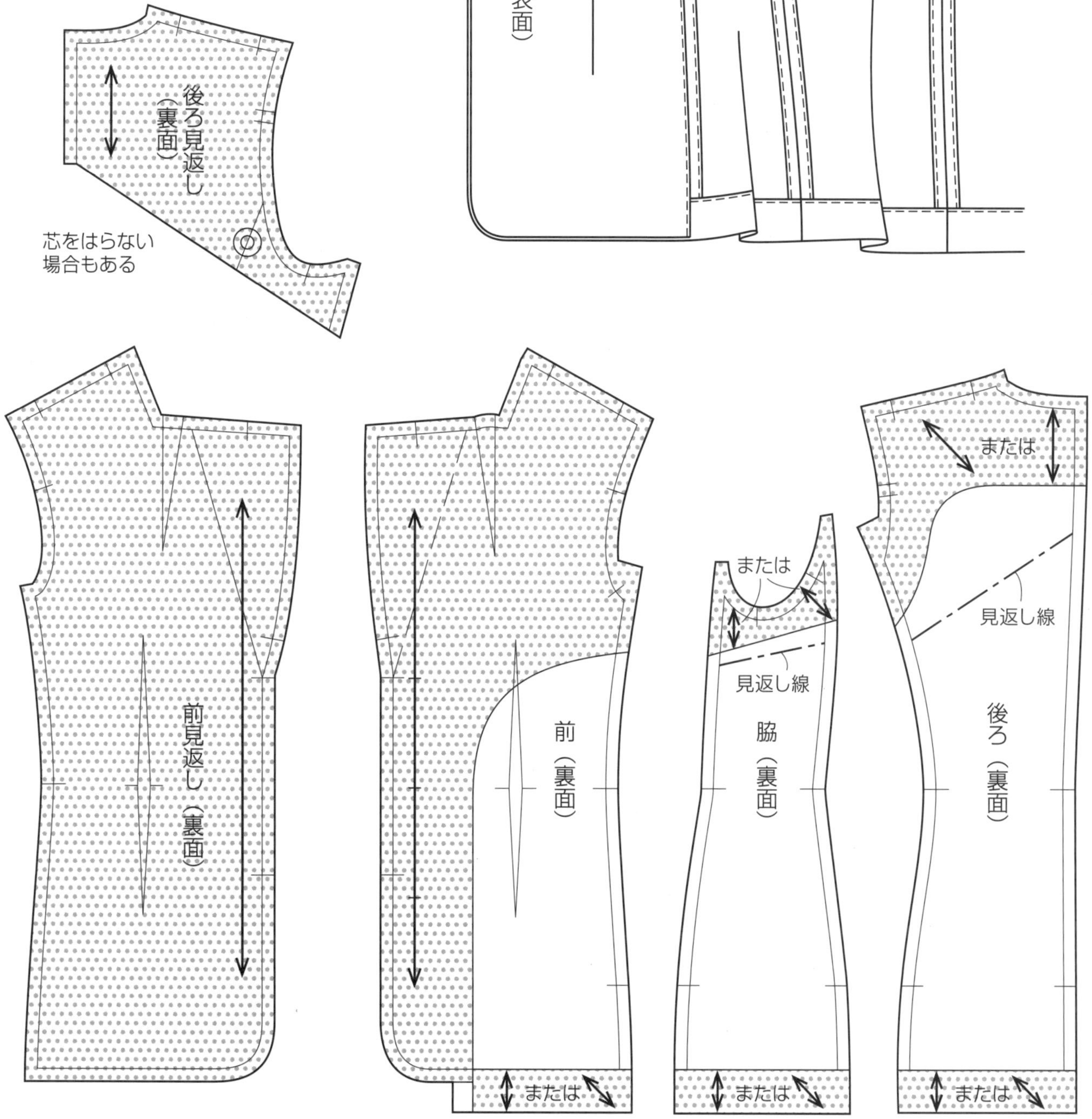
後ろ見返し（裏面）
芯をはらない
場合もある
前見返し（裏面）
前（裏面）
または
または
見返し線
脇（裏面）
または
または
見返し線
後ろ（裏面）
または

袖の作り方

一重仕立ての袖は、袖下縫い代を片側（外袖側）に倒す場合と割って仕立てる場合がある。

あきの作り方には本あきとあきみせがある。

ここでは、縫い代を縁どりで始末する方法で説明する。

縫い代のつけ方と芯のはり方

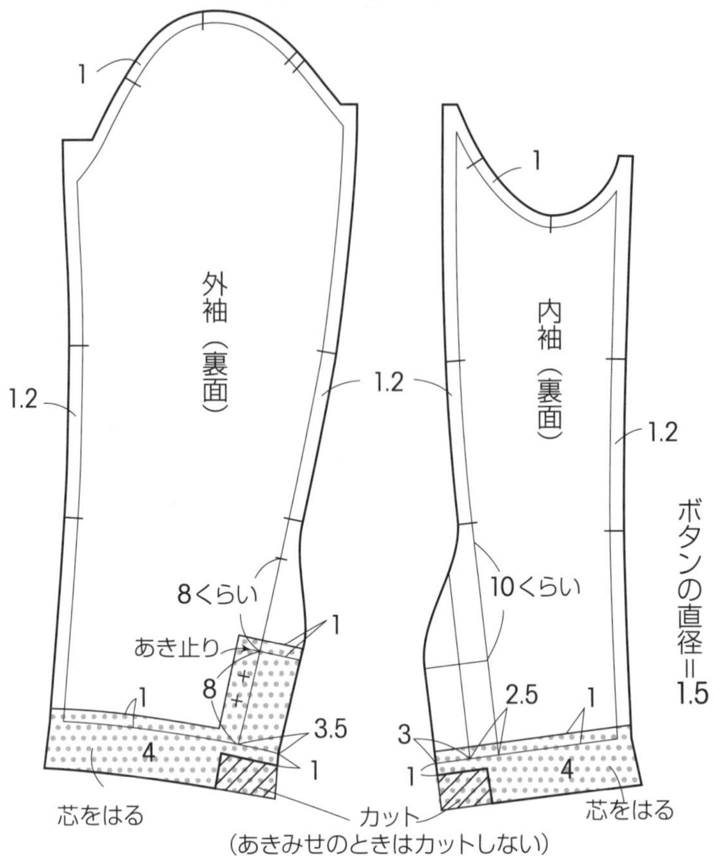
1
外袖（裏面）
1.2
1.2
8くらい
あき止り
1
8
1
4
3.5
1
芯をはる
内袖（裏面）
1
1.2
1.2
10くらい
2.5
1
3
1
4
芯をはる
カット
（あきみせのときはカットしない）
ボタンの直径＝1.5

本あきの作り方

1 内袖のあき部分の縫い代を縁とり始末し、袖口を縫う

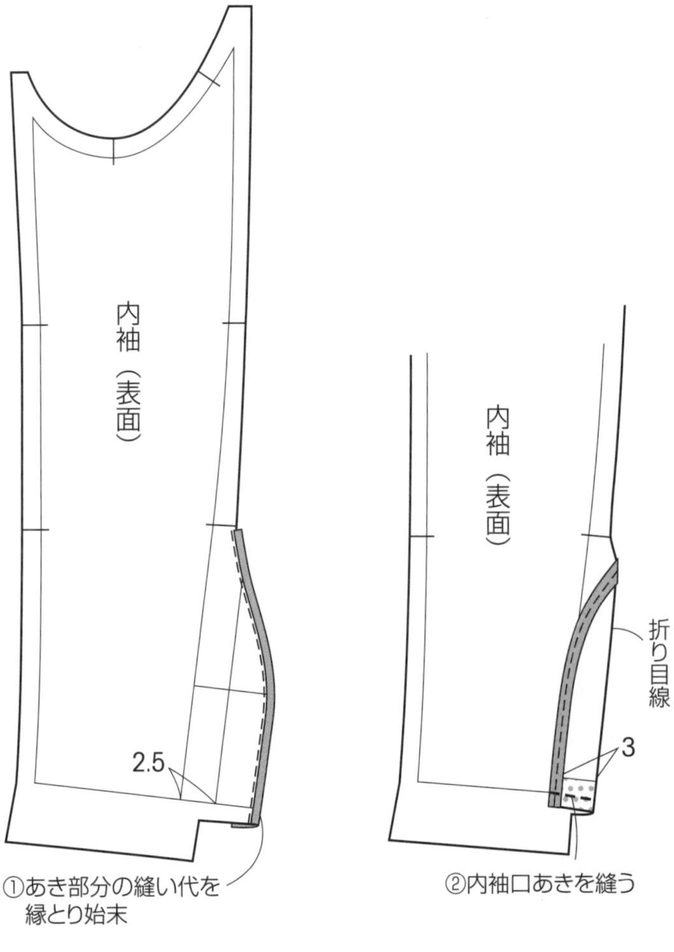
内袖（表面）
2.5
①あき部分の縫い代を縁とり始末
内袖（表面）
折り目線
3
②内袖口あきを縫う

2 中表に合わせ、外袖縫い目線をあき止りまで縫う

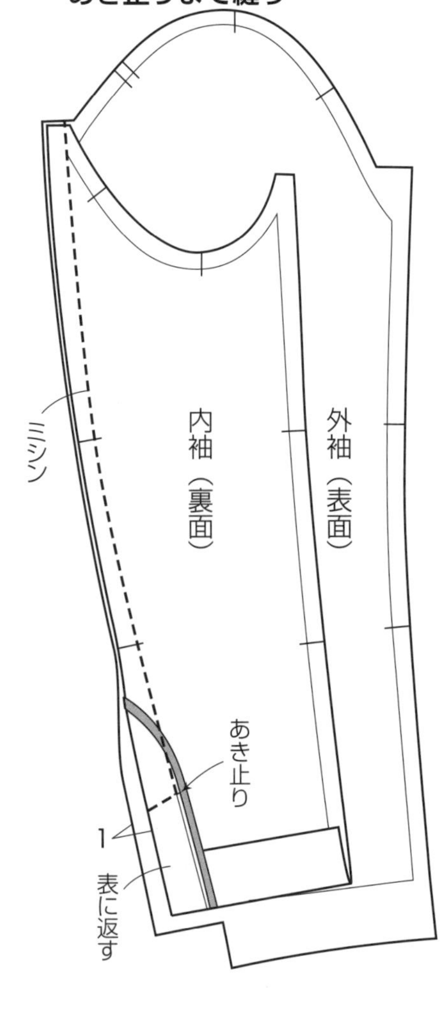
ミシン
内袖（裏面）
外袖（表面）
あき止り
1
表に返す

3 縫い代を 2 枚一緒に縁とり始末する

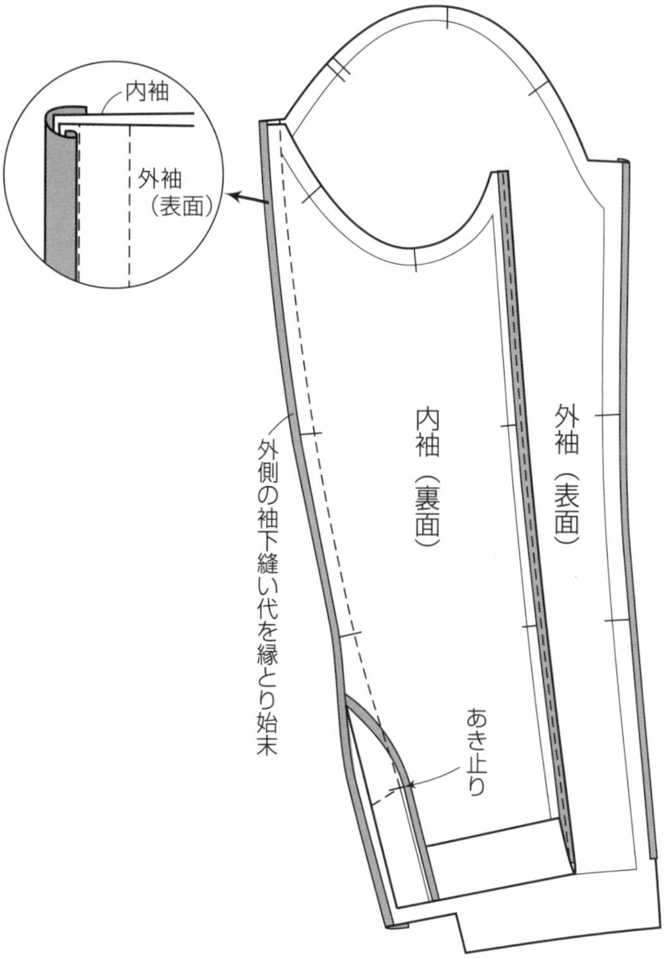

内袖
外袖
（表面）
外側の袖下縫い代を縁とり始末
内袖
（裏面）
外袖
（表面）
あき止り

4 外袖口あきを縫い返し、整える

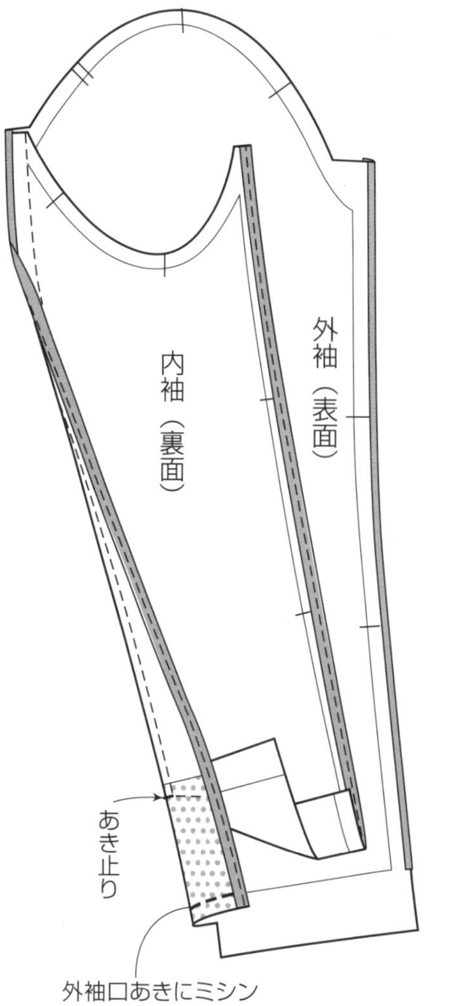

内袖
（裏面）
外袖
（表面）
あき止り
外袖口あきにミシン

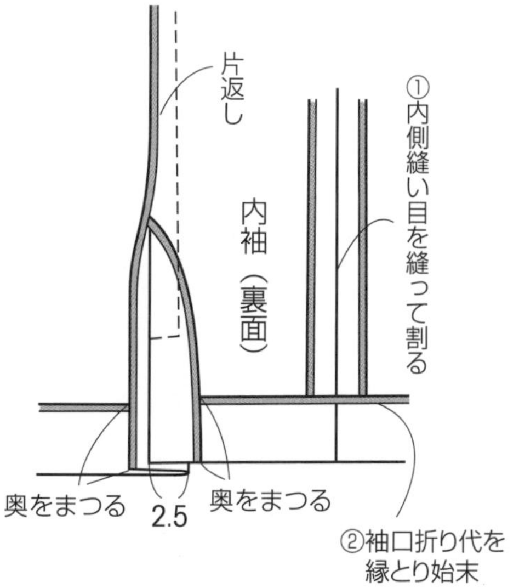

片返し
内袖
（裏面）
①内側縫い目を縫って割る
奥をまつる
2.5
奥をまつる
②袖口折り代を
縁とり始末

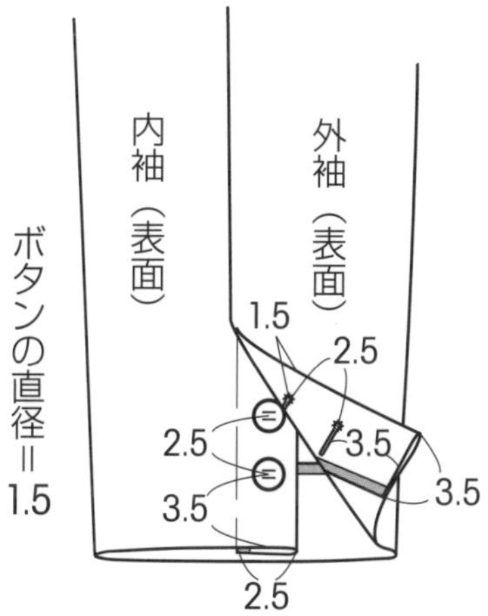

内袖
（表面）
外袖
（表面）
ボタンの直径＝1.5
1.5
2.5
2.5
3.5
3.5
3.5
2.5

あきみせの作り方

1 縫い代を縁とり始末する

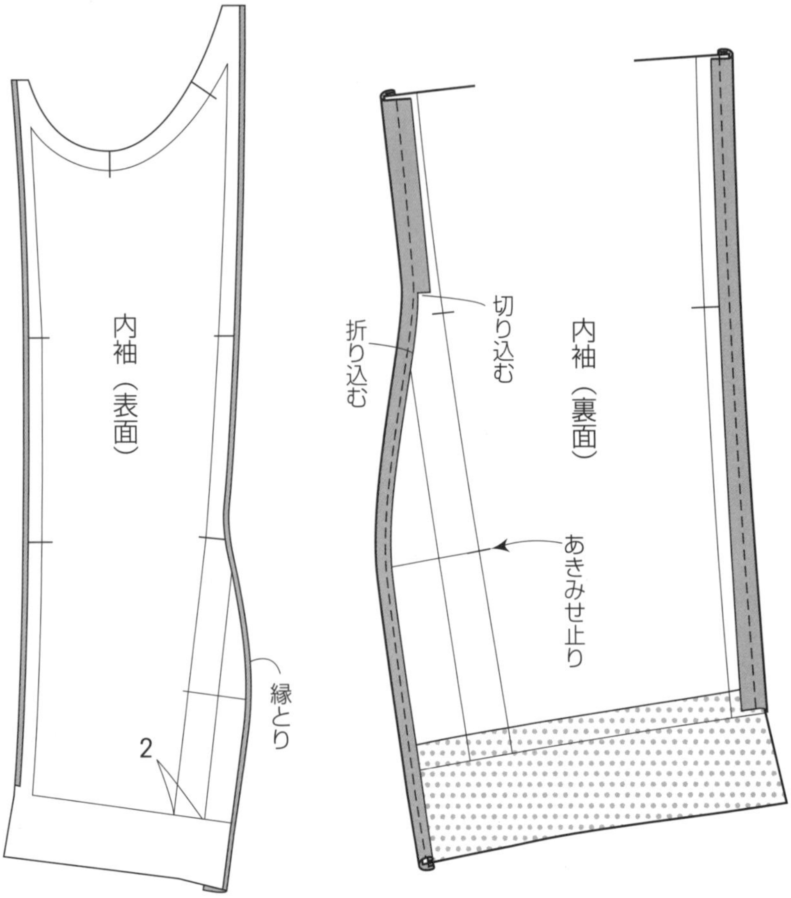
内袖（表面）
縁とり
2
切り込む
折り込む
内袖（裏面）
あきみせ止り

2 内袖と外袖を中表に合わせ、外側の袖下を縫う

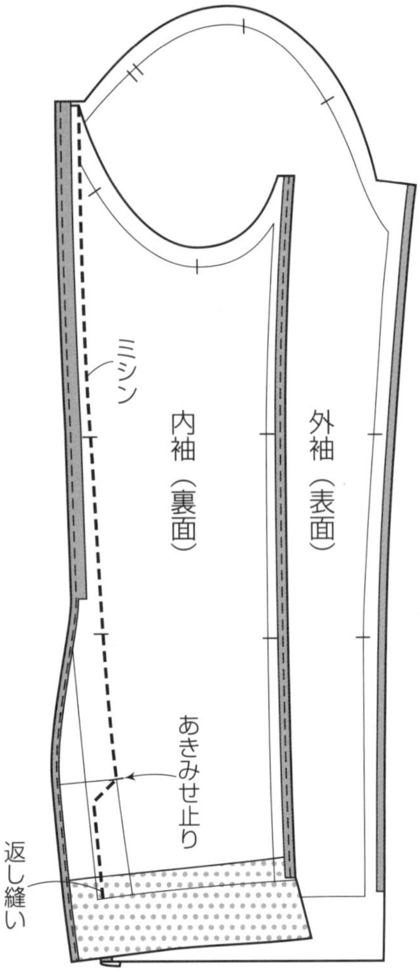
ミシン
内袖（裏面）
外袖（表面）
あきみせ止り
返し縫い

3 外側の袖下縫い代を割り、あきみせ部分を整える

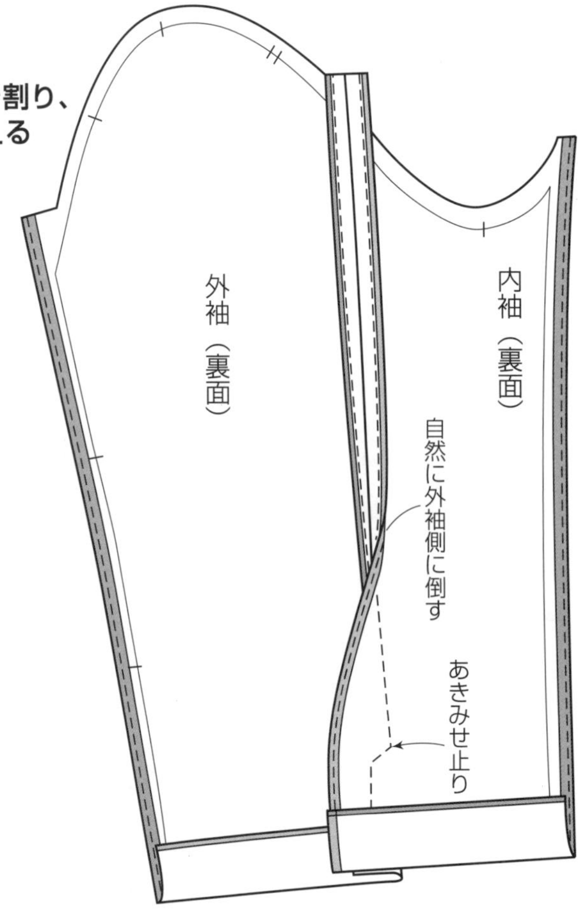
外袖（裏面）
内袖（裏面）
自然に外袖側に倒す
あきみせ止り

一重仕立てのまとめ

前見返しは、脇縫い代にまつる。裾は縁とりの奥をまつる。後ろ見返しは、背中心の縫い代にループで止める。またポケットの袋布と重なる場合は、袋布の深さの$\frac{1}{3}$ほど上部だけを止める。ラペルの返り線奥に星止めする。

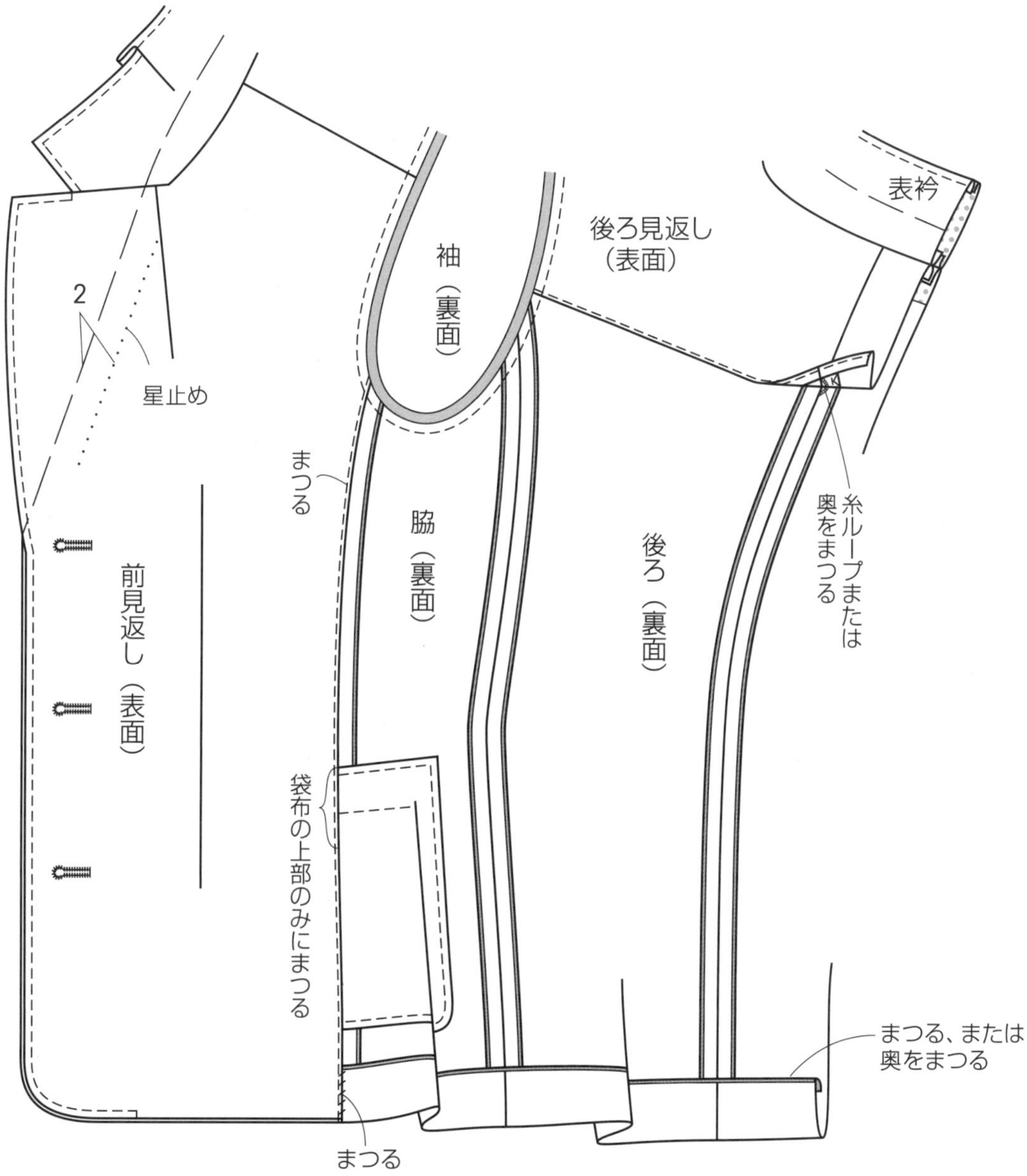

(3) 部分的な裏布のつけ方

ジャケットやコート類は総裏仕立てにするほかに、部分的に裏布をつけて仕立てる方法もある。

夏用のジャケットなど、涼しく着るためや、秋冬用でも軽くソフトに仕上げるために用いられる。

このような仕立てでは、裏布のつかない部分の縫い代の始末や、折り代、ポケットの袋布などに、服のシルエット、素材に適した方法を用いることが大切になる。

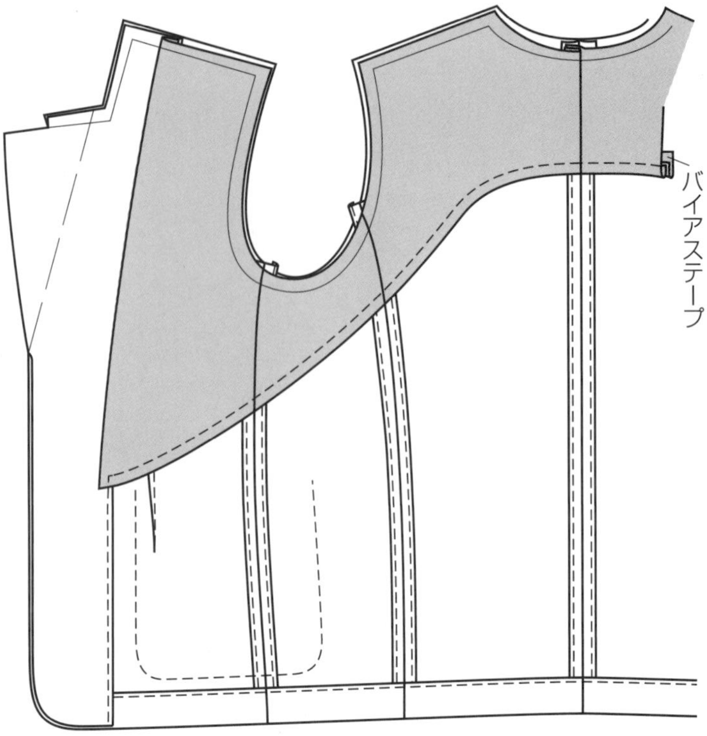
バイアステープ

半裏仕立て

裏布のパターンは、ウエストライン、バストラインを目安に作る。袖は全部に裏をつける仕立て方である。

袋布のついたポケットがある場合は、見える側は表布を使い、袋布の周囲は他の縫い代の始末と同じにする。透けない素材のジャケットやコート類に用いられる。

裏布と見返しの裁ち方

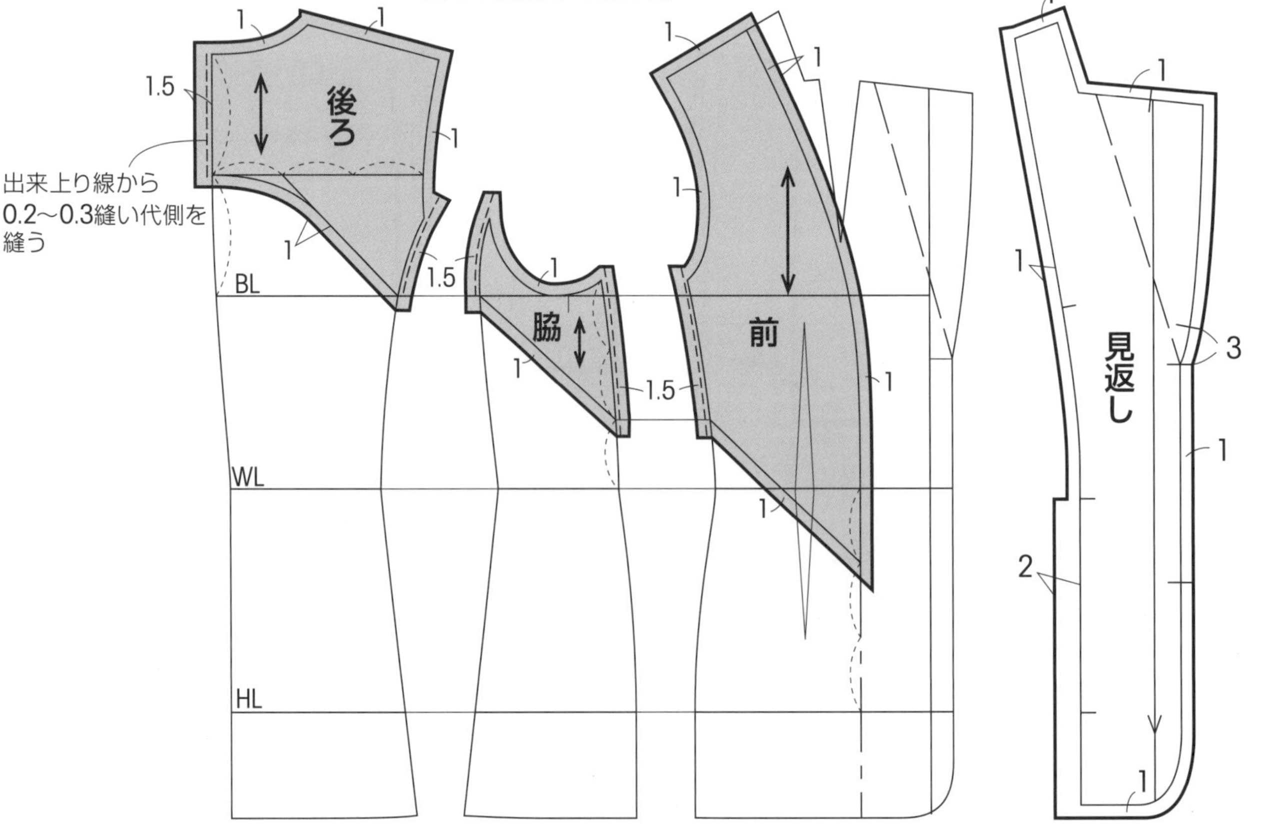
後ろ
脇
前
見返し
出来上り線から
0.2～0.3縫い代側を
縫う
BL
WL
HL
1
1.5
2
3

※パターンメーキングは
94ページ参照

裏布の縫い方は、裏地の後ろ中心、パネルラインを縫い、
裾を始末してから前見返しと縫い合わせる。

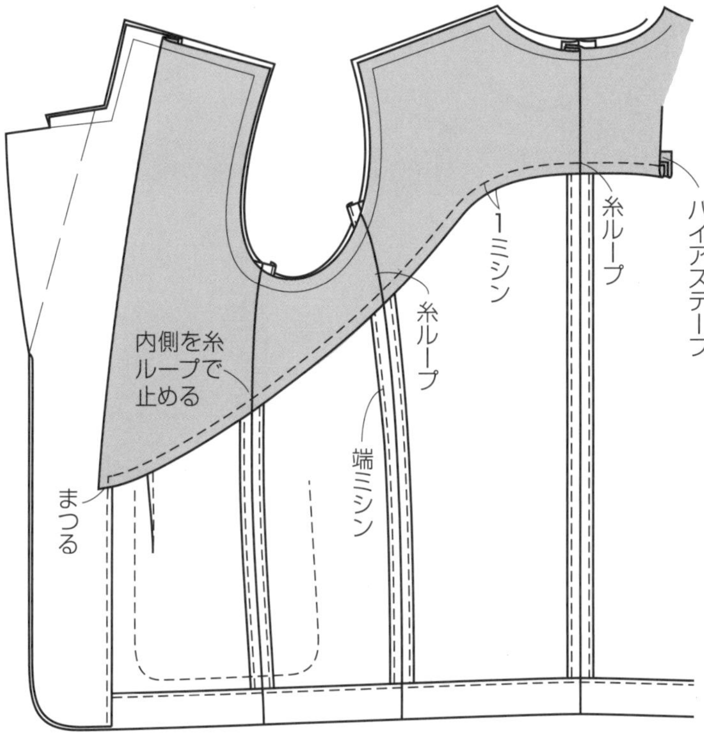
バイアステープ
糸ループ
1ミシン
糸ループ
内側を糸ループで止める
端ミシン
まつる

半裏の裾の折り代の始末は、カーブが強いので、
共布のバイアステープで始末する。

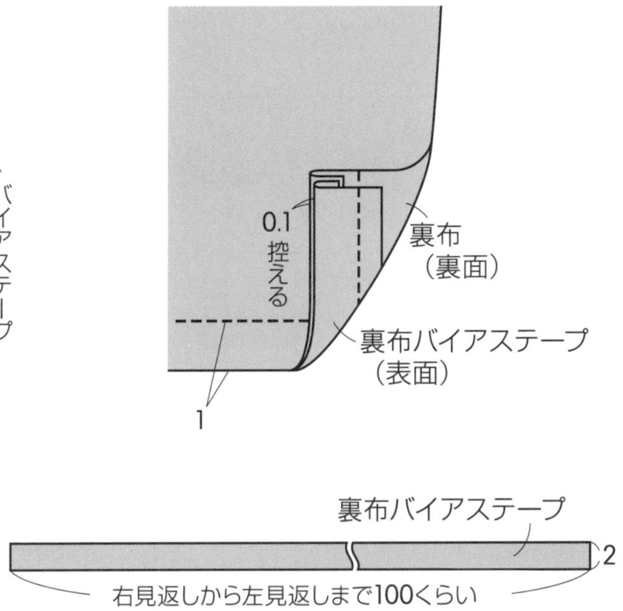
0.1
控える
裏布（裏面）
裏布バイアステープ（表面）
1
裏布バイアステープ
2
右見返しから左見返しまで100くらい

袋布のついたポケットがある場合

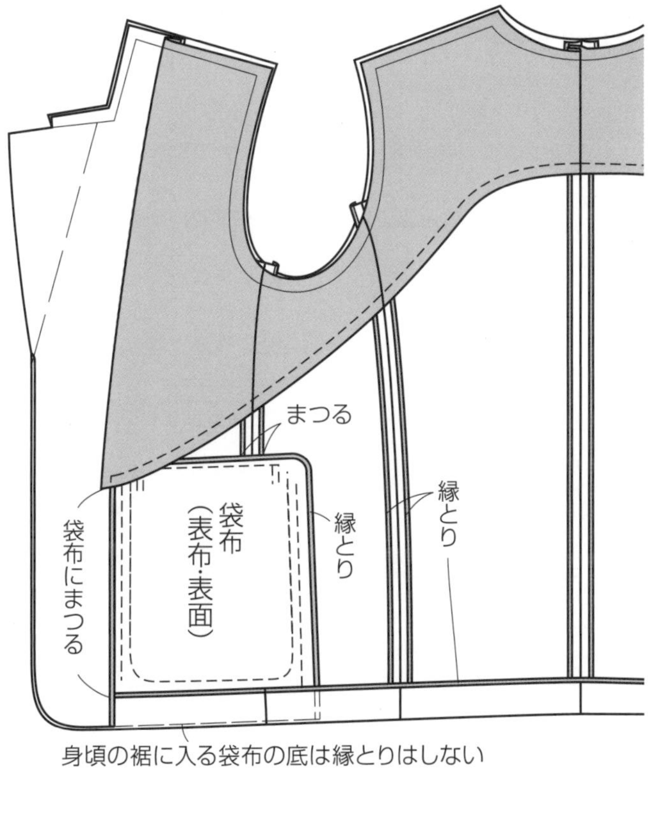
まつる
袋布（表布・表面）
縁とり
縁とり
袋布にまつる
身頃の裾に入る袋布の底は縁とりはしない

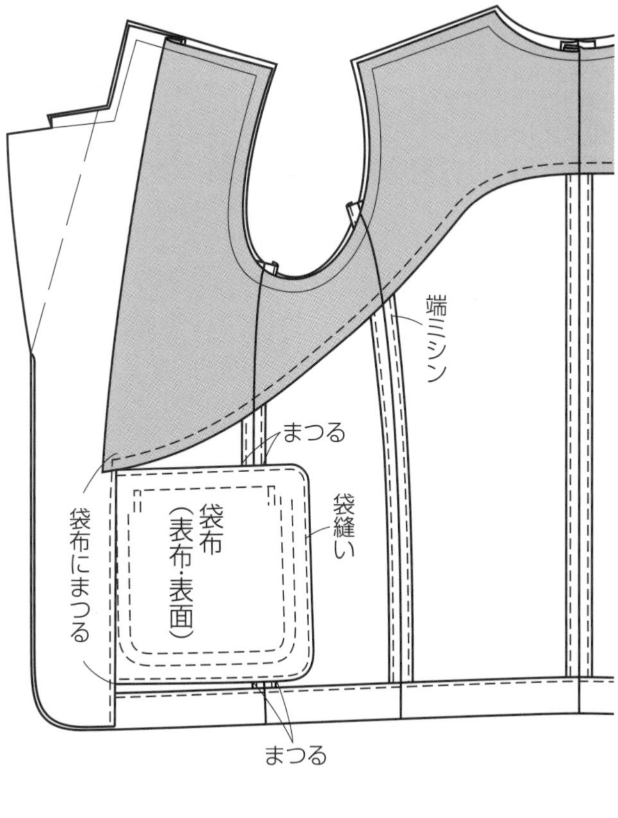
端ミシン
まつる
袋縫い
袋布（表布・表面）
袋布にまつる
まつる

背抜き仕立て

ソフトな仕立てのジャケットに用いられる。前身頃と袖は全体に、後ろ身頃は背丈の$\frac{1}{3}$くらいまで裏をつける仕立て方である。

背抜き仕立て（A）

背裏が2枚で縫い返された丈夫な仕立てになっている。厚手素材、ウール地などに適している。

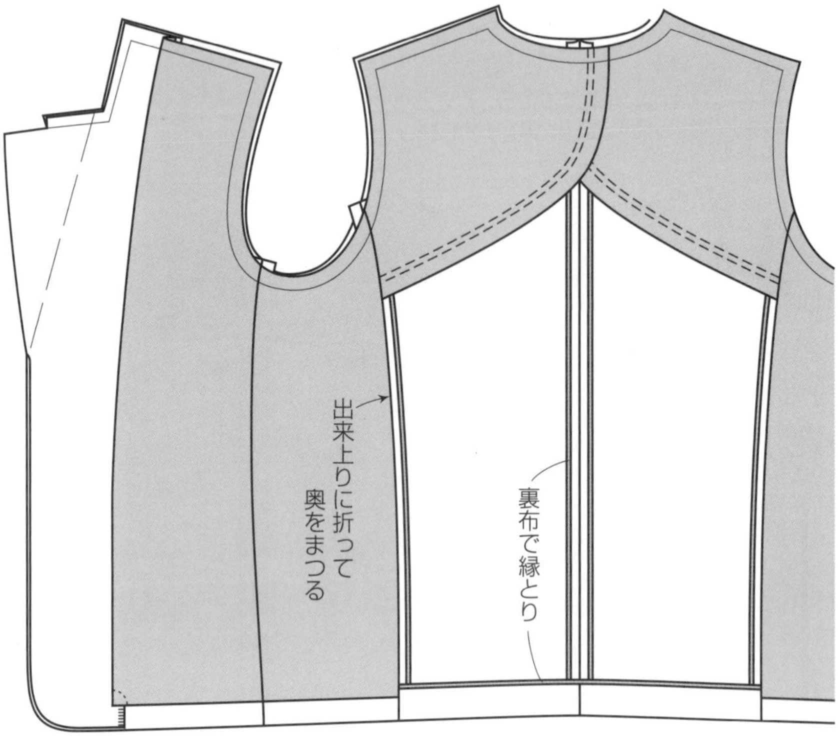
出来上りに折って奥をまつる
裏布で縁とり

裏布の裁ち方

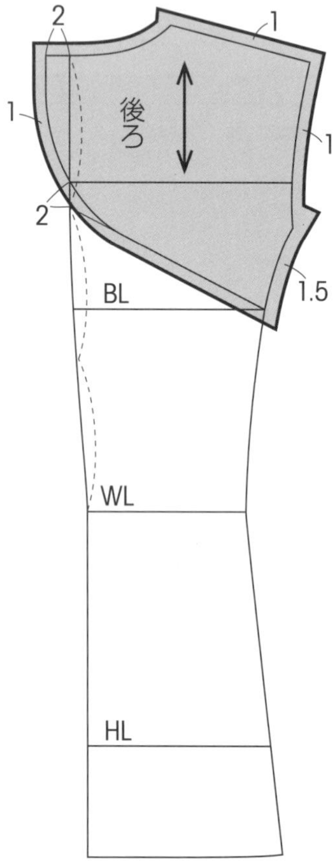
2
1
1
後ろ
1
2
BL
1.5
WL
HL

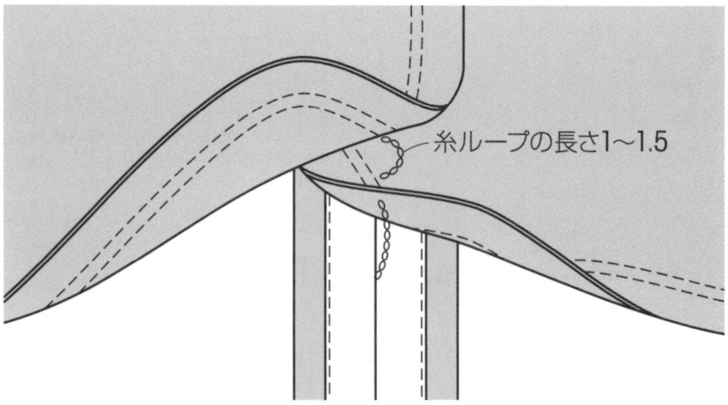
糸ループの長さ1~1.5

左右の背裏の中心を糸ループで止める

後ろ中心で背裏を重ねる

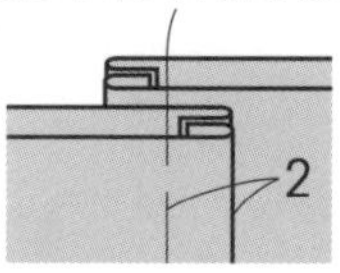
2

背裏の縫い方

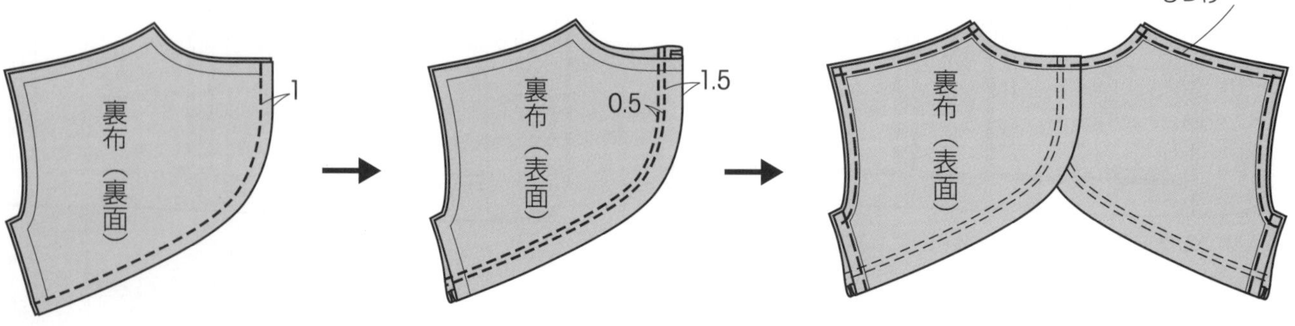
1
裏布（裏面）
1.5
0.5
裏布（表面）
裏布（表面）
中心を合わせしつけ

背抜き仕立て（B）

背裏の折り代を三つ折りで始末する方法である。

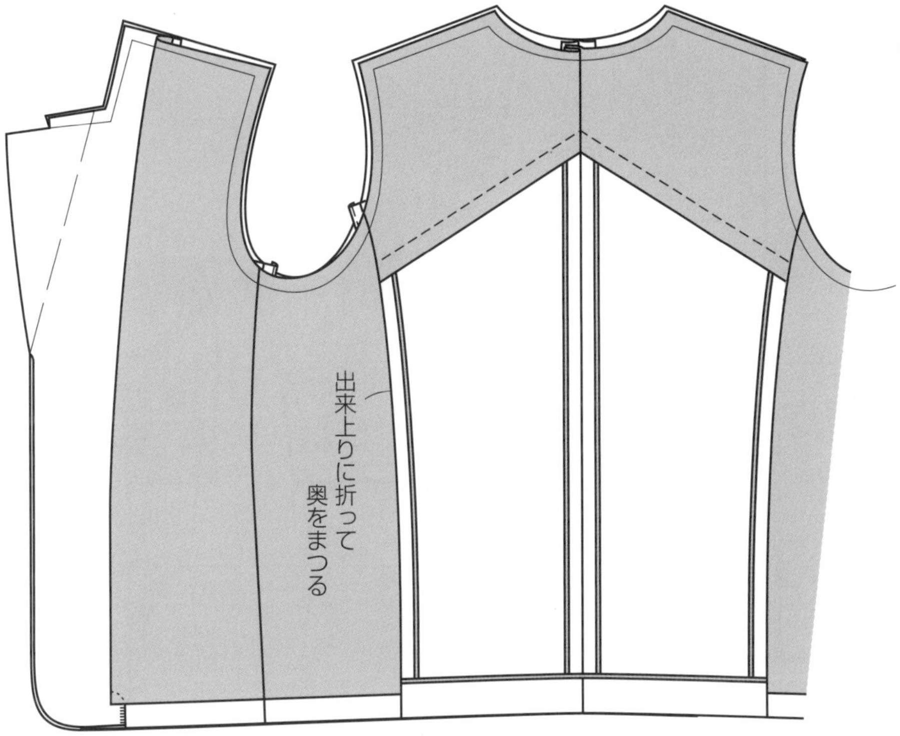

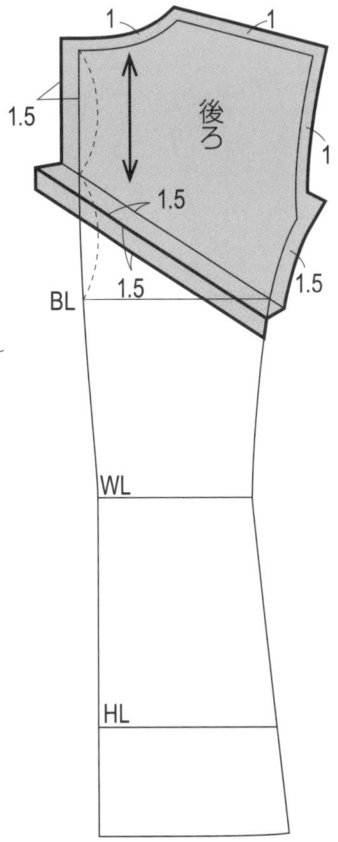

背裏の縫い方

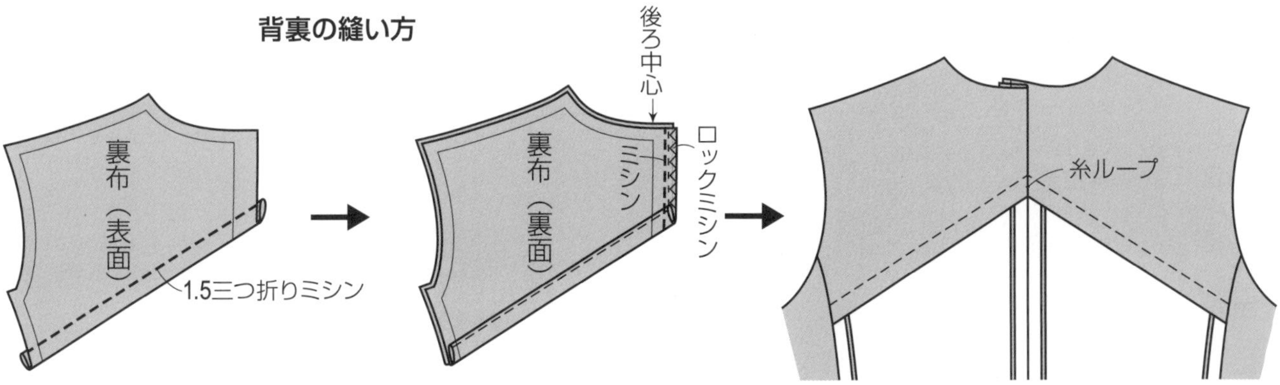

背抜き仕立て（C）

背裏の中心がわ裁ち、背裏の裾に布目が通っているので縫製がしやすい。

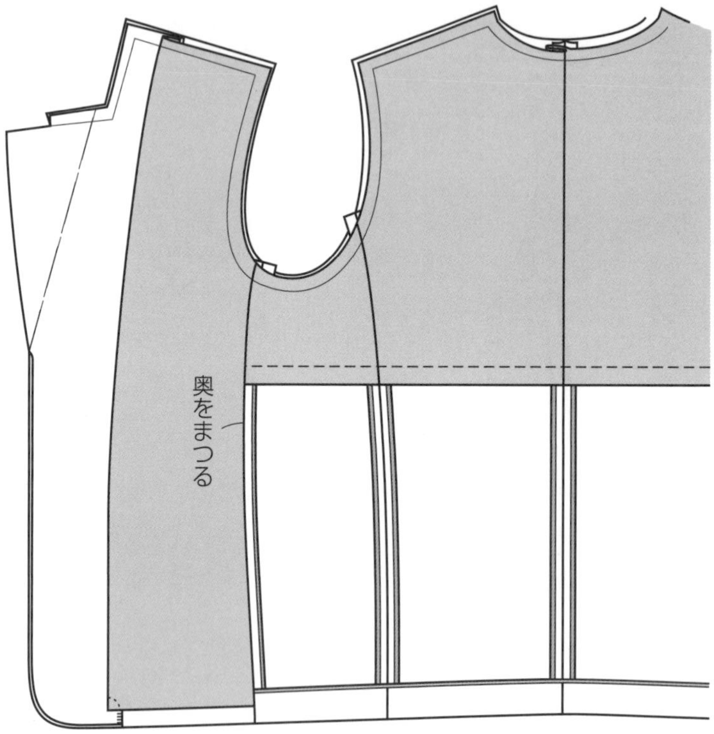
奥をまつる

裏布の裁ち方

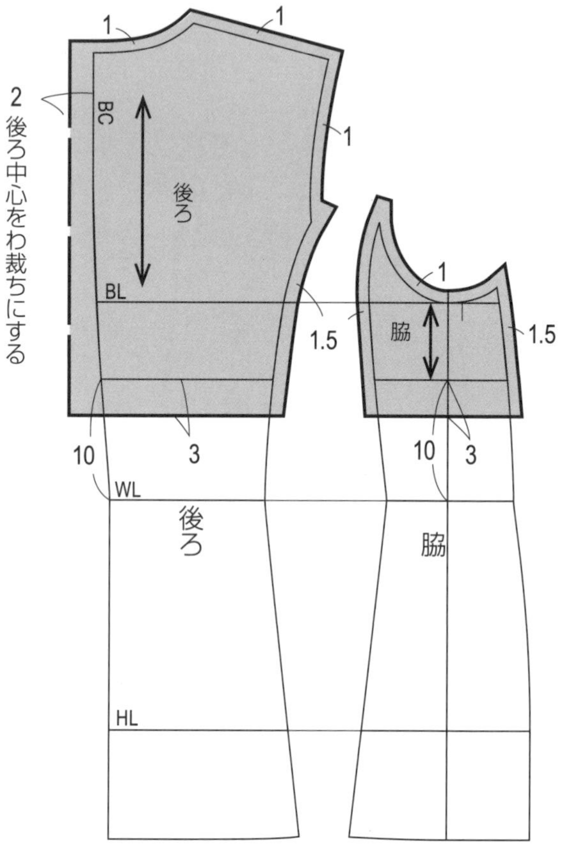
1
1
2
後ろ中心をわ裁ちにする
BC
後ろ
1
BL
1.5
1
脇
1.5
10
3
10
3
WL
後ろ
脇
HL

背裏の縫い方

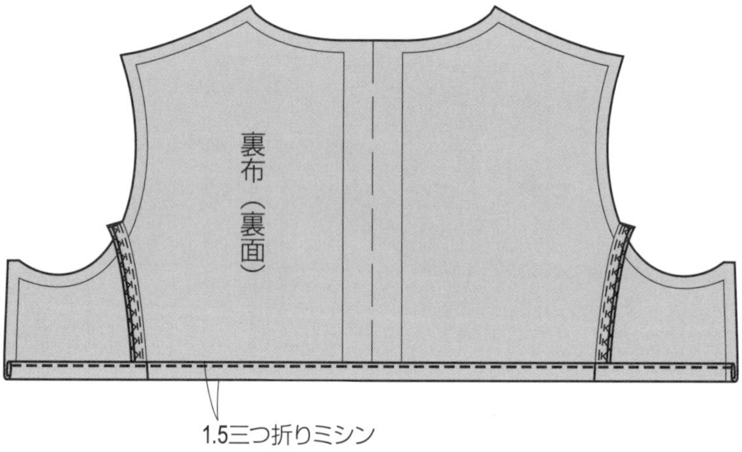
裏布（裏面）
1.5三つ折りミシン

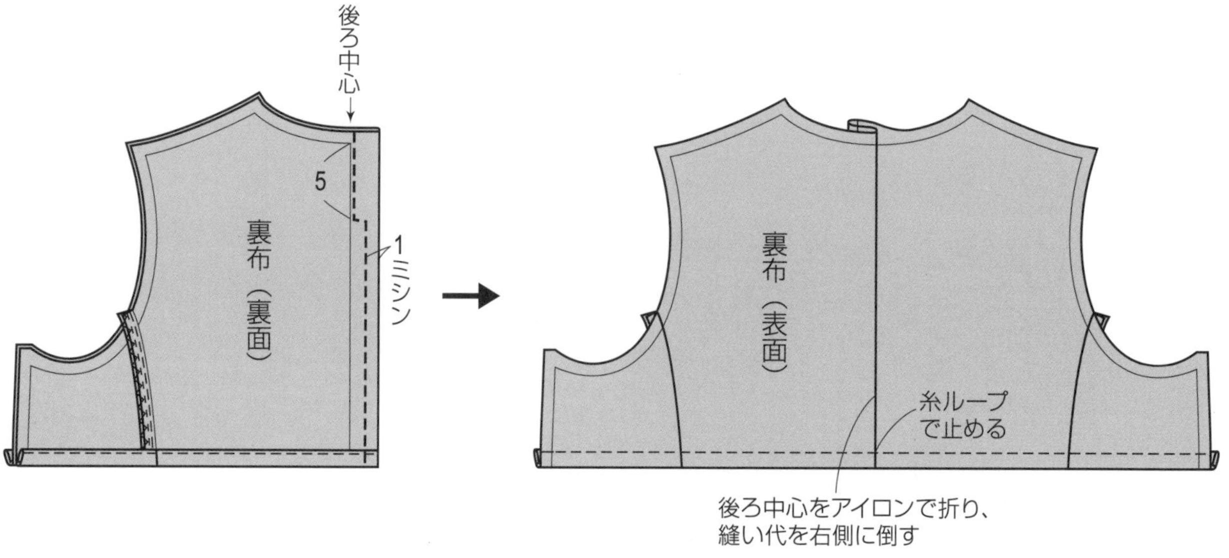
後ろ中心
5
裏布（裏面）
1ミシン
裏布（表面）
糸ループで止める
後ろ中心をアイロンで折り、縫い代を右側に倒す

7　部分縫い

縫製のポイントとなる個所を解説する。

28 ページ　ピークトラペル

ピークトラペルは男子服のダブルブレストのジャケットに多く見られる衿で、ラペルの先端を鋭角にすっきり縫い返すのがポイントになる。

マニッシュ感覚の仕立てにするため、肩増し芯を入れる方法で説明する。

見返し、裏前のパターンメーキング

●表衿の展開法は 59 ページを参照

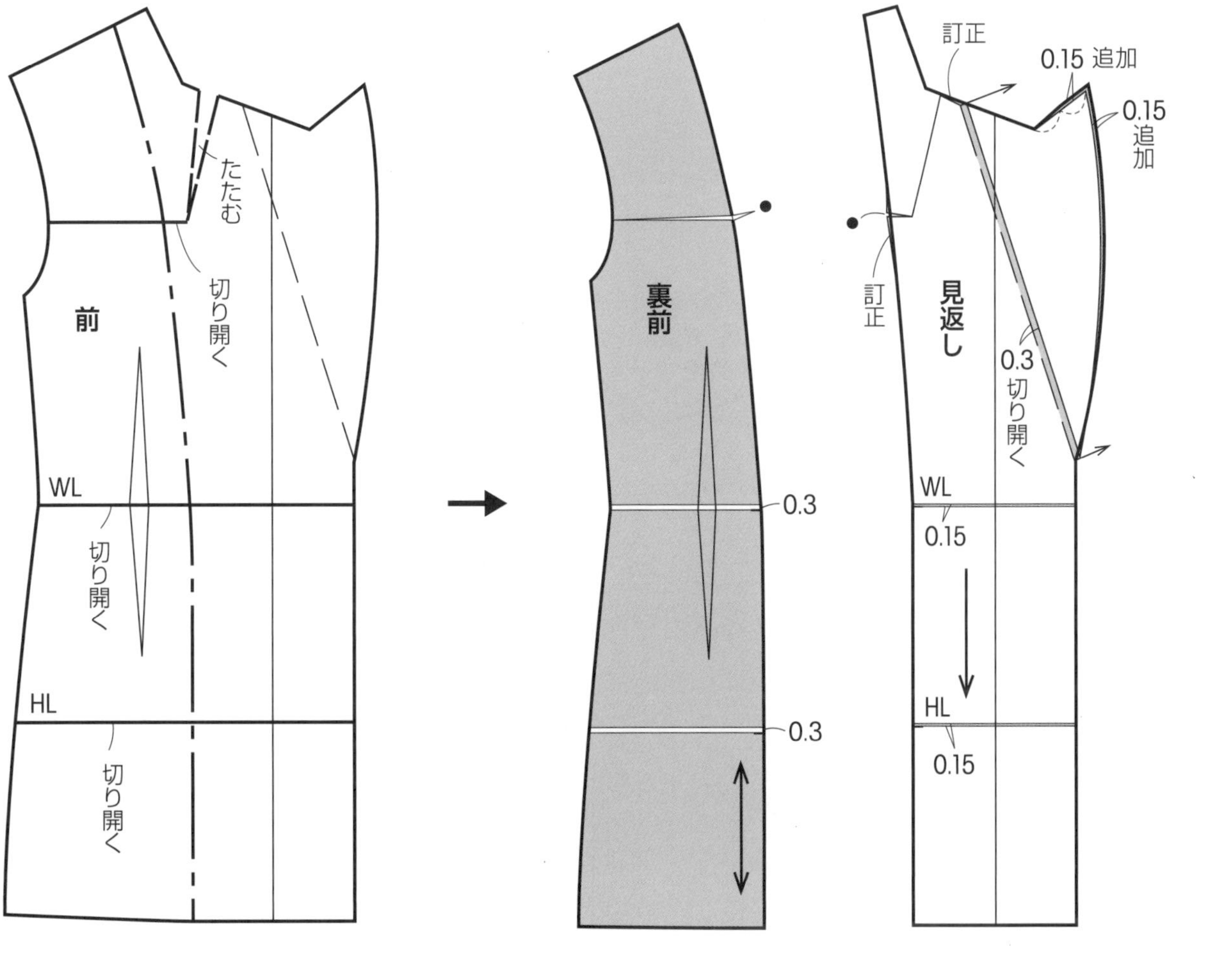

1 伸止めテープをはる

2 ダーツ、前パネルラインを縫う

当て布つきのダーツの縫い方は74ページを参照。

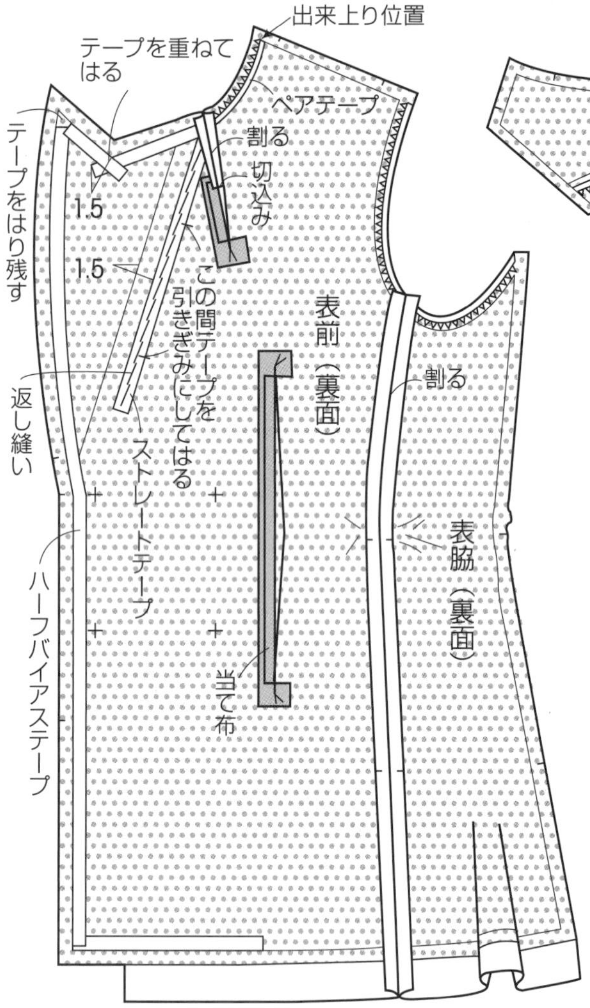

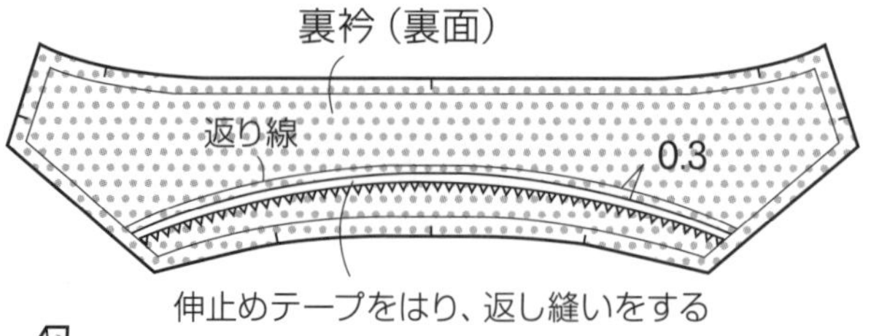

3 肩増し芯をつける

裏面に肩増し芯を重ね、プレスボールの上で身頃になじませ、表側からしつけで止める。増し芯は、衿ぐりで出来上りの位置、肩で0.3cm、袖ぐりで0.5cm表地より出してカットする。

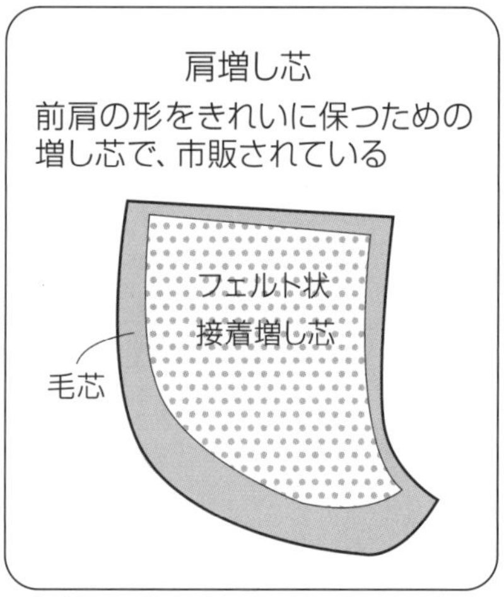

肩増し芯
前肩の形をきれいに保つための増し芯で、市販されている

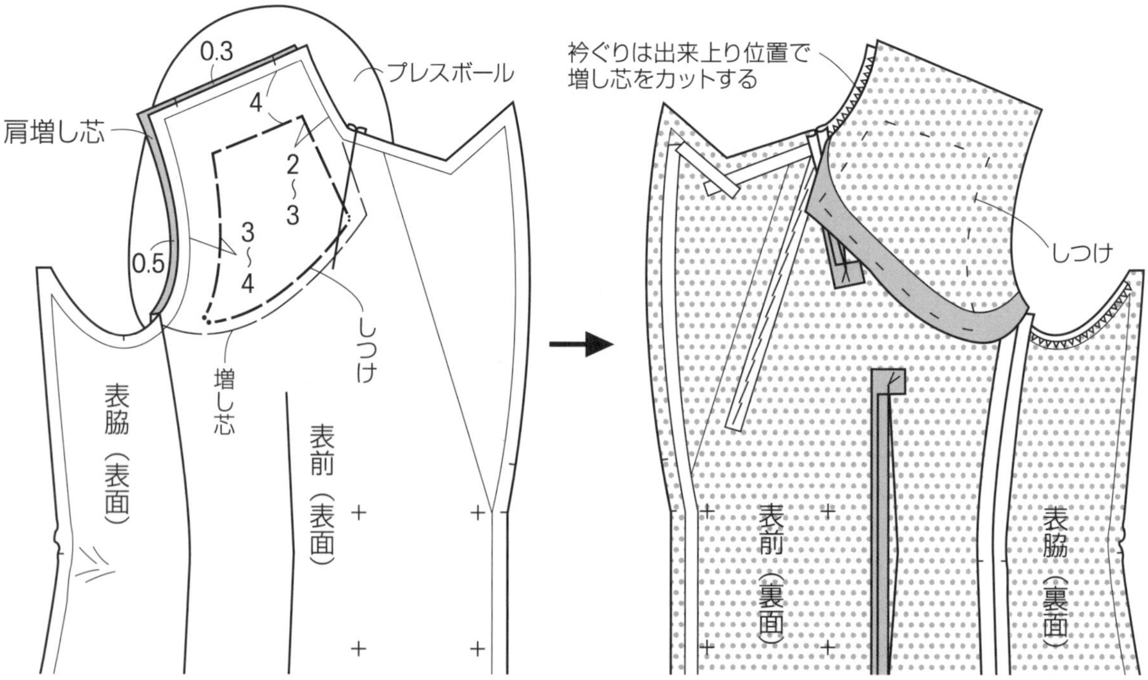

4　肩を縫う

肩を縫い割り、プレスボールの上で増し芯を肩になじませ、肩縫い目に落しじつけで止める。

増し芯と後ろ肩の縫い代を止める。

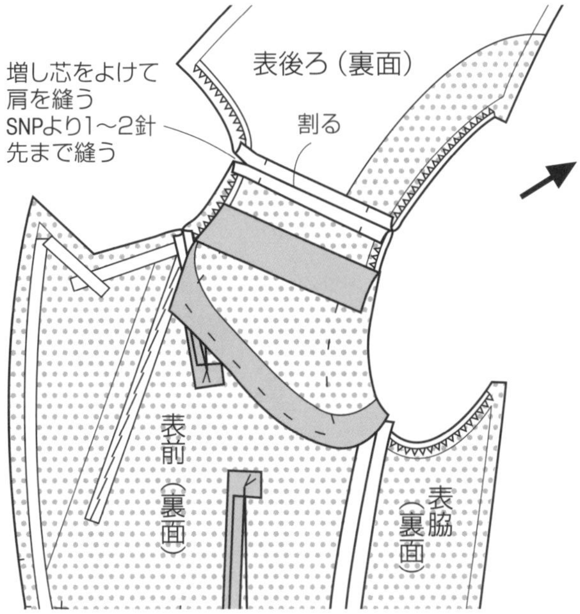

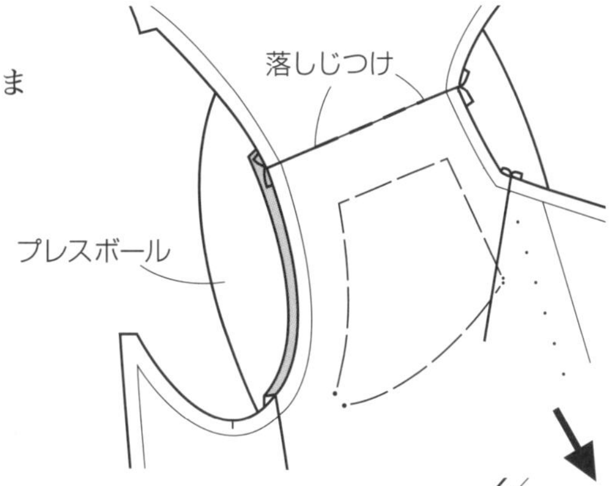

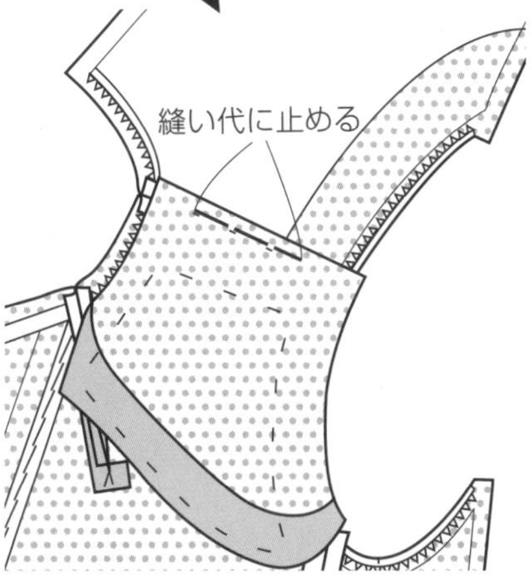

5　後ろパネルラインを縫う

6　表身頃に裏衿をつける

前衿ぐりの角の縫い代に切込みを入れ、増し芯をよけて裏衿をつける。

衿つけ止りと縫い代のつれる部分に切込みを入れ、縫い代を割る。

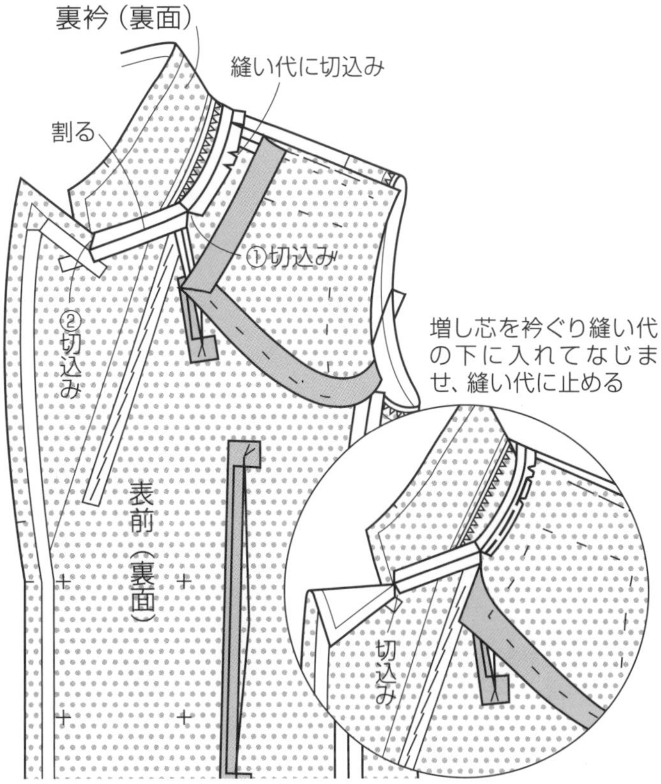

7 裏身頃に表衿をつける

前衿ぐりの角に切込みを入れ、表衿をつける。

衿つけ止りと表衿のサイドネックポイントの縫い代に切込みを入れ、前衿ぐり縫い代を割る。後ろ衿ぐり縫い代はつれる個所に切込みを入れ、身頃側に倒す。

8 前端、衿外回りを縫う

表身頃と裏身頃の衿つけ止り位置を4か所止めてから縫い合わせる。ラペルの先端は1針横に縫う。

縫い代は細くカットし、一度割ってから折りたたむようにして整え、表に返し、アイロンで整える。

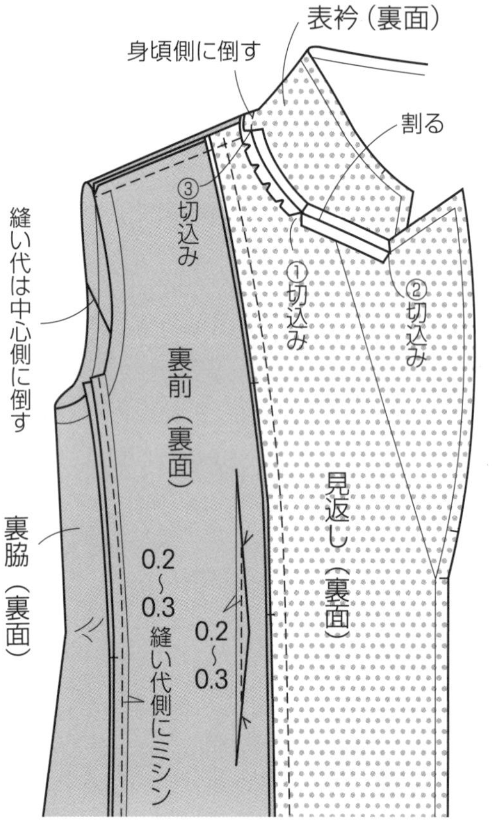

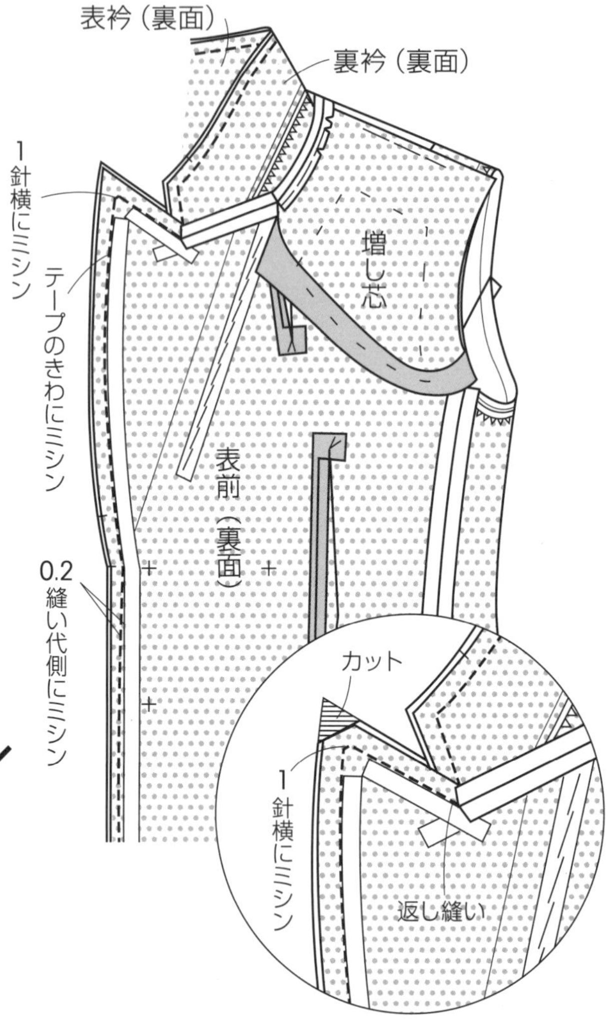

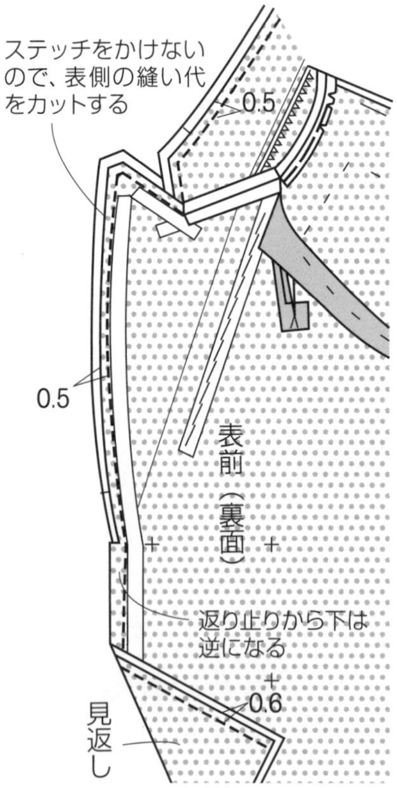

剣先の折り方

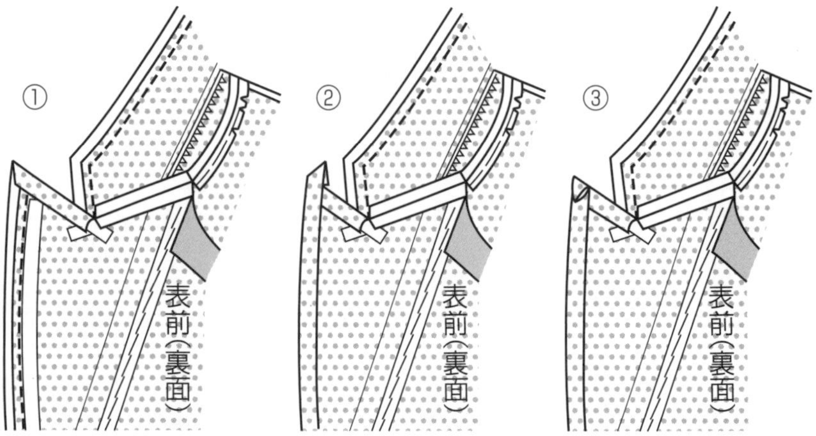

31ページ　ショールカラー

この衿は表衿と見返しが一続きに裁断されている。裏衿を身頃につけて前端から衿外回りを続けて縫う方法である。

表衿と見返しのパターンメーキングは、パターンのSNPで衿と身頃の交差分のあるなしによって、2通りある。

A 交差分がある場合は、前衿ぐりの見返しを切り替え、後ろ衿ぐり見返しに続けてつける。

B 交差分がない場合は、後ろ衿つけ線と見返しをSNPでつなげ、くせとりで伸ばしてなじませる。

後ろ中心をわ裁ちにし、見返し前端に布目を通すには、いずれの場合も返り止りより下の目立たない位置ではぎを入れる。

A　衿ぐりに見返しをつける方法（SNPで衿が交差する場合）

表衿・見返しのパターンメーキング

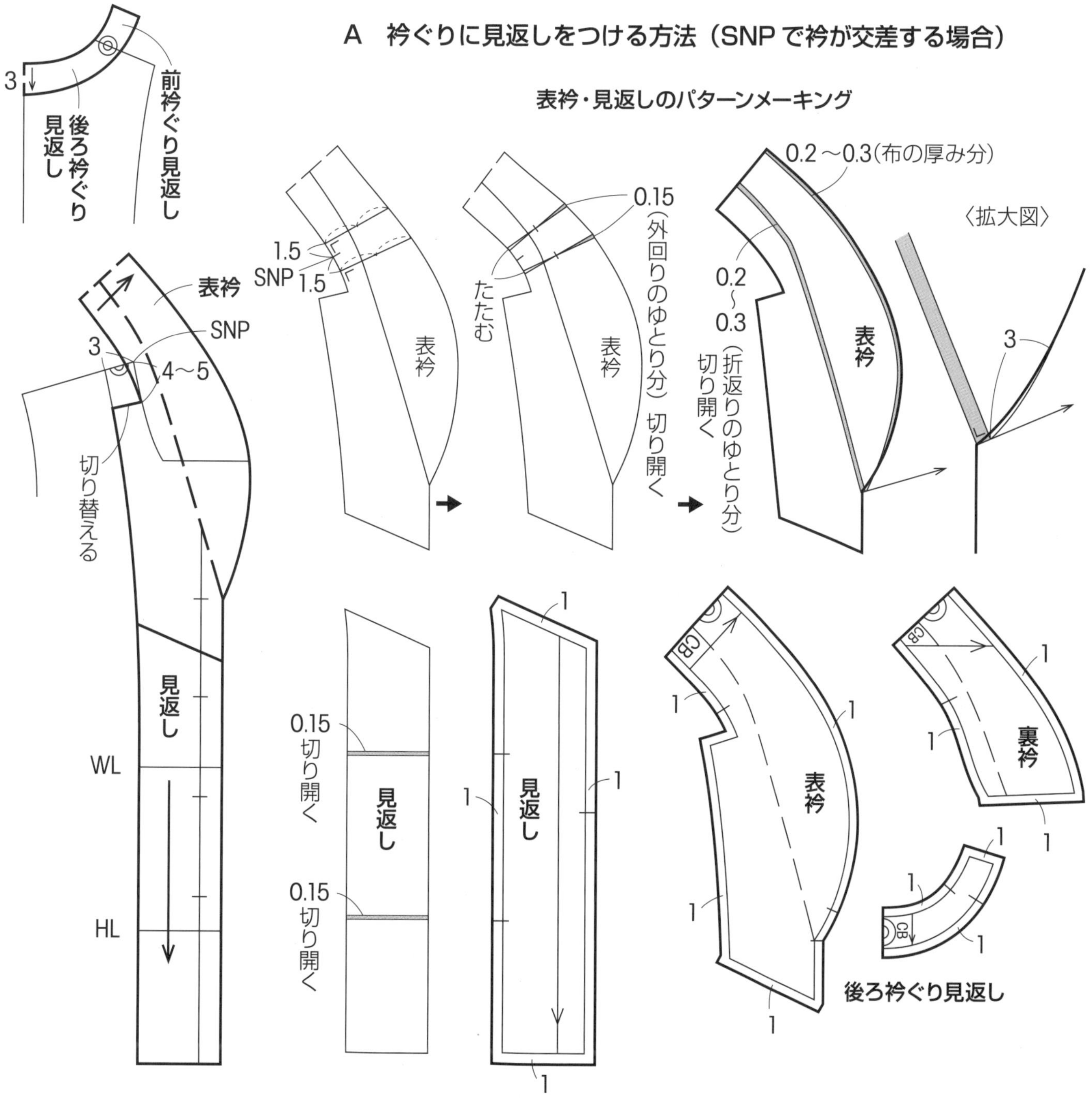

B　衿ぐりに見返しをつけない方法（SNPで衿の交差がない場合）

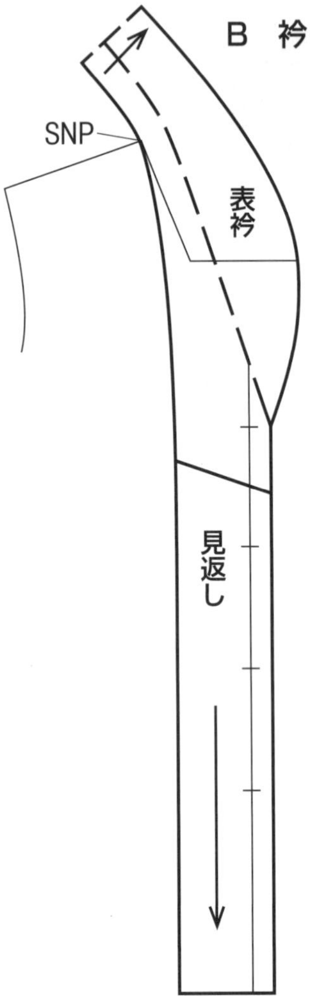
SNP
表衿
見返し

表衿・見返しのパターン展開

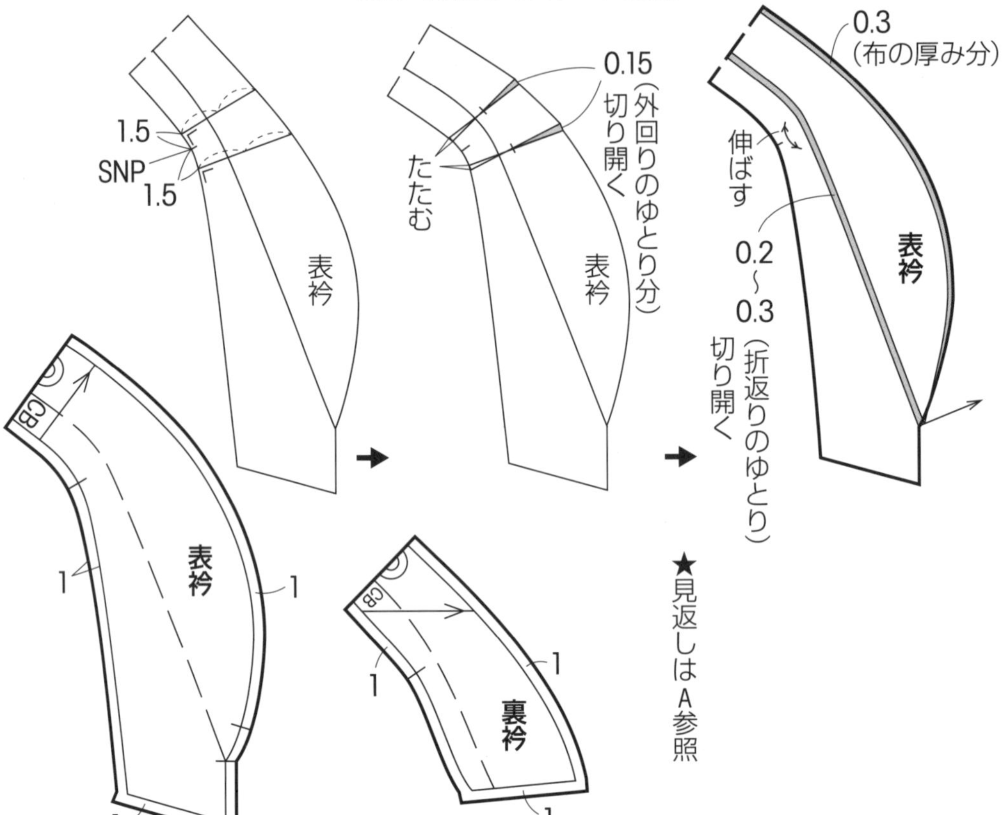
1.5
SNP
1.5
表衿
0.15（外回りのゆとり分）
切り開く
たたむ
表衿
0.3（布の厚み分）
伸ばす
0.2〜0.3（折返りのゆとり）
切り開く
表衿
CB
表衿
1
1
1
CB
裏衿
1
1
1
★見返しはA参照

1　芯、伸止めテープをはる

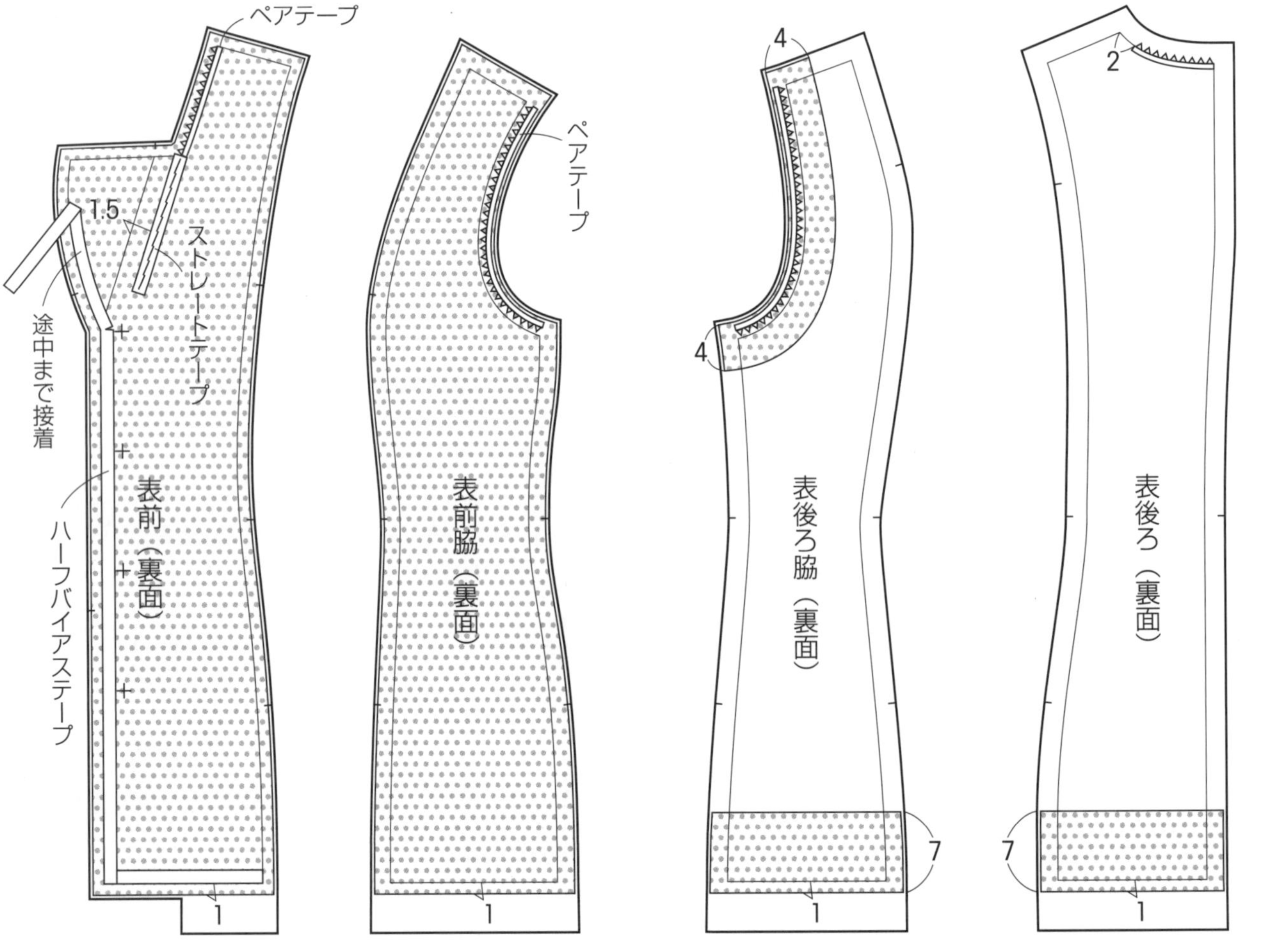
ペアテープ
1.5
ストレートテープ
途中まで接着
ハーフバイアステープ
表前（裏面）
1
表前脇（裏面）
ペアテープ
1
4
4
表後ろ脇（裏面）
7
1
2
表後ろ（裏面）
7
1

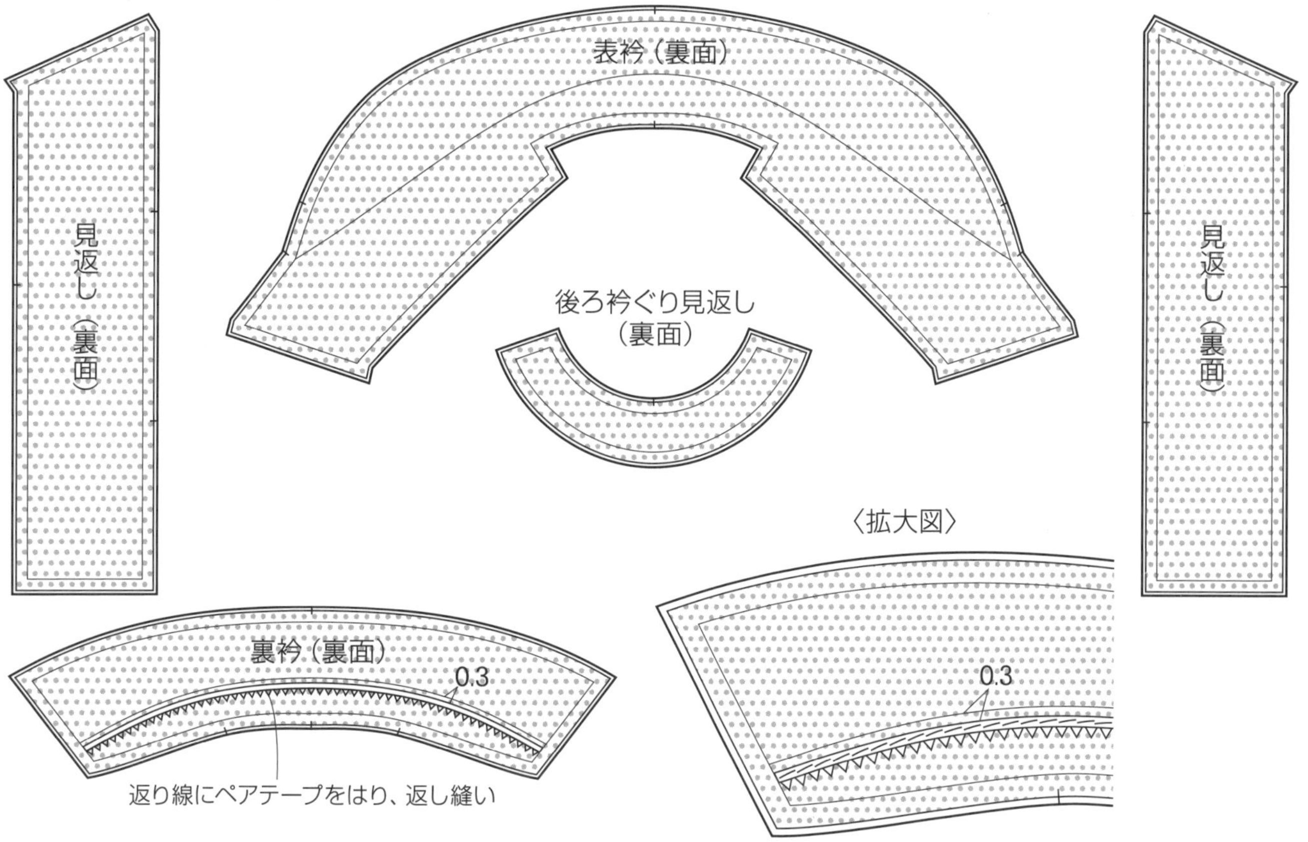
見返し（裏面）
表衿（裏面）
見返し（裏面）
後ろ衿ぐり見返し
（裏面）
〈拡大図〉
裏衿（裏面）
0.3
返り線にペアテープをはり、返し縫い
0.3

2 表身頃に裏衿をつける

切替え線を縫い、前後の肩を縫い合わせた表身頃に裏衿をつける。

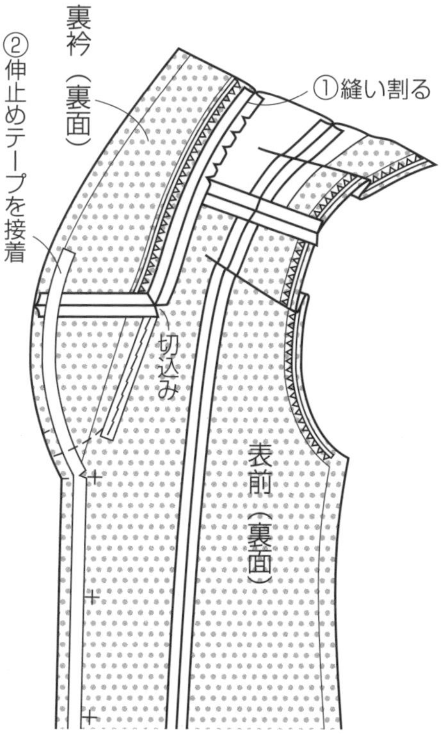
裏衿（裏面）
②伸止めテープを接着
①縫い割る
切込み
表前（裏面）

3 表身頃と裏身頃を合わせて前端、衿外回りを縫う

Aの場合

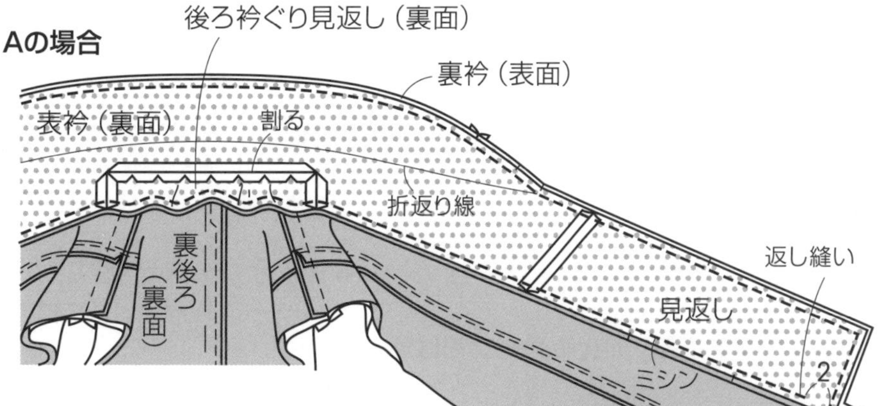
後ろ衿ぐり見返し（裏面）
裏衿（表面）
表衿（裏面）
割る
折返り線
裏後ろ（裏面）
返し縫い
見返し
ミシン
2
裏前（裏面）

Bの場合

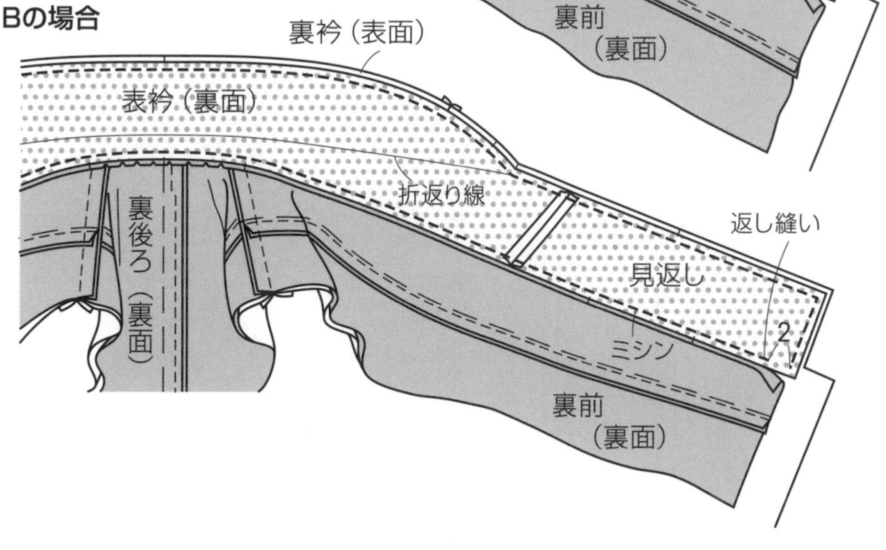
裏衿（表面）
表衿（裏面）
折返り線
裏後ろ（裏面）
返し縫い
見返し
ミシン
2
裏前（裏面）

34ページ　衿こし切替えのシャツカラー

シャツカラーを首回りにそわせる場合、返り線の奥で衿こし部分を切り替える。

裏衿のパターンメーキング

後ろ中心とSNP間を3等分して案内線をかく
案内線の方向は折返り線に直角に交わるようにかく

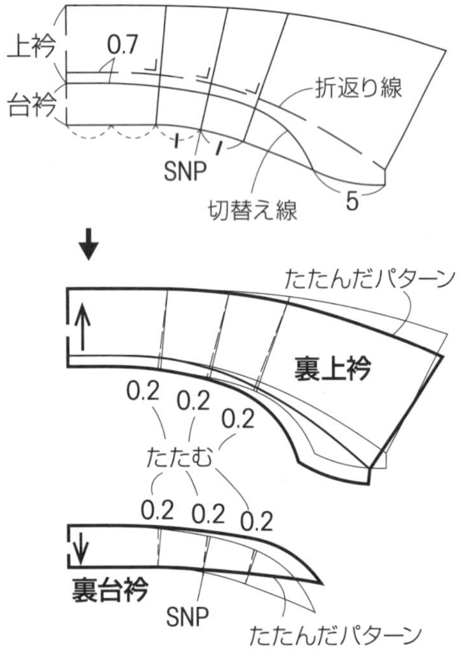

上衿
0.7
台衿
折返り線
SNP
切替え線
5
たたんだパターン
裏上衿
0.2
0.2
0.2
たたむ
0.2
0.2
0.2
裏台衿
SNP
たたんだパターン

表衿のパターンメーキング

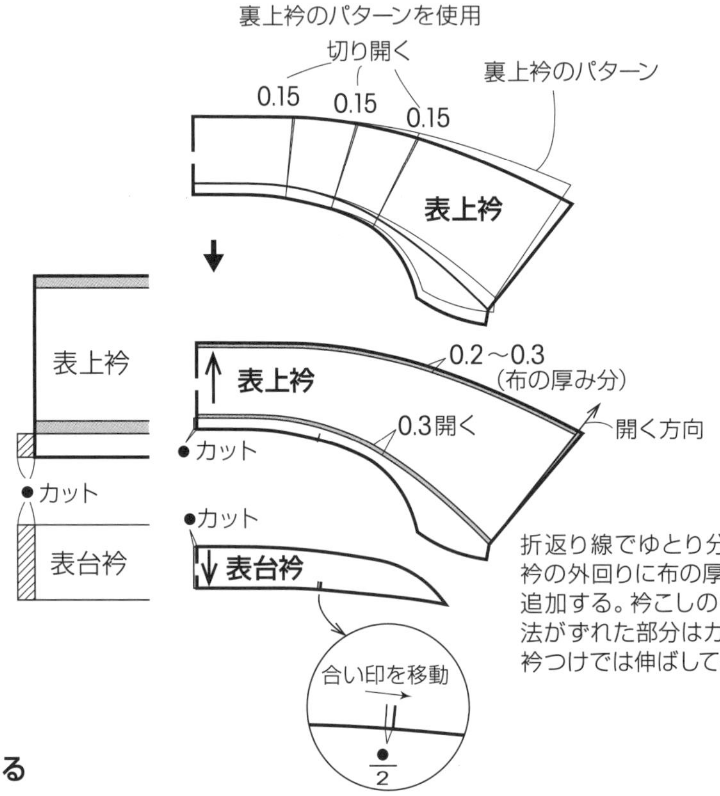

裏上衿のパターンを使用
切り開く
0.15
0.15
0.15
裏上衿のパターン
表上衿
表上衿
0.2～0.3
(布の厚み分)
表上衿
0.3開く
開く方向
●カット
●カット
●カット
表台衿
表台衿
合い印を移動
●/2

折返り線でゆとり分を切り開き、衿の外回りに布の厚み分をさらに追加する。衿こしの後ろ中心の寸法がずれた部分はカットする。衿つけでは伸ばして縫う。

1　芯、伸止めテープをはる

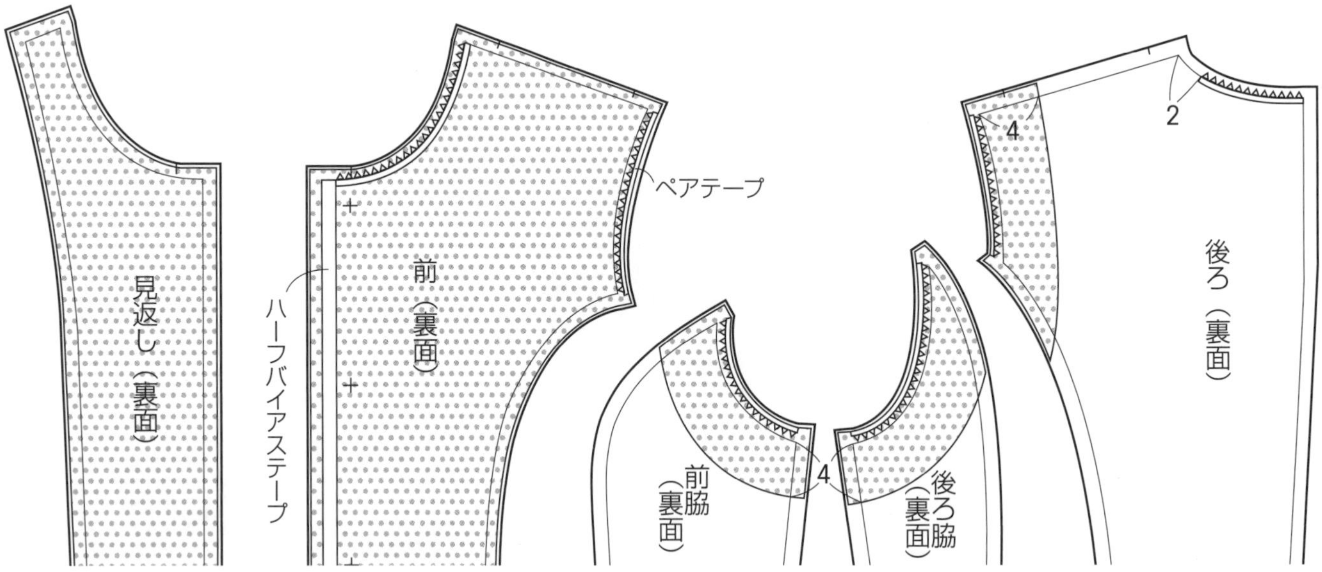

見返し(裏面)
ハーフバイアステープ
前(裏面)
ペアテープ
前脇(裏面)
4
後ろ脇(裏面)
4
2
後ろ(裏面)

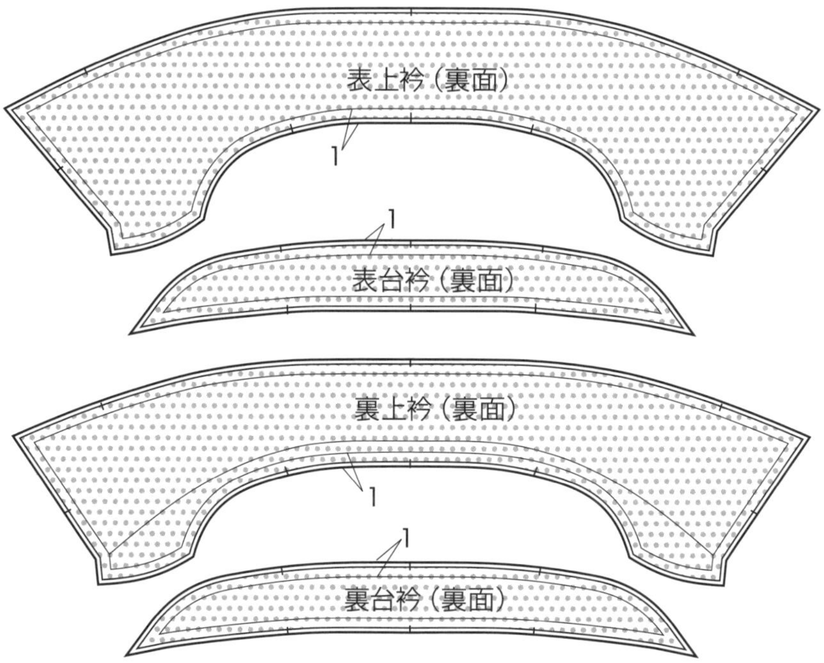
表上衿（裏面）
1
1
表台衿（裏面）
裏上衿（裏面）
1
1
裏台衿（裏面）

2　上衿と台衿を縫い合わせる

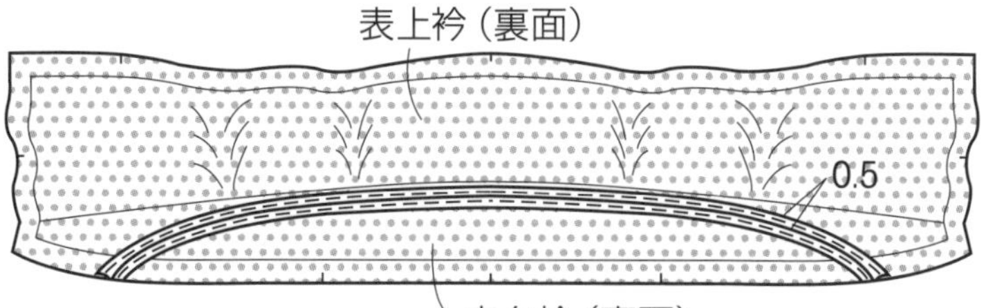
表上衿（裏面）
0.5
表台衿（裏面）

縫い代を0.5にカットして割り、押えミシンをかける

3　表身頃に裏衿をつける

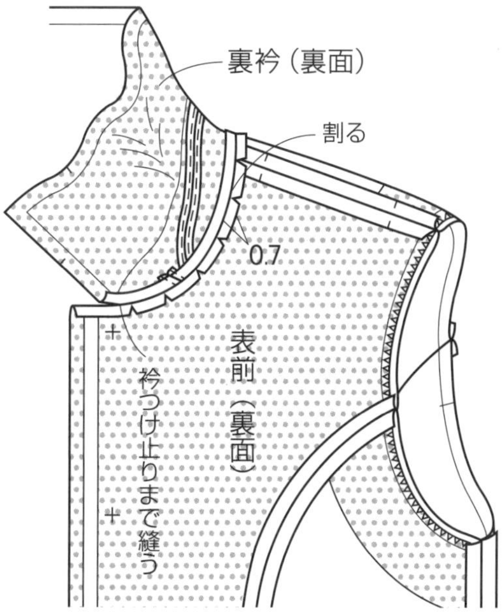
裏衿（裏面）
割る
0.7
衿つけ止りまで縫う
表前（裏面）

4　裏身頃に表衿をつける

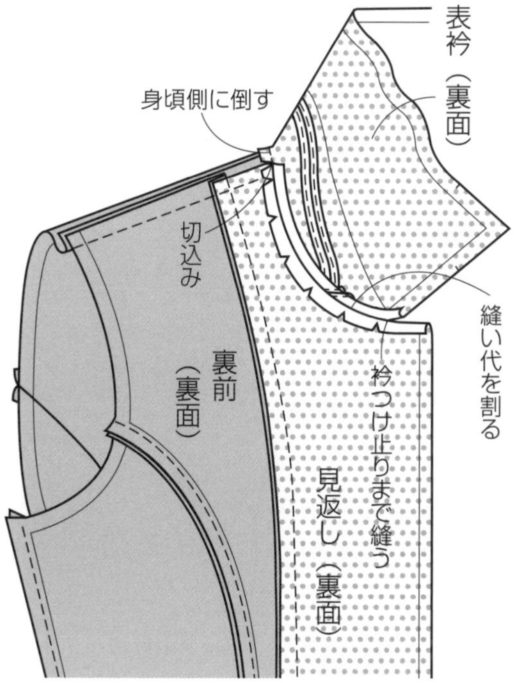
表衿（裏面）
身頃側に倒す
切込み
裏前（裏面）
縫い代を割る
衿つけ止りまで縫う
見返し（裏面）

5　表身頃と裏身頃を合わせ、前端、衿外回りを縫う

①衿つけ止りから前端を縫う
②衿つけ止りから衿外回りを縫う

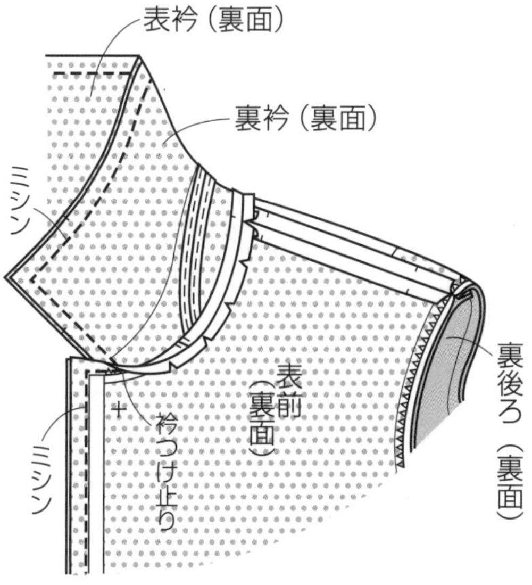
表衿（裏面）
裏衿（裏面）
ミシン
表前（裏面）
裏後ろ（裏面）
ミシン
衿つけ止り

37ページ　カーブドラペル

ラペルを別裁ちにしたフラットなテーラードカラー。図のように表衿と表ラペルのパターンを展開する。

表衿、表ラペルのパターンメーキング

表衿

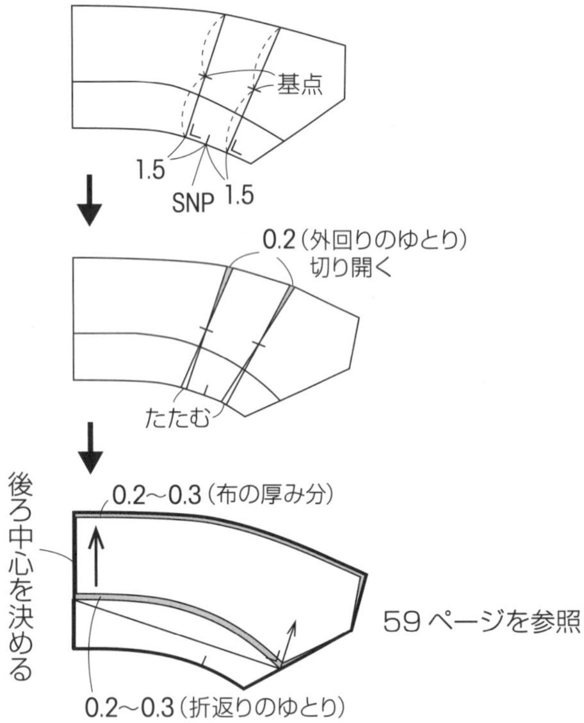
基点
1.5
SNP
1.5
0.2（外回りのゆとり）
切り開く
たたむ
後ろ中心を決める
0.2〜0.3（布の厚み分）
59ページを参照
0.2〜0.3（折返りのゆとり）

表ラペル

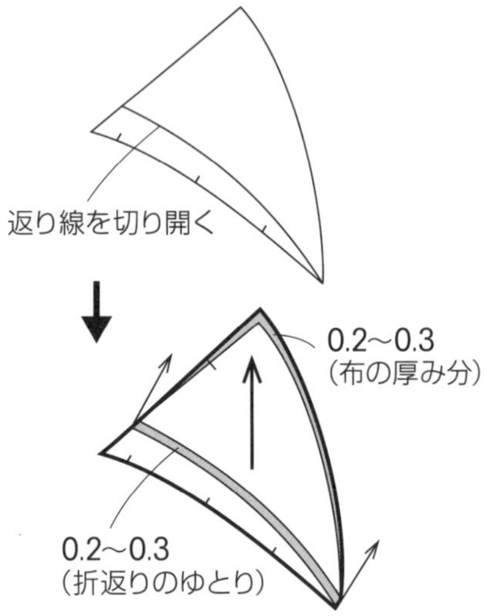
返り線を切り開く
0.2〜0.3
（布の厚み分）
0.2〜0.3
（折返りのゆとり）

1 芯をはる

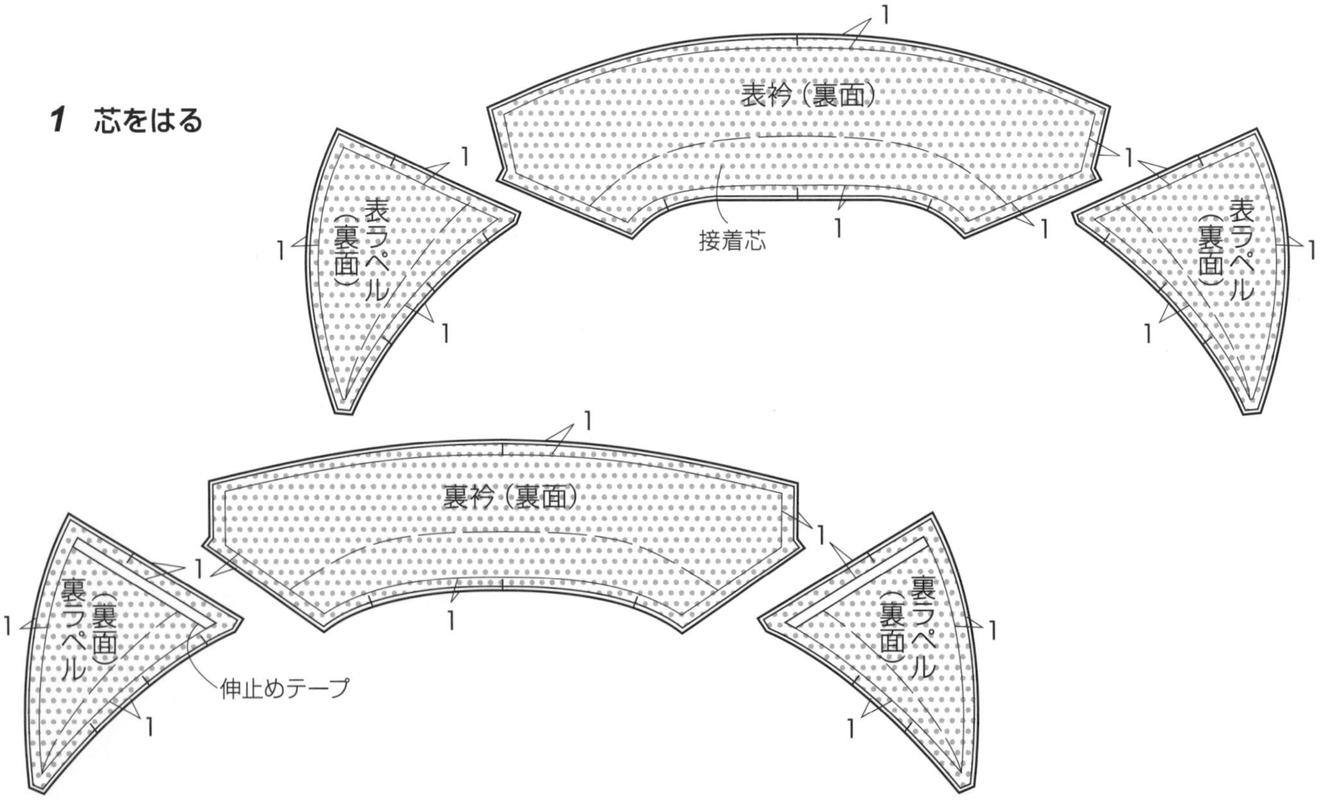
表衿（裏面）
接着芯
表ラペル（裏面）
表ラペル（裏面）
裏衿（裏面）
裏ラペル（裏面）
裏ラペル（裏面）
伸止めテープ
1

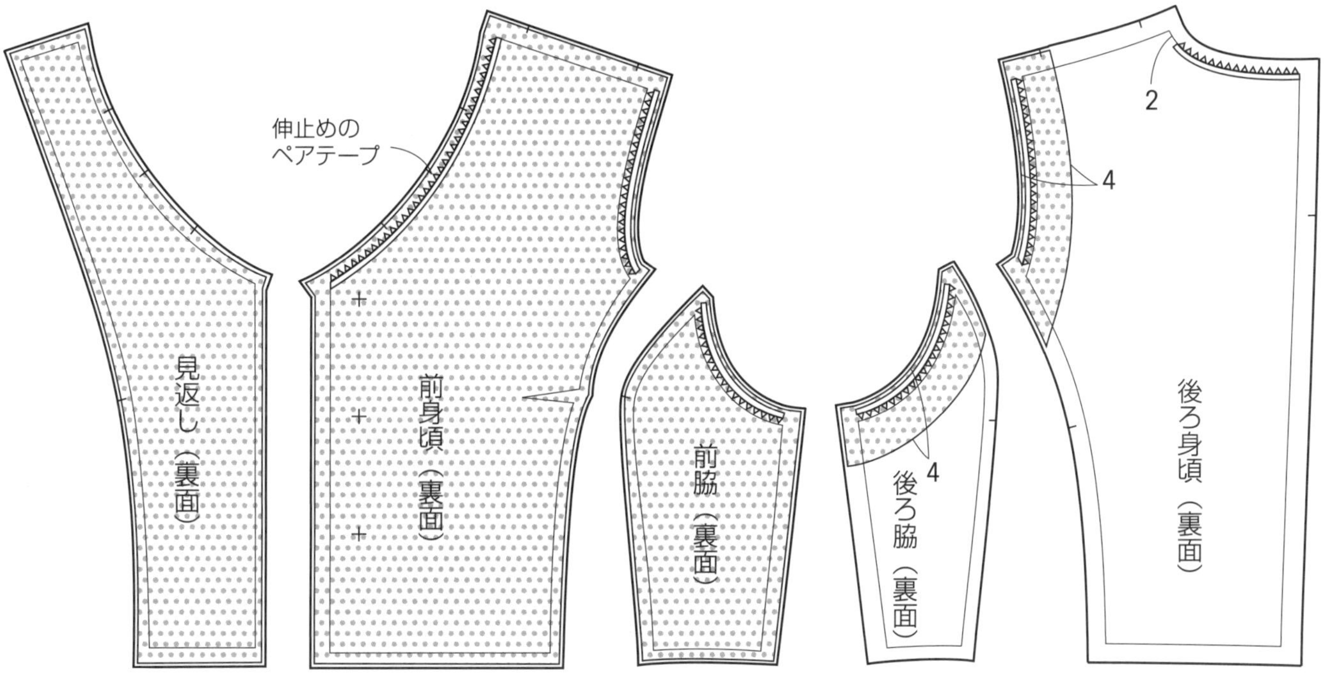
伸止めの
ペアテープ
見返し（裏面）
前身頃（裏面）
前脇（裏面）
後ろ脇（裏面）
4
2
4
後ろ身頃（裏面）

2 衿とラペルを縫い合わせる

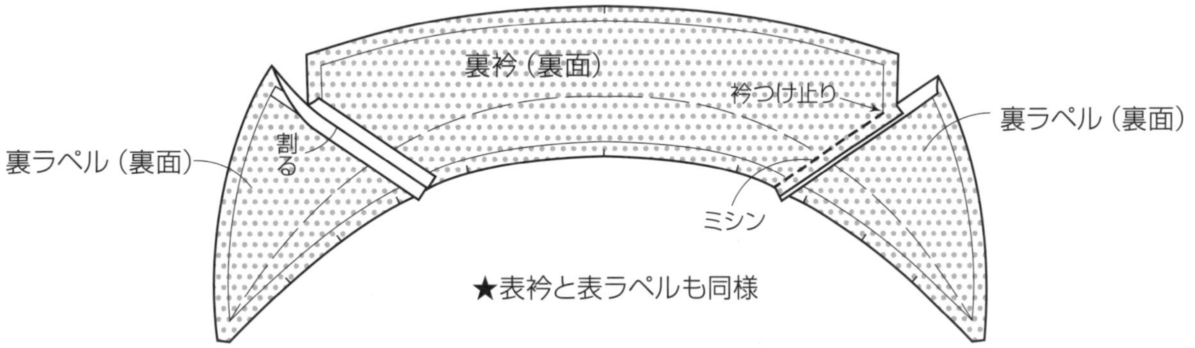
裏衿（裏面）
衿つけ止り
裏ラペル（裏面）
割る
裏ラペル（裏面）
ミシン
★表衿と表ラペルも同様

3 折返り線に伸止めテープをはる

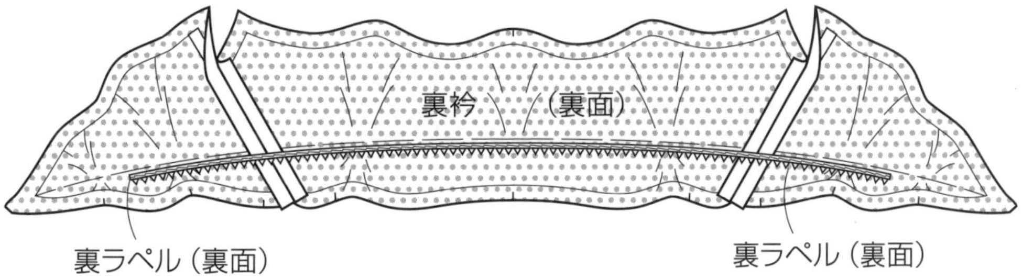
裏衿（裏面）
裏ラペル（裏面）
裏ラペル（裏面）

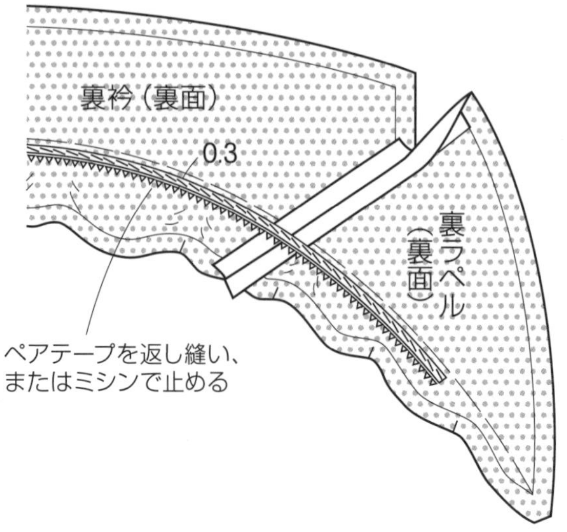
裏衿（裏面）
0.3
裏ラペル（裏面）
ペアテープを返し縫い、
またはミシンで止める

4　裏身頃に表衿をつける

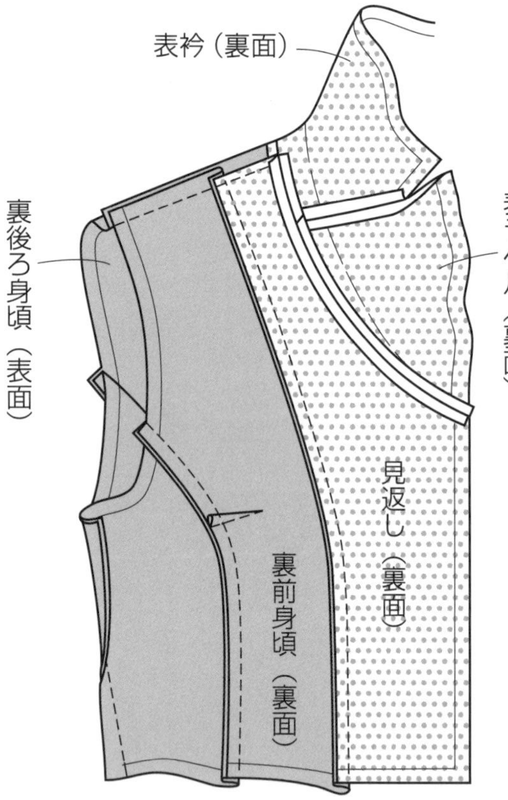
表衿（裏面）
裏後ろ身頃（表面）
表ラペル（裏面）
見返し（裏面）
裏前身頃（裏面）

5　表身頃に裏衿をつけ、ラペル、前端に伸止めテープをはる

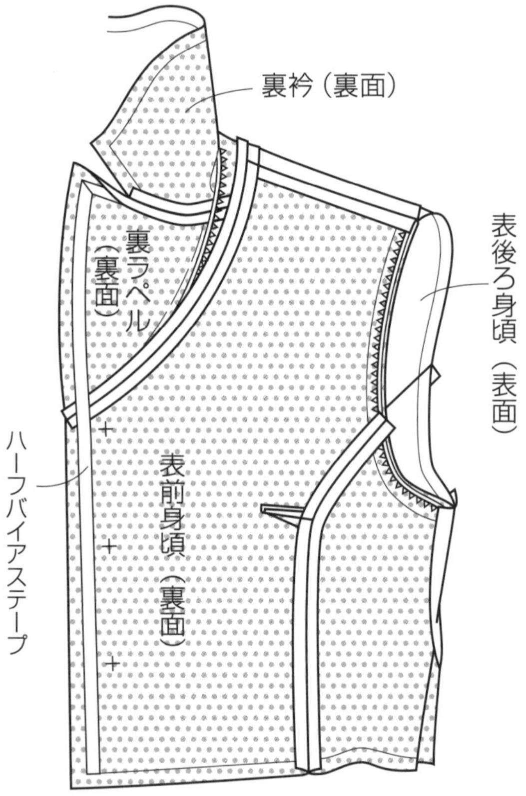
裏衿（裏面）
裏ラペル（裏面）
表後ろ身頃（表面）
ハーフバイアステープ
表前身頃（裏面）

6　表身頃と裏身頃を合わせ、前端、衿外回りを縫う

パッチポケット（無飾り仕立て）

厚手の布地やソフトな感じに仕立てる方法で、裏ポケットをミシンでつけ、表ポケットをまつる。

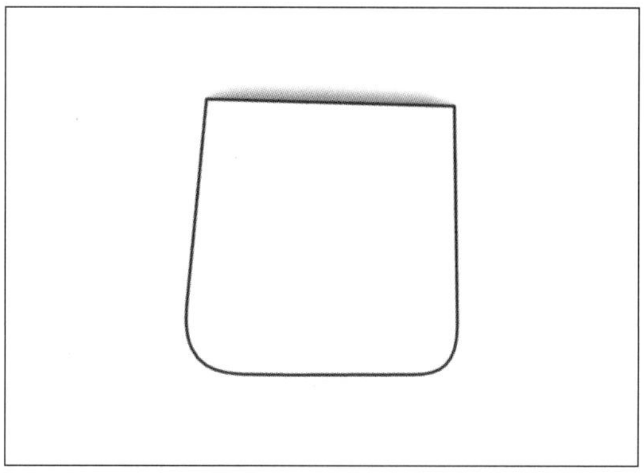

裁ち方

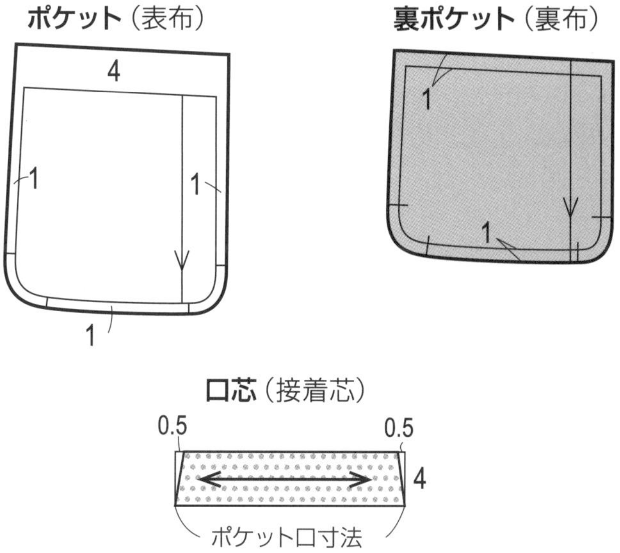
ポケット（表布）
4
1
1
1
裏ポケット（裏布）
1
1
口芯（接着芯）
0.5
0.5
4
ポケット口寸法

1 口芯をはる

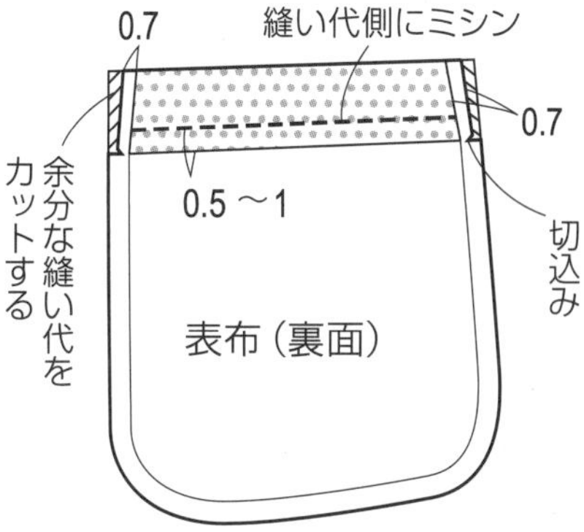
0.7
縫い代側にミシン
0.7
余分な縫い代をカットする
0.5 ～1
切込み
表布（裏面）

2 ポケットの形を整える

厚紙で表と裏ポケットの型紙を作り、形を整える

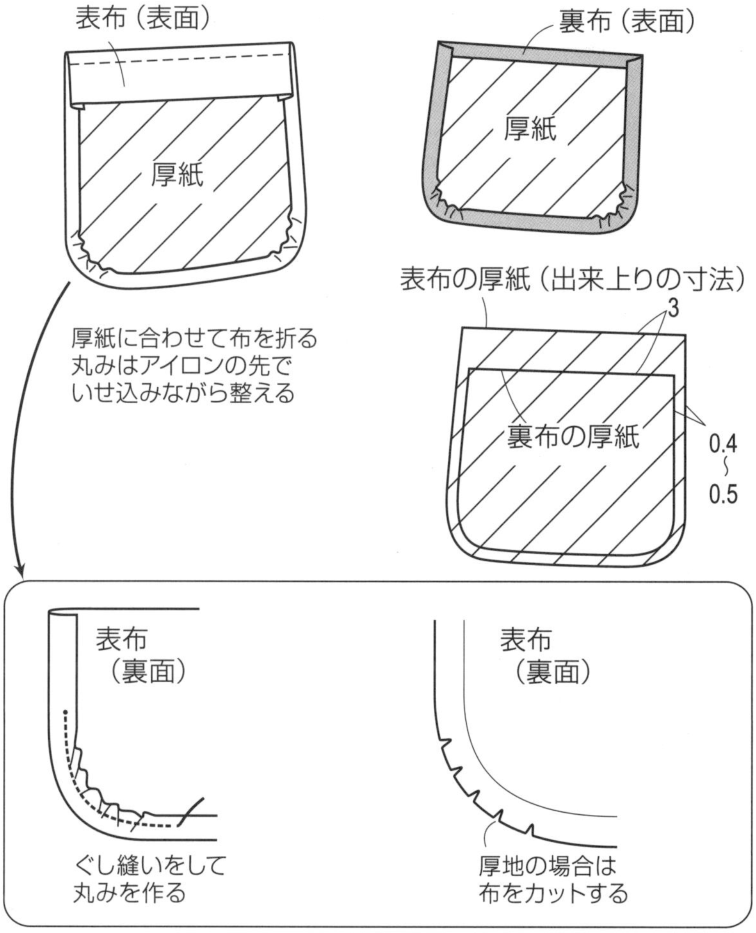
表布（表面）
厚紙
裏布（表面）
厚紙
厚紙に合わせて布を折る
丸みはアイロンの先で
いせ込みながら整える
表布の厚紙（出来上りの寸法）
3
裏布の厚紙
0.4
～
0.5
表布
（裏面）
ぐし縫いをして
丸みを作る
表布
（裏面）
厚地の場合は
布をカットする

3 裏布をつける

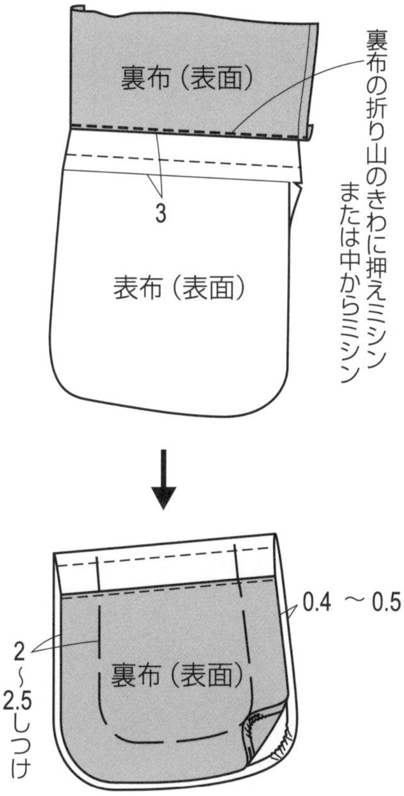
裏布（表面）
裏布の折り山のきわに押えミシン
または中からミシン
3
表布（表面）
0.4 ～0.5
2
～
2.5
しつけ
裏布（表面）

4 身頃に裏ポケットをつける

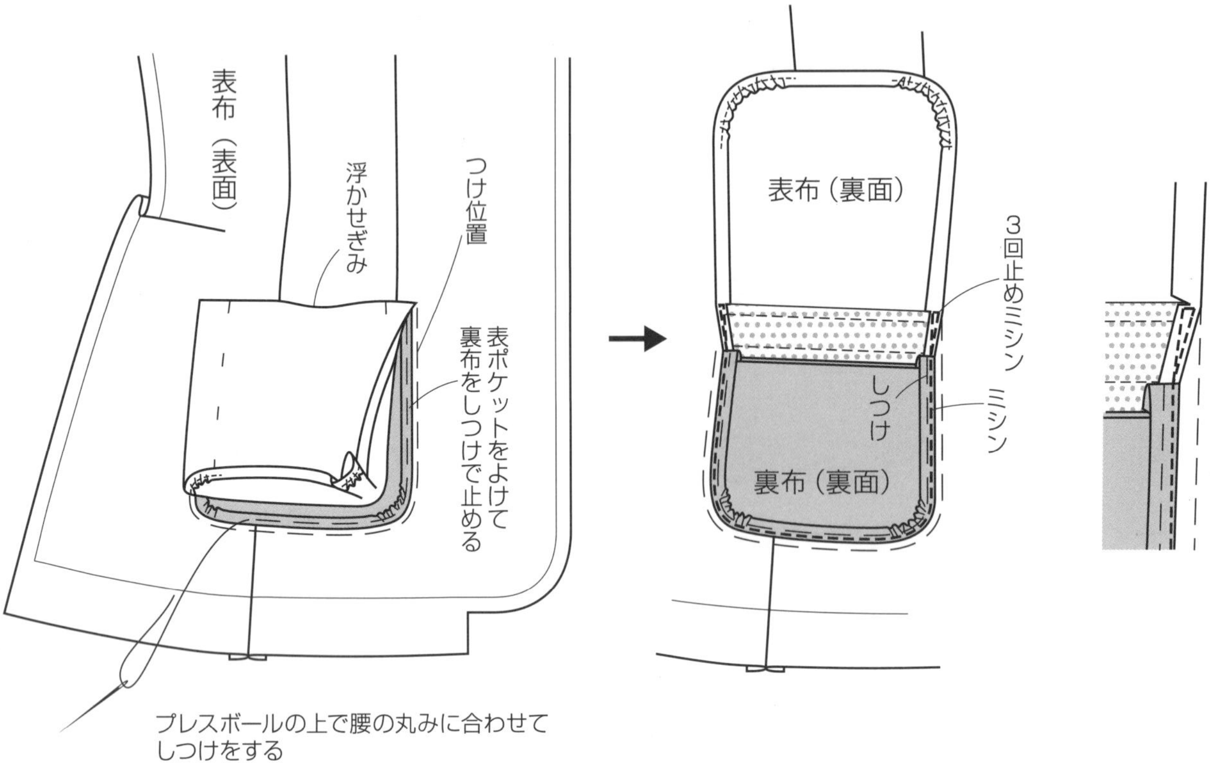
表布（表面）
浮かせぎみ
つけ位置
表ポケットをよけて裏布をしつけで止める
表布（裏面）
3回止めミシン
しつけ
ミシン
裏布（裏面）
プレスボールの上で腰の丸みに合わせてしつけをする

5 身頃に表ポケットをつける

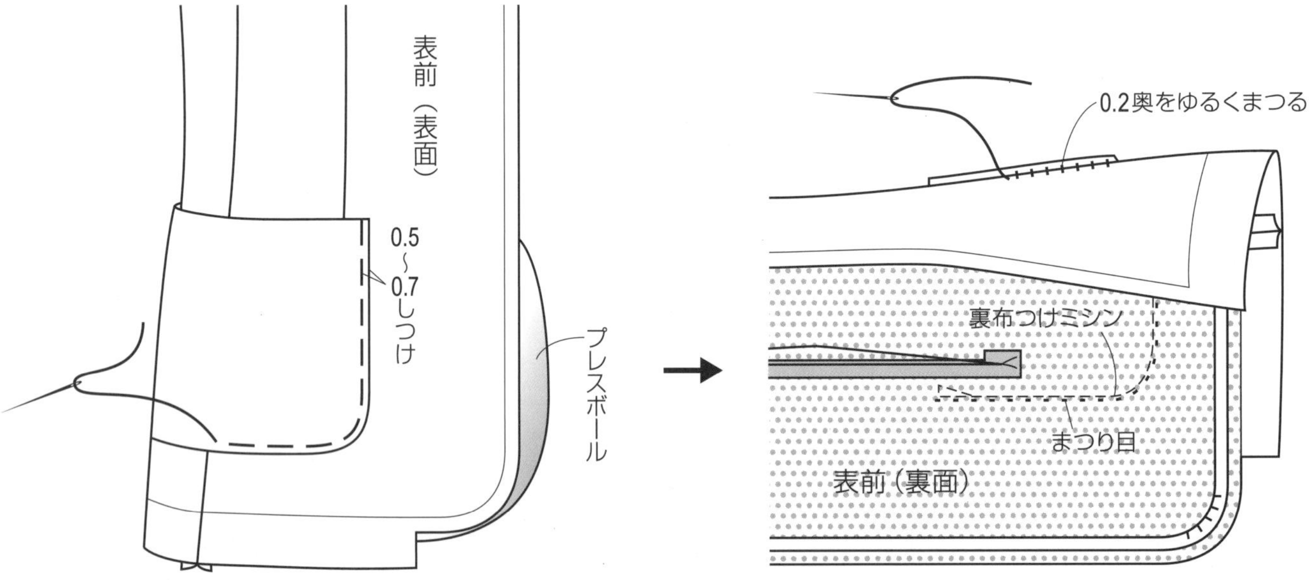
表前（表面）
0.5〜0.7しつけ
プレスボール
0.2奥をゆるくまつる
裏布つけミシン
まつり目
表前（裏面）

プレスボールの上でしつけをする

164ページ　シームポケット（A）

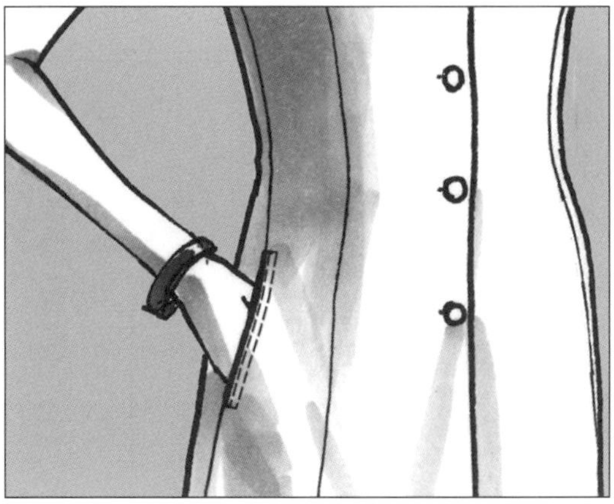

脇やパネルラインなどの縫い目を利用して作るポケット。ジャケット、ベスト、コート、ワンピースドレスなどに広く用いられる。ここでは脇縫い目を利用している。

裁ち方

ポケット口の見返しは、身頃から裁ち出し、袋布Aをつける
向う布は表地と共布で、袋布Bにつける

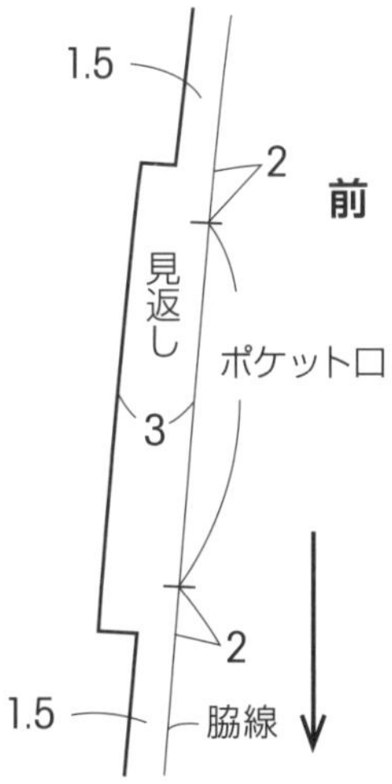

向う布（表布）

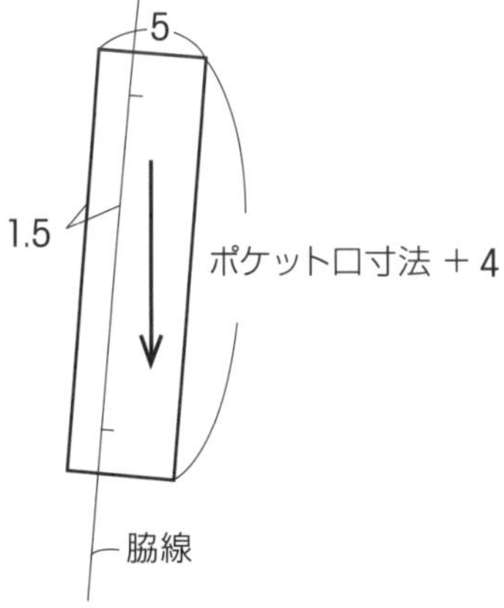

袋布A・B（裏布またはスレキ・各1枚）

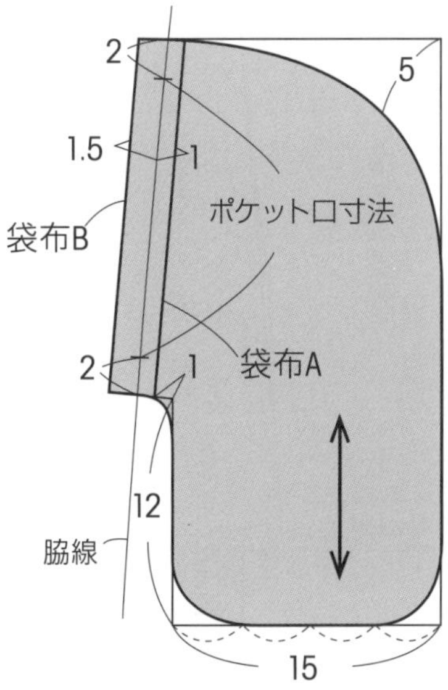

1　ポケット口に芯をはる

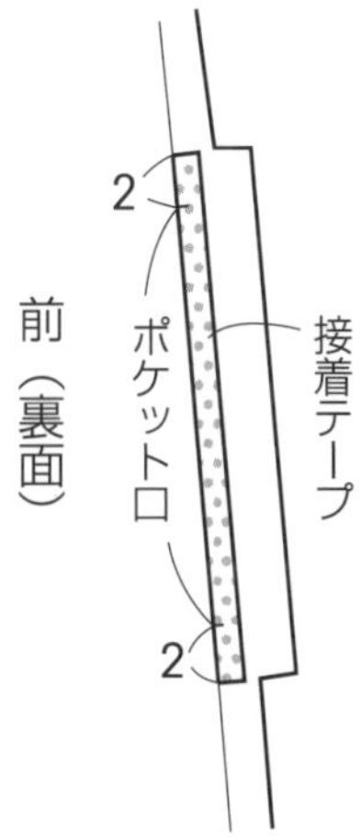

2　向う布を袋布Bに止める

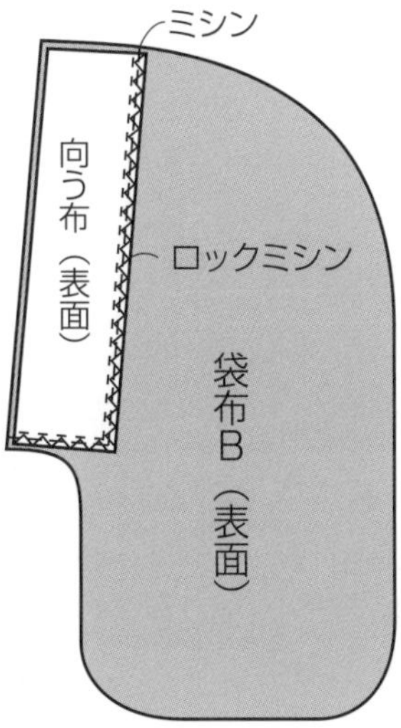

3　前後の脇を中表に合わせ、ポケット口を残して縫う

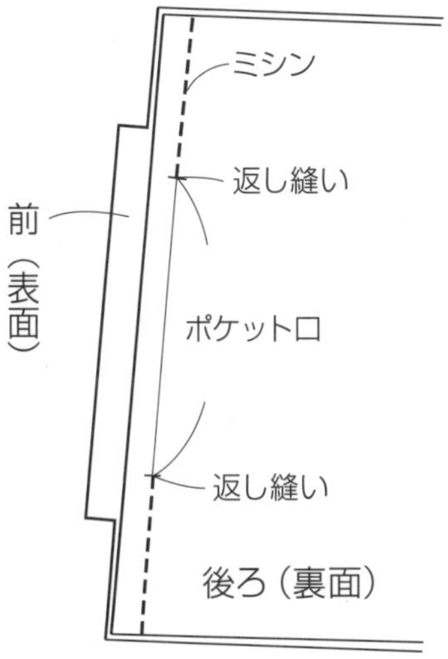

4 縫い代を割り、前見返しに袋布Aをつける

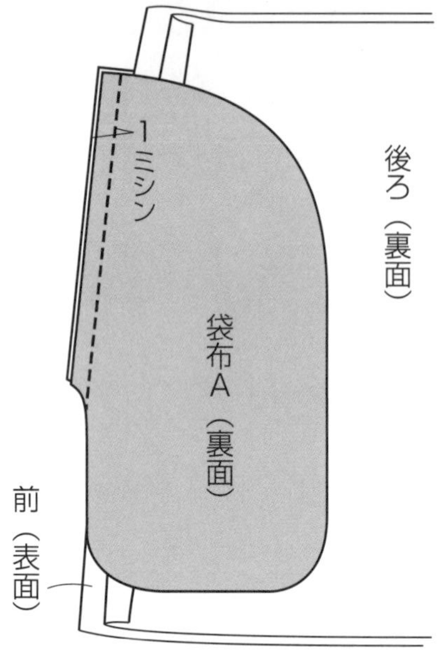

5 袋布Aを前側に返す

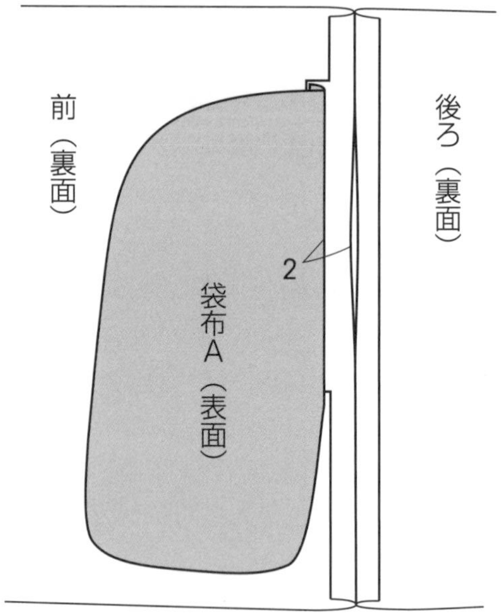

6 ポケット口に表からステッチをかける

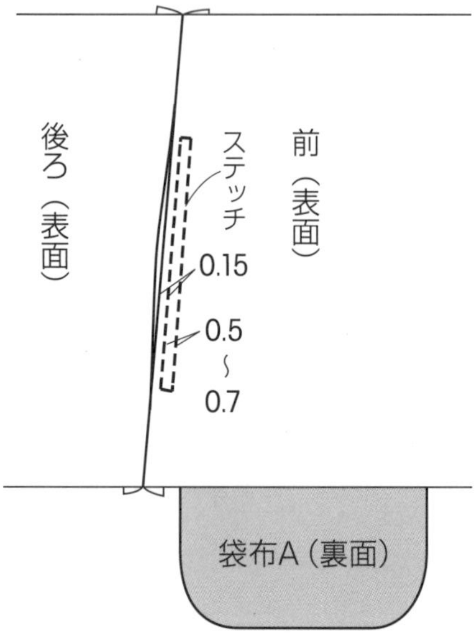

7 後ろに袋布Bをつける

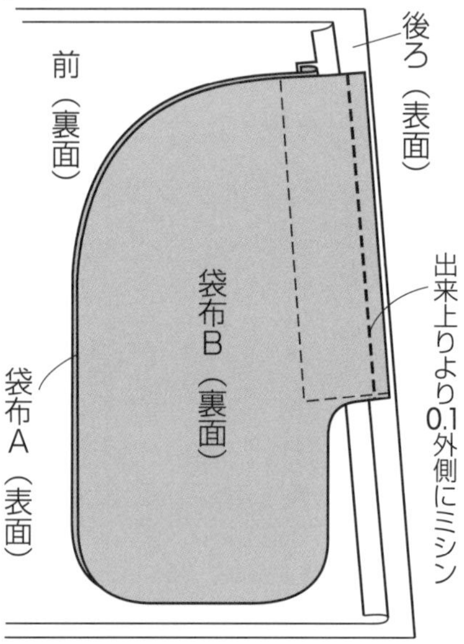

8 袋布A、Bを重ねて周囲に2回ミシンをかける

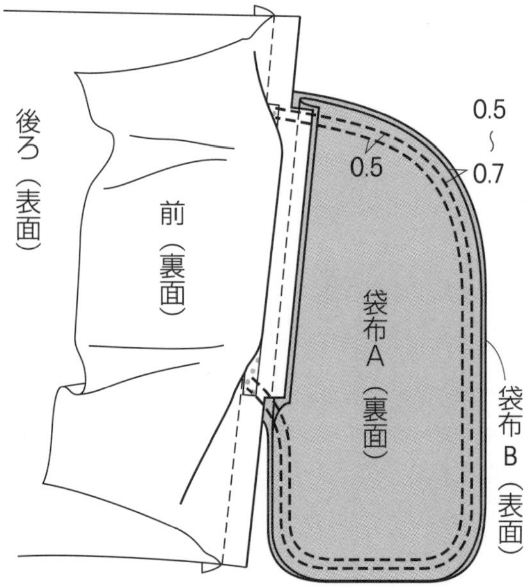

9 ポケット口の上下を返し縫いで止める

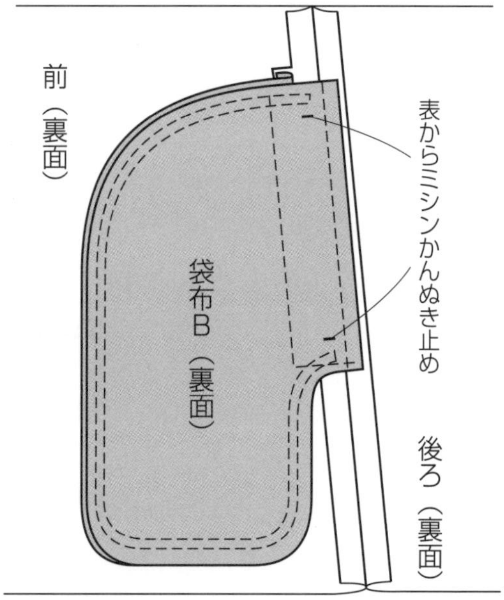

シームポケット（B）

袋布を身頃から裁ち出して作る方法で、ジャケットやブルゾンの脇縫い目を利用して作られる。

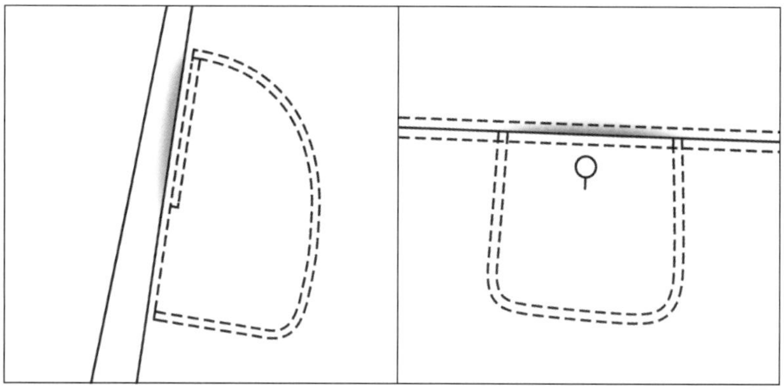

裁ち方

身頃から裁ち出して、袋布1枚で作る方法

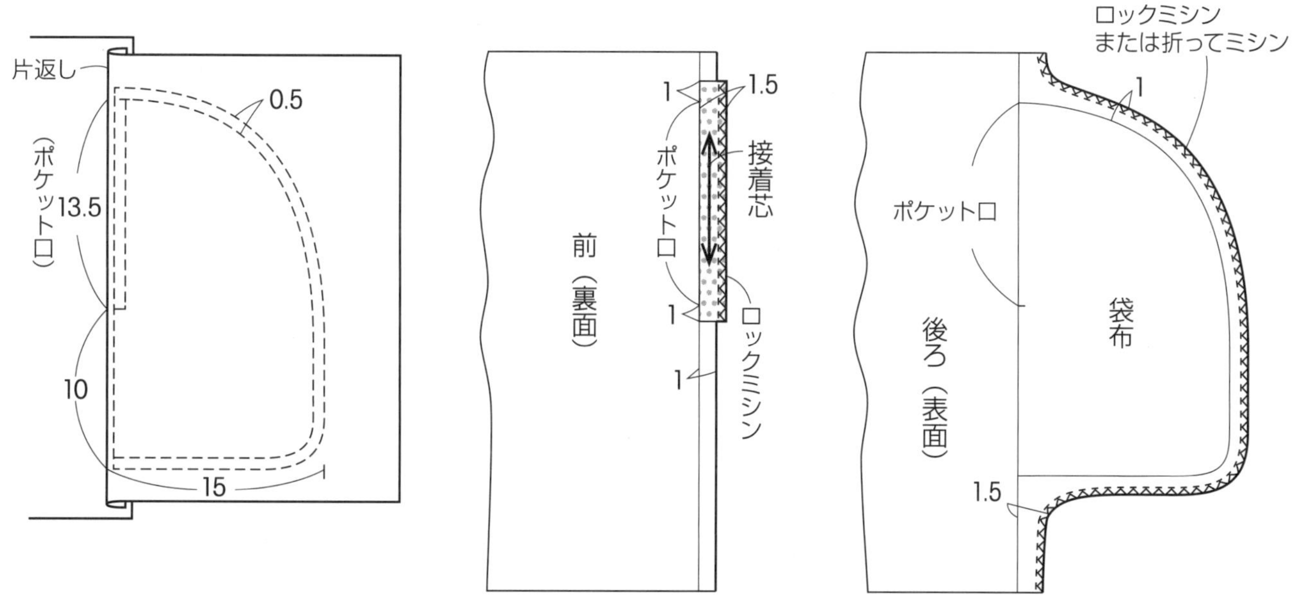

1 ポケット口を残し、脇を縫う

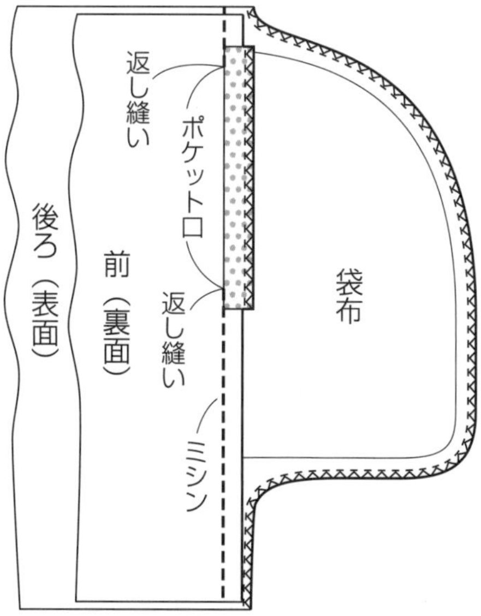

2 ポケット口にステッチをかける

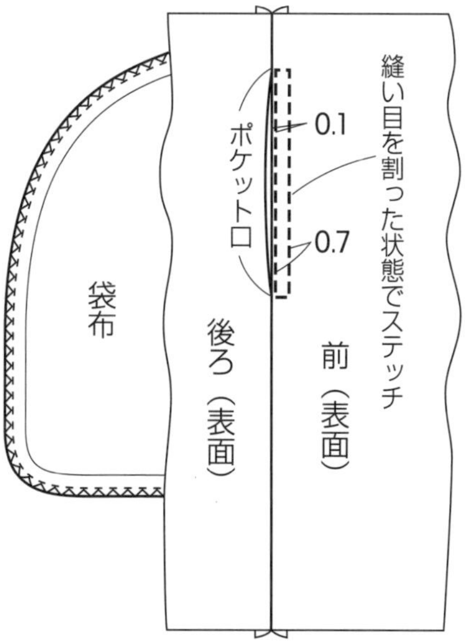

3 袋布をステッチで止める

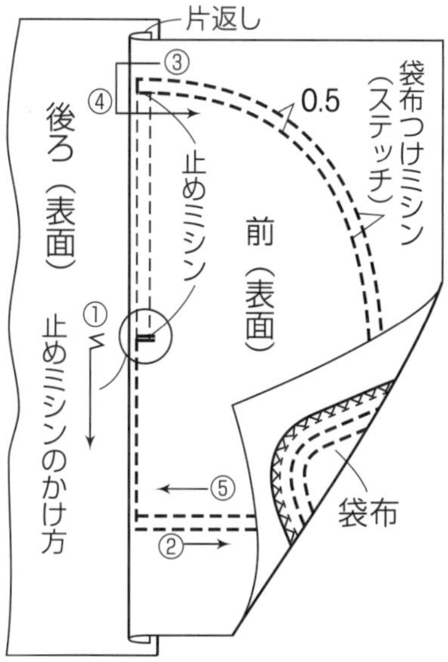

28ページ　フラップポケット

ジャケット類に用いられるポケットで、フラップ（ふた）がついている。使う素材によって適した方法を選ぶとよい。

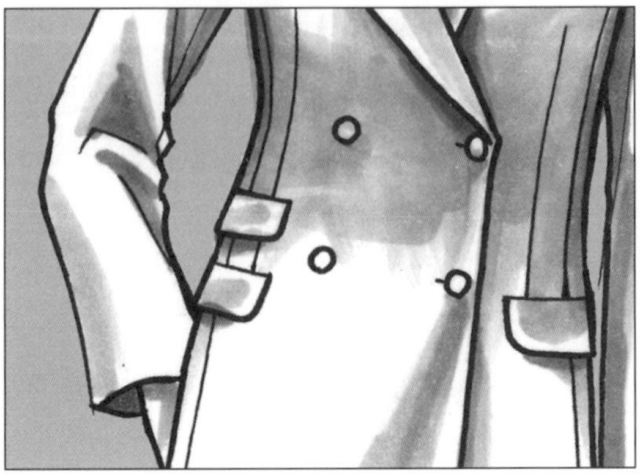

フラップポケット（A）

裏フラップは表布の厚さによって、裏布を使う場合と共布を使う場合がある。

裁ち方

表フラップ（表布）

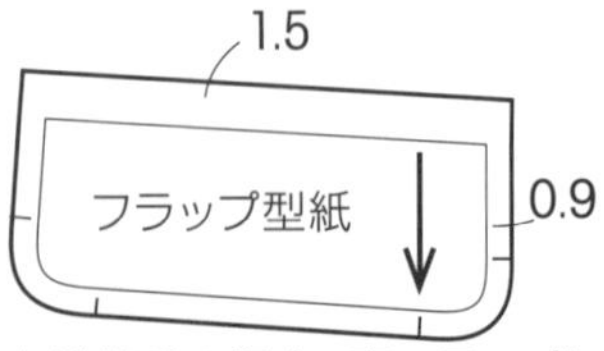
1.5
フラップ型紙
0.9

表布が薄手の場合、裏フラップに表布を使用することもある。その場合は向う布に表布を使う

裏フラップ（裏布または表布）

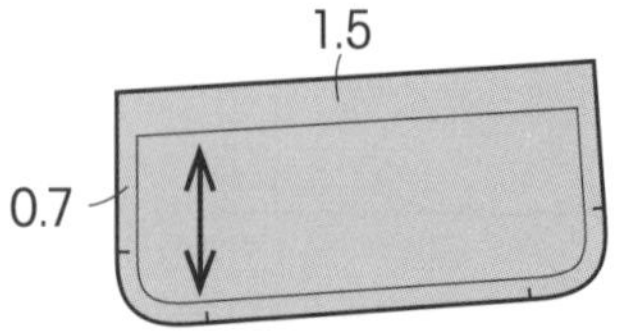
1.5
0.7

袋布A・B（裏布またはスレキ）

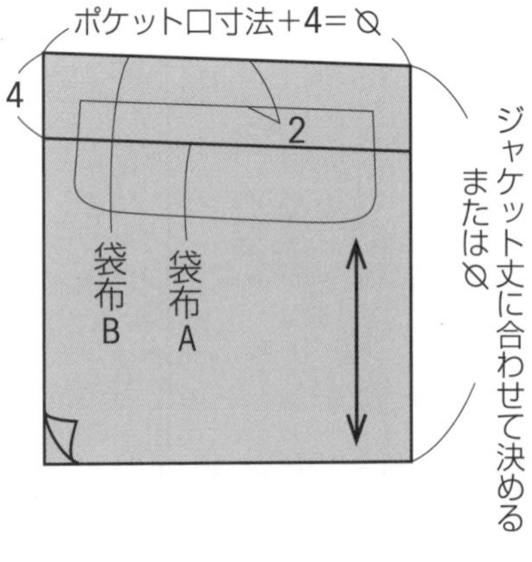
ポケット口寸法+4＝⌀
4
2
袋布B
袋布A
ジャケット丈に合わせて決める
または⌀

口布（表布）

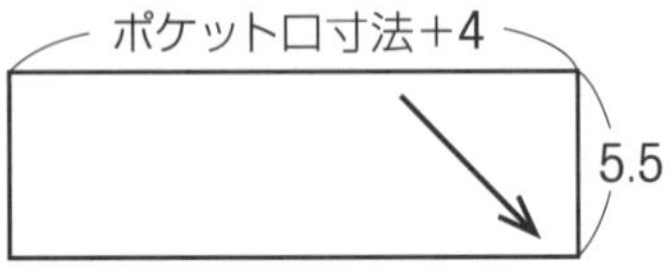
ポケット口寸法+4
5.5

向う布（裏布または表布）

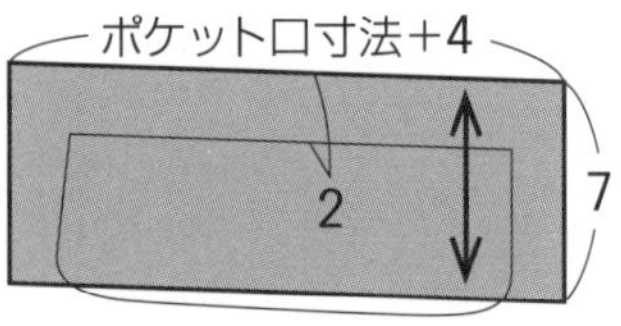
ポケット口寸法+4
2
7

口芯（接着テープ）

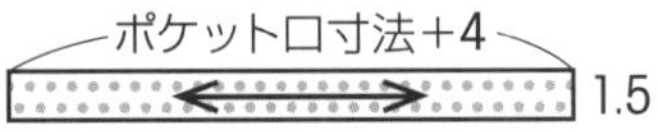
ポケット口寸法+4
1.5

〈柄合せ〉

デザイン線によって身頃とフラップの柄が合わない場合は、前中心側のみ柄を合わせる

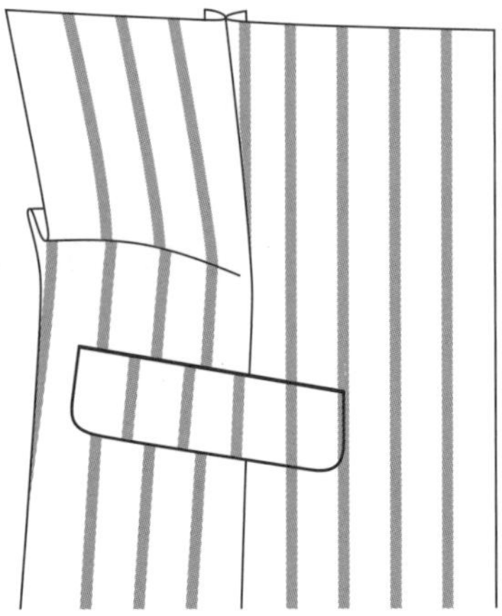

1　フラップを作る

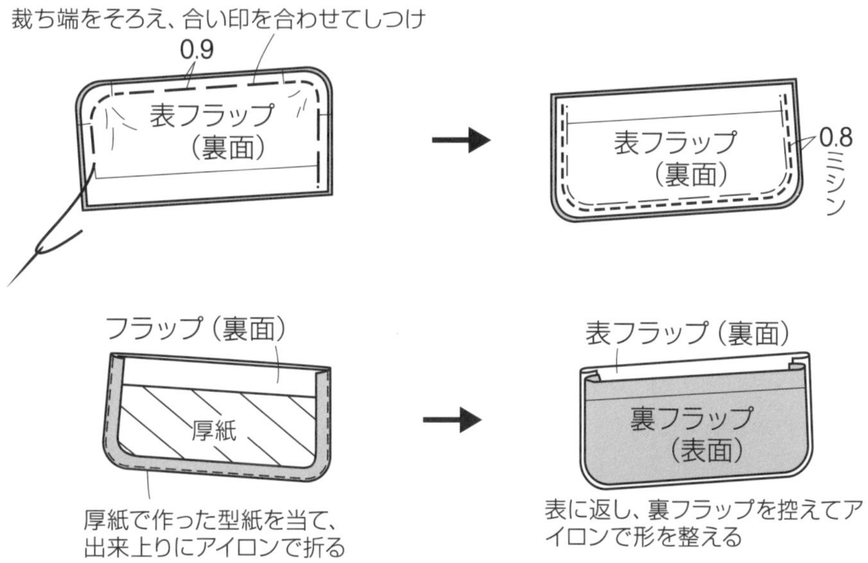

裁ち端をそろえ、合い印を合わせてしつけ
0.9
表フラップ
（裏面）
表フラップ
（裏面）
0.8
ミシン
フラップ（裏面）
厚紙
厚紙で作った型紙を当て、
出来上りにアイロンで折る
表フラップ（裏面）
裏フラップ
（表面）
表に返し、裏フラップを控えてア
イロンで形を整える

2　口布と袋布 A を縫い合わせる

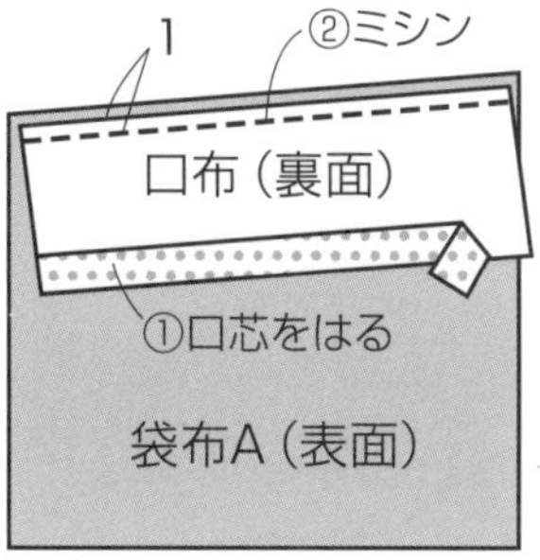

1
②ミシン
口布（裏面）
①口芯をはる
袋布A（表面）

3　向う布を袋布 B につける

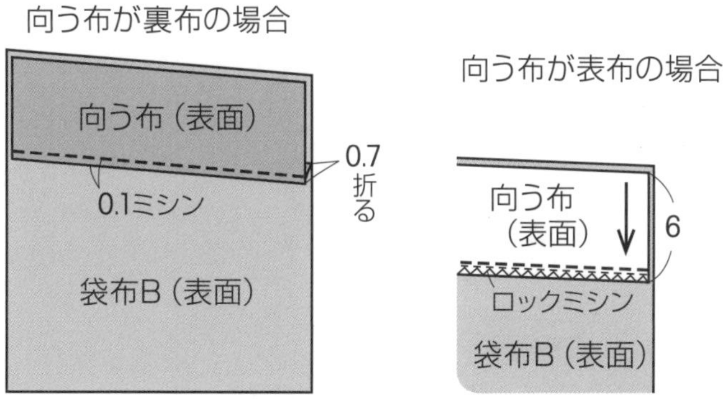

向う布が裏布の場合
向う布（表面）
0.7
折る
0.1ミシン
袋布B（表面）
向う布が表布の場合
向う布
（表面）
6
ロックミシン
袋布B（表面）

4　フラップをつける

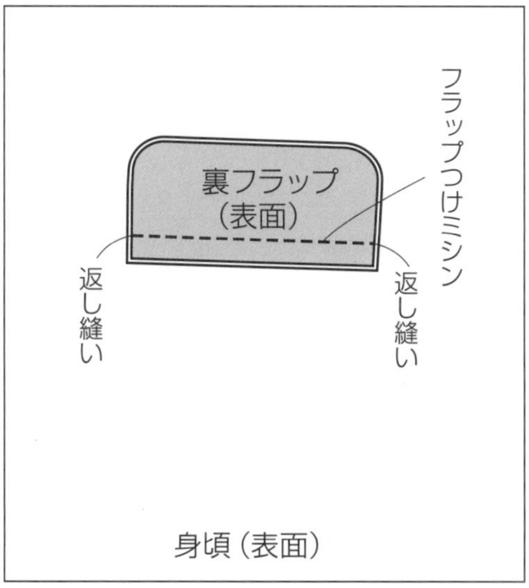

裏フラップ
（表面）
フラップつけミシン
返し縫い
返し縫い
身頃（表面）

5　フラップの縫い代をめくり、口布を突き合わせ、しつけで止める

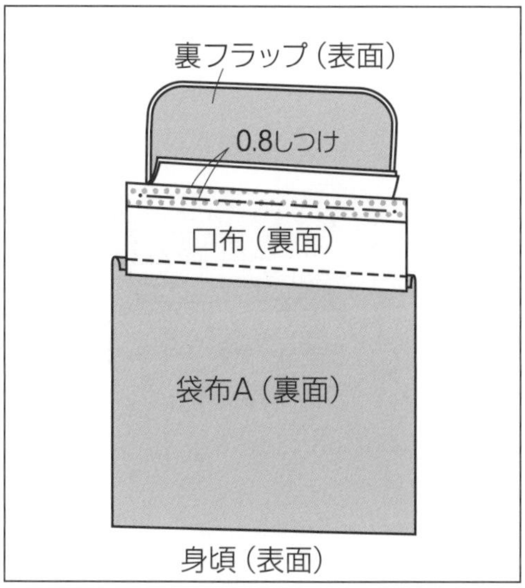

裏フラップ（表面）
0.8しつけ
口布（裏面）
袋布A（裏面）
身頃（表面）

6 口布をミシンで止める

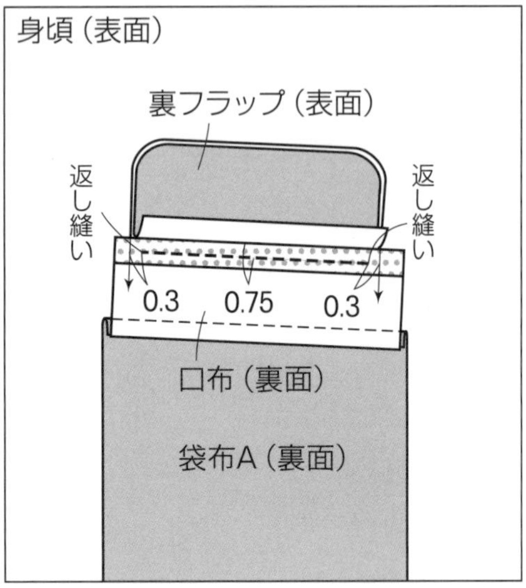

身頃（表面）
裏フラップ（表面）
返し縫い
返し縫い
0.3
0.75
0.3
口布（裏面）
袋布A（裏面）

7 身頃に切込みを入れる

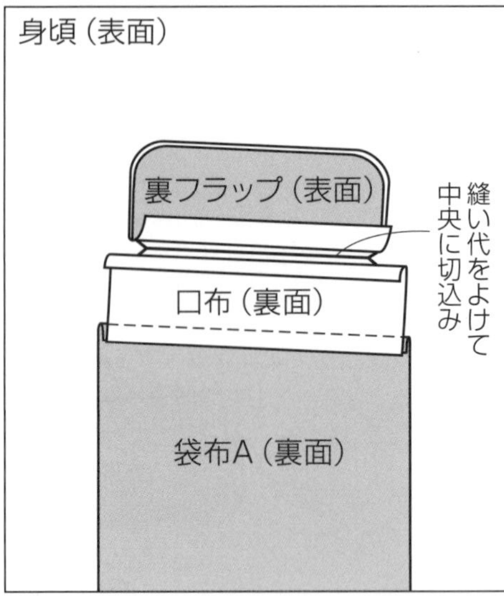

身頃（表面）
裏フラップ（表面）
縫い代をよけて
中央に切込み
口布（裏面）
袋布A（裏面）

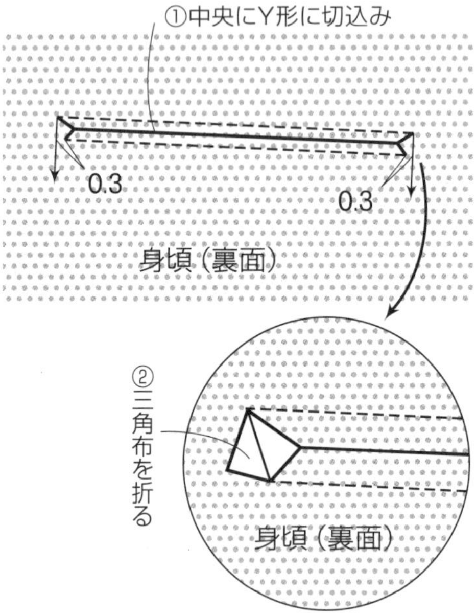

①中央にY形に切込み
0.3
0.3
身頃（裏面）
②三角布を折る
身頃（裏面）

8 口布を裏面に引き出し、縫い代を割る

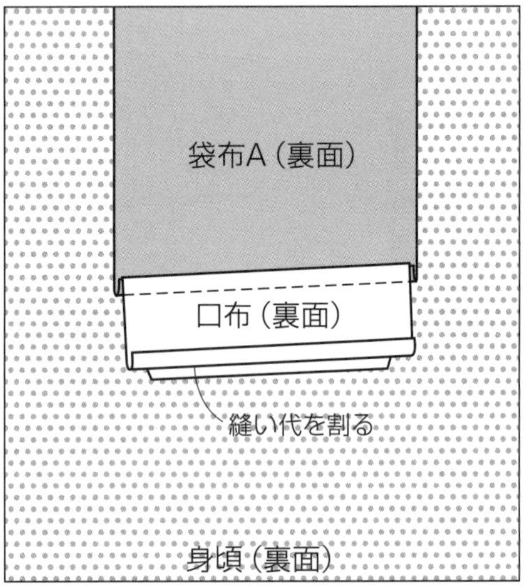

袋布A（裏面）
口布（裏面）
縫い代を割る
身頃（裏面）

9 口布で片玉縁を作る

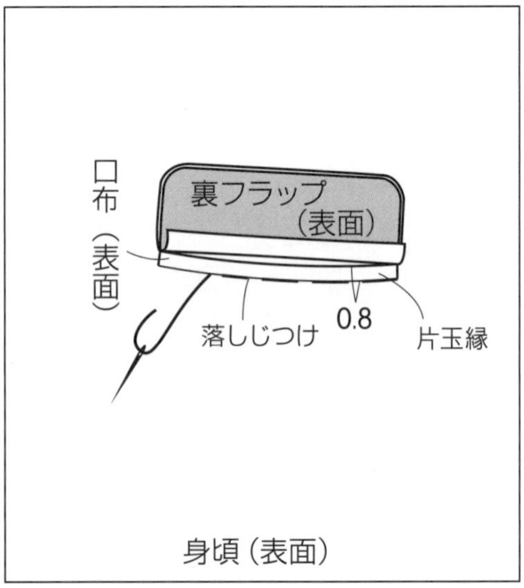

口布（表面）
裏フラップ（表面）
落しじつけ
0.8
片玉縁
身頃（表面）

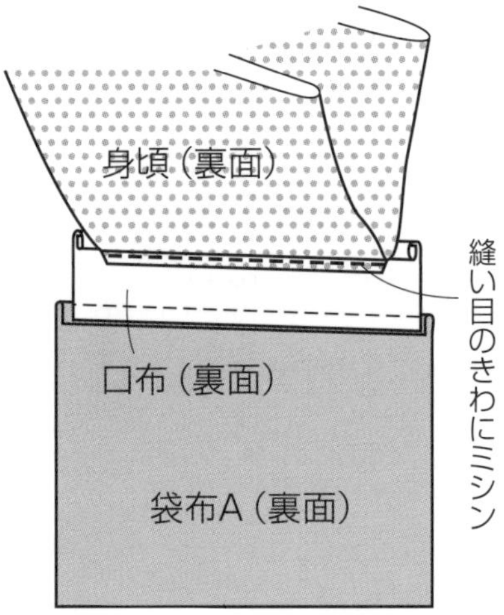

身頃（裏面）
縫い目のきわにミシン
口布（裏面）
袋布A（裏面）

10 袋布Bを重ねて、止めミシンをかける

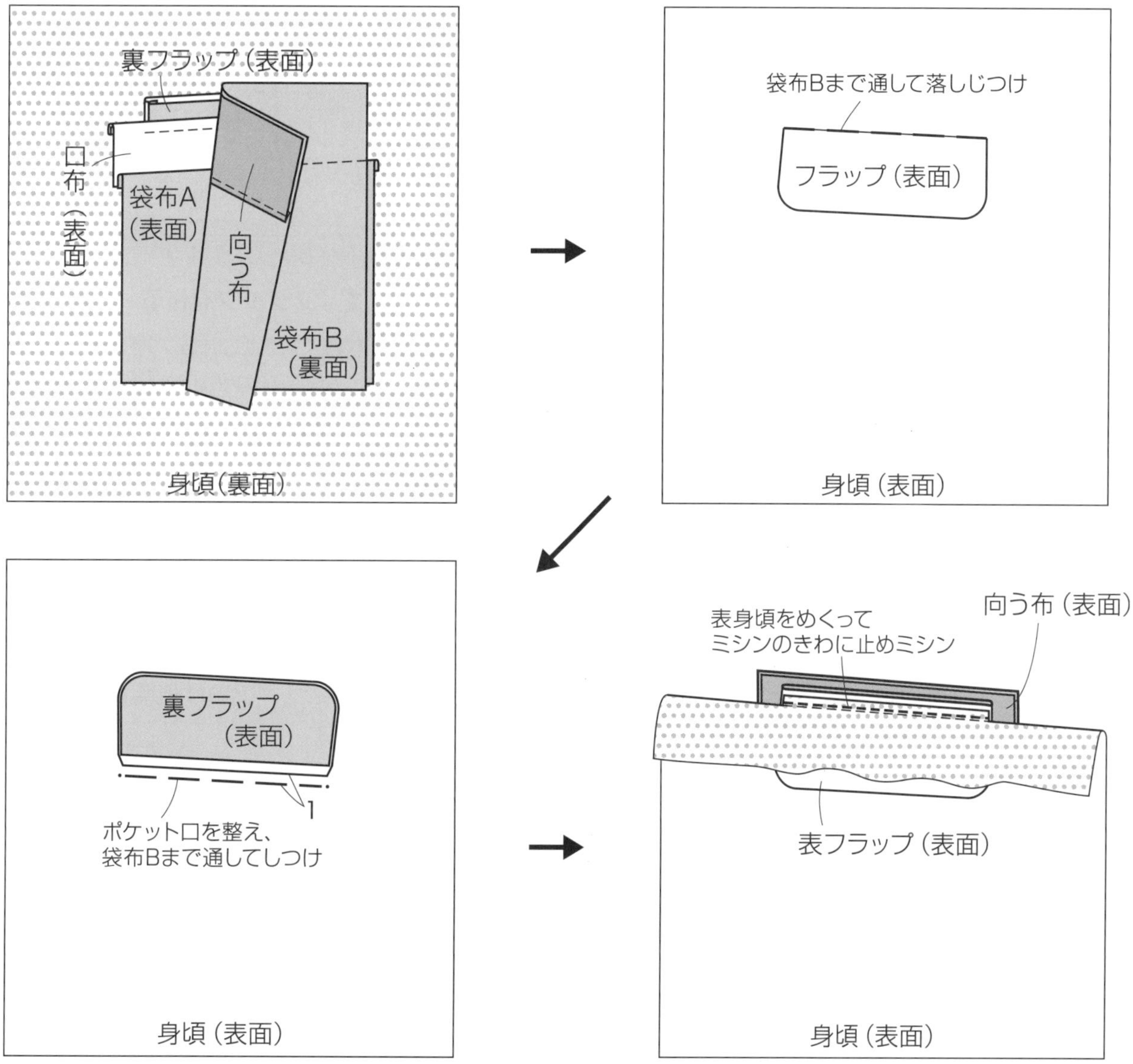
裏フラップ（表面）
口布（表面）
袋布A（表面）
向う布
袋布B（裏面）
身頃（裏面）
袋布Bまで通して落しじつけ
フラップ（表面）
身頃（表面）
裏フラップ（表面）
1
ポケット口を整え、
袋布Bまで通してしつけ
身頃（表面）
表身頃をめくって
ミシンのきわに止めミシン
向う布（表面）
表フラップ（表面）
身頃（表面）

11 三角布を止め、袋布の周囲に2回ミシンをかける

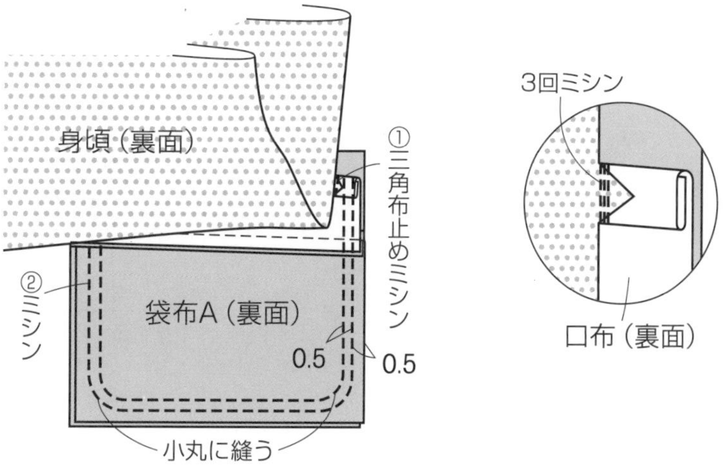
身頃（裏面）
①三角布止めミシン
②ミシン
袋布A（裏面）
0.5
0.5
小丸に縫う
3回ミシン
口布（裏面）

フラップポケット（B）

口布、袋布を表布で1枚続きにして簡単に作る方法。薄手の素材で一重仕立てなどの場合に適している。

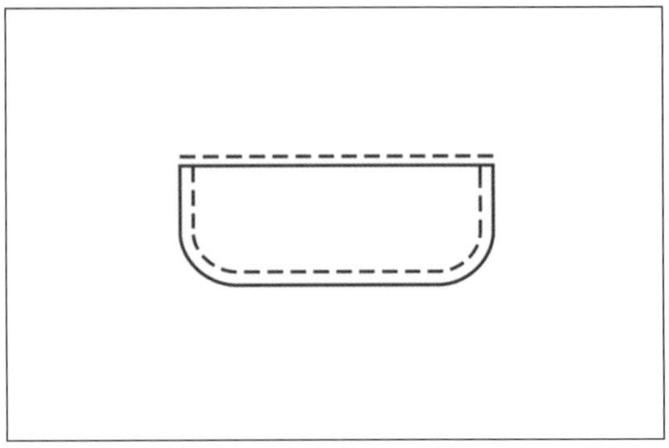

力布—ポケット口を補強するための布。身頃に接着芯がはってある場合はつけなくてよい

裁ち方

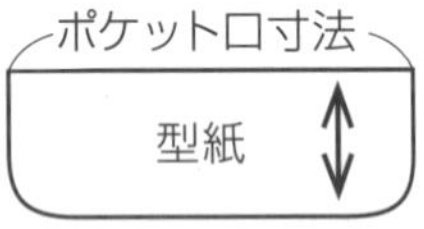

ポケット口寸法
型紙

表フラップ（表布）

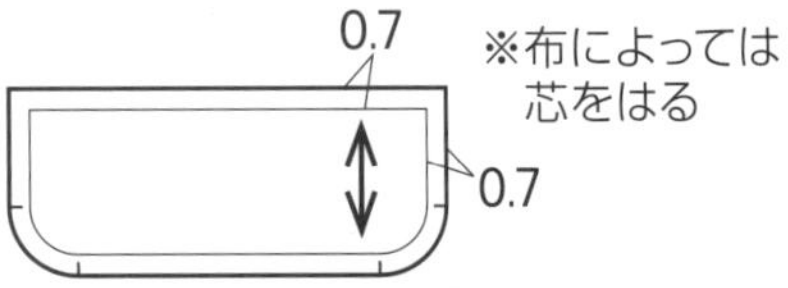

0.7
※布によっては
芯をはる
0.7

裏フラップ（表布）

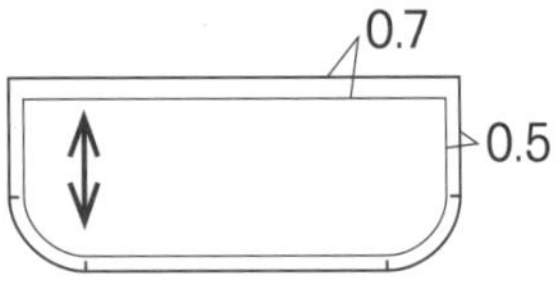

0.7
0.5

袋布（表布）

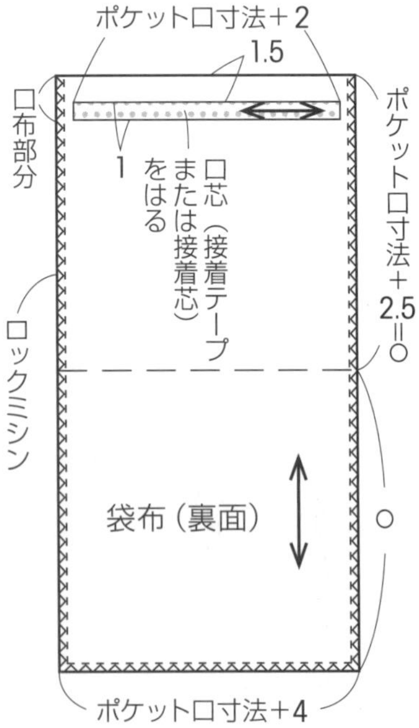

ポケット口寸法＋2
1.5
口布部分
1
口芯（接着テープまたは接着芯）をはる
ポケット口寸法＋2.5＝○
ロックミシン
袋布（裏面）
○
ポケット口寸法＋4

1 フラップを作る

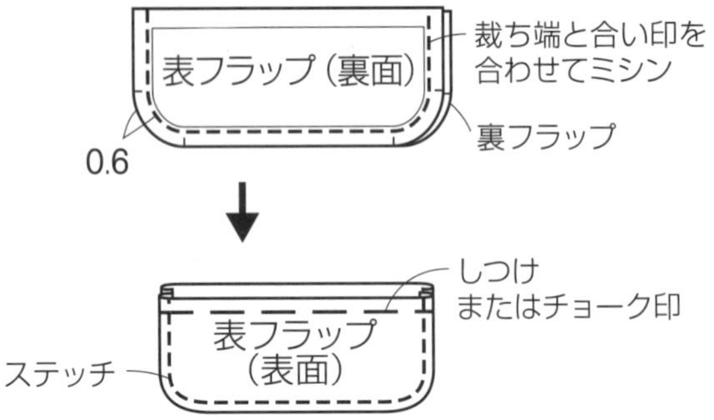

表フラップ（裏面）
裁ち端と合い印を
合わせてミシン
裏フラップ
0.6
しつけ
またはチョーク印
表フラップ
（表面）
ステッチ

2 身頃裏面のフラップつけ位置に力布をはる

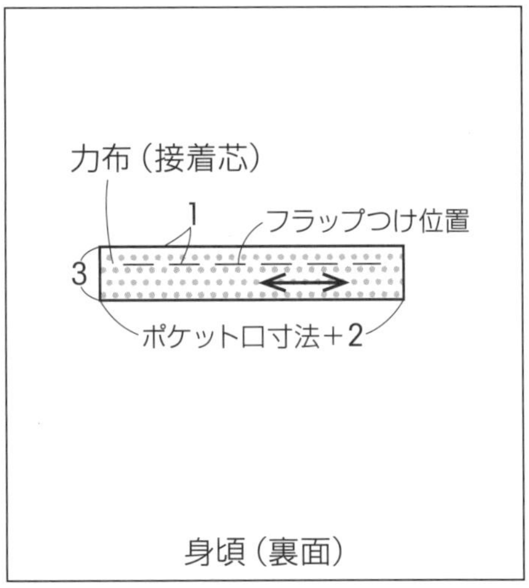

力布（接着芯）
1
フラップつけ位置
3
ポケット口寸法＋2
身頃（裏面）

3 身頃と袋布を合わせ、口布つけミシンをかける

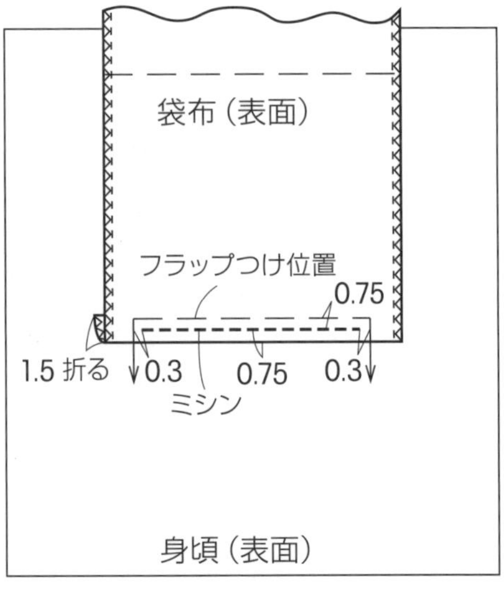

袋布（表面）
フラップつけ位置
0.75
1.5 折る
0.3
0.75
0.3
ミシン
身頃（表面）

4 **身頃にフラップをつける**

裏フラップ
（表面）
0.75
フラップつけミシン
袋布（裏面）
身頃（表面）

5 **フラップと口布の縫い代をよけて、切込みを入れる**

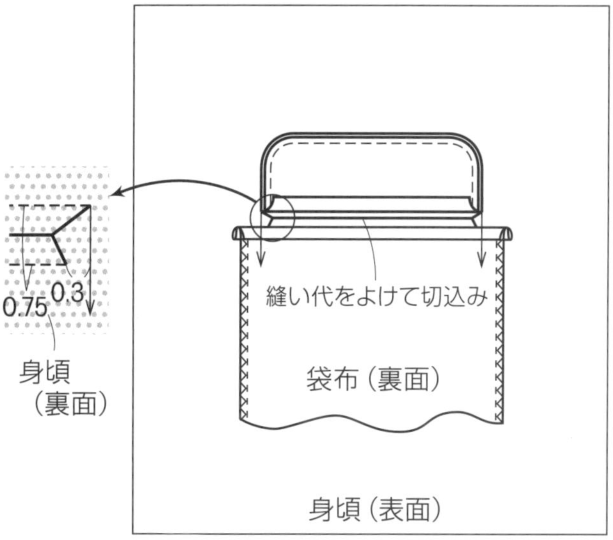
0.75
0.3
身頃
（裏面）
縫い代をよけて切込み
袋布（裏面）
身頃（表面）

6 **袋布を二つ折りにして、止めミシンをかける**

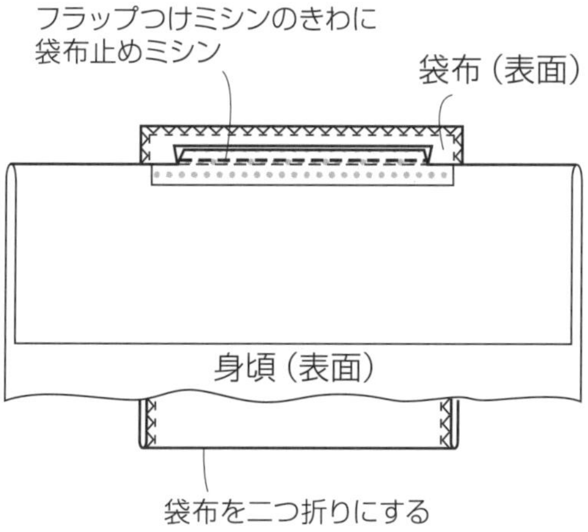
フラップつけミシンのきわに
袋布止めミシン
袋布（表面）
身頃（表面）
袋布を二つ折りにする

7 **袋布の両端に 2 回ミシンをかける**

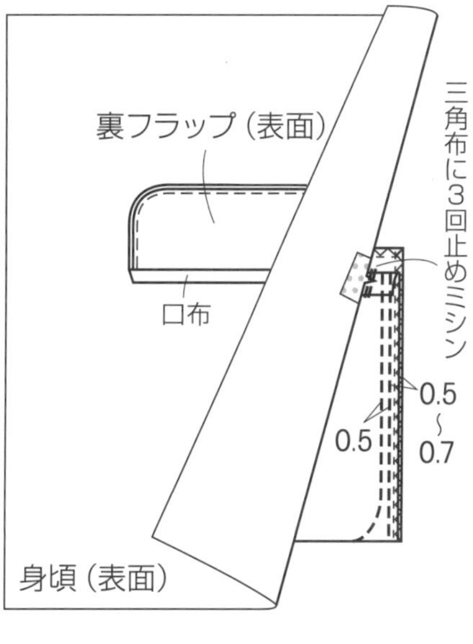
裏フラップ（表面）
口布
三角布に3回止めミシン
0.5
0.5
〜
0.7
身頃（表面）

8 **フラップつけ位置のきわにステッチをかける**

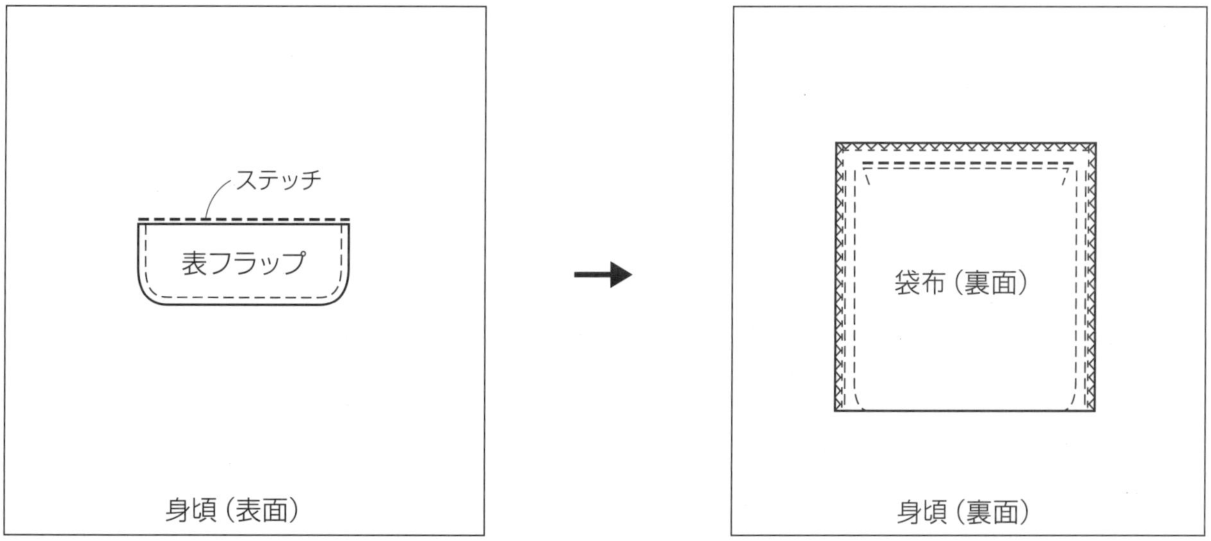
ステッチ
表フラップ
身頃（表面）
袋布（裏面）
身頃（裏面）

フラップポケット（C）

1枚の袋布を、表側からのステッチで身頃にとめつけて作る装飾的なポケットである。一重仕立てのジャケットやシャツブラウスの胸ポケット等に用いられる。

裁ち方

表フラップ（表布）

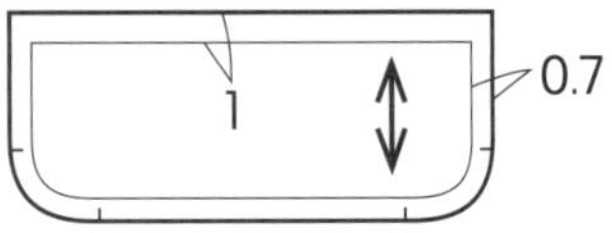

1
0.7

裏フラップ（表布）

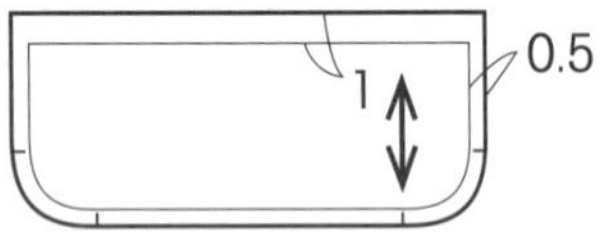

1
0.5

口布（表布）

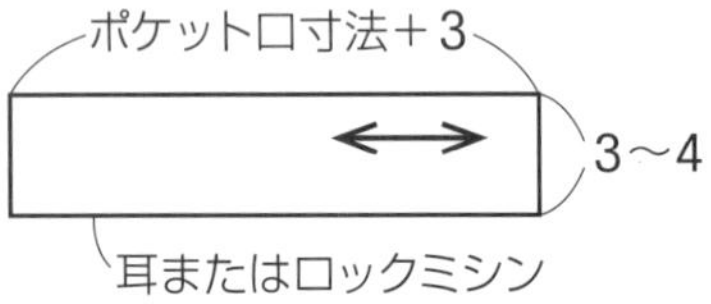

ポケット口寸法＋3
3〜4
耳またはロックミシン

袋布（表布）

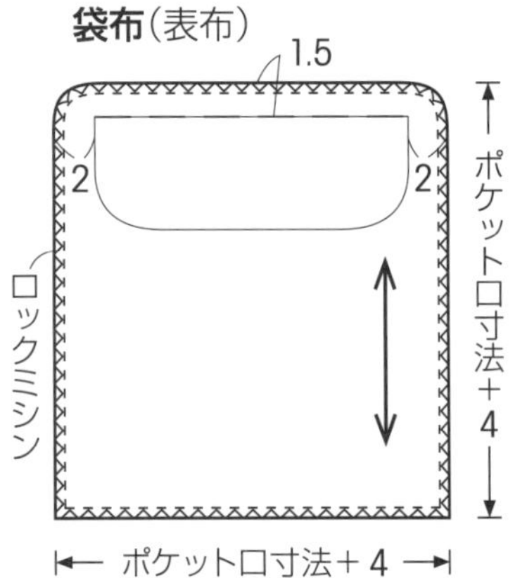

1.5
2
2
ロックミシン
ポケット口寸法＋4
ポケット口寸法＋4

1 身頃裏面のフラップつけ位置に力布をはる

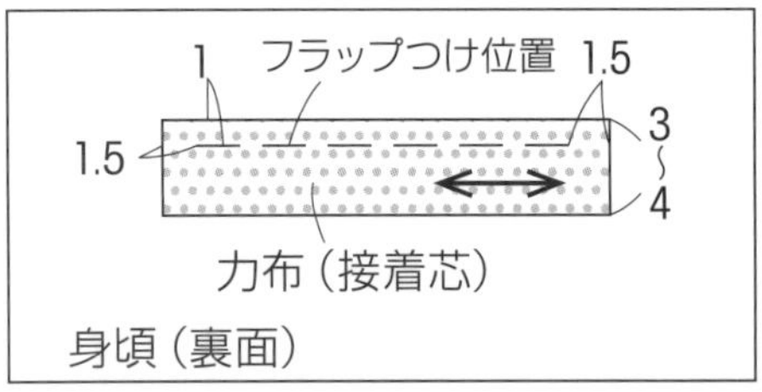

1
フラップつけ位置
1.5
1.5
3〜4
力布（接着芯）
身頃（裏面）

2 身頃に口布をつける

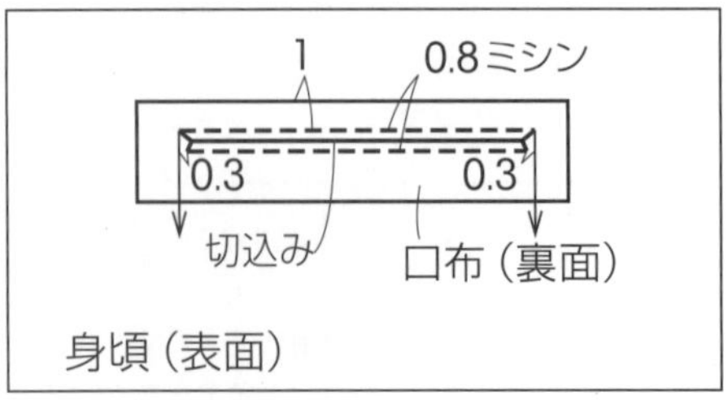

1
0.8ミシン
0.3
0.3
切込み
口布（裏面）
身頃（表面）

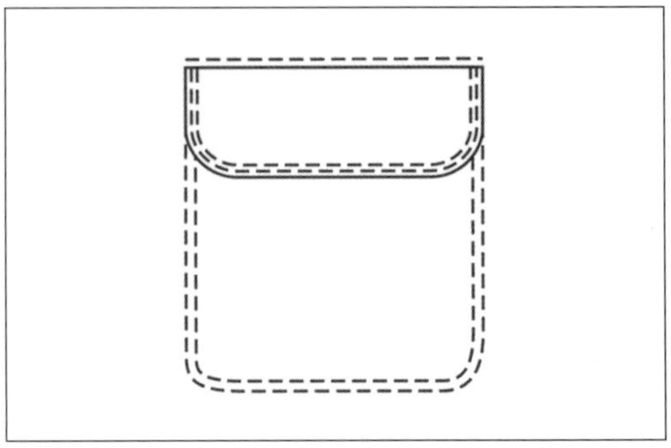

3 口布を裏面に引き出し、表からステッチで押さえる

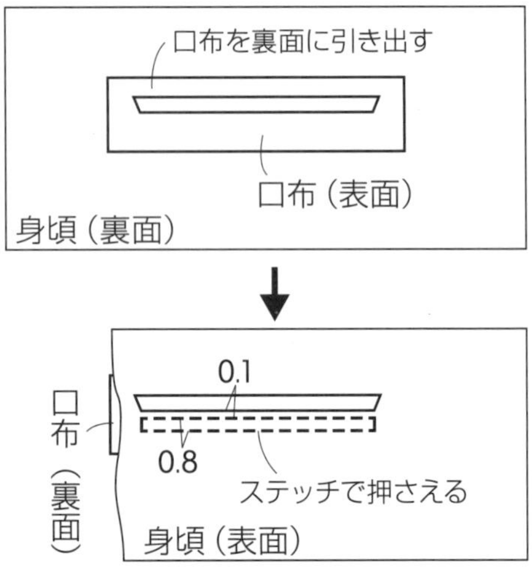

口布を裏面に引き出す
口布（表面）
身頃（裏面）
0.1
口布（裏面）
0.8
ステッチで押さえる
身頃（表面）

4 フラップと袋布をつける

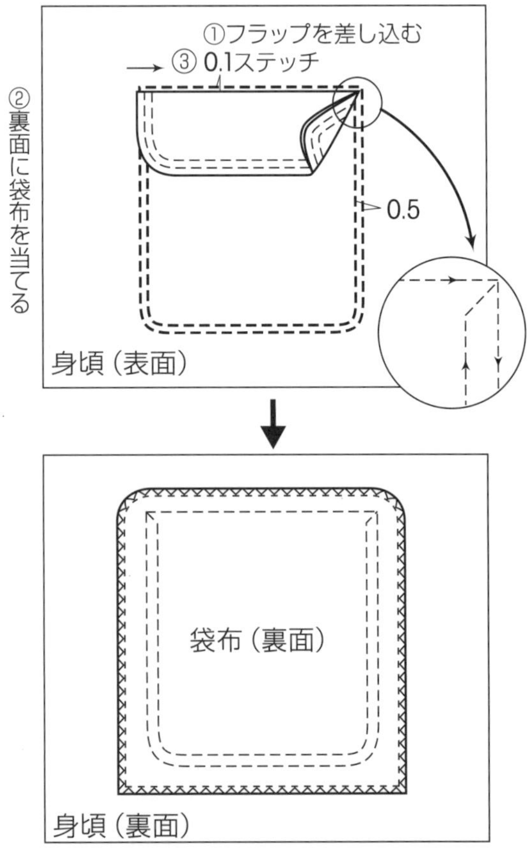

①フラップを差し込む
③ 0.1ステッチ
②裏面に袋布を当てる
0.5
身頃（表面）
袋布（裏面）
身頃（裏面）

フラップポケット（D）

細い両玉縁を作り、玉縁の間にフラップをはさみ込んで丈夫に仕立てる方法である。薄手、中肉程度の素材に適している。

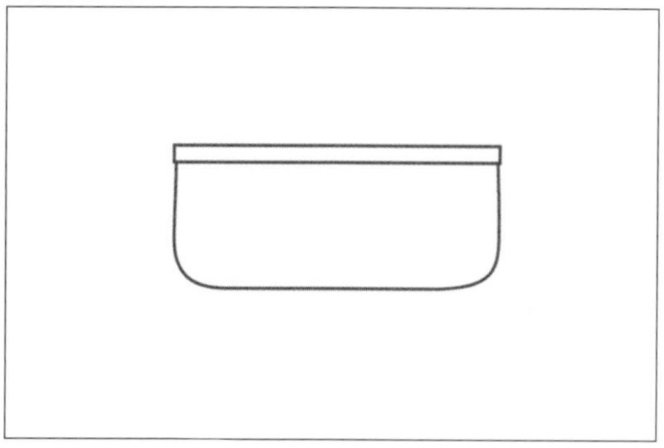

裁ち方

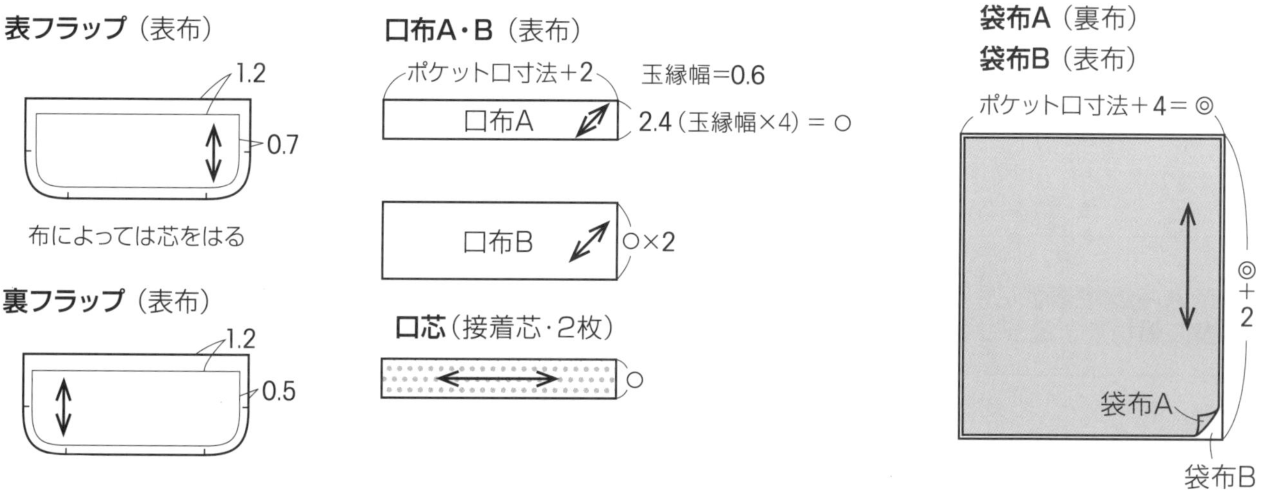

表フラップ（表布）
1.2
0.7
布によっては芯をはる
裏フラップ（表布）
1.2
0.5
口布A・B（表布）
ポケット口寸法＋2
玉縁幅＝0.6
口布A
2.4（玉縁幅×4）＝○
口布B
○×2
口芯（接着芯・2枚）
○
袋布A（裏布）
袋布B（表布）
ポケット口寸法＋4＝◎
◎＋2
袋布A
袋布B

1　口布に口芯をはる

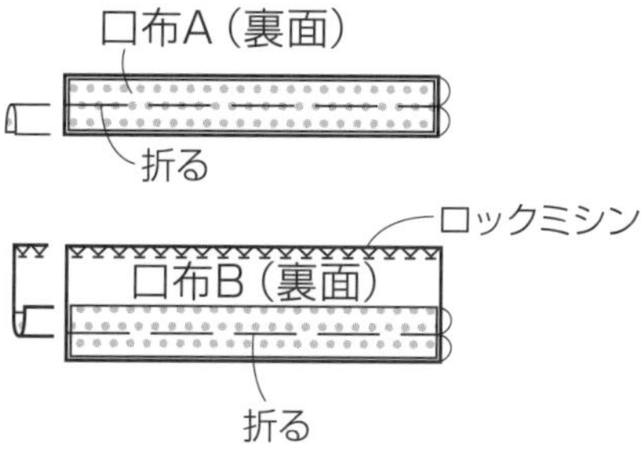

口布A（裏面）
折る
ロックミシン
口布B（裏面）
折る

2　フラップを作る

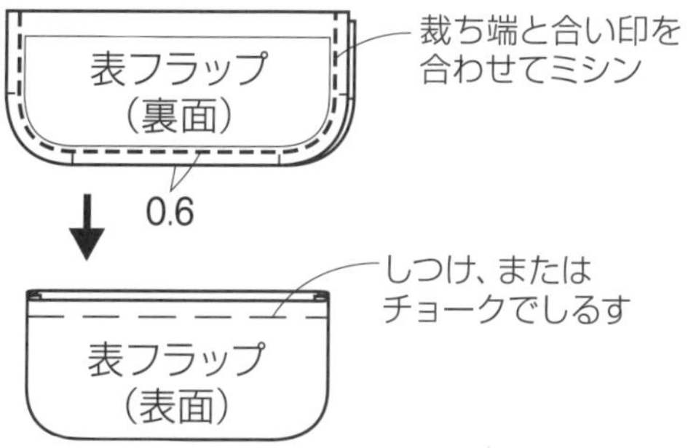

裁ち端と合い印を
合わせてミシン
表フラップ
（裏面）
0.6
しつけ、または
チョークでしるす
表フラップ
（表面）

3　身頃裏面に袋布 A を止める

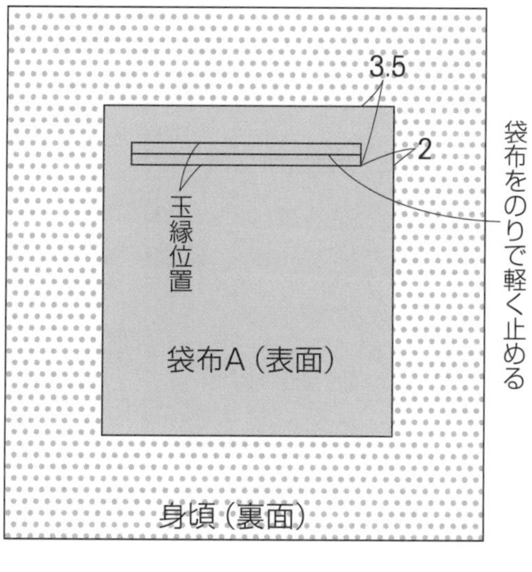

3.5
2
玉縁位置
袋布をのりで軽く止める
袋布A（表面）
身頃（裏面）

4　身頃に口布をつける

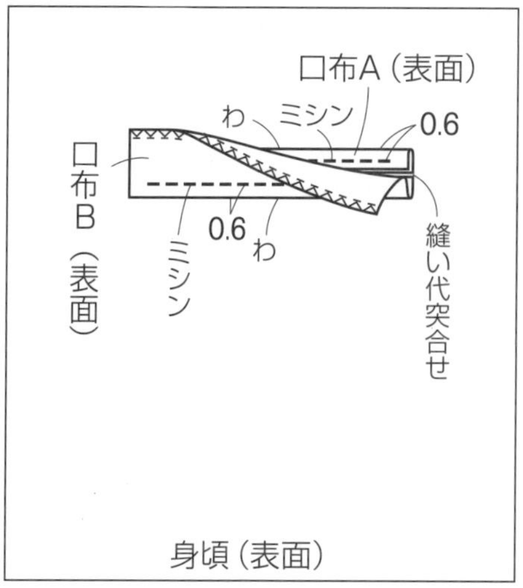

口布A（表面）
わ
ミシン
0.6
口布B（表面）
0.6
わ
ミシン
縫い代突合せ
身頃（表面）

5 **縫い代をよけて切込みを入れる**

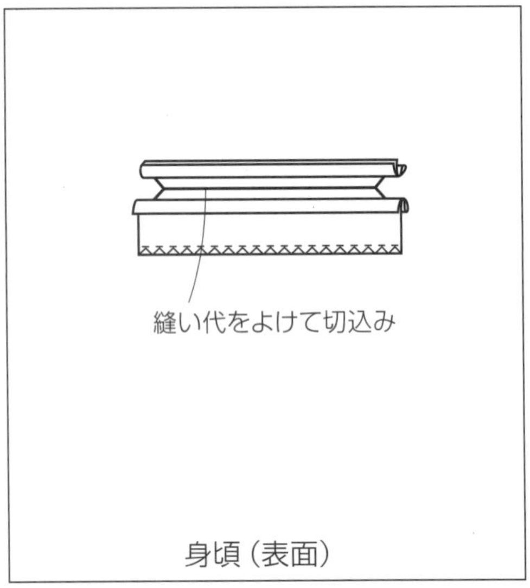
縫い代をよけて切込み
身頃（表面）

6 **口布を裏面に返し、口布Ｂの端を袋布に止める**

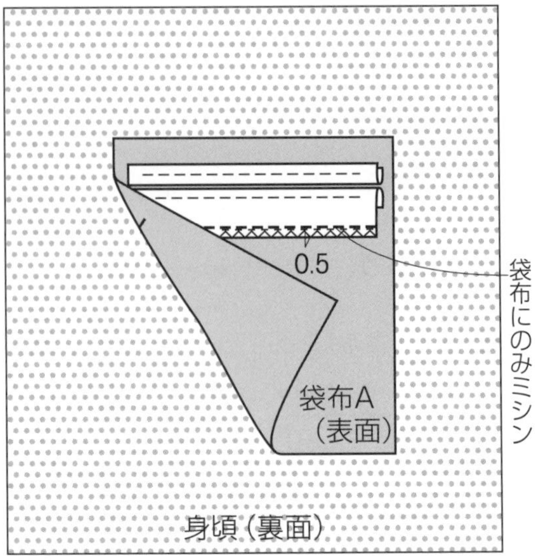
0.5
袋布にのみミシン
袋布A
（表面）
身頃（裏面）

7 **袋布Ａを身頃表面に引き出し、袋布Ｂを外表に重ねて、ミシンをかける**

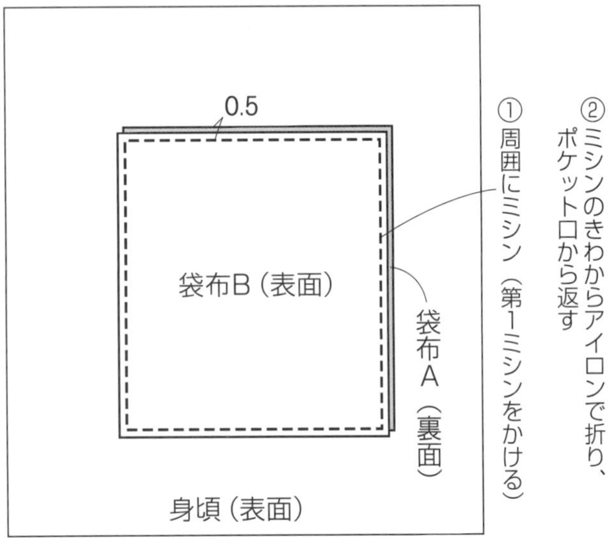
0.5
袋布B（表面）
袋布A（裏面）
①周囲にミシン（第1ミシンをかける）
②ミシンのきわからアイロンで折り、ポケット口から返す
身頃（表面）

8 **フラップをポケット口に差し込み、落しじつけをする**

フラップを差し込み
落しじつけ
身頃（表面）

9 **落しじつけのきわにミシンをかけ、フラップを止める**

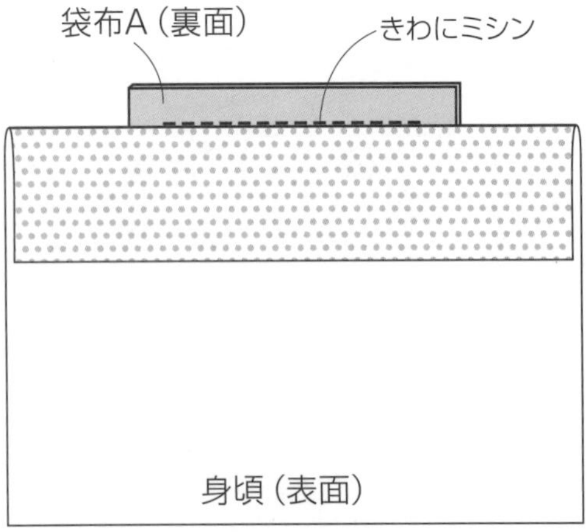
袋布A（裏面）
きわにミシン
身頃（表面）

10 **袋布の周囲にミシンをかける**

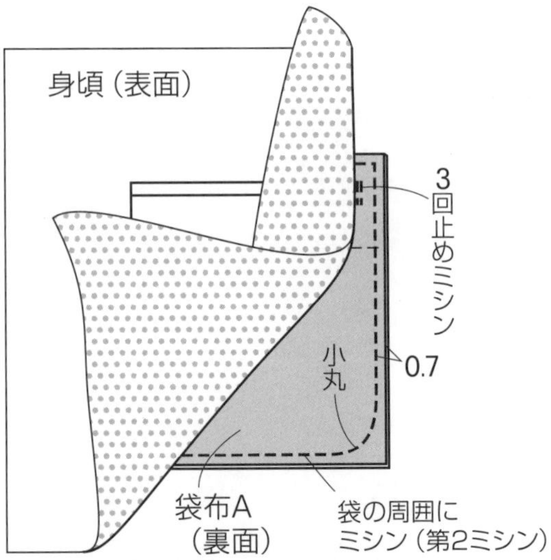
身頃（表面）
3回止めミシン
小丸
0.7
袋布A
（裏面）
袋の周囲に
ミシン（第2ミシン）

34ページ　箱ポケット

ジャケット、コート、ベストの胸や腰に用いられる箱形のポケットで、使う素材（厚手、薄手、ほつれやすい布）に適した方法を選ぶとよい。

箱ポケット（A）

厚手、緻密に織られた布地に適した方法で、ポケットつけ位置で縫い代が重ならないように仕立てる。

〈柄合せ〉

縞やチェック柄の布の場合、口布は身頃と合わせるのが普通である。傾斜のある場合は、縫い代つきパターンを作ってから裁断するとよい

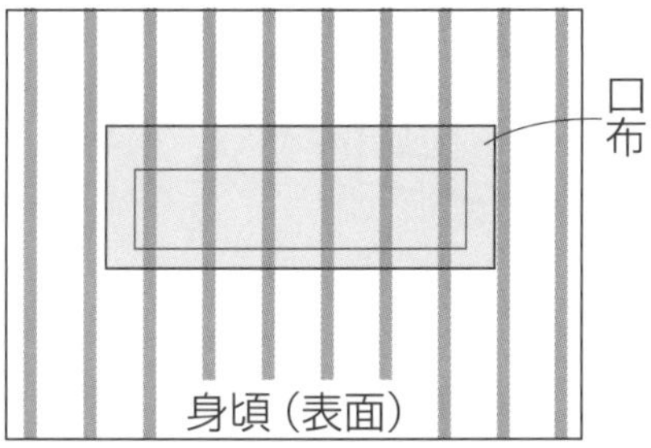

口布
身頃（表面）

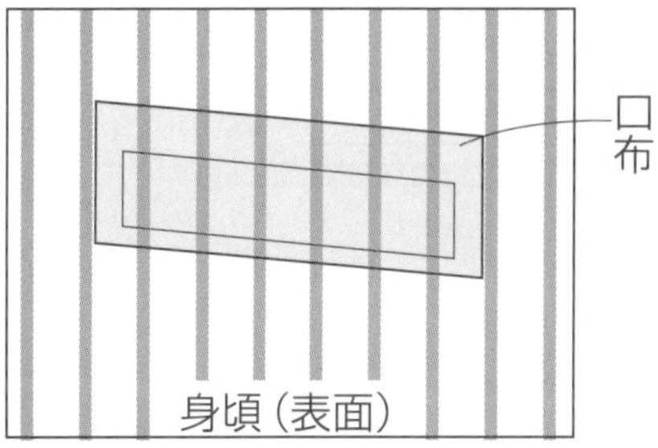

口布
身頃（表面）

裁ち方

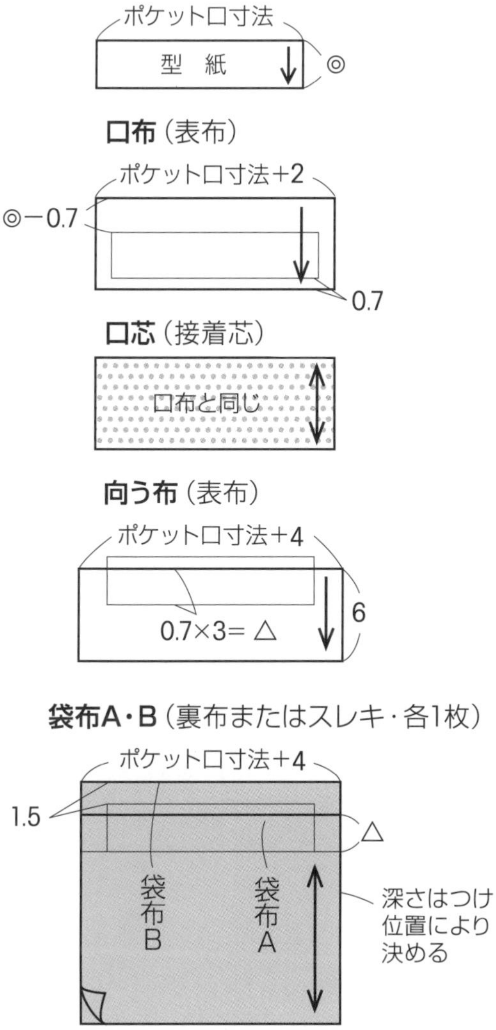

ポケット口寸法
型　紙
◎
口布（表布）
ポケット口寸法+2
◎−0.7
0.7
口芯（接着芯）
口布と同じ
向う布（表布）
ポケット口寸法+4
0.7×3=△
6
袋布A・B（裏布またはスレキ・各1枚）
ポケット口寸法+4
1.5
△
袋布B
袋布A
深さはつけ位置により決める

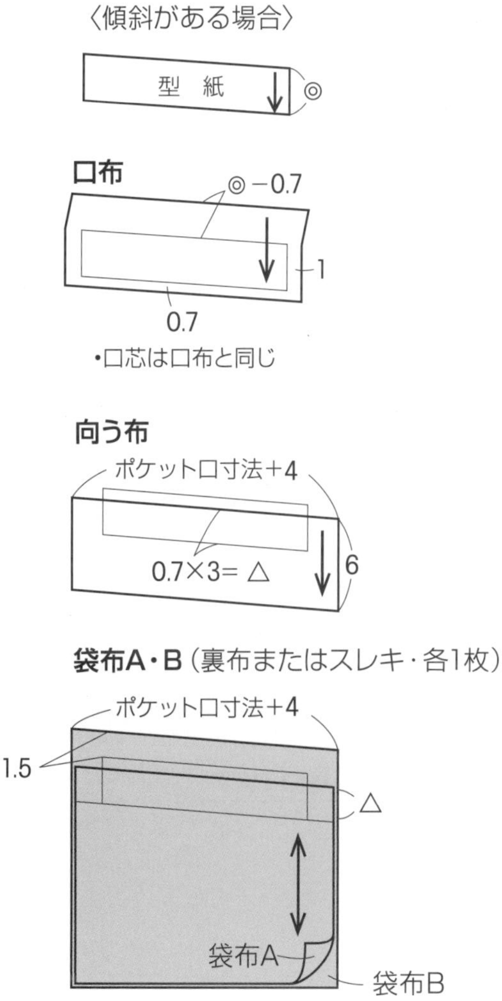

〈傾斜がある場合〉
型　紙
◎
口布
◎−0.7
1
0.7
・口芯は口布と同じ
向う布
ポケット口寸法+4
0.7×3=△
6
袋布A・B（裏布またはスレキ・各1枚）
ポケット口寸法+4
1.5
△
袋布A
袋布B

1 口布に芯をはり、アイロンで出来上りに折る

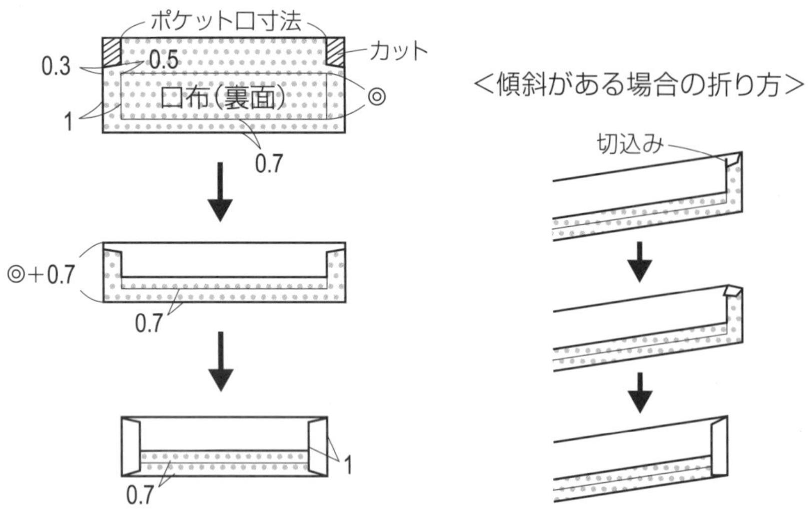

2 口布と袋布 A を縫い合わせる
向う布にロックミシンをかける

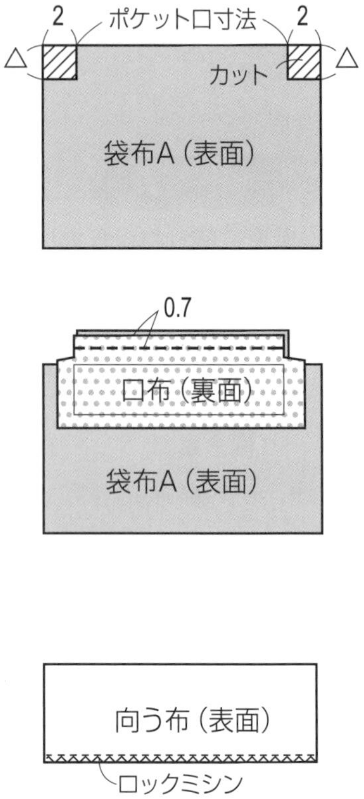

3 身頃に口布と向う布をつける

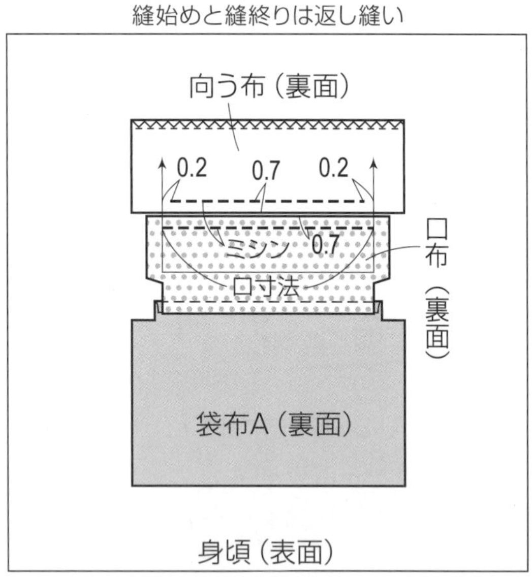

4 縫い代をよけて身頃に切込みを入れる

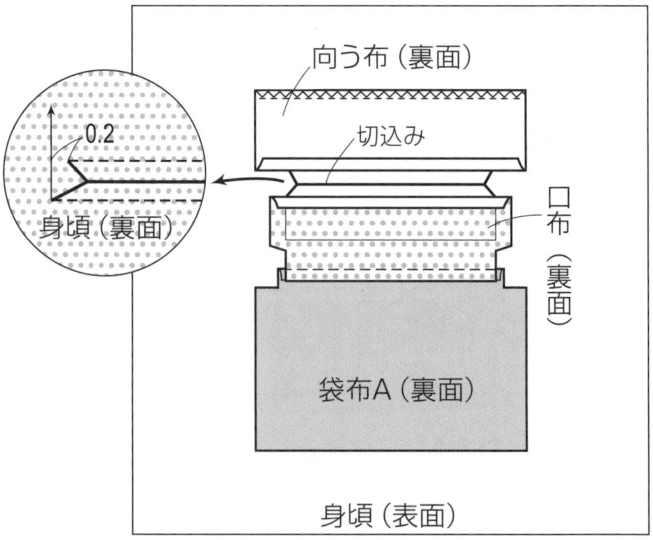

5 口布を裏面に引き出し、整える

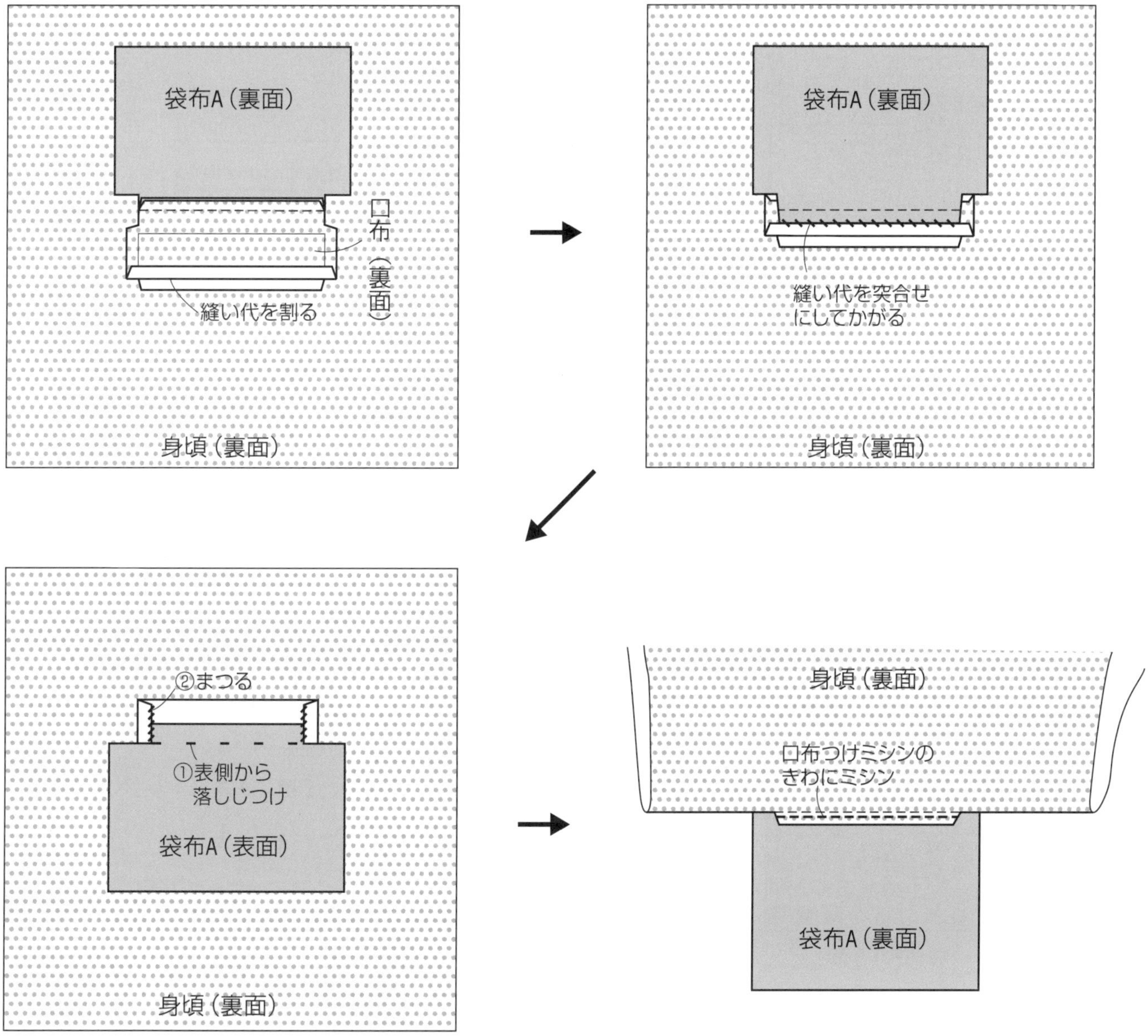

袋布A（裏面）
口布（裏面）
縫い代を割る
身頃（裏面）
袋布A（裏面）
縫い代を突合せにしてかがる
身頃（裏面）
②まつる
①表側から落しじつけ
袋布A（表面）
身頃（裏面）
身頃（裏面）
口布つけミシンのきわにミシン
袋布A（裏面）

6 向う布を裏面に引き出し、縫い代を割る

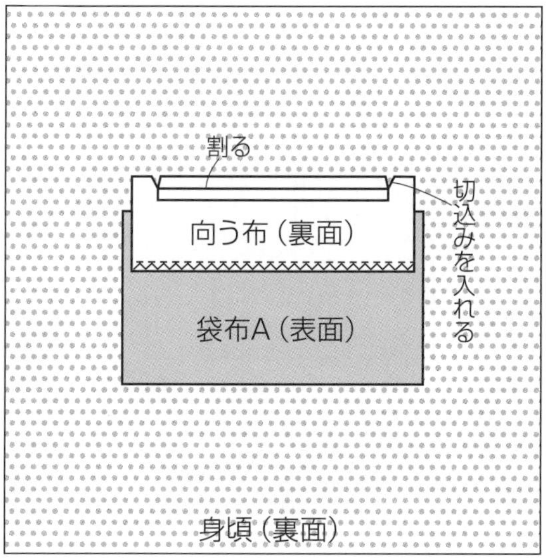

割る
向う布（裏面）
切込みを入れる
袋布A（表面）
身頃（裏面）

7 袋布Bを合わせ、表から落しミシンで止める

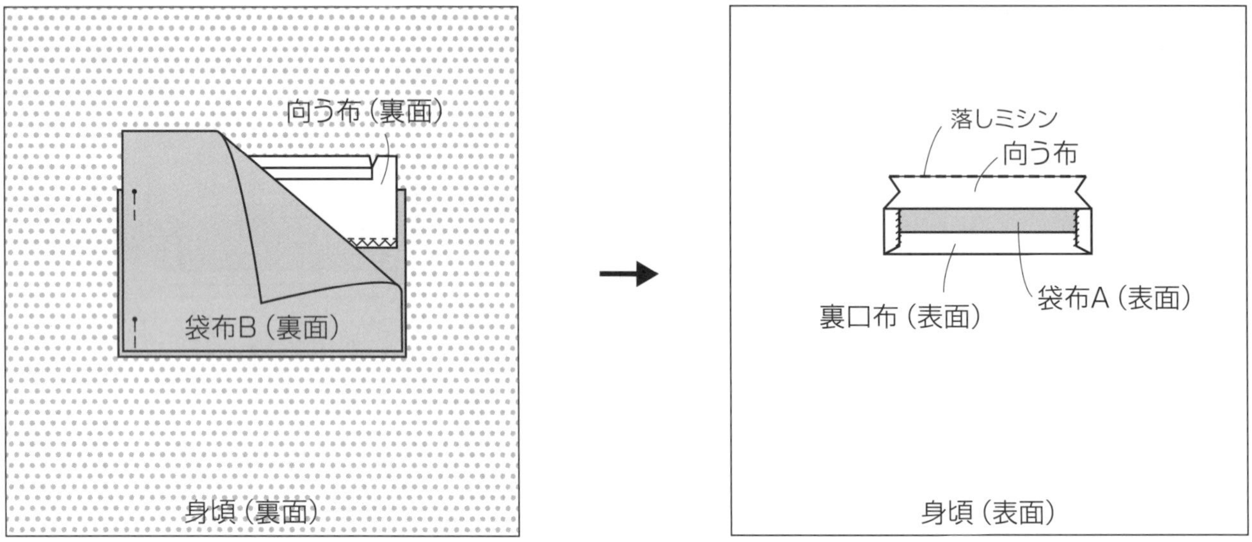

向う布（裏面）
袋布B（裏面）
身頃（裏面）
落しミシン
向う布
裏口布（表面）
袋布A（表面）
身頃（表面）

8 向う布を袋布Bに止める

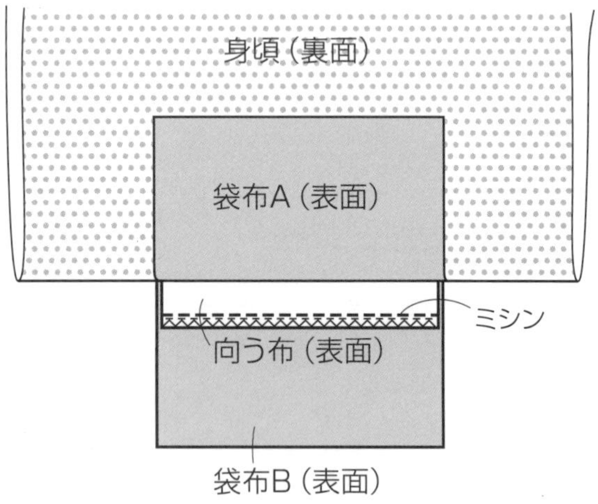

身頃（裏面）
袋布A（表面）
ミシン
向う布（表面）
袋布B（表面）

9 口布の両端を止める

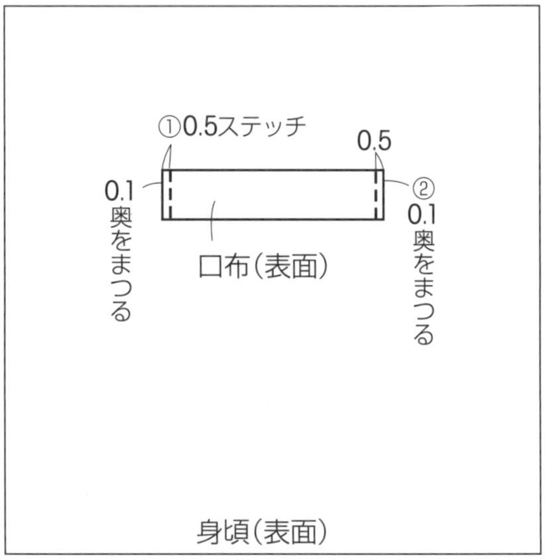

①0.5ステッチ
0.5
0.1
奥をまつる
②
0.1
奥をまつる
口布（表面）
身頃（表面）

10 袋布の周囲に2回ミシンをかける

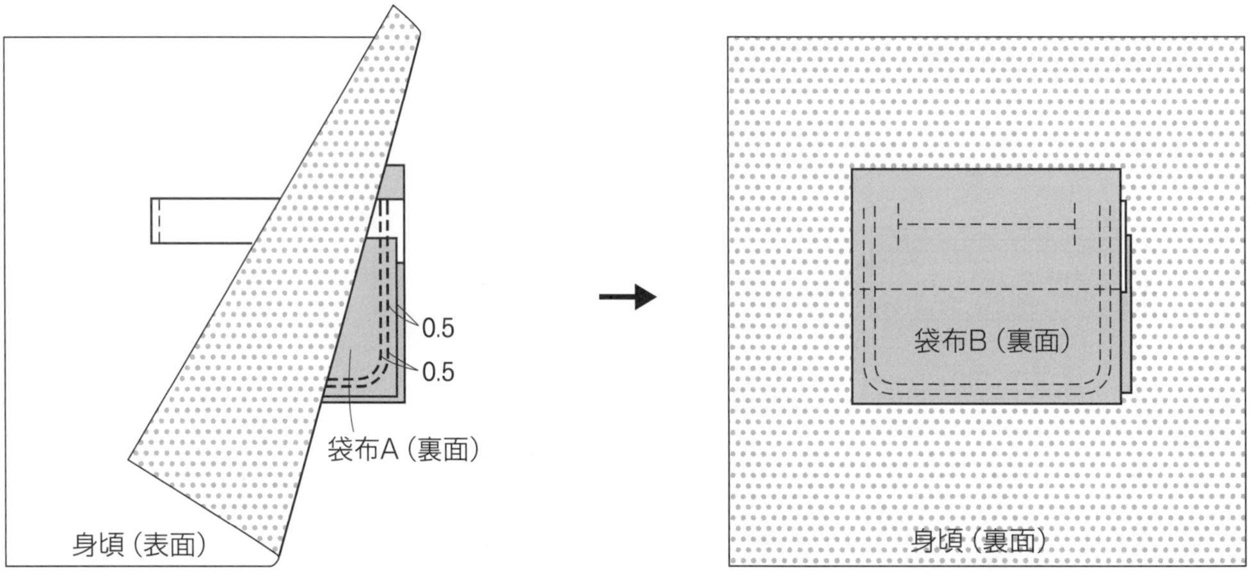

0.5
0.5
袋布A（裏面）
身頃（表面）
袋布B（裏面）
身頃（裏面）

箱ポケット（B）

中肉、薄手の布地に適した方法で、箱の部分を縫い返して形を作ってから作る方法。

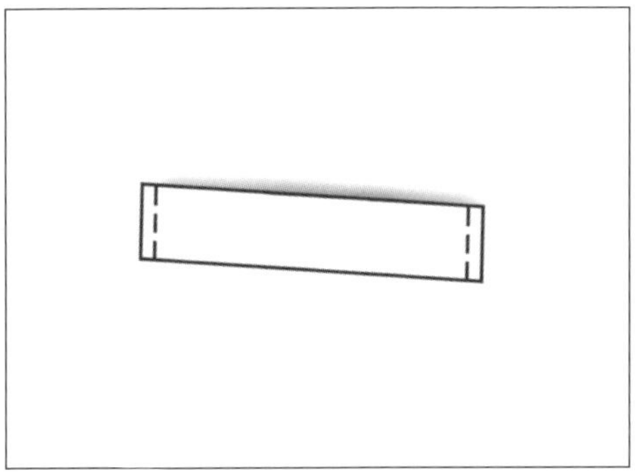

裁ち方

型紙
◎

口布（表布）

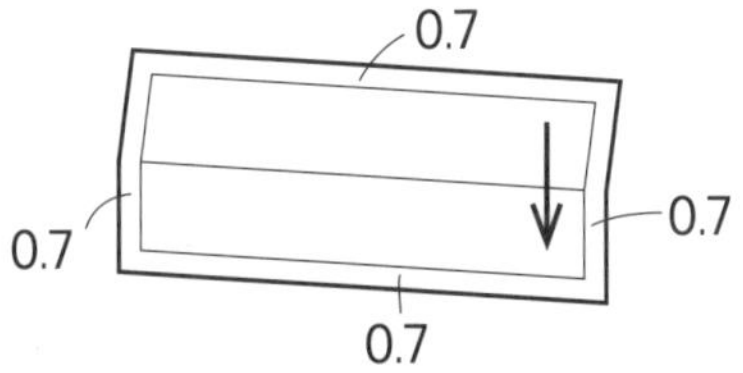
0.7
0.7
0.7
0.7

口芯（接着芯）

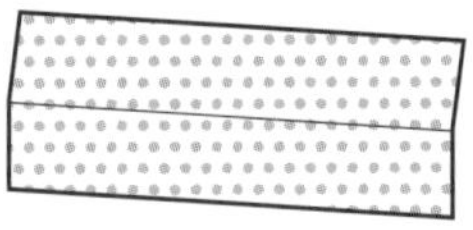

向う布（表布）

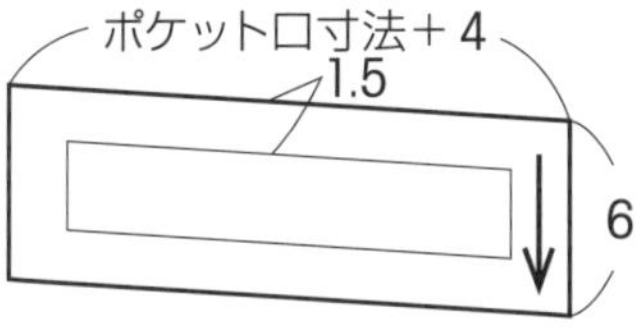
ポケット口寸法＋4
1.5
6

袋布A・B（裏布またはスレキ・各1枚）

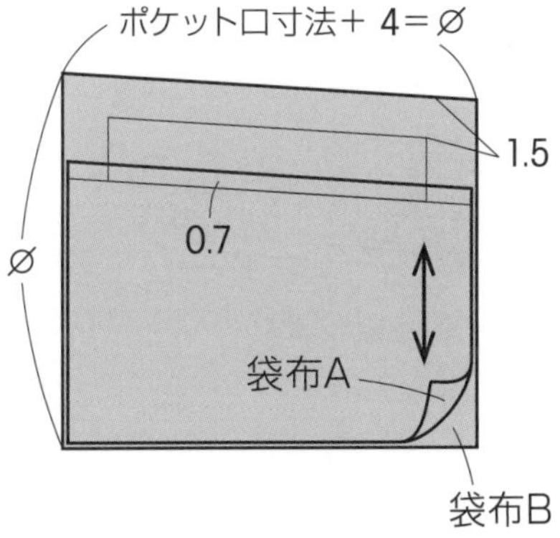
ポケット口寸法＋ 4＝ø
1.5
ø
0.7
袋布A
袋布B

ø＝深さはつけ位置により決める

1 口布に口芯をはり、縫い返す

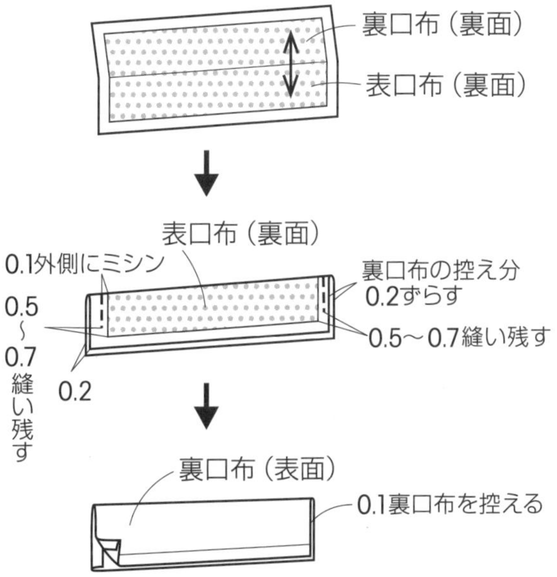
裏口布（裏面）
表口布（裏面）
表口布（裏面）
0.1外側にミシン
裏口布の控え分
0.2ずらす
0.5～0.7縫い残す
0.5～0.7縫い残す
0.2
裏口布（表面）
0.1裏口布を控える

2 口布と袋布 A を縫い合わせる

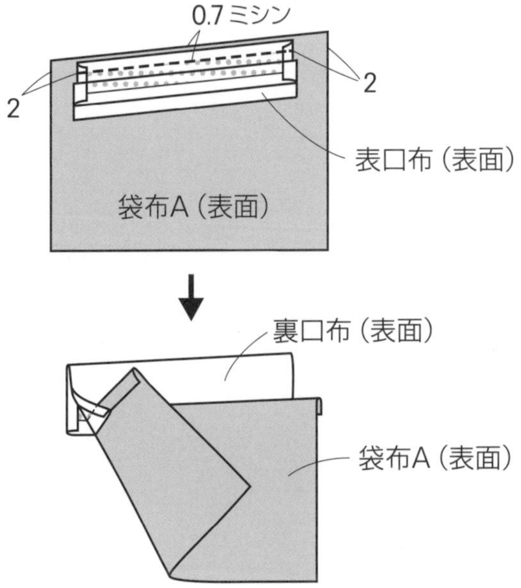
0.7ミシン
2
2
表口布（表面）
袋布A（表面）
裏口布（表面）
袋布A（表面）

3 向う布にロックミシンをかける

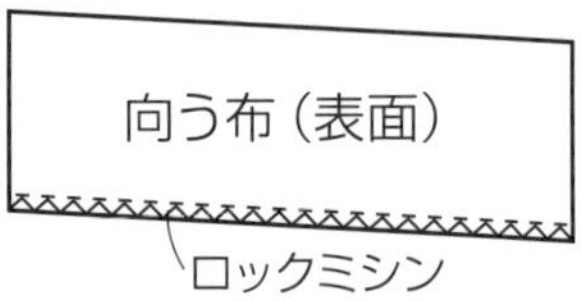
向う布（表面）
ロックミシン

4 身頃に口布をつける

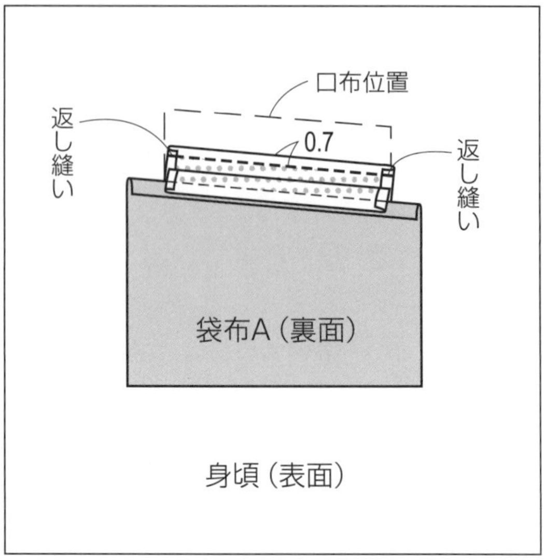
口布位置
返し縫い
0.7
返し縫い
袋布A（裏面）
身頃（表面）

5 向う布をつけ、裏面からミシン。ポケット口に切込みを入れる

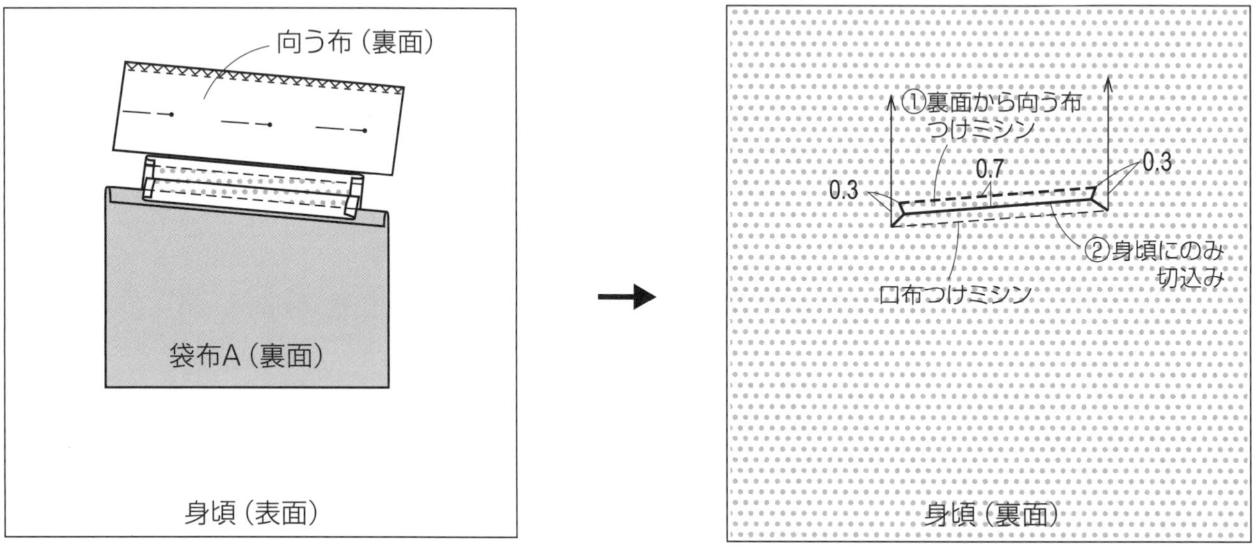
向う布（裏面）
袋布A（裏面）
身頃（表面）
①裏面から向う布
つけミシン
0.7
0.3
0.3
②身頃にのみ
切込み
口布つけミシン
身頃（裏面）

6 向う布を裏面に引き出し、縫い代を割る

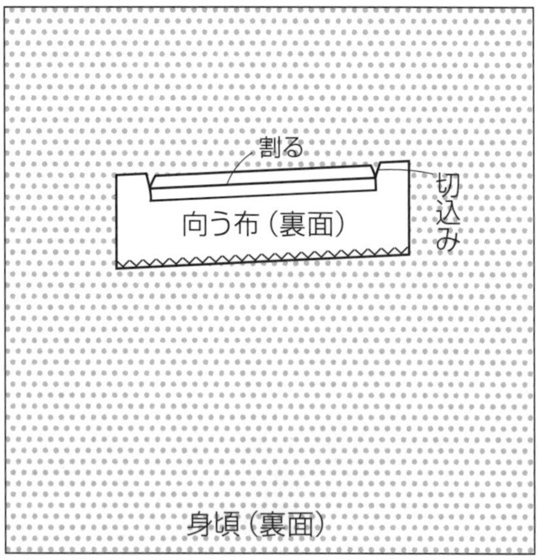
割る
切込み
向う布（裏面）
身頃（裏面）

7 袋布 A を裏面に引き出し、縫い代を割る

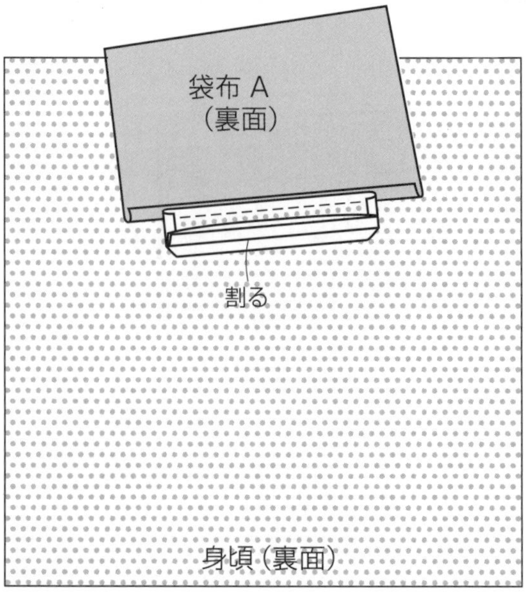
袋布 A
（裏面）
割る
身頃（裏面）

8 口布の形を整え、縫い残した分をまつる

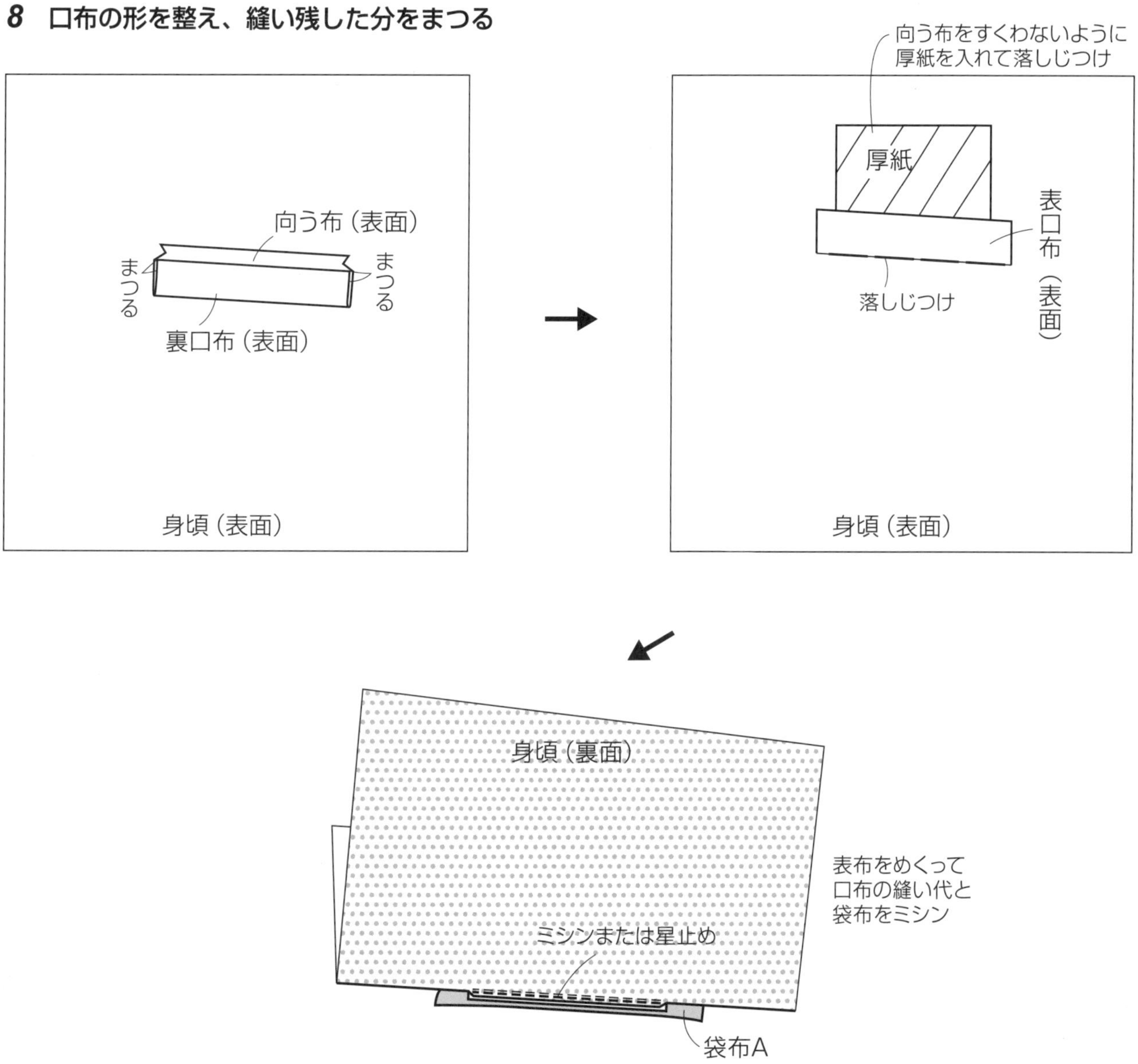

向う布（表面）
まつる
まつる
裏口布（表面）
身頃（表面）
向う布をすくわないように
厚紙を入れて落しじつけ
厚紙
表口布（表面）
落しじつけ
身頃（表面）
身頃（裏面）
表布をめくって
口布の縫い代と
袋布をミシン
ミシンまたは星止め
袋布A

9 袋布Ｂを重ね、表からミシンで押さえる

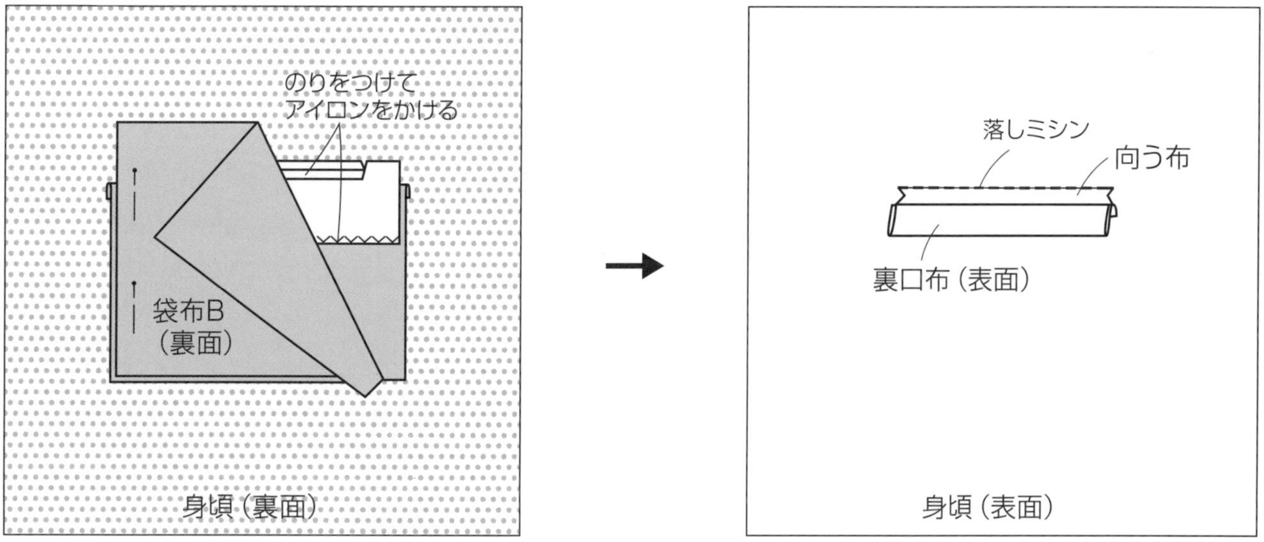

のりをつけて
アイロンをかける
袋布B
（裏面）
身頃（裏面）
落しミシン
向う布
裏口布（表面）
身頃（表面）

10　向う布を袋布Ｂに止める

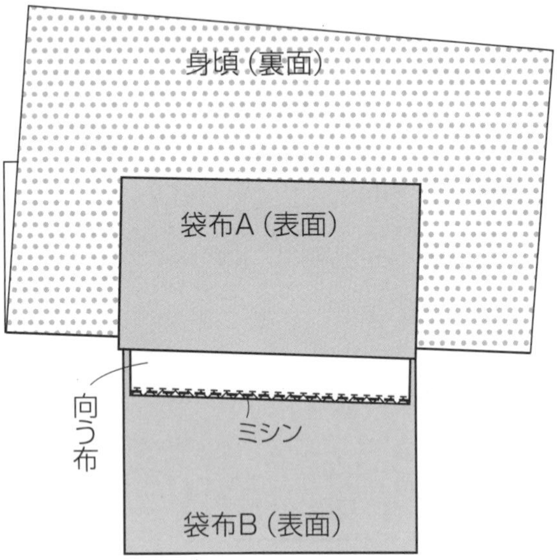
身頃（裏面）
袋布A（表面）
向う布
ミシン
袋布B（表面）

11　口布の両端を止める

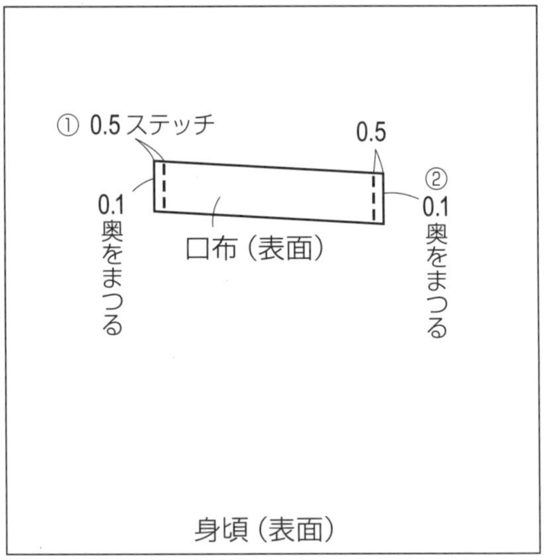
① 0.5ステッチ
0.5
0.1
奥をまつる
②
0.1
奥をまつる
口布（表面）
身頃（表面）

12　袋布の周囲に２回ミシンをかける

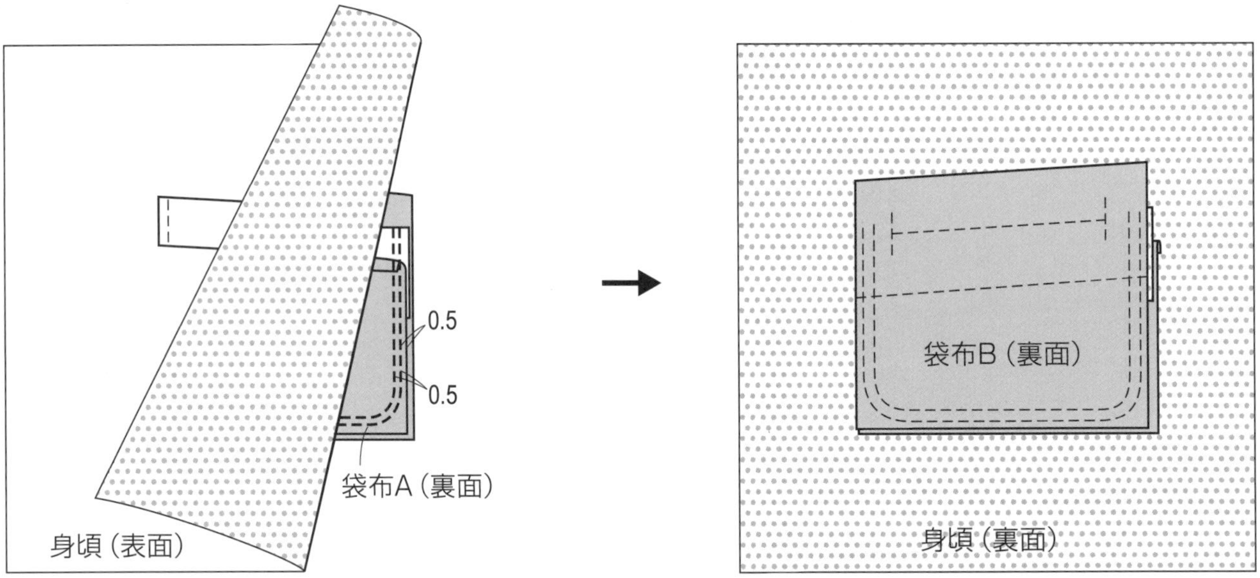
0.5
0.5
袋布A（裏面）
身頃（表面）
袋布B（裏面）
身頃（裏面）

箱ポケット（C）

一重仕立てのジャケット類で、裏面の見栄えをよく、また丈夫にするために、袋布の周囲を袋縫いで仕立てる方法。
外側に見える袋布を表布で裁断し、口布の縫い代は片返しにして作る。綿、麻などの薄手素材に適している。

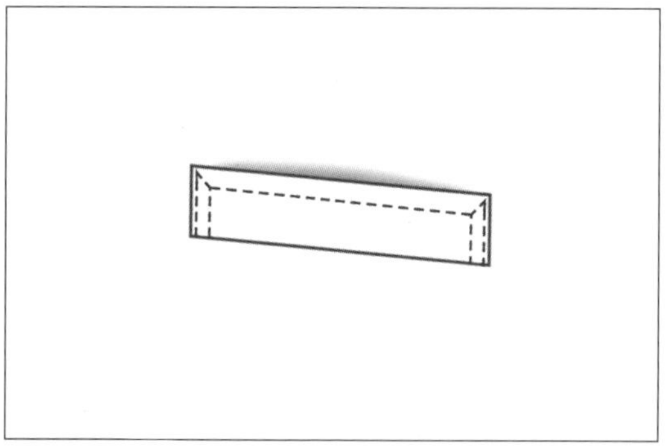

裁ち方

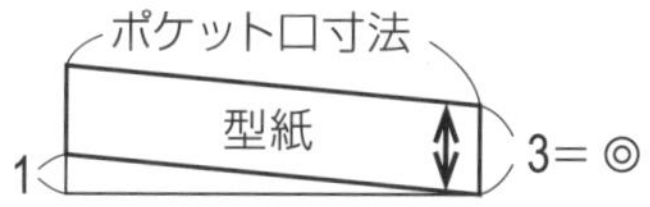

口布（表布）

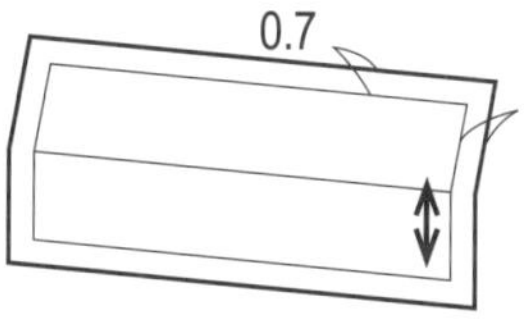

口芯（接着芯）

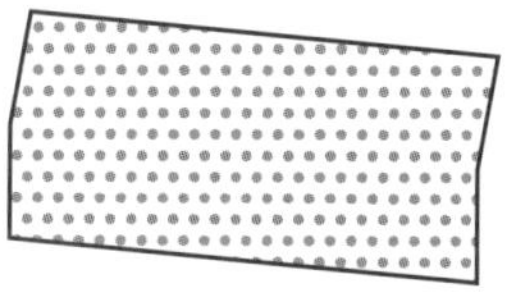

袋布A（スレキまたは裏布・1枚）
袋布B（表布・1枚）

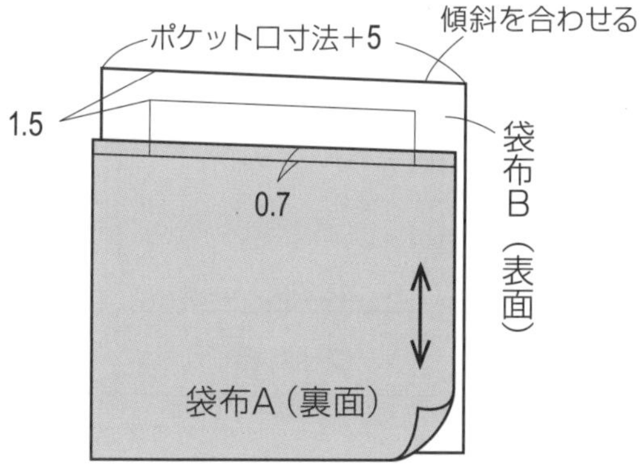

1 身頃裏面のポケット位置に力布をはる

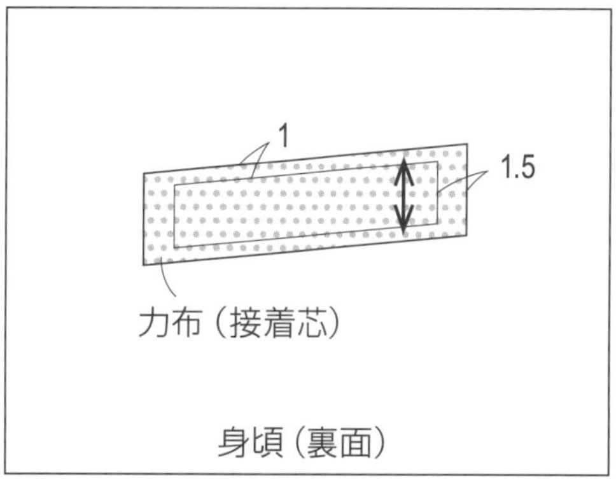

2 口布に口芯をはり、口布を作る

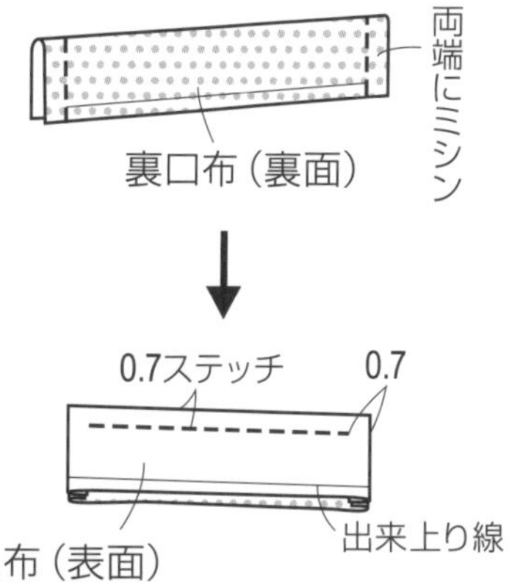

3 身頃に口布と袋布 A をつける

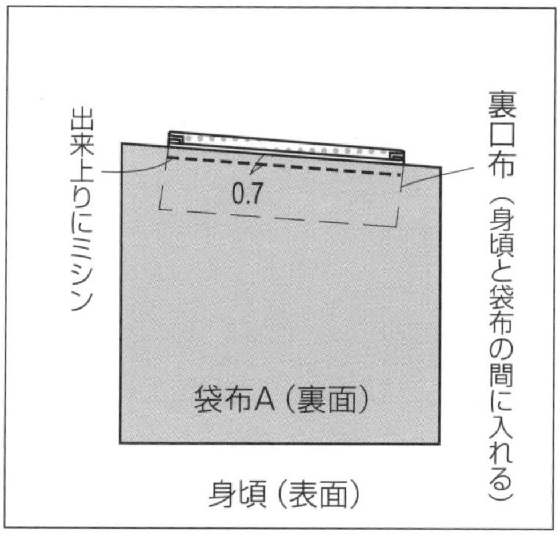

4 口布と袋布の縫い代をよけて、切込みを入れる

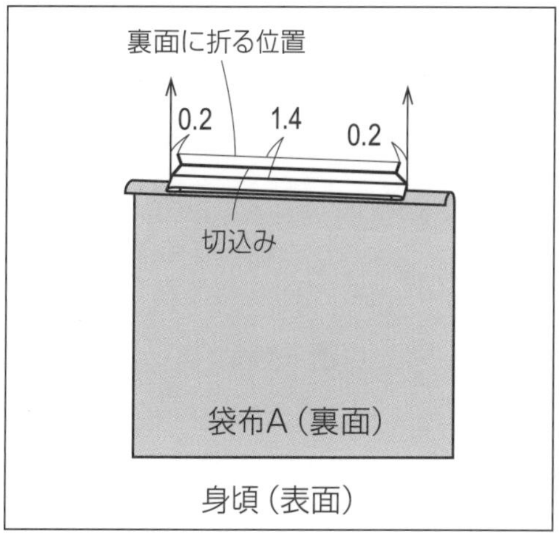

5 袋布を裏面に引き出し、切込みを入れた上端の縫い代を裏面に折る

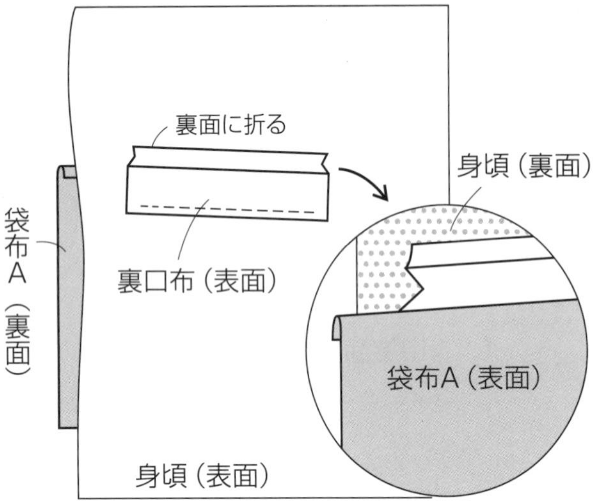

6 袋布A、Bを外表に重ね、周囲にミシンをかける

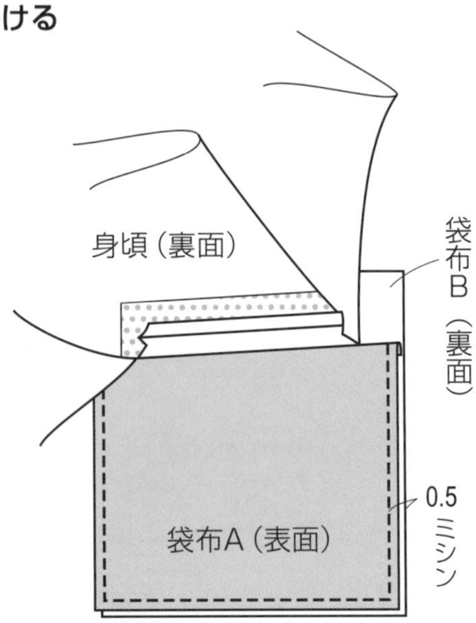

7 袋布を返し、ポケット口に袋布Bまで通して止めミシンをかける

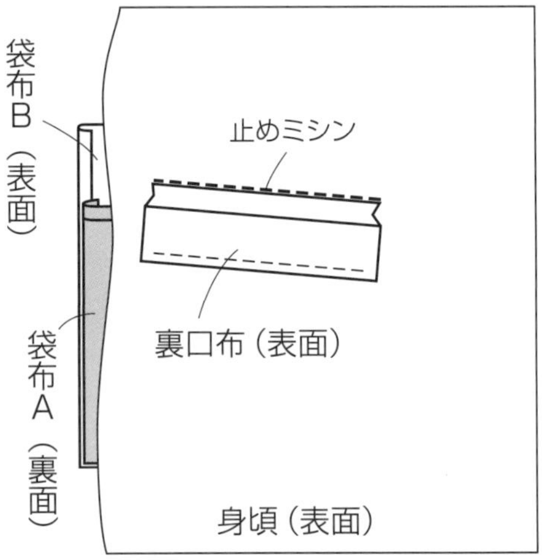

8 袋布Bの上端を折り、周囲にミシンをかける

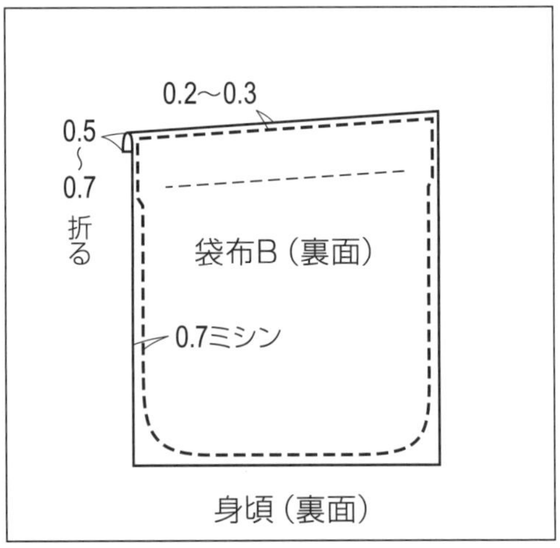

9 口布の両端に止めミシンをかける

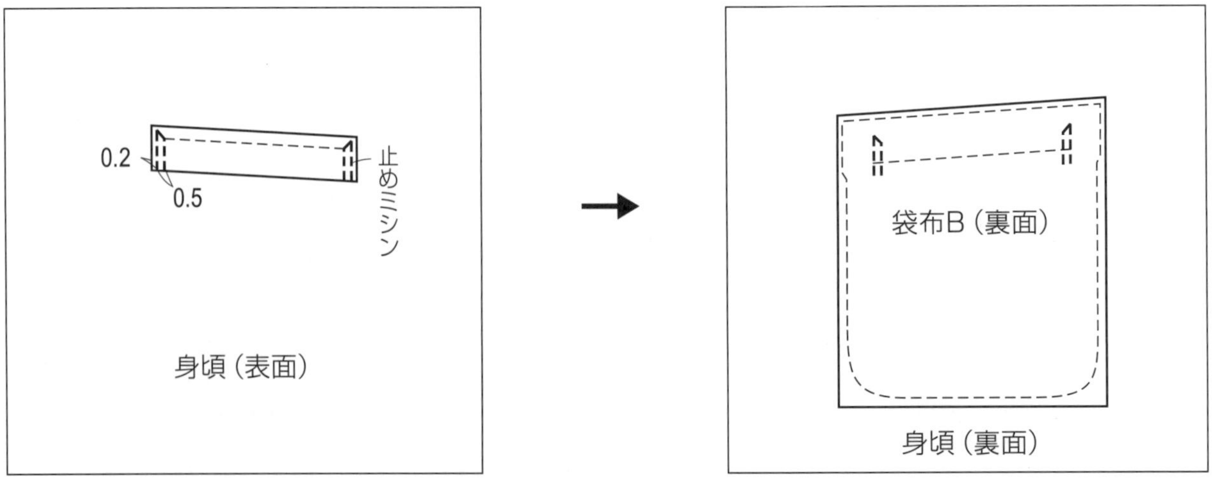

31ページ　両玉縁ポケット

ポケット口の縫い代を細くくるんで玉縁に仕上げたポケット。ジャケットやコートに用いられる、応用範囲の広いポケットである。

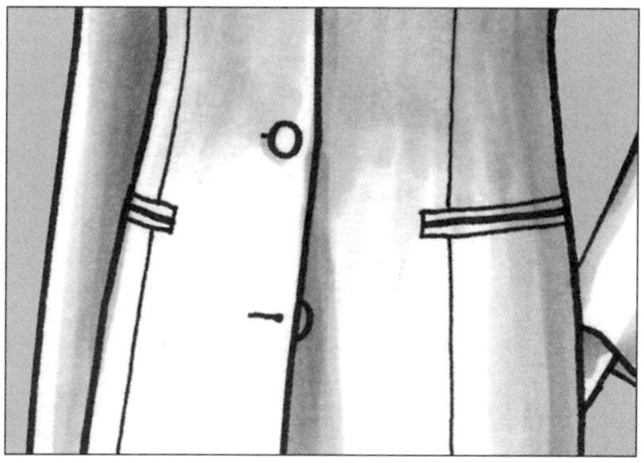

【A】総裏仕立ての場合

裁ち方

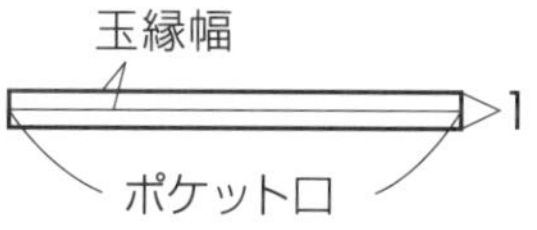
玉縁幅
1
ポケット口

口布（表布・2枚）

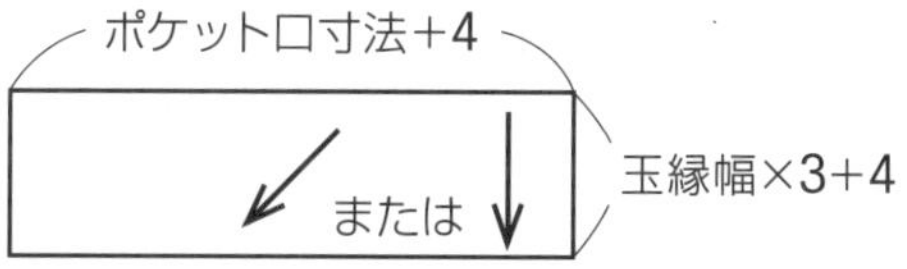
ポケット口寸法+4
または
玉縁幅×3+4

向う布（表布）

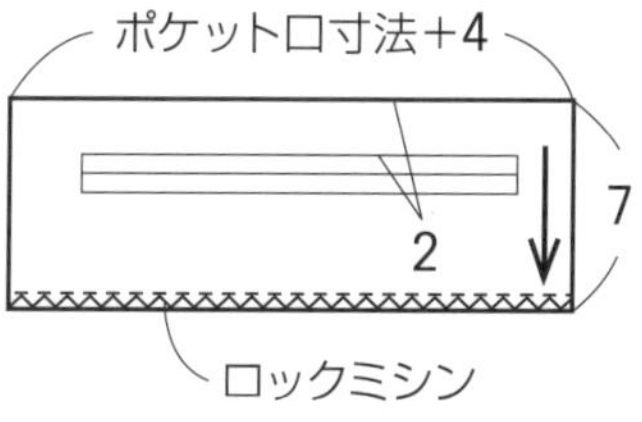
ポケット口寸法+4
2
7
ロックミシン

口芯（接着芯・2枚）

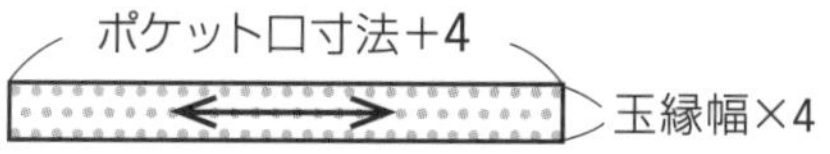
ポケット口寸法+4
玉縁幅×4

袋布A・B（裏布またはスレキ）

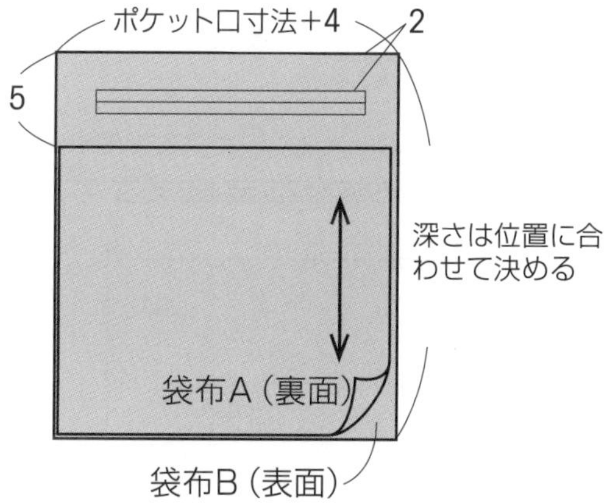
ポケット口寸法+4
2
5
深さは位置に合わせて決める
袋布A（裏面）
袋布B（表面）

1　口布に口芯をはり、袋布Aと縫い合わせる

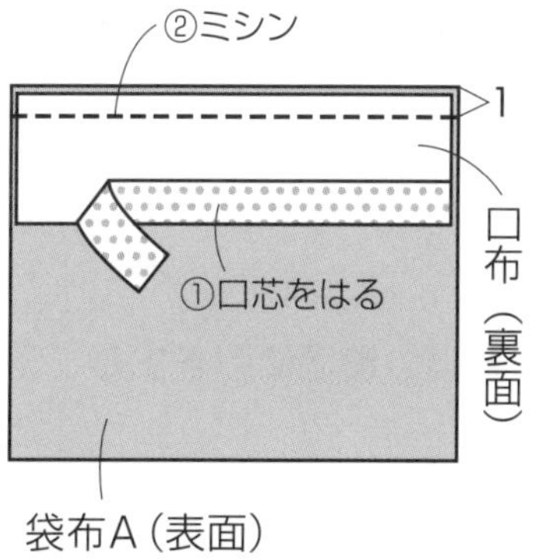
②ミシン
1
口布（裏面）
①口芯をはる
袋布A（表面）

2　身頃のポケット位置に口布をつける

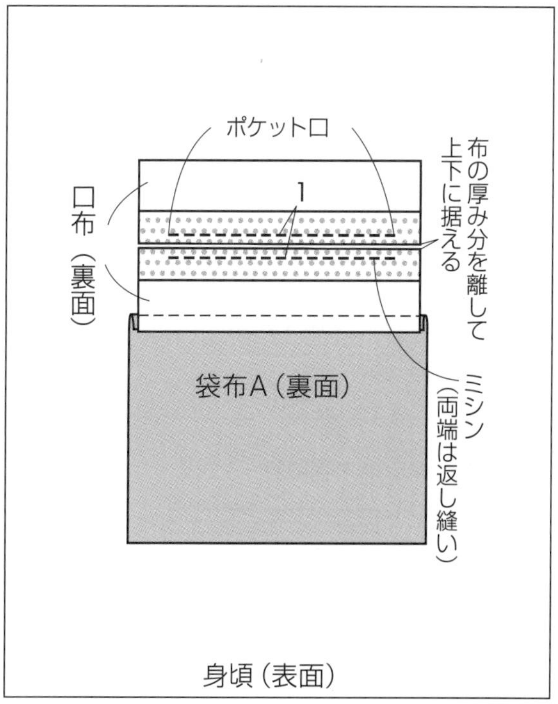
ポケット口
布の厚み分を離して上下に据える
1
口布（裏面）
袋布A（裏面）
ミシン（両端は返し縫い）
身頃（表面）

3 口布の縫い代をよけて、身頃に切込みを入れる

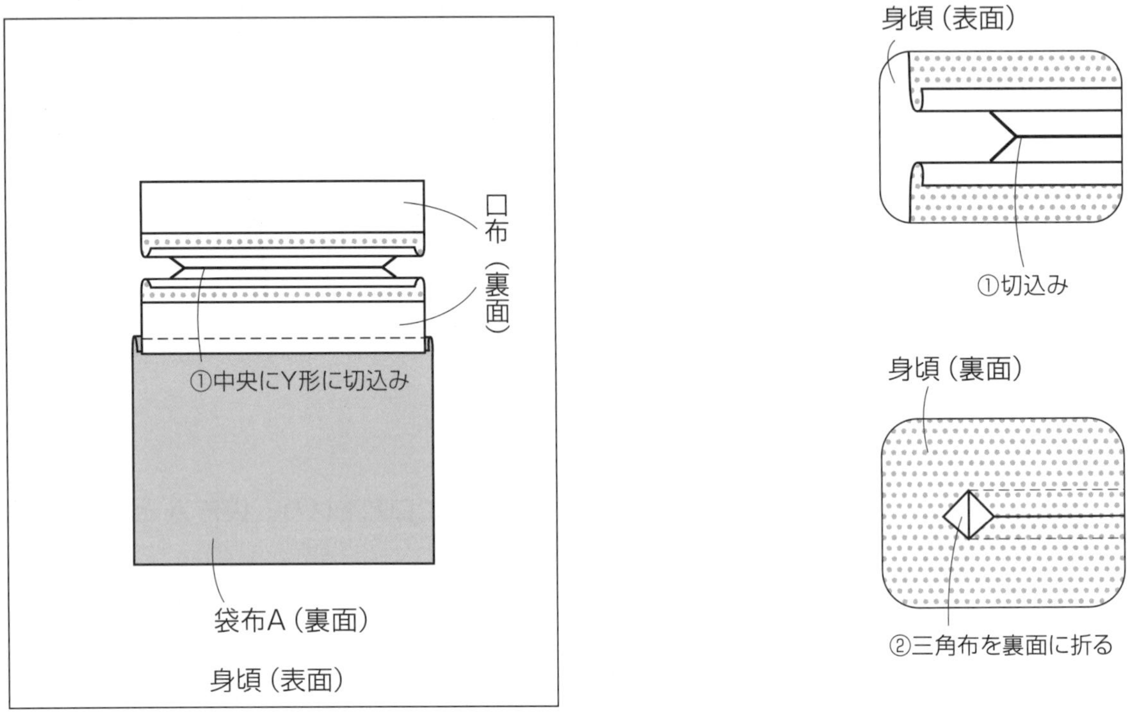
口布（裏面）
①中央にY形に切込み
袋布A（裏面）
身頃（表面）
身頃（表面）
①切込み
身頃（裏面）
②三角布を裏面に折る

4 口布を身頃の裏面に引き出し、玉縁を作る

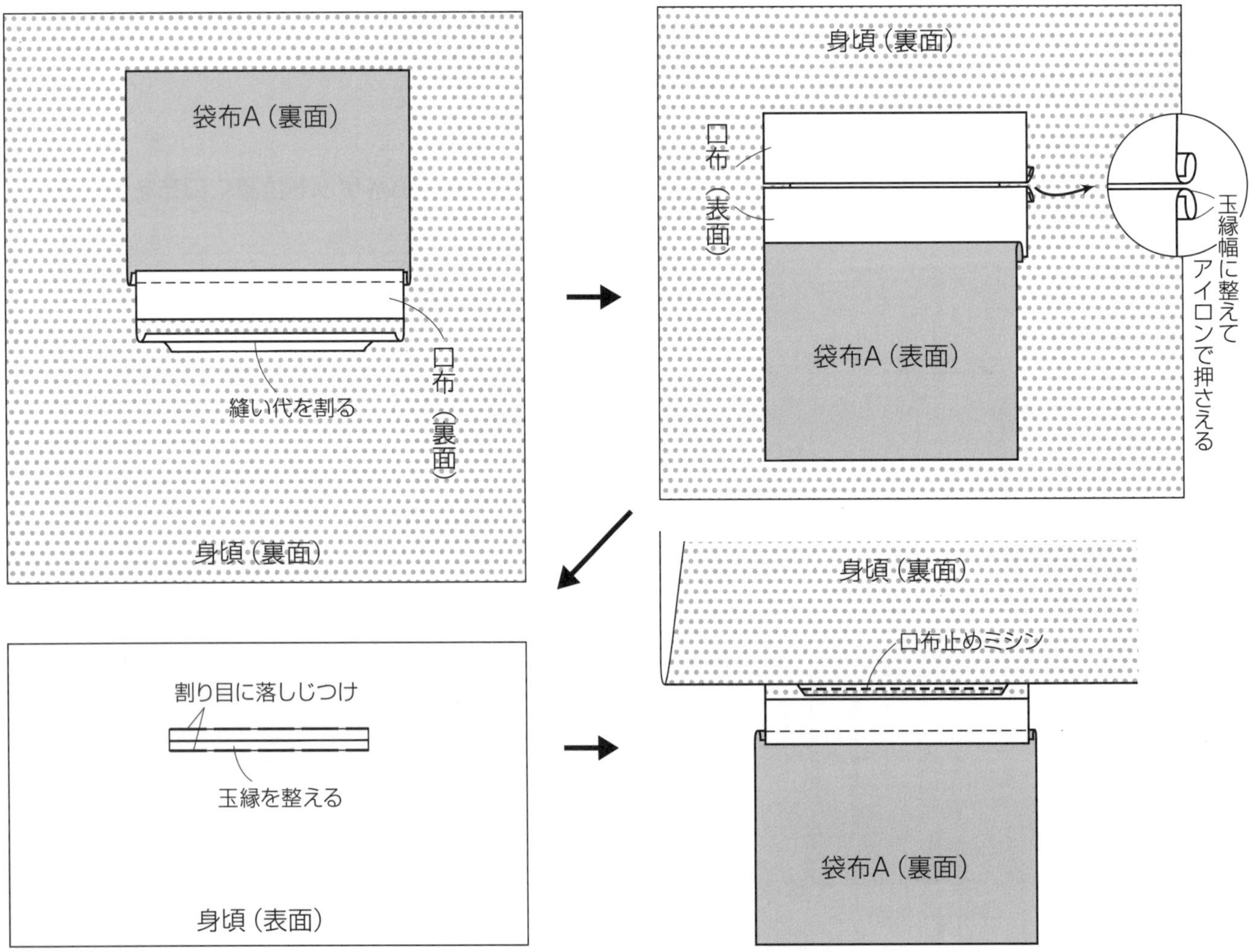
袋布A（裏面）
口布（裏面）
縫い代を割る
身頃（裏面）
身頃（裏面）
口布（表面）
袋布A（表面）
玉縁幅に整えてアイロンで押さえる
割り目に落しじつけ
玉縁を整える
身頃（表面）
身頃（裏面）
口布止めミシン
袋布A（裏面）

5　向う布を袋布Ｂにつける

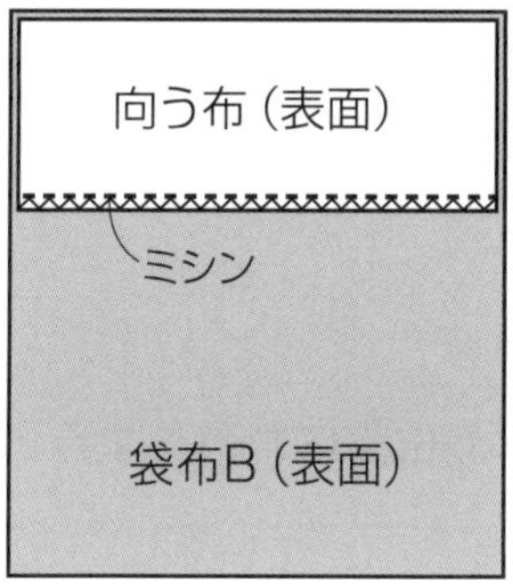
向う布（表面）
ミシン
袋布B（表面）

6　袋布Ａに Ｂを中表に重ねてミシンで止める

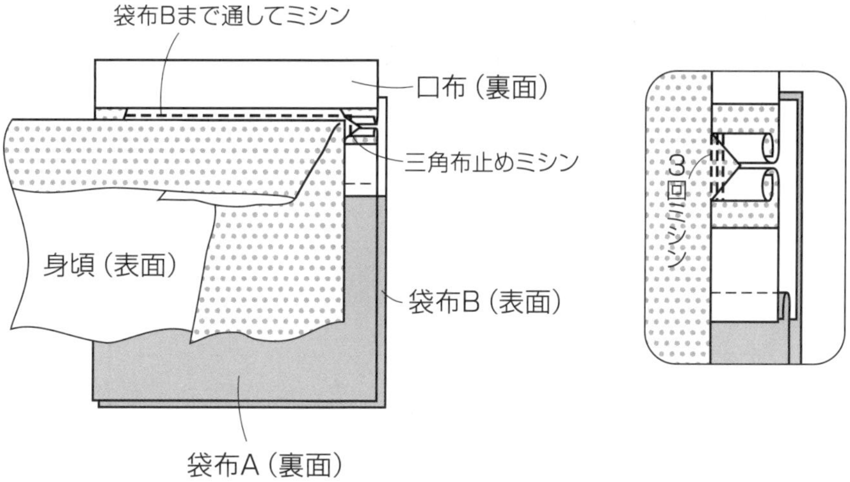
袋布Bまで通してミシン
口布（裏面）
三角布止めミシン
身頃（表面）
袋布B（表面）
袋布A（裏面）
3回ミシン

7　袋布の周囲に２回ミシンをかける

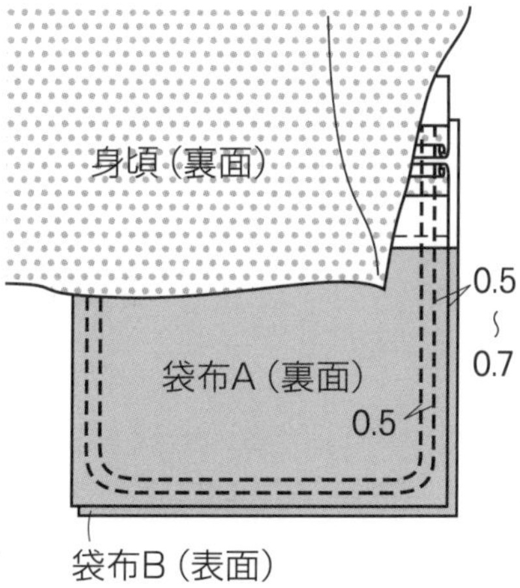
身頃（裏面）
0.5
0.7
袋布A（裏面）
0.5
袋布B（表面）

フラップつき両玉縁ポケットの場合

作り方4で口布に落しじつけをかけるときにフラップを差し込む。
フラップの裁ち方、作り方は126、127ページを参照

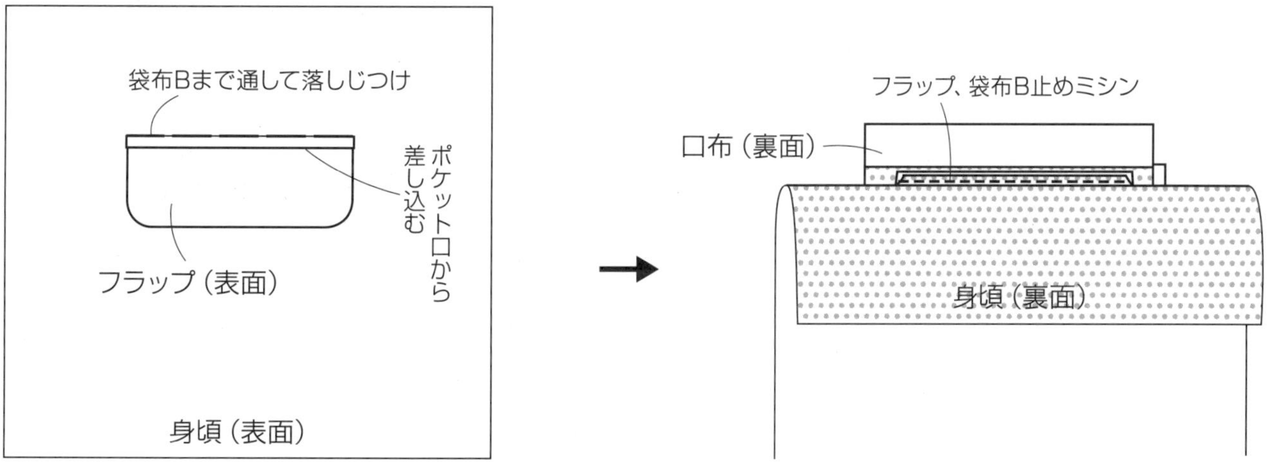
袋布Bまで通して落しじつけ
ポケット口から差し込む
フラップ（表面）
身頃（表面）
フラップ、袋布B止めミシン
口布（裏面）
身頃（裏面）

【B】一重仕立ての場合

袋布を表布で1枚続きにして作る方法。一重仕立てのジャケットやブラウスなどに用いられる。綿、麻などの薄手の素材に適している。

裁ち方

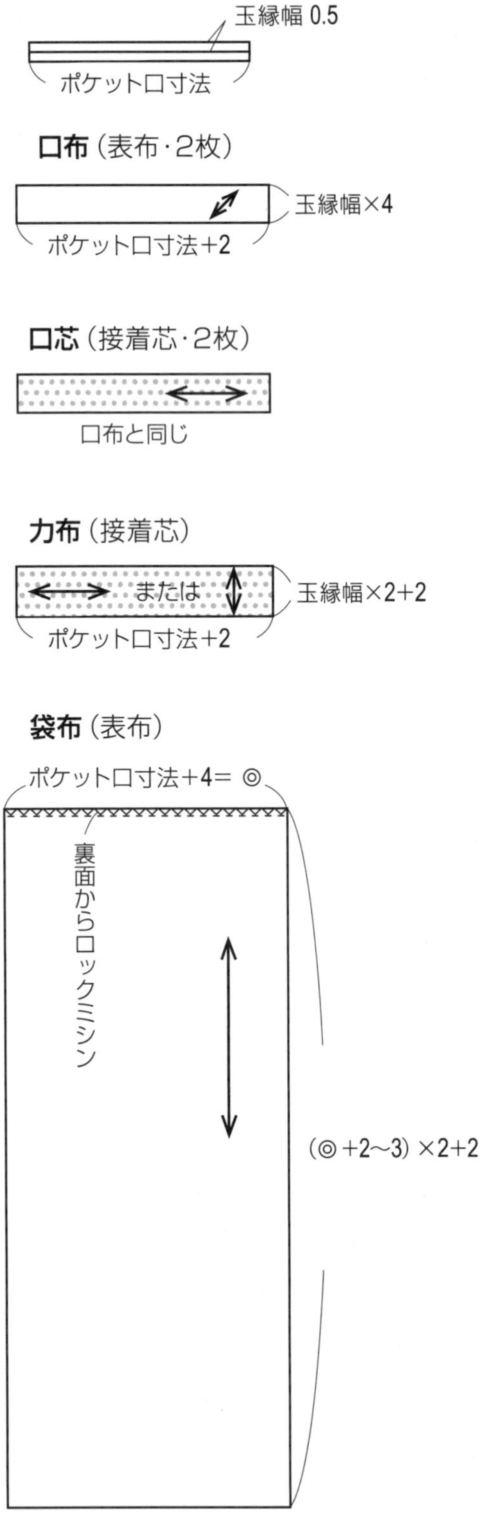

玉縁幅 0.5
ポケット口寸法
口布（表布・2枚）
玉縁幅×4
ポケット口寸法+2
口芯（接着芯・2枚）
口布と同じ
力布（接着芯）
または
玉縁幅×2+2
ポケット口寸法+2
袋布（表布）
ポケット口寸法+4= ◎
裏面からロックミシン
(◎+2〜3) ×2+2

1 身頃裏面のポケット位置に力布をはる

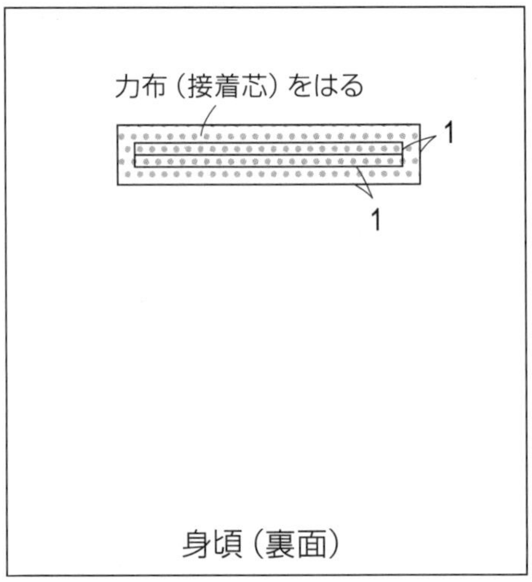

力布（接着芯）をはる
1
1
身頃（裏面）

2 口布に口芯をはって二つ折りにする

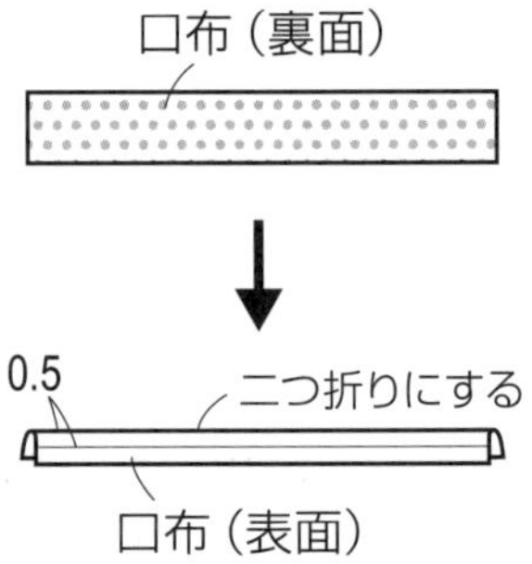

口布（裏面）
0.5
二つ折りにする
口布（表面）

3 口布を身頃にしつけで止める

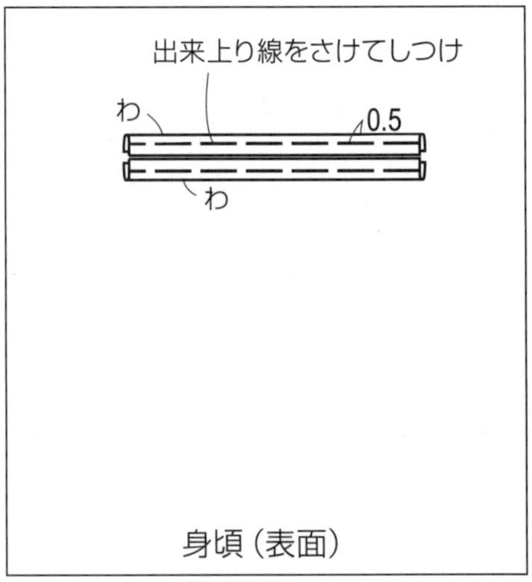

出来上り線をさけてしつけ
わ
0.5
わ
身頃（表面）

4 袋布を重ね、上下の口布にミシンをかける

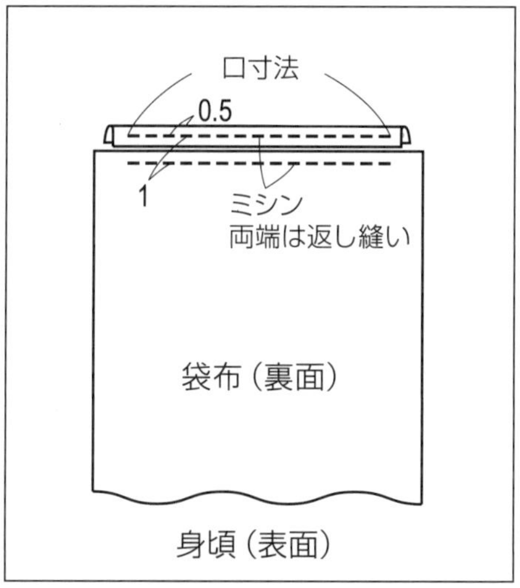

口寸法
0.5
1
ミシン
両端は返し縫い
袋布（裏面）
身頃（表面）

5 口布の縫い代をよけて、身頃に切込みを入れる

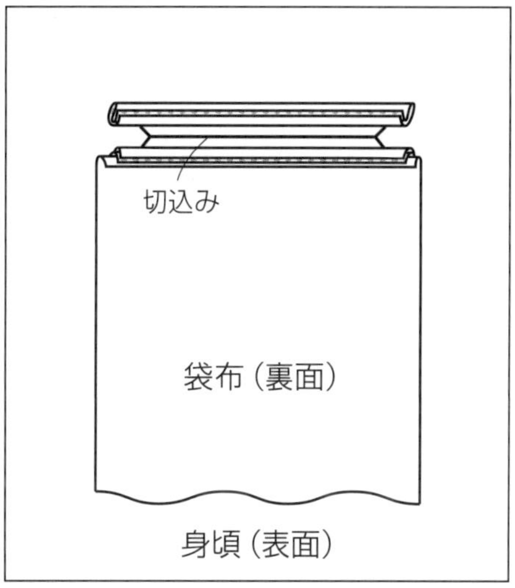

切込み
袋布（裏面）
身頃（表面）

6 口布を身頃の裏面に引き出し、玉縁を作る

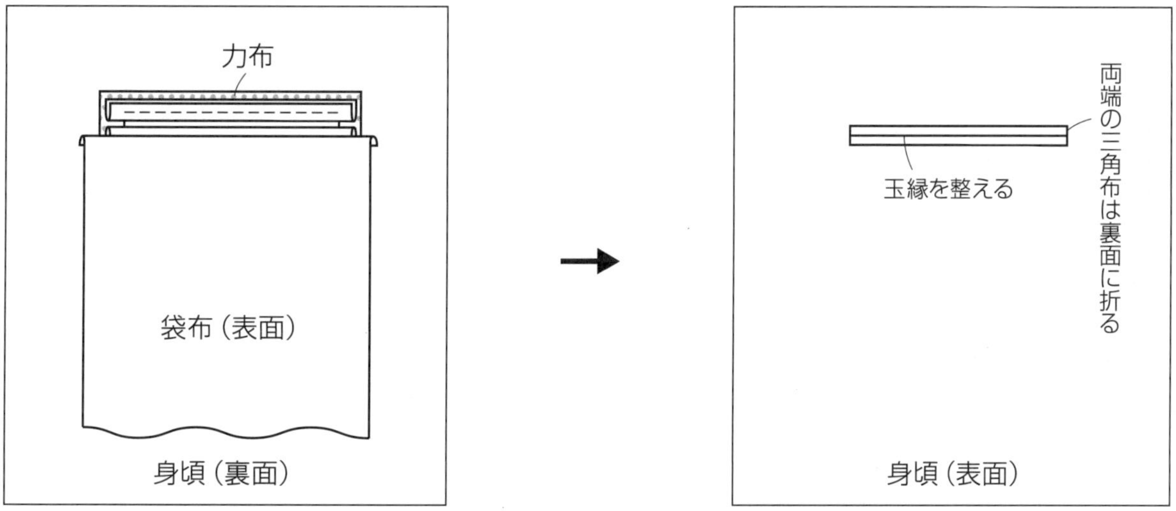

力布
袋布（表面）
身頃（裏面）
両端の三角布は裏面に折る
玉縁を整える
身頃（表面）

7 袋布を中表に二つ折りにし、ミシンで止める

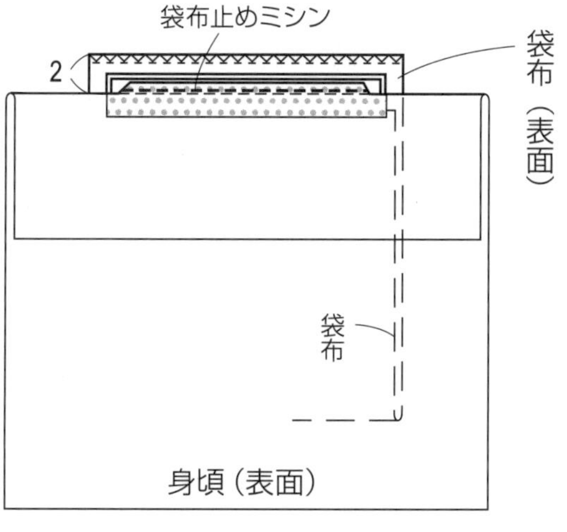

袋布止めミシン
2
袋布（表面）
袋布
身頃（表面）

8 袋布の両端に2回ミシンをかける

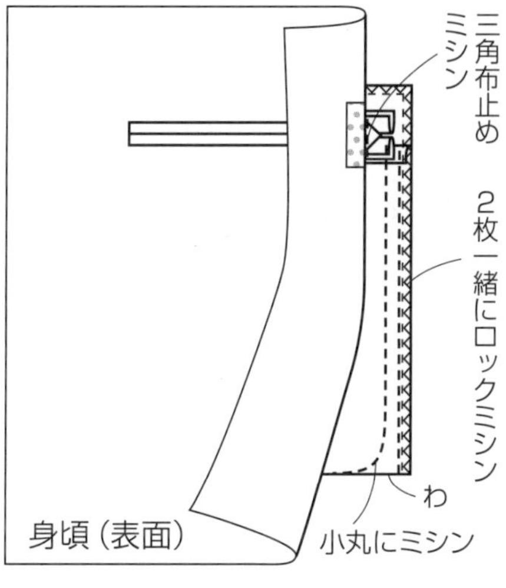

三角布止めミシン
2枚一緒にロックミシン
わ
小丸にミシン
身頃（表面）

片玉縁ポケット

片玉縁を作るための口布と袋布を続け裁ちにする簡単な方法で、一重仕立てのジャケットやブラウスなどに用いられる。ほつれやすい布地や薄手の布地では袋布の周囲を袋縫いにする。綿、麻など薄手の素材に適している。

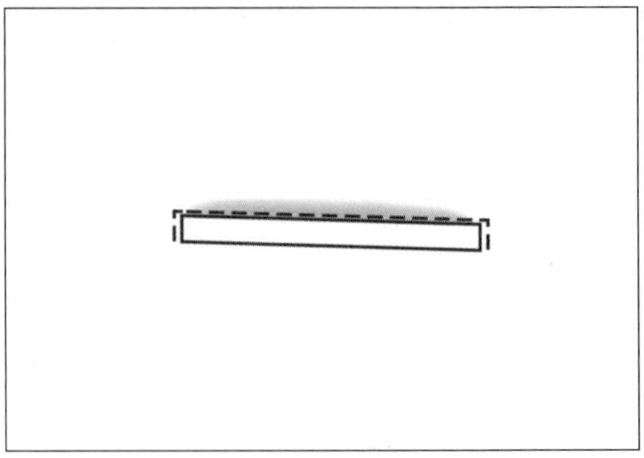

裁ち方

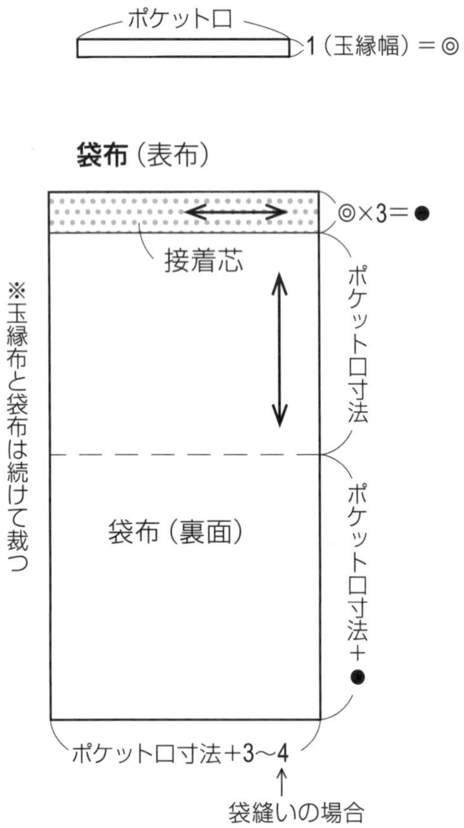

ポケット口
1（玉縁幅）＝◎
袋布（表布）
◎×3＝●
接着芯
ポケット口寸法
※玉縁布と袋布は続けて裁つ
袋布（裏面）
ポケット口寸法＋●
ポケット口寸法＋3〜4
袋縫いの場合

1 袋布にロックミシンをかけ、身頃裏面のポケット位置に力布をはる

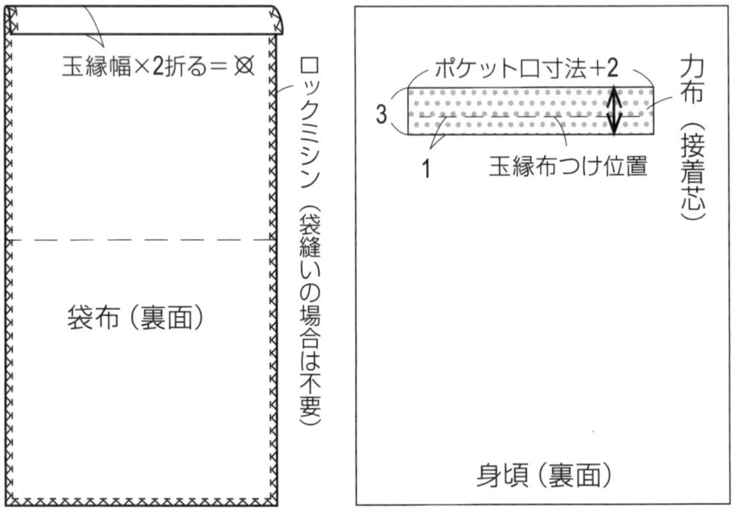

玉縁幅×2折る＝⊠
ロックミシン（袋縫いの場合は不要）
袋布（裏面）
ポケット口寸法＋2
力布（接着芯）
3
1
玉縁布つけ位置
身頃（裏面）

2 身頃に袋布（口布）をつける

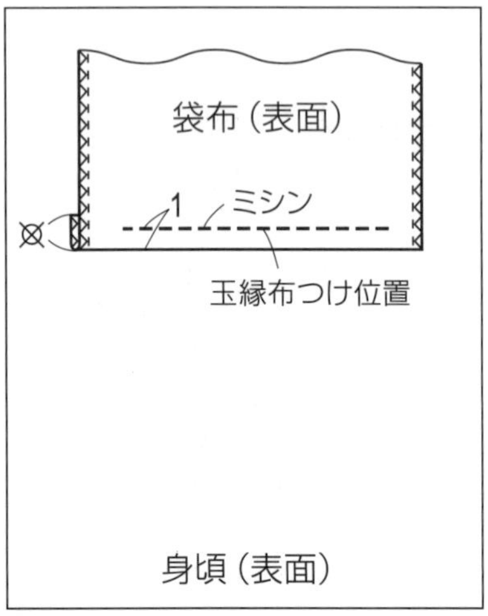

袋布（表面）
1
ミシン
⊠
玉縁布つけ位置
身頃（表面）

3 身頃のポケット口に切込みを入れ、縫い代を折る

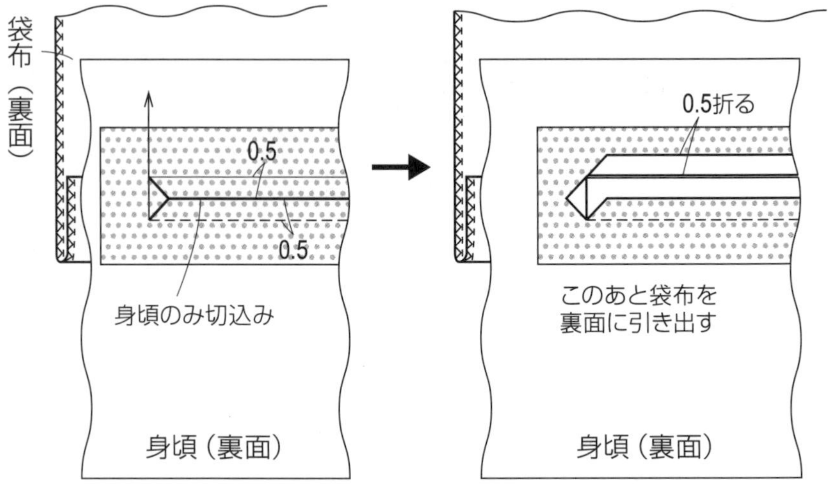

袋布（裏面）
0.5
0.5
身頃のみ切込み
身頃（裏面）
0.5折る
このあと袋布を
裏面に引き出す
身頃（裏面）

4 玉縁を整え、袋布を二つ折りにする

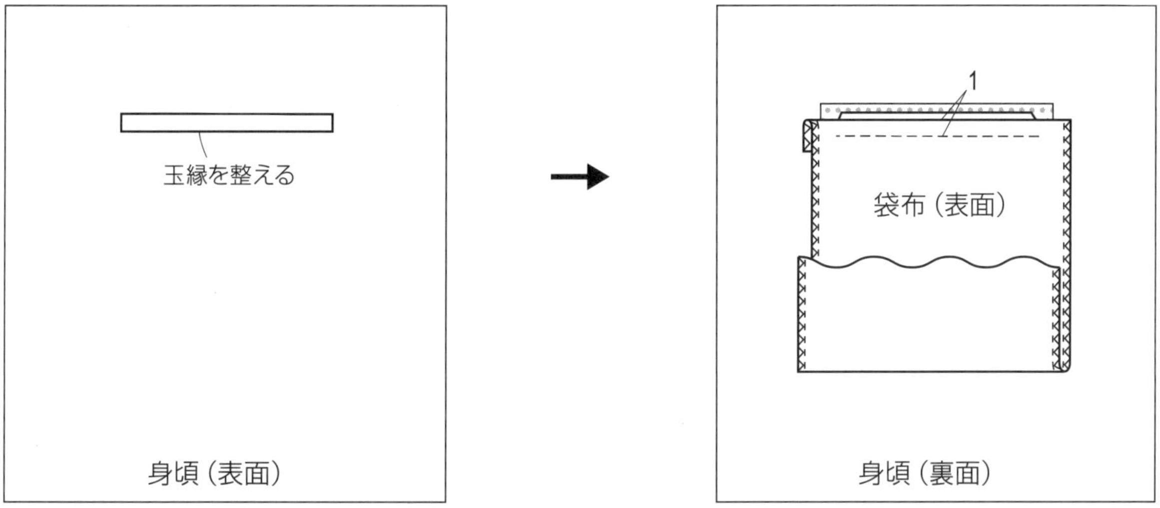
玉縁を整える
身頃（表面）
1
袋布（表面）
身頃（裏面）

5 表からポケット口にミシンをかけ、袋布を止める

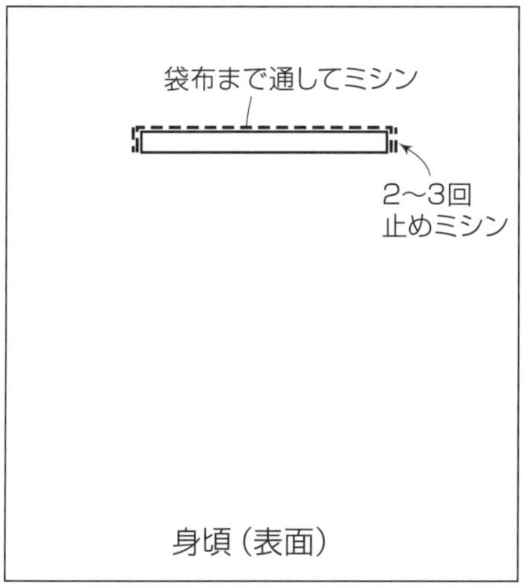
袋布まで通してミシン
2～3回
止めミシン
身頃（表面）

6 袋布の両端にミシンをかける

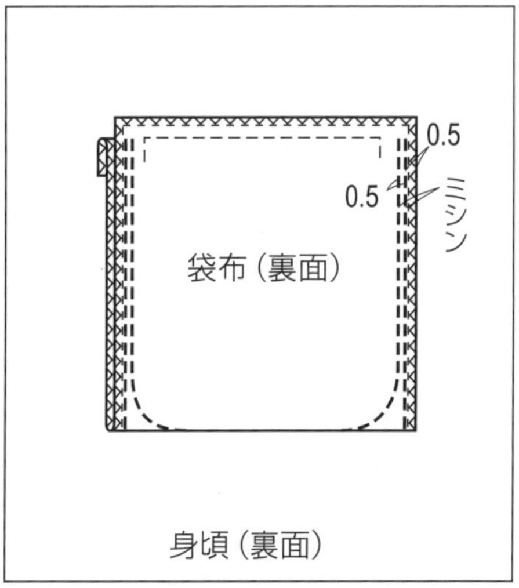
0.5
0.5
ミシン
袋布（裏面）
身頃（裏面）

袋布を袋縫いにする場合

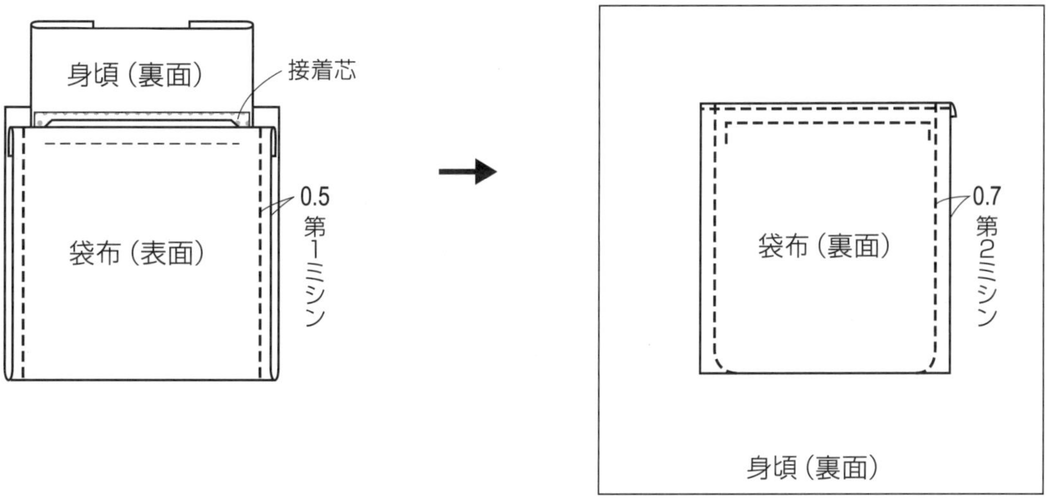
身頃（裏面）
接着芯
0.5
第1ミシン
袋布（表面）
袋布（裏面）
0.7
第2ミシン
身頃（裏面）

ステッチを生かした片玉縁ポケット

ポケット口は片玉縁を作り、袋布を裏面から当ててステッチで押さえる方法。一重ジャケットやブラウスの胸ポケットなどに用いられる

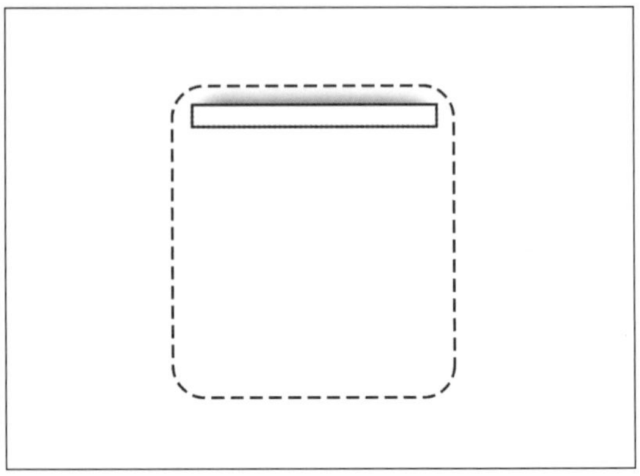

裁ち方

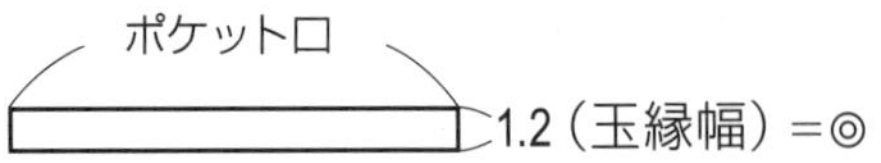
ポケット口
1.2（玉縁幅）＝◎

口布（表布・1枚）

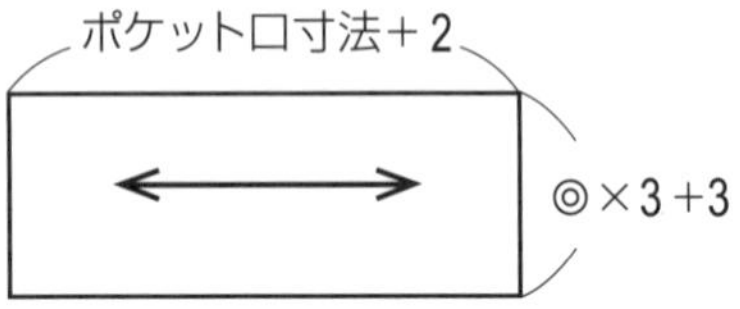
ポケット口寸法＋2
◎×3＋3

口芯（接着芯）

口布と同じ

力布（接着芯）

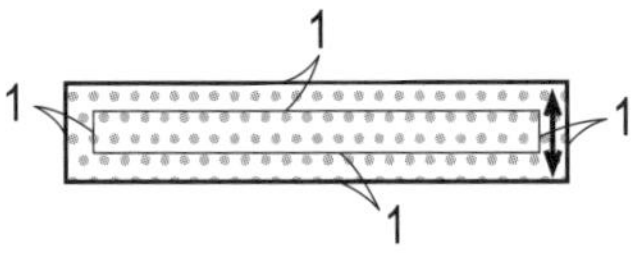
1
1
1
1

袋布（表布）

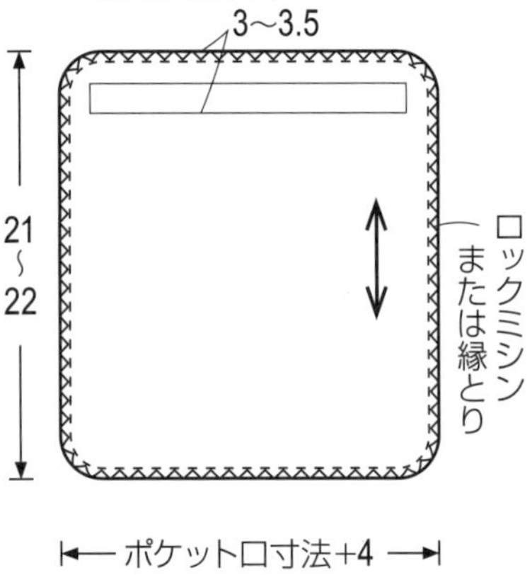
3～3.5
21～22
ロックミシンまたは縁とり
ポケット口寸法+4

1 身頃の裏面に力布をはる 口布に口芯をはり、身頃につける

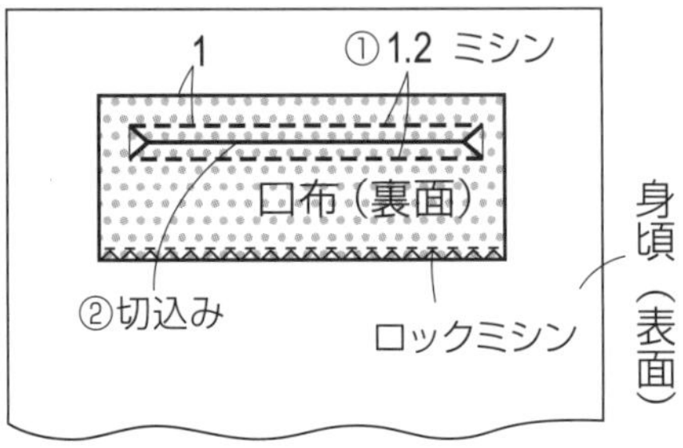
1
①1.2 ミシン
口布（裏面）
②切込み
ロックミシン
身頃（表面）

2 玉縁を作り、整える

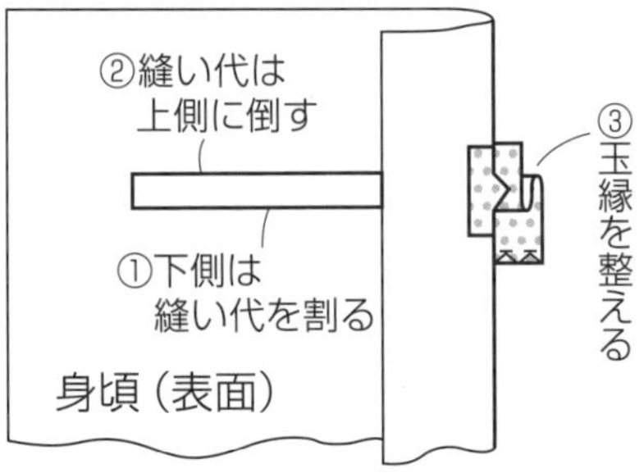
②縫い代は
上側に倒す
①下側は
縫い代を割る
③玉縁を整える
身頃（表面）

3 口布の止めミシンをかける

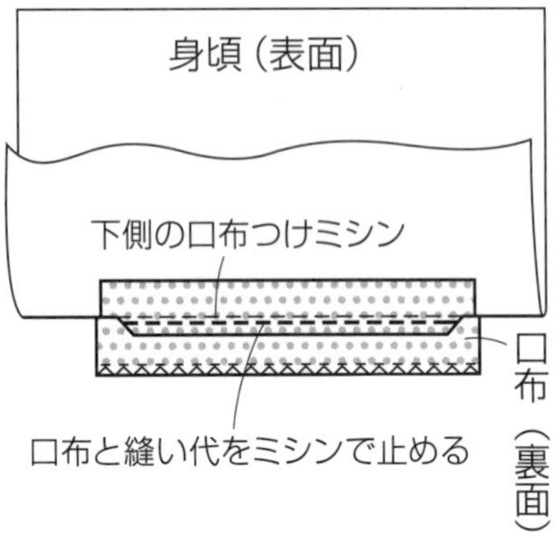
身頃（表面）
下側の口布つけミシン
口布（裏面）
口布と縫い代をミシンで止める

4 袋布を当て、止めミシンをかける

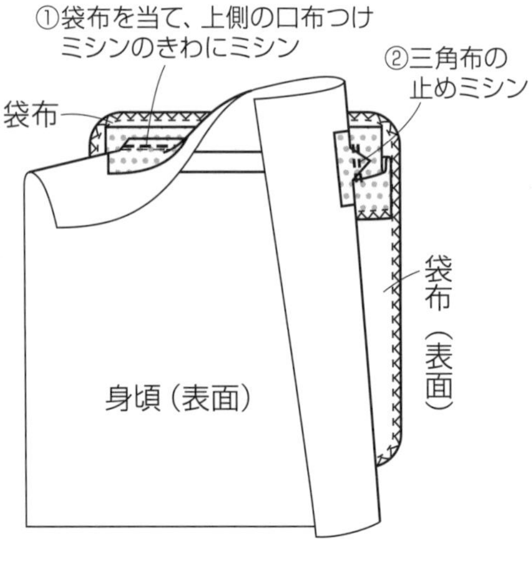
①袋布を当て、上側の口布つけ
ミシンのきわにミシン
②三角布の
止めミシン
袋布
袋布（表面）
身頃（表面）

5 袋布の周囲にしつけし、表からステッチをかける

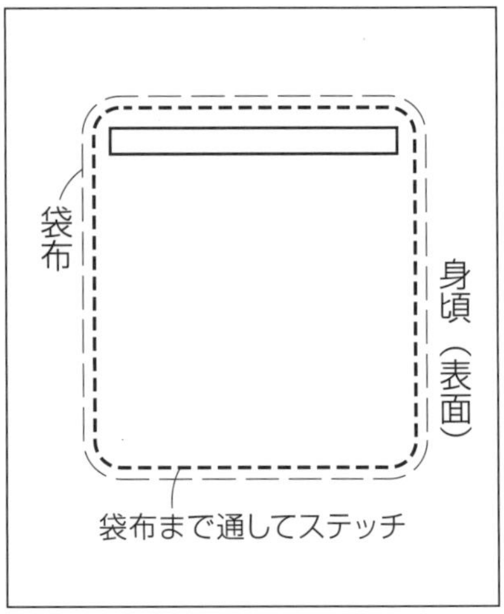
袋布
身頃（表面）
袋布まで通してステッチ

センターベンツ

ジャケットやコートの裾に入れる切りあきで、デザイン的な効果とともに運動量を出すために用いられる。後ろ中心の縫い目に入れたものはセンターベンツ、両脇に入れたものはサイドベンツという。

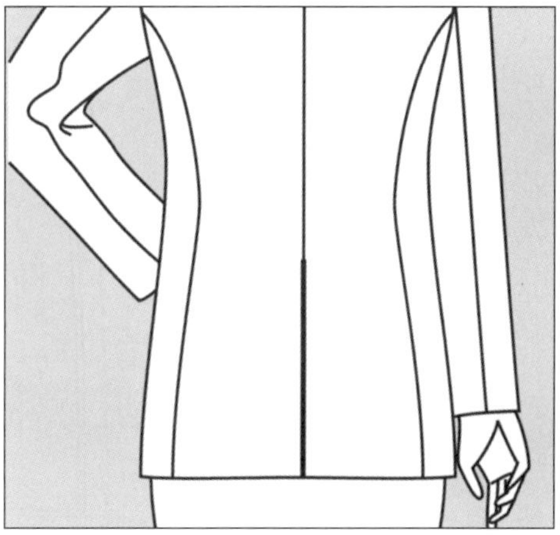

【A】総裏仕立ての場合

スカートの裾のあきと同じで、表布はあきの部分の持出しと見返し分を裁ち出して作る。

表布の裁ち方と芯のはり方

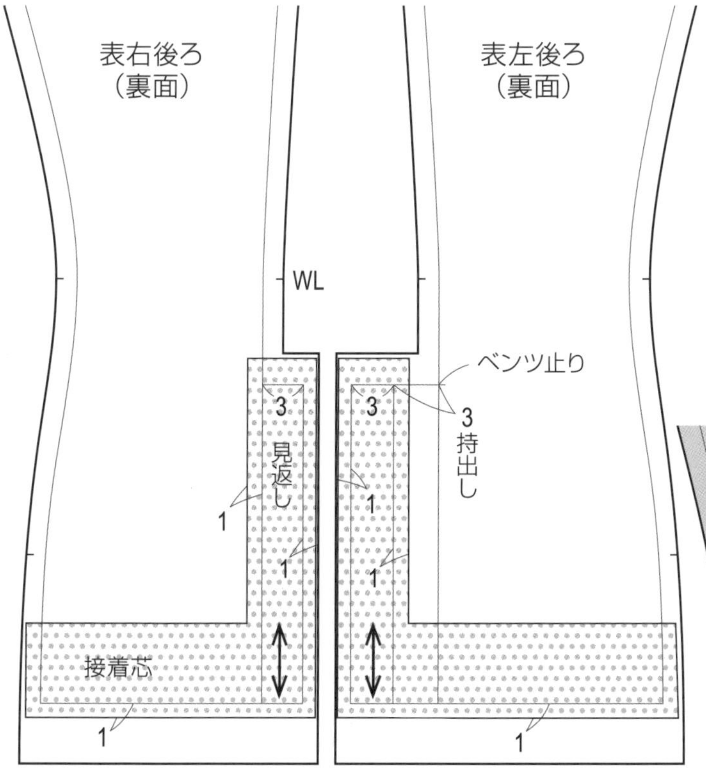

裏布の裁ち方

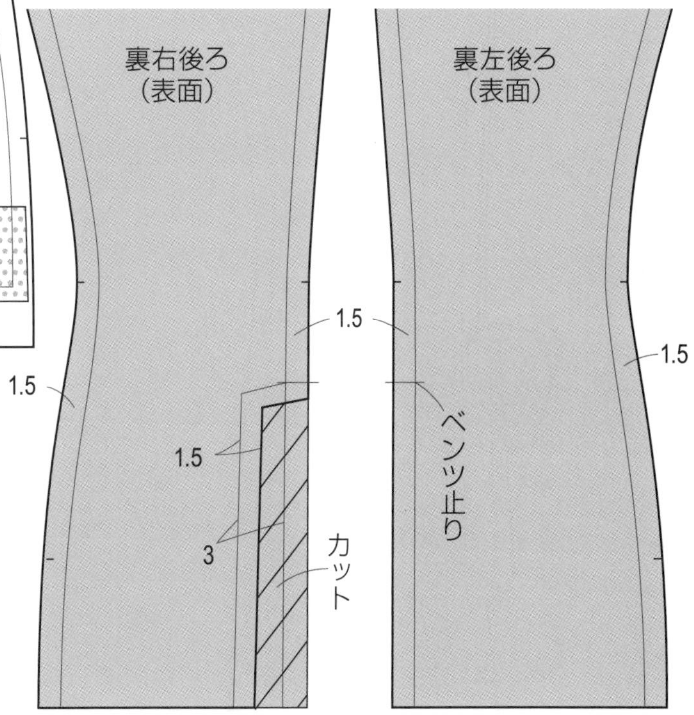

1 後ろ中心を縫い、左後ろ身頃の縫止りに切込みを入れる

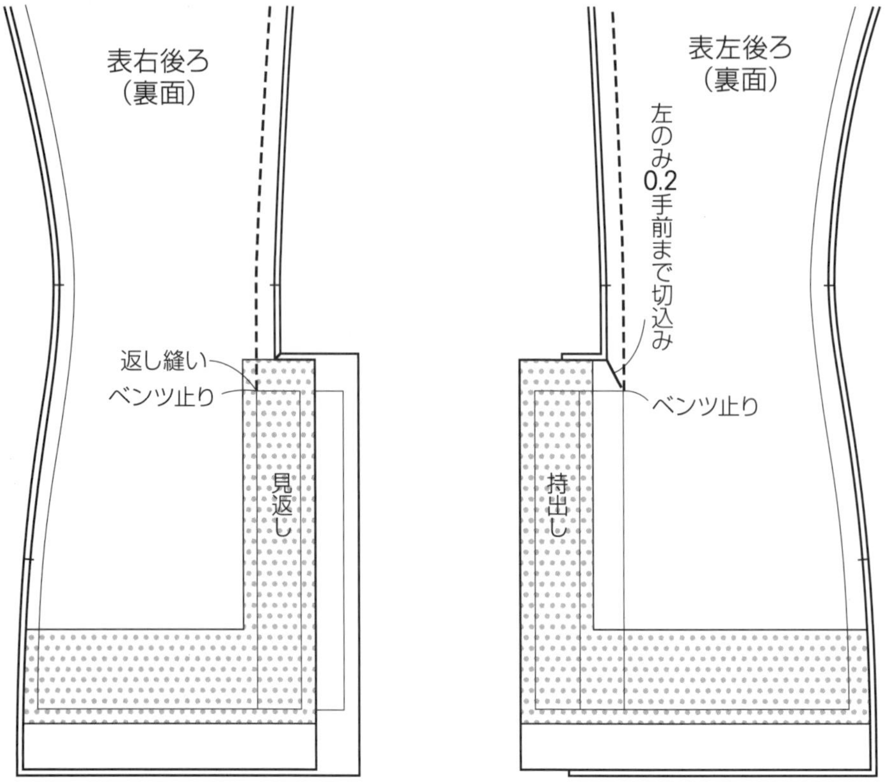
表右後ろ
（裏面）
返し縫い
ベンツ止り
見返し
表左後ろ
（裏面）
左のみ0.2手前まで切込み
ベンツ止り
持出し

2 持出しと見返しの裾を縫う

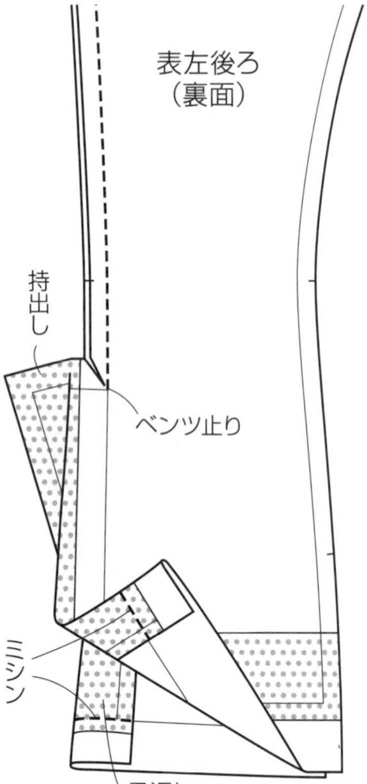
表左後ろ
（裏面）
持出し
ベンツ止り
ミシン
見返し

3 裾を折ってベンツを整える

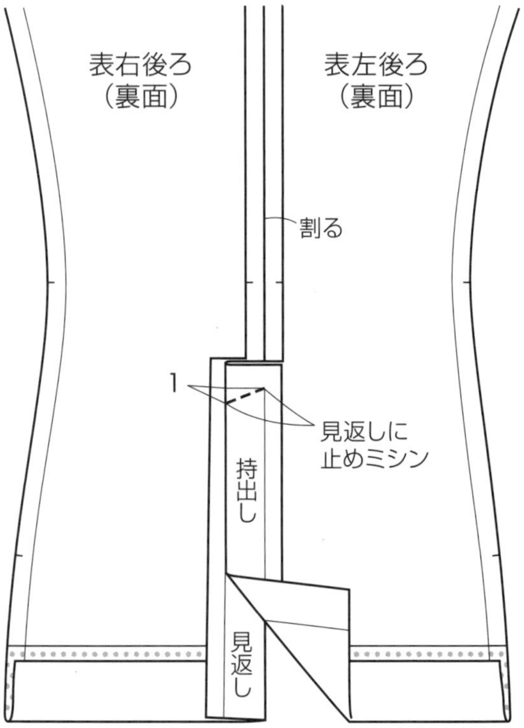
表右後ろ
（裏面）
表左後ろ
（裏面）
割る
1
見返しに
止めミシン
持出し
見返し

4 裏布を縫う

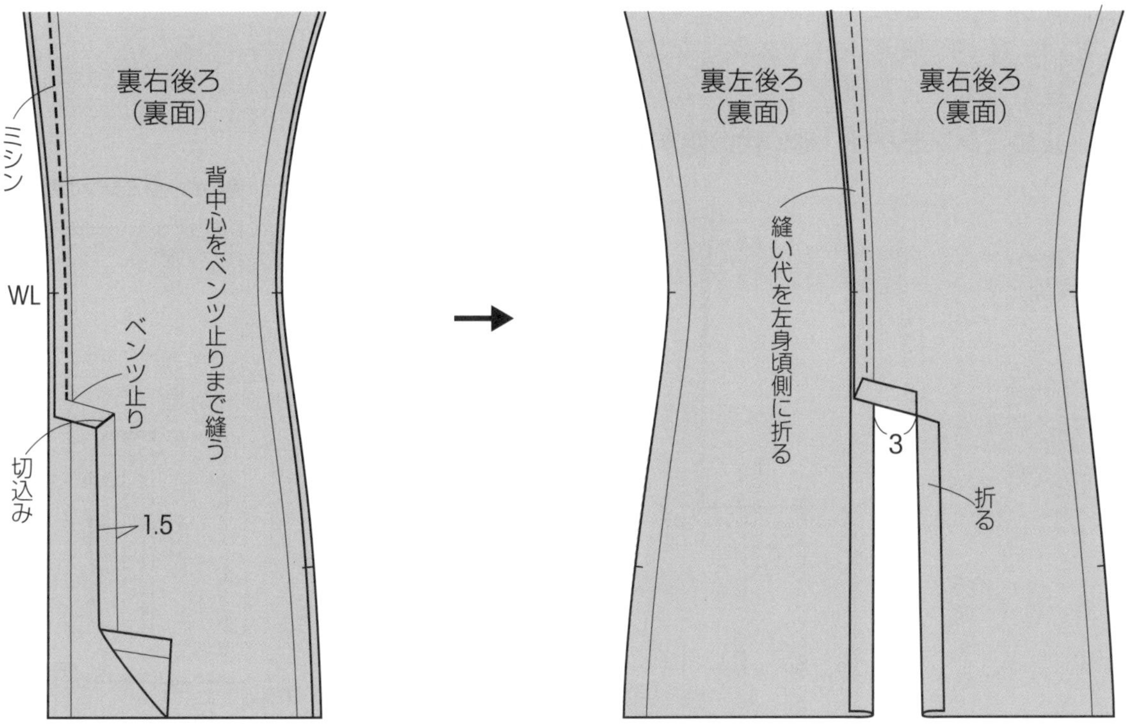

裏右後ろ
（裏面）
ミシン
背中心をベンツ止りまで縫う
WL
ベンツ止り
切込み
1.5
裏左後ろ
（裏面）
裏右後ろ
（裏面）
縫い代を左身頃側に折る
3
折る

5 裏布をまつる

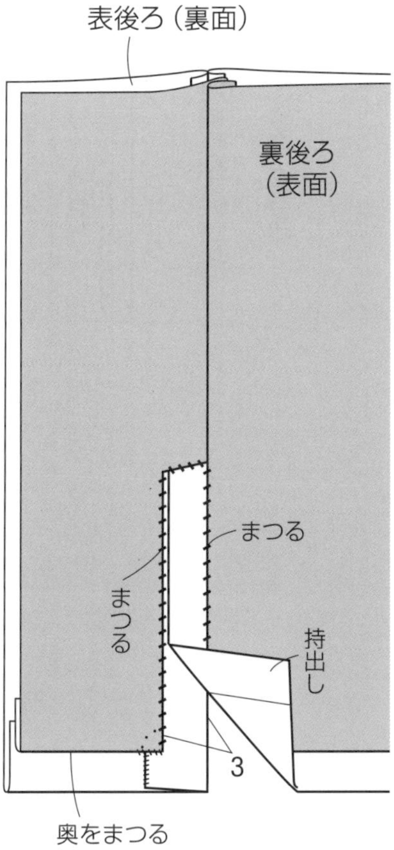

表後ろ（裏面）
裏後ろ
（表面）
まつる
まつる
持出し
3
奥をまつる

裾の角を額縁仕立てにする場合

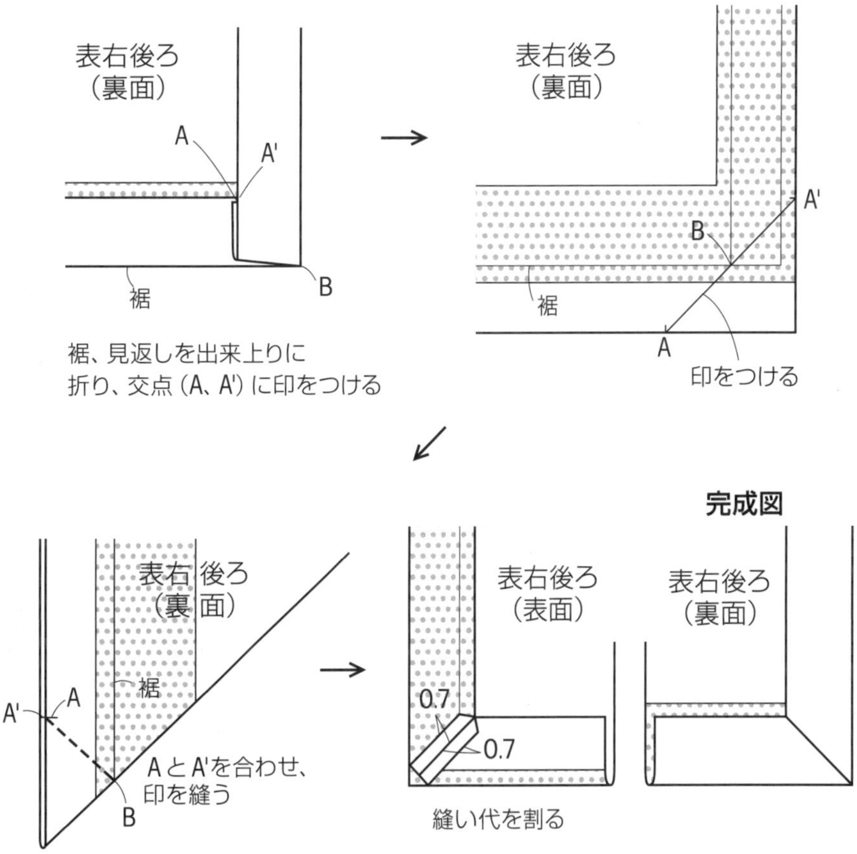

表右後ろ
（裏面）
A
A'
B
裾
裾、見返しを出来上りに
折り、交点（A、A'）に印をつける
表右後ろ
（裏面）
A'
B
裾
A
印をつける
表右 後ろ
（裏 面）
A'
A
裾
AとA'を合わせ、
印を縫う
B
完成図
表右後ろ
（表面）
0.7
0.7
縫い代を割る
表右後ろ
（裏面）

【B】一重仕立ての場合

裁断は総裏仕立てと同じであるが裏地がつかないので、素材に合わせて縫い代や折り代の始末をする。縁とり、端ミシン、ロックミシンなどの方法がある。

1 芯をはり、止めミシンをかけ、縫い代の始末をする

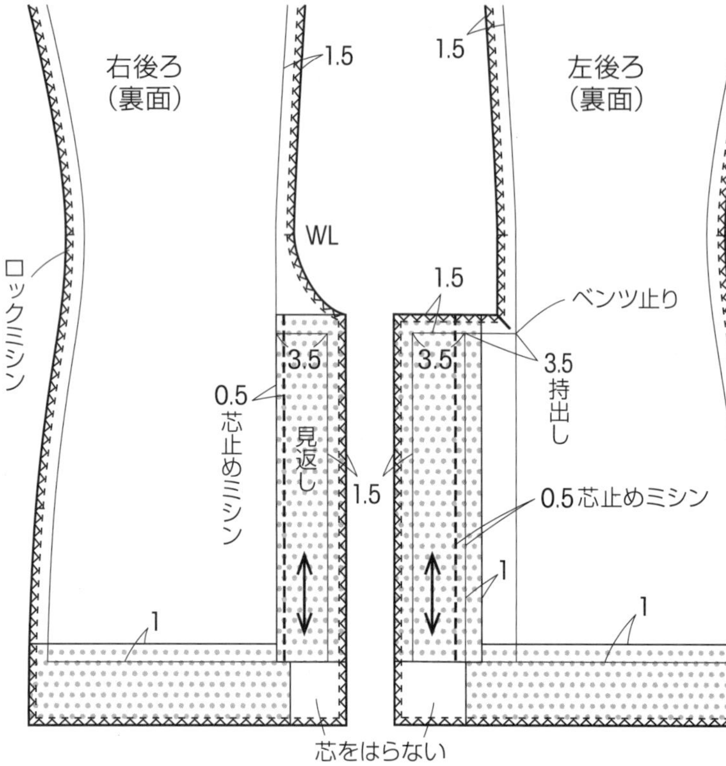

角のロックミシンのかけ方

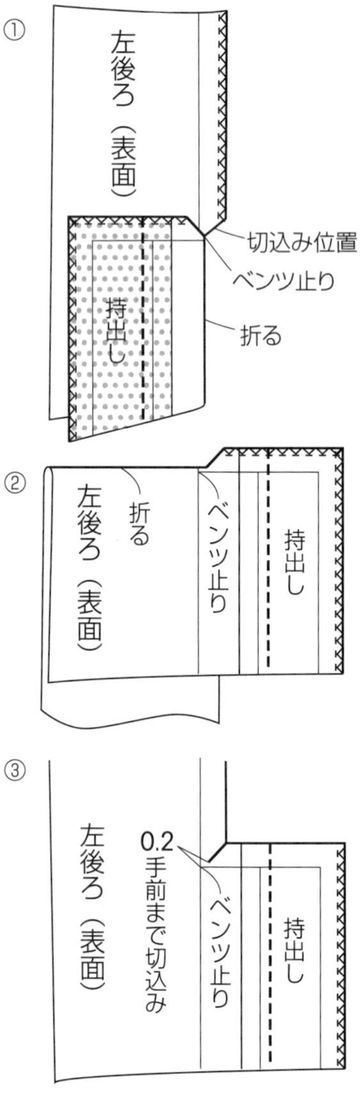

2 後ろ中心を縫い、左後ろのベンツ止りに切込みを入れる

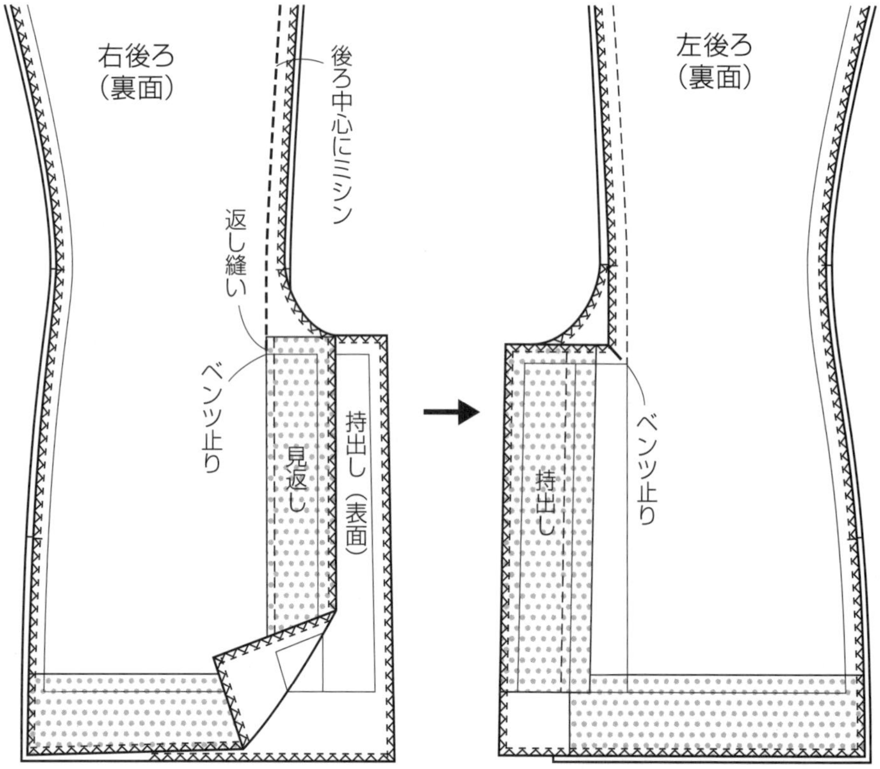

3 持出し、見返しの裾を縫い返し、裾の始末する

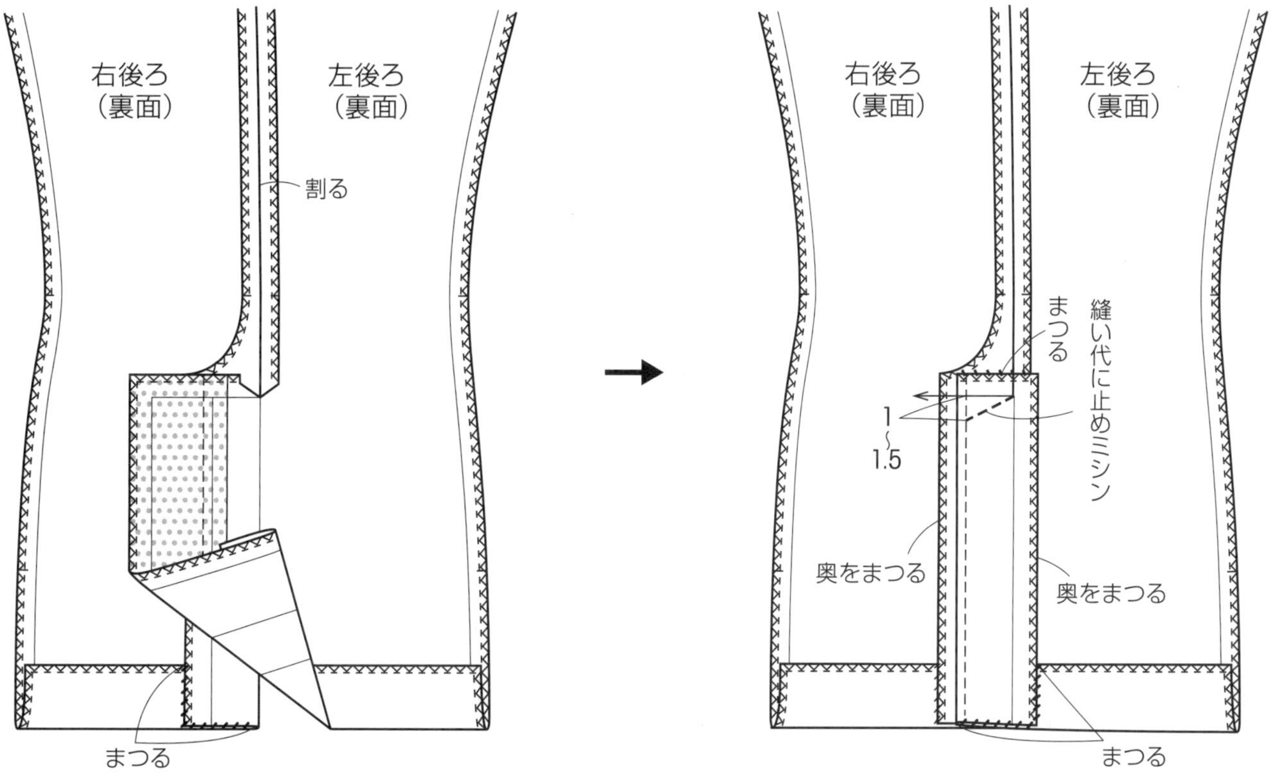

【C】背抜き仕立ての場合

ベンツの持出しの裏側を、背裏と同じ裏布をつけて仕立てる方法である。薄く仕上がる。

裁ち方、芯のはり方、縫い代の始末

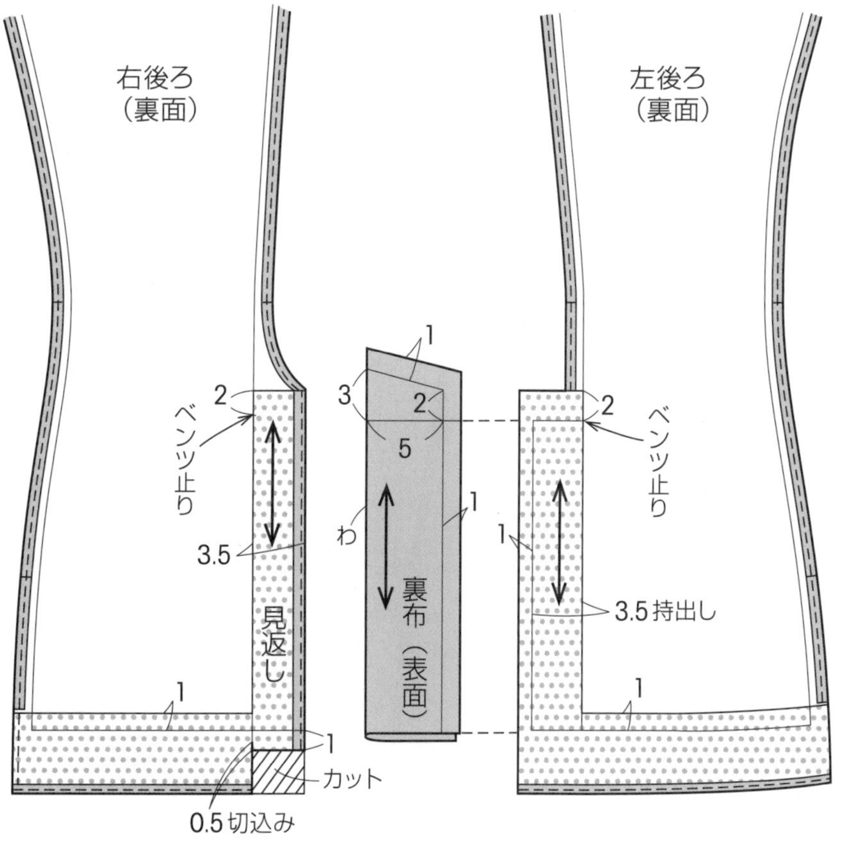

1 裏布を持出しに縫いつける

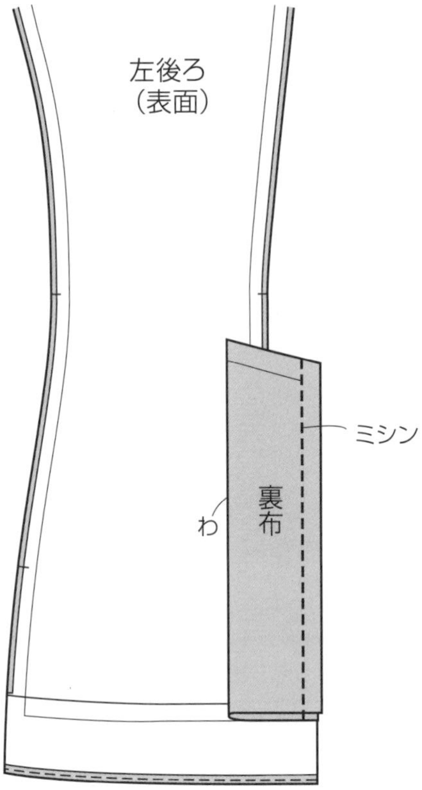

2 後ろ中心はベンツ止りから持出しまで続けて縫う

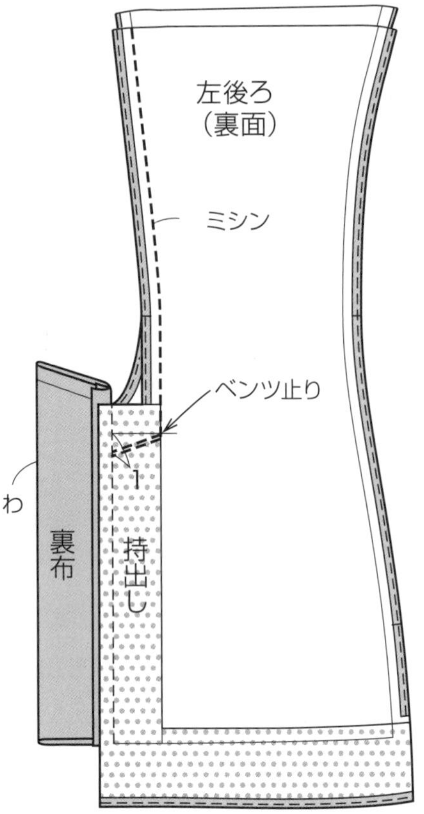

3 切込みを入れて縫い代を割り、裏布の上端を折る

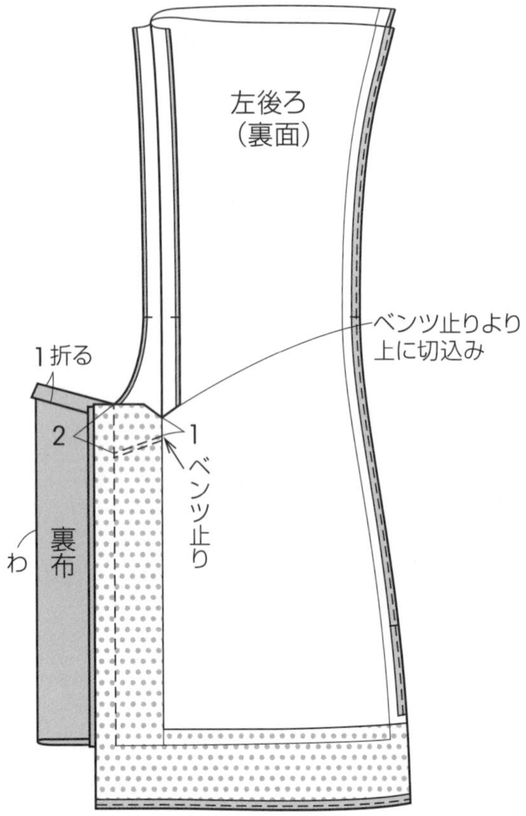

4 裾を上げ、持出し裏布をまつる

右身頃の裾はミシンで縫って表に返し、
左身頃は折ってまつる

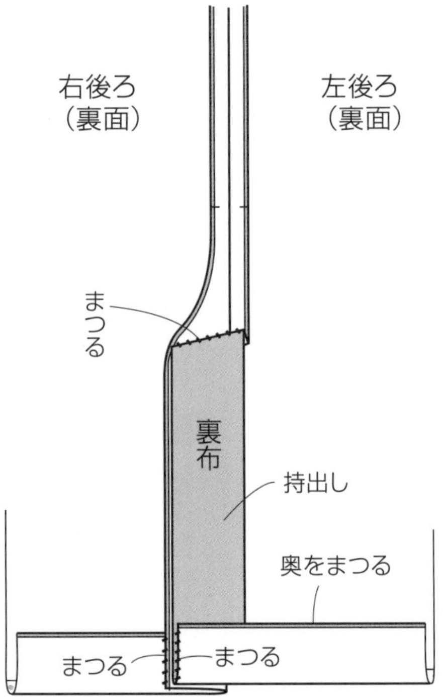

第2章

ベスト

vest

1　ベストについて

ベストとは

　ベストは、袖なしの胴衣のことで、シャツやブラウスの上に、またジャケットの下に着用する。

　男子の三つぞろいの背広のベストは、その代表的な形といえる。

　基本的にはウエスト丈、あるいは後ろがウエスト丈で前が長めの、体にフィットしたものが多い。チョッキともいわれる。

　語源はラテン語の衣服の意であるベスティス［vestis］で、フランス語のヴェストゥ［veste］を経て英語のベストになった。イギリスでは一般的にウエストコート［waistcoat］、が使われ、フランスではジレ［gilet］が使われている。チョッキは和製語で直着（チョクギ）からきたといわれている。

ベストの変遷

17世紀～18世紀（近世）

ジュストコールスタイル

アビ・ア・ラ・フランセーズスタイル

ベスト

　17世紀後半に男性用としてベストが登場した。当時（17世紀～18世紀）の三つぞろいとして着用されたスタイルの胴衣である。室内では上衣のジュストコールやアビを身につけず、ベストだけで過ごす場合が多かったようである。上衣はボタンをあけて着用するのがほとんどで、胴衣のベストはボタンを裾またはウエストまでとめて着用するのが一般的であった。

　高級素材が用いられ、細かい刺繍があらゆるところにほどこされていた。ボタンは数多くつけられ、ほとんどくるみボタンである。

18世紀～21世紀（近代～現代）

　18世紀後半になると男子用上着の下に、これまでの丈の長いベストに代わってウエスト丈で袖なし、衿つき、前面だけ高価な布を使ったベストが登場した。

　このころの装いは、イギリスから導入され、地味な色調の上下だが、中に着るベストは明るい色調が好まれた。

　19世紀後半には、広く一般男性に背広服（三つぞろい）が着用されるようになった。それにともなって女性の服装にも男性化の現象が見られるようになった。

　スーツにベストを、またパンツやスカートにも組み合わせて着用するようになり、最近では着用のしかたも多様化・個性化し、ドレッシーな装いからアウトドア用のカジュアルなものに至るまで、広範囲に着用されるようになった。

ベスト（ジレ）

衿つきベスト

シングル打合せのベスト

2　ベストの名称・デザイン

形態による名称

ウエストコート [Waistcoat]

ウエスト丈のベスト。シングルまたはダブルの打合せで、ボタンどめ。衿のついているものと衿なしのものがある。

ロングベスト [Long vest]

腰を覆う丈の長いベスト。

アーミーベスト [Army vest]

軍隊で用いられるベストまたはその形に似たベスト。用途に応じた、たくさんのポケットがついている。

フィッシングベスト [Fishing vest]

釣り用に工夫されたベスト。防水性の布で作られ、釣りに必要な小物を入れるための機能的なポケットがたくさんついている。

ダウンベスト [Down vest]

ダウン（羽毛）入りでキルティングがほどこされている。防水布製で軽くて暖かく、1970年代から街着、遊び着として広まった。

3 デザインと作図

作図と使用量は、文化服装学院女子学生参考寸法の標準値を基準にしている。

ショートベスト

シルク、ウール、皮革など、素材によっては着用目的、季節を問わず幅広く着用できる、丈の短いベーシックなデザインのベスト。

前身頃と後ろ身頃の素材を変えたり、衿ぐりや前端裾のカットでデザインに変化をつけることができる。

スーツと共布にすれば三つぞろいで着られる。

使用量　表布　150cm幅60cm
裏布　90cm幅80cm
接着芯　90cm幅前身頃丈+10～15cm

原型のダーツ操作

後ろ身頃

ベストの下に着用するセーターやシャツの厚み分のゆとりを入れるため、肩ダーツをゆとり分として袖ぐりに$\frac{1}{2}$程度移動する。残りのダーツ分量は、いせ分とする。

前身頃

胸ぐせダーツは$\frac{1}{4}$程度を袖ぐりのゆとり分とする。

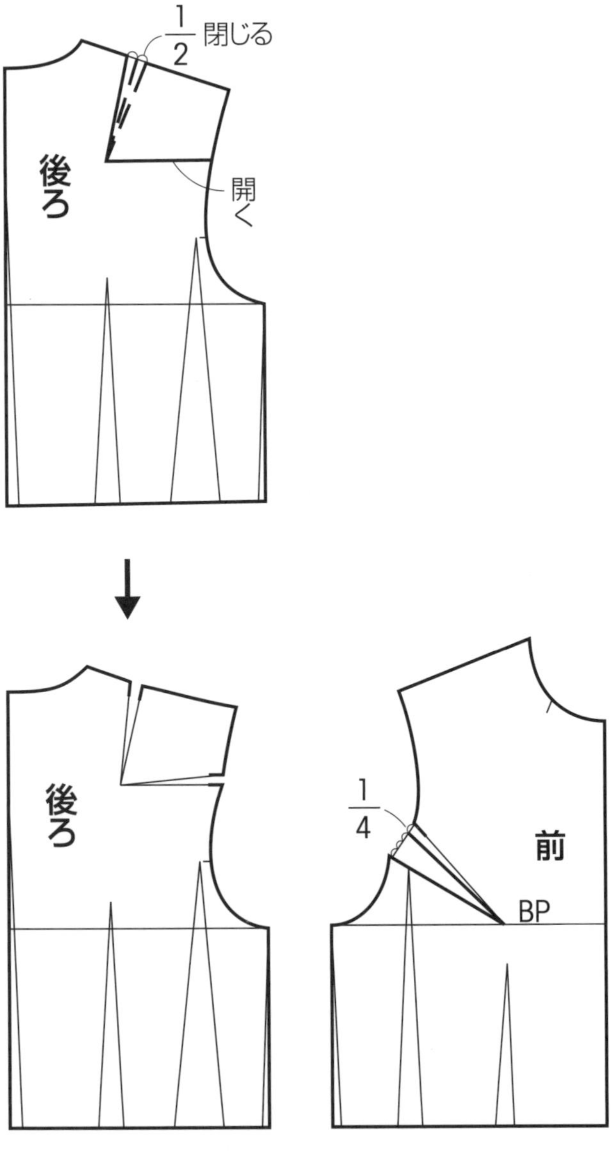

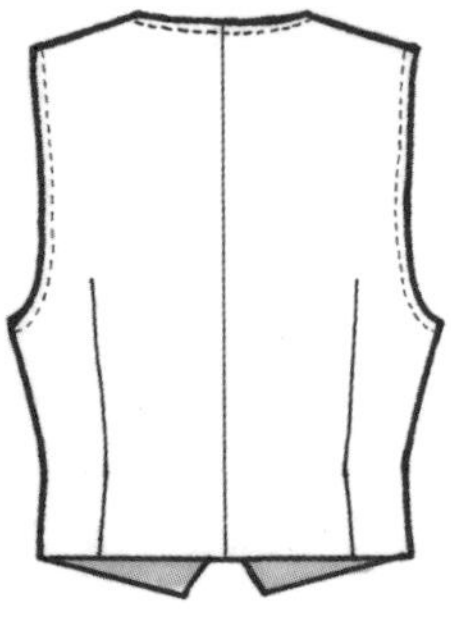

作図要点

- 前身頃、後ろ身頃の2面で構成。
- ショート丈ではあるが裾線でのゆとりが不足しないようにヒップラインでゆとり寸法を加えて作図する。
- 前見返し幅は、前端裾のポイントより広くする。
- アームホールの胸ぐせダーツはウエストダーツに移動する。

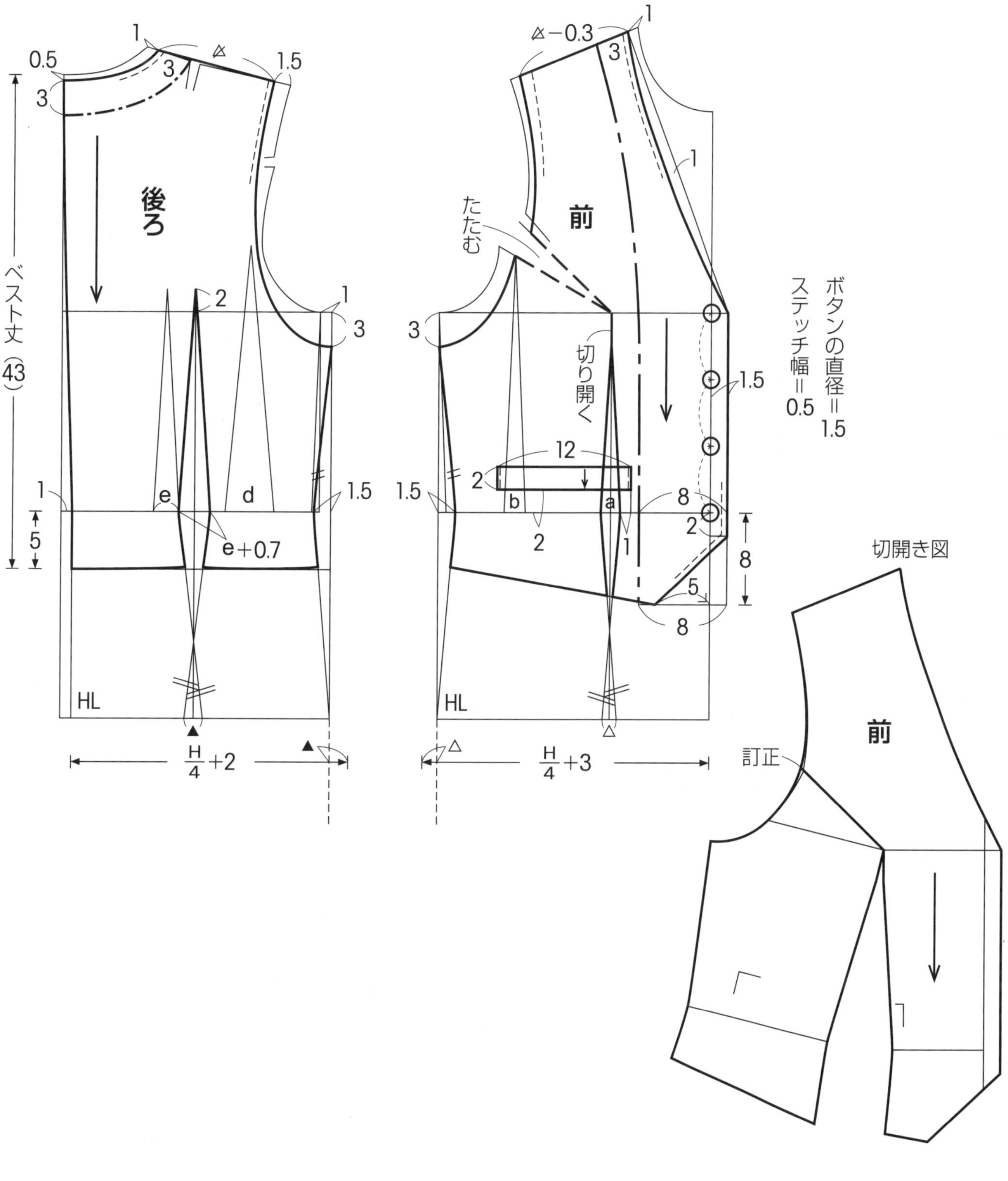

ロングベスト

ヒップが隠れる丈のベスト。パネルラインで体にほどよくフィットさせるシルエット。

後ろ衿ぐりはハイネックで前身頃から続け裁ち。

この作例のポケットは脇縫い目を利用している。

使用量　表布　150cm幅110cm

裏布　90cm幅170cm

接着芯　90cm幅前身頃丈+10〜15cm

原型のダーツ操作

後ろ身頃

肩ダーツをゆとり分として袖ぐりに$\frac{1}{2}$程度移動する。残りのダーツ分量は、いせ分とする。

前身頃

胸ぐせダーツは$\frac{1}{4}$程度を袖ぐりのゆとり分とし、残りのダーツ分量は肩に移動する。

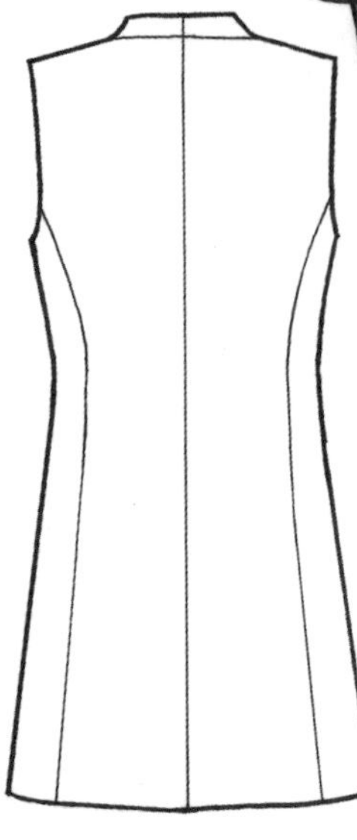

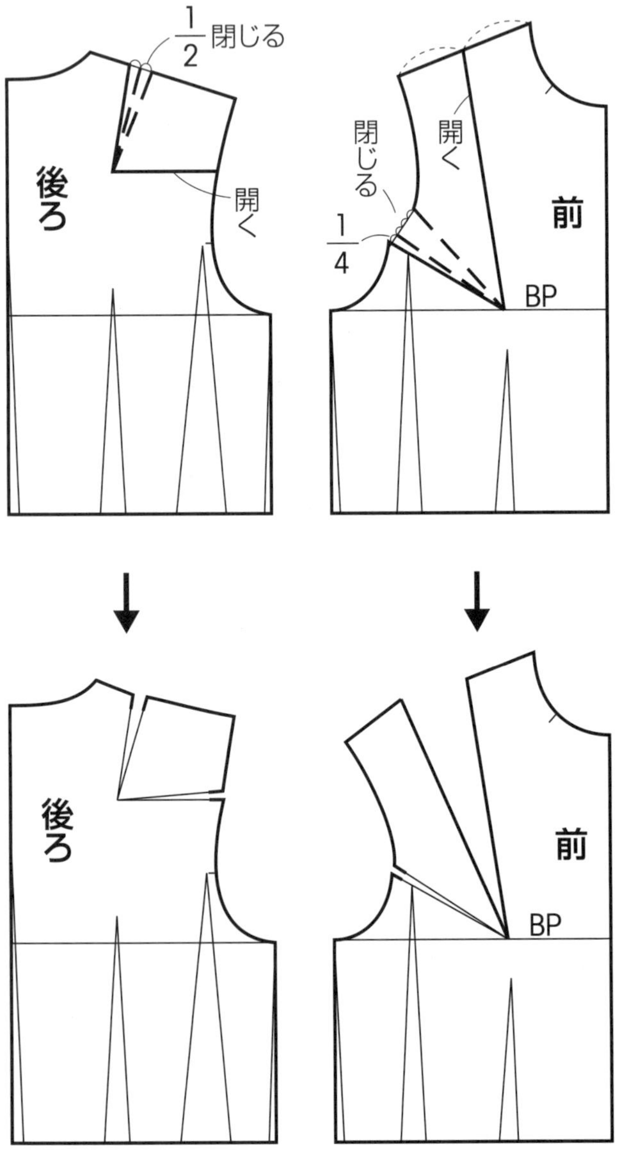

作図要点

- パネルライン切替えの4面で構成。
- 後ろ衿ぐりはハイネック部分を切り替えるため、サイドネックポイントからハイネック分1cm肩線を延長し、その位置からハイネック分（3cm）をくる。
- HLでゆとりを加えた寸法をとって脇線をかく。
- パネルラインは原型のウエストダーツの位置と分量を目安にしてかく。
- 前衿ぐりは、サイドネックポイントからハイネック分1cm肩線を延長し、その位置（A）から線を直上して後ろ衿ぐりのハイネック部分をかく。
- 肩に移動した胸ぐせ分量は、パネルラインのダーツに移動する。

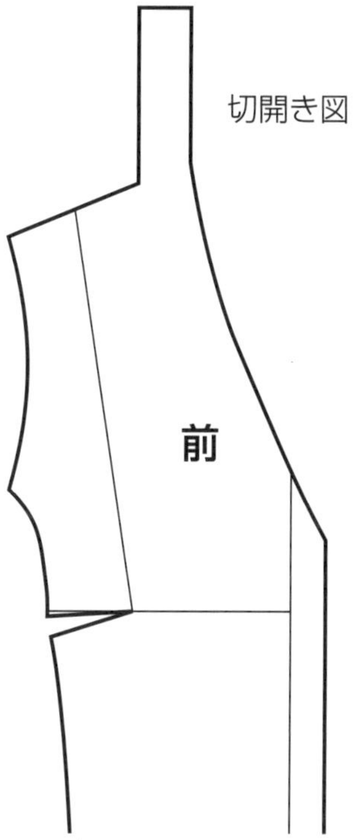

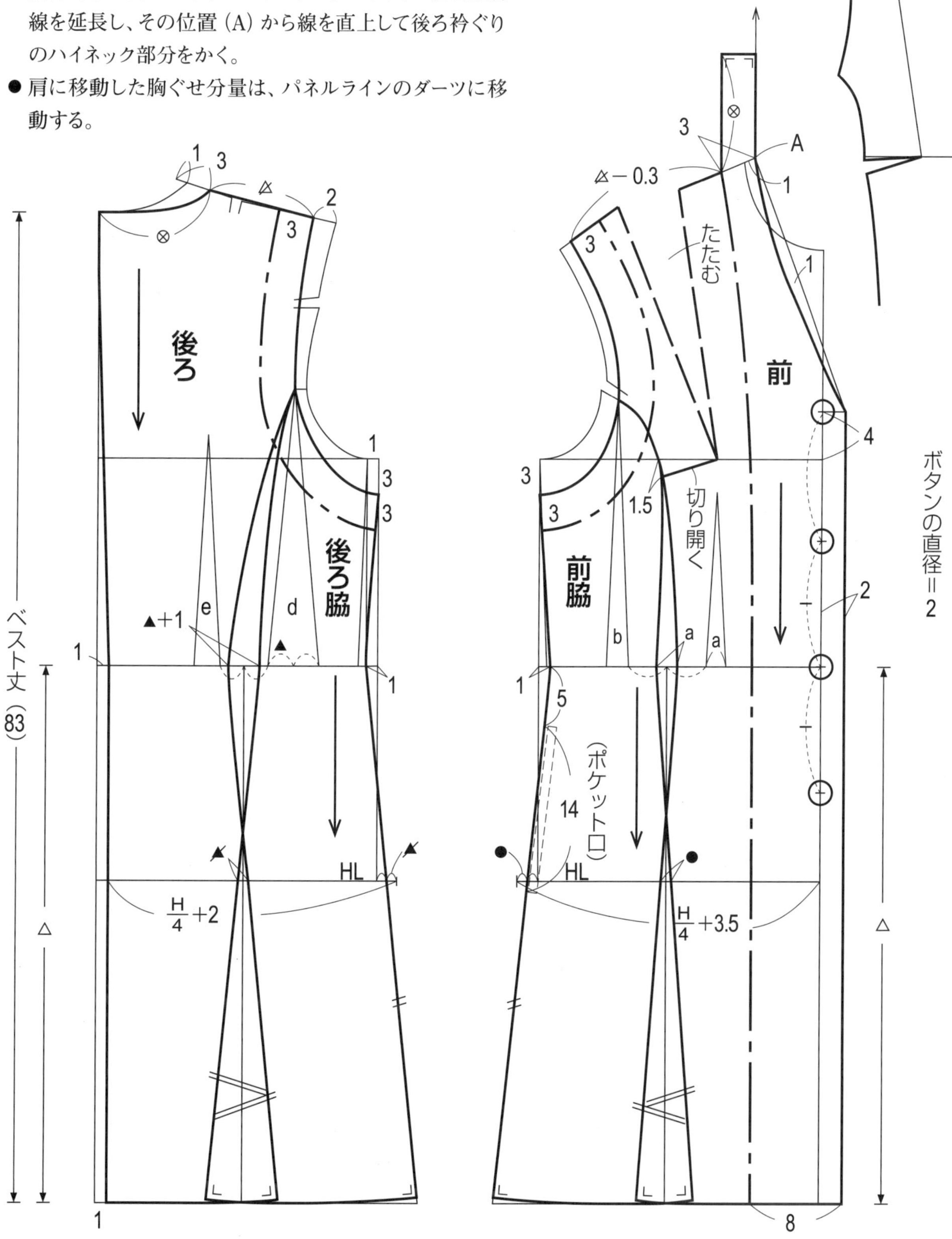

4　縫製法

《162ページ　ショートベスト》

パターンメーキング

表布のパターン

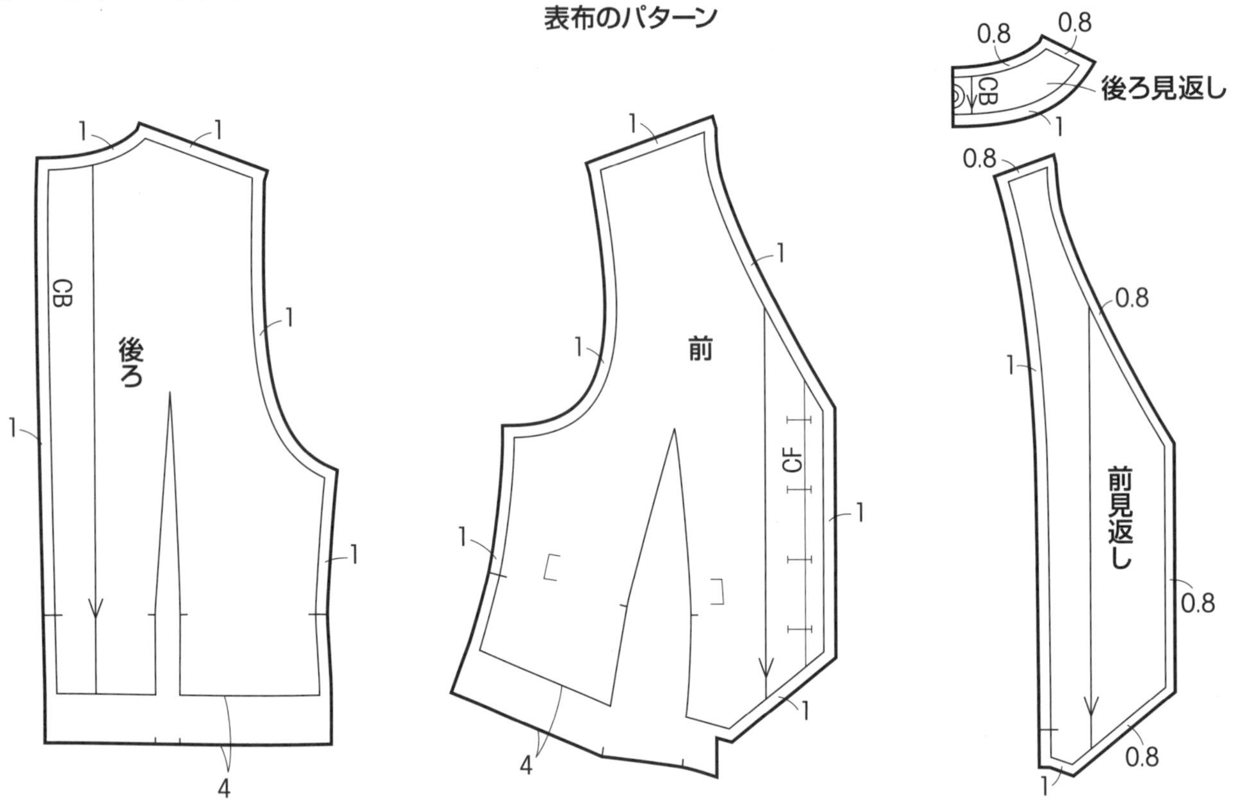

裏布のパターン

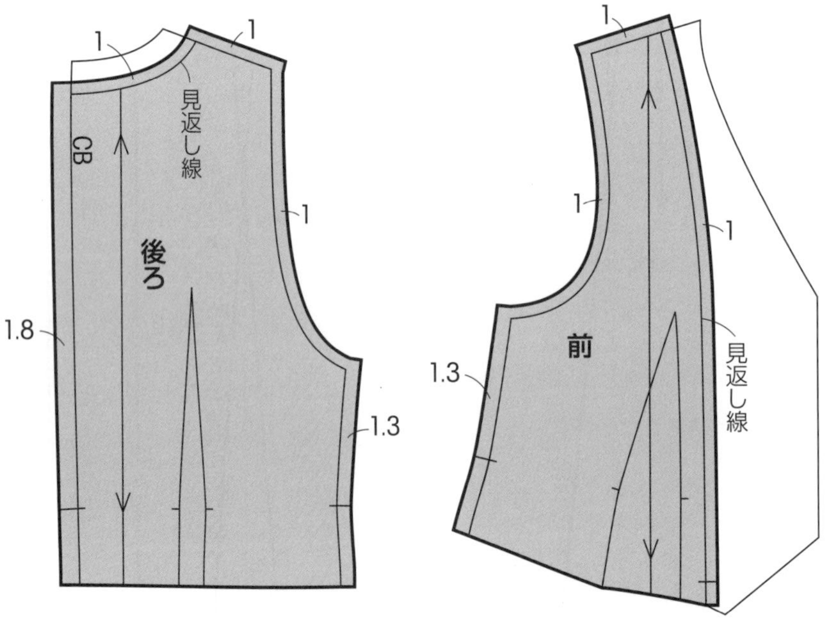

縫製

1 芯をはり、前端、衿ぐり、袖ぐりに伸止めテープをはる

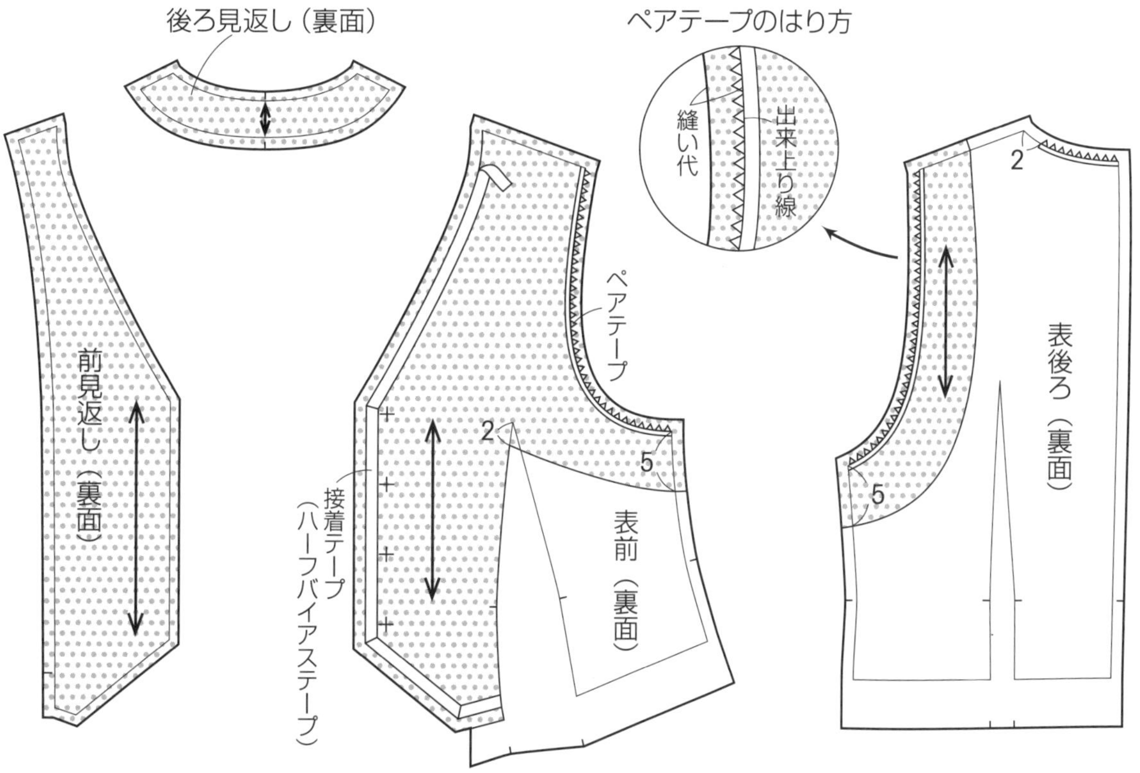

2 ダーツ、後ろ中心を縫う

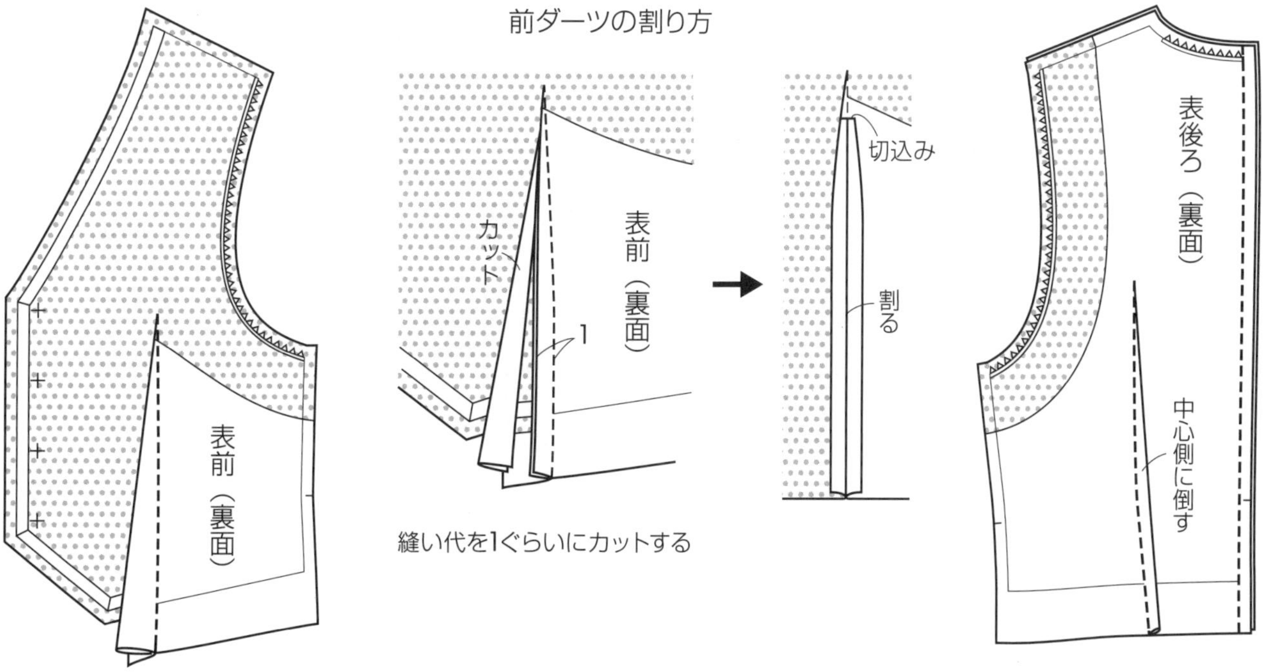

3 箱ポケットを作る（135 ページを参照）

4 肩を縫う

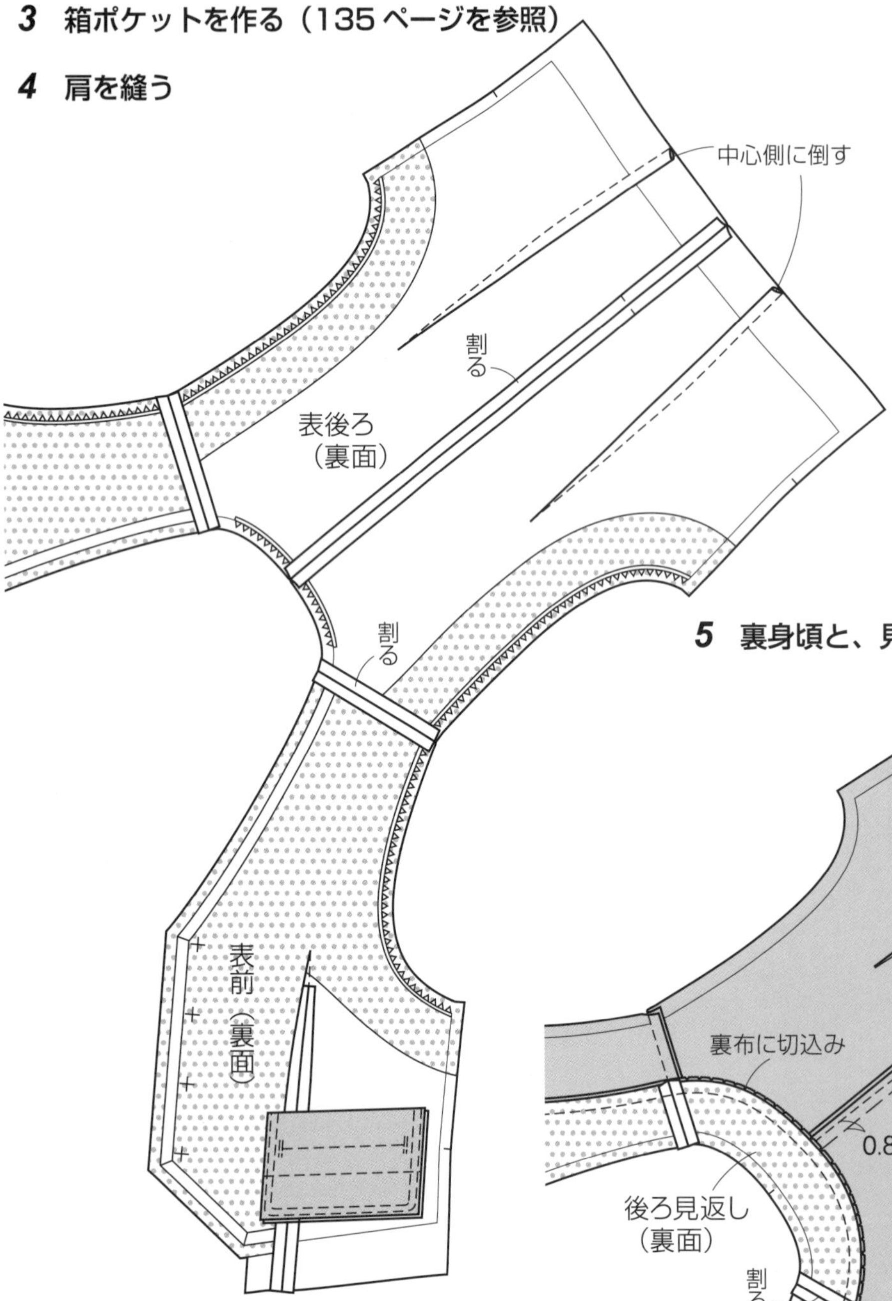

中心側に倒す
割る
表後ろ（裏面）
割る
表前（裏面）

5 裏身頃と、見返しを縫い合わせる

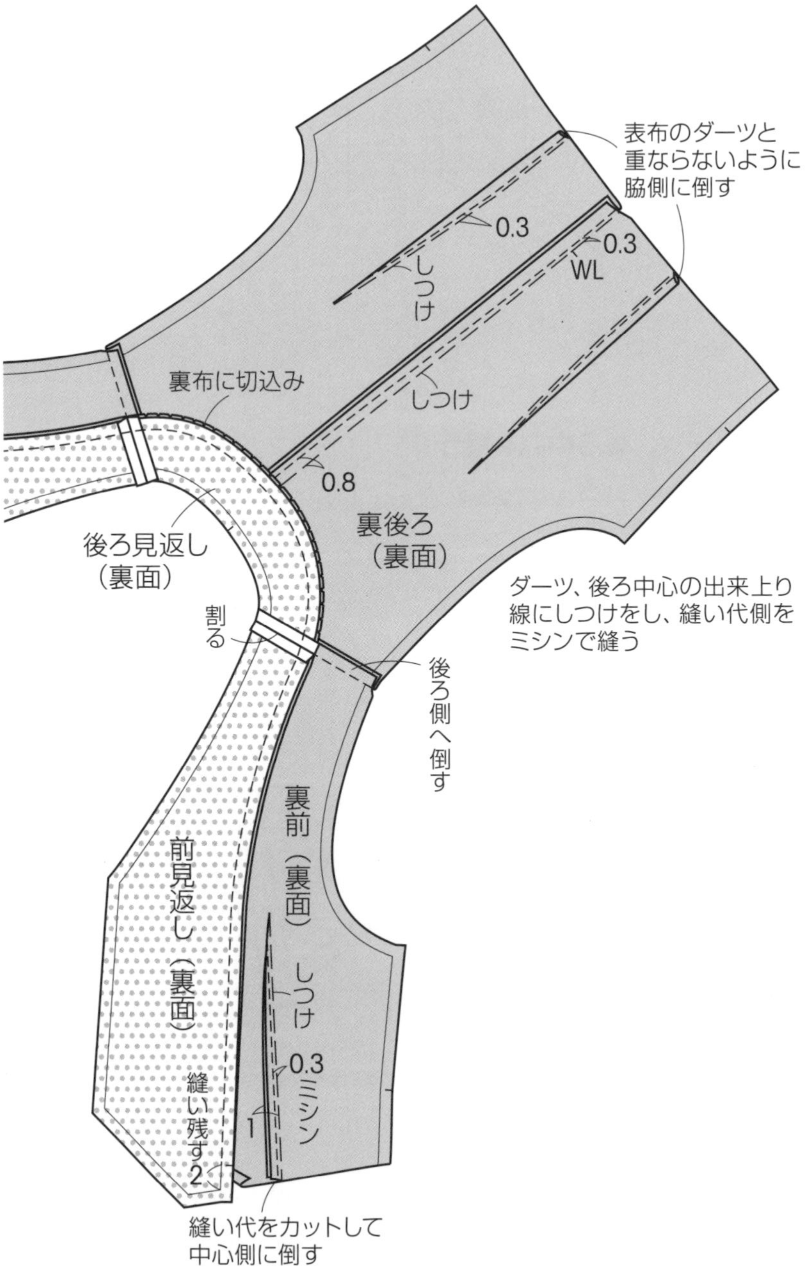

表布のダーツと重ならないように脇側に倒す
0.3
しつけ
0.3
WL
しつけ
裏布に切込み
0.8
裏後ろ（裏面）
後ろ見返し（裏面）
ダーツ、後ろ中心の出来上り線にしつけをし、縫い代側をミシンで縫う
割る
後ろ側へ倒す
裏前（裏面）
前見返し（裏面）
しつけ
0.3ミシン
1
縫い残す2
縫い代をカットして中心側に倒す

6 表身頃と裏身頃を中表に合わせ、前端、衿ぐり、袖ぐりを縫う

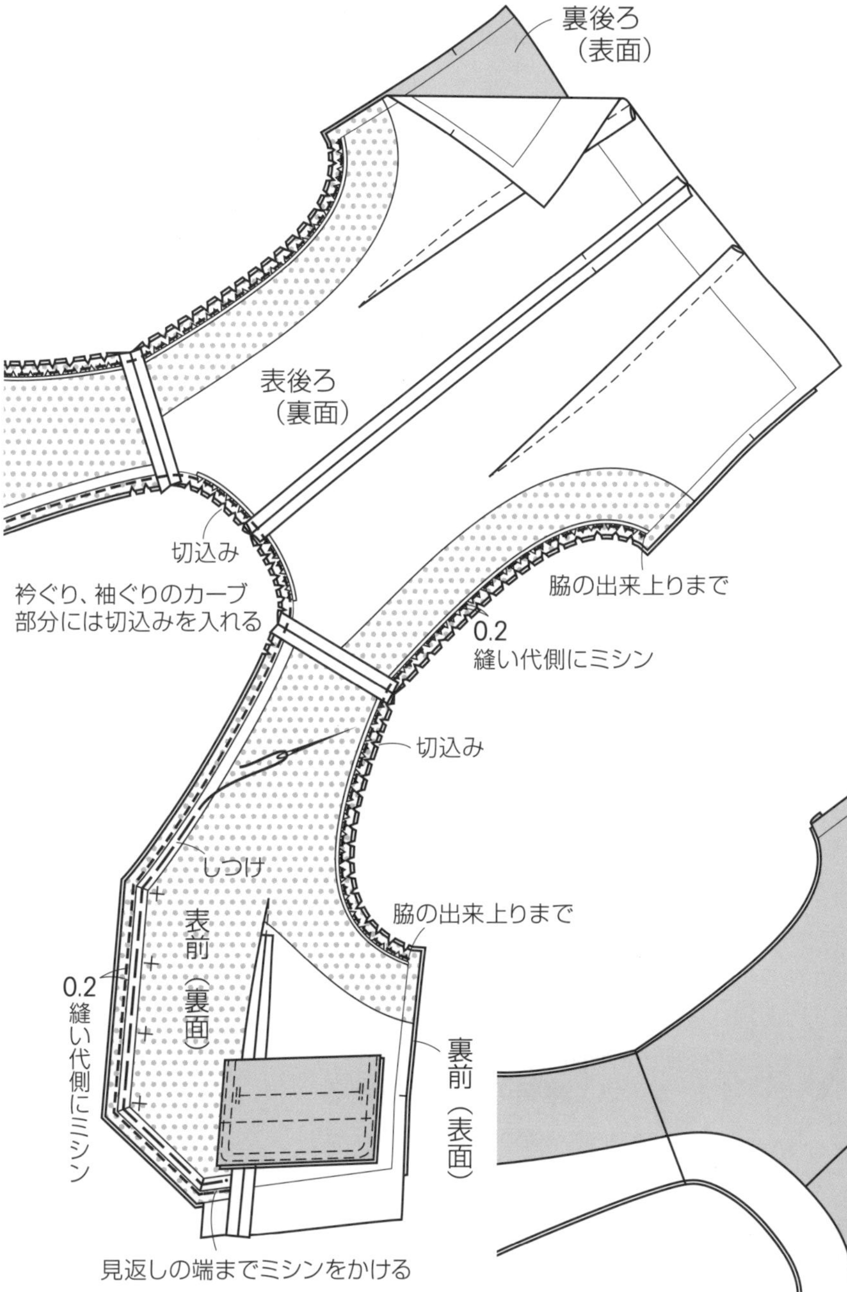
裏後ろ
（表面）
表後ろ
（裏面）
切込み
衿ぐり、袖ぐりのカーブ
部分には切込みを入れる
脇の出来上りまで
0.2
縫い代側にミシン
切込み
しつけ
表前
（裏面）
脇の出来上りまで
0.2
縫い代側にミシン
裏前
（表面）
見返しの端までミシンをかける

7 表に返し、前端、衿ぐり、袖ぐりを整える

表に返すときは、後ろ身頃の表布と裏布の間から手を入れて前身頃を肩から引き出す。

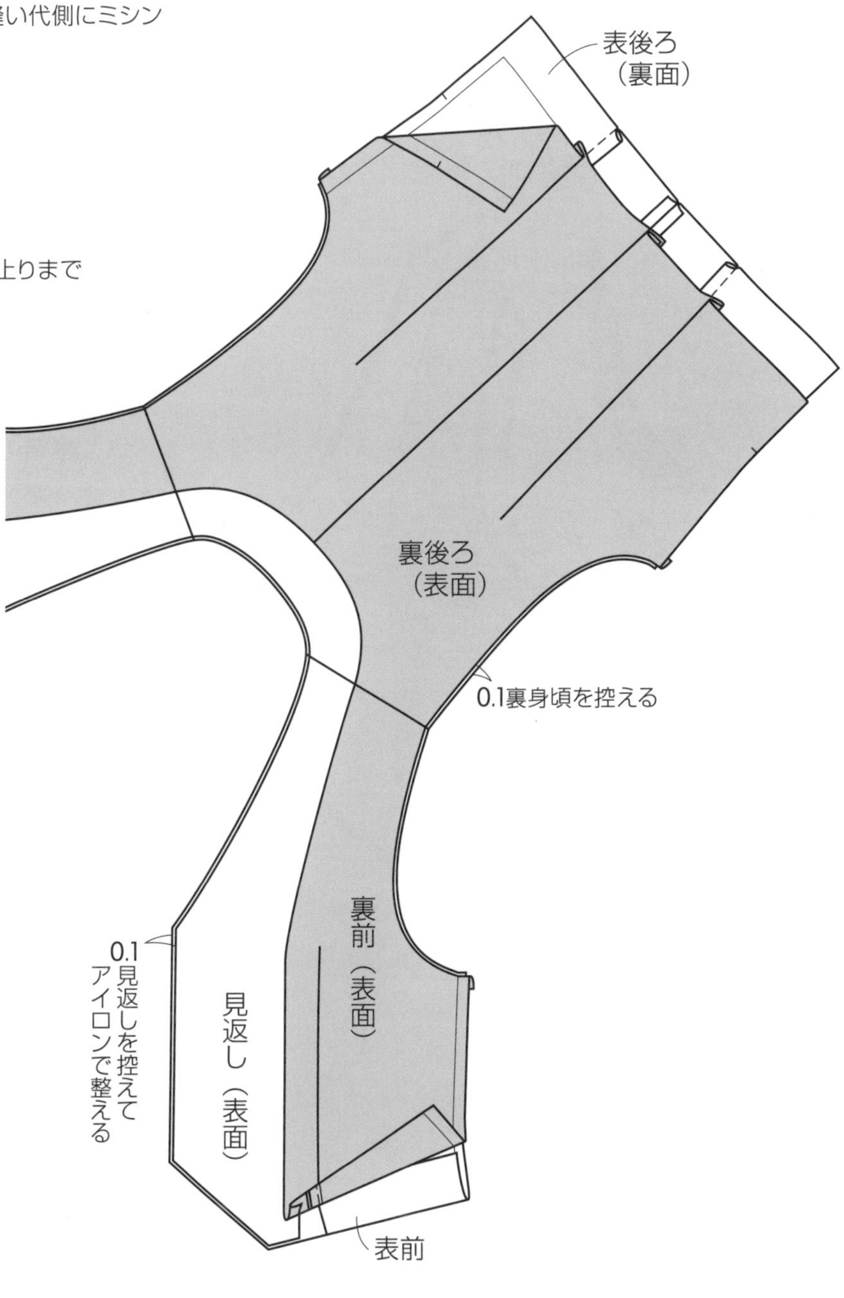
表後ろ
（裏面）
裏後ろ
（表面）
0.1裏身頃を控える
裏前
（表面）
0.1
見返しを控えて
アイロンで整える
見返し（表面）
表前

8 衿ぐり、前端にしつけをし、脇を縫う

表身頃の脇を中表に合わせて縫う。脇の上端は袖ぐりがずれないようにピンで止め、袖ぐりの出来上りから裾に向かってミシンをかける。

次に裏身頃を中表に合わせ、出来上り線にしつけをして、0.2〜0.3cm縫い代側を縫う。表身頃と同様に袖ぐり側から裾に向かってミシンをかける。縫い代は後ろ身頃側に倒す。

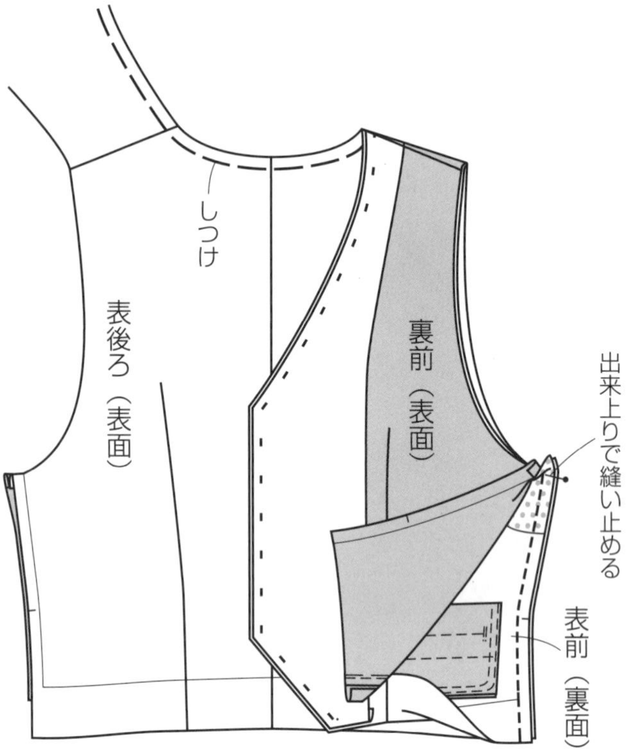

9 裾の始末をし、前端、衿ぐり、袖ぐりにステッチをかける

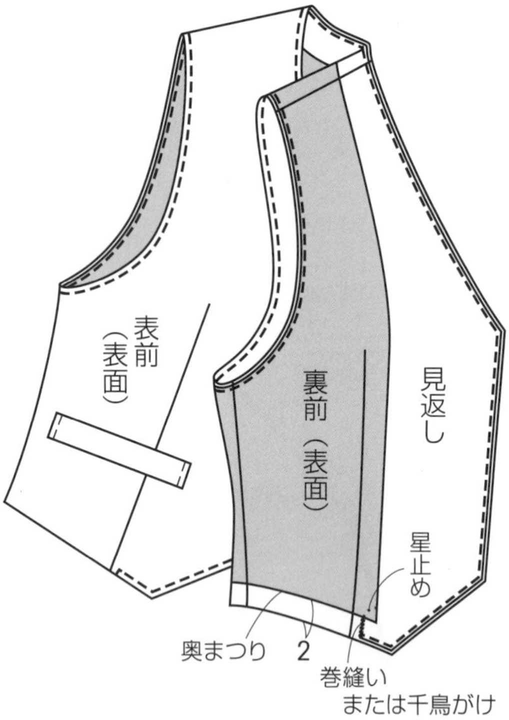

10 穴かがり（はと目つき穴かがり）をし、ボタンをつける
裏布のしつけをとる

《164 ページ　ロングベスト》

パターンメーキング

見返しのパターン展開

- 前見返しは、見返し奥のつれを防ぐため、ウエストラインとヒップラインで0.15cmずつ切り開いて長さを追加する。
- 後ろ衿ぐり見返しは、後ろ中心をわ裁ちにし、肩で切り替える。
- 袖ぐり見返しは、身頃の切替え線を突き合わせて続け裁ちにする。

表布のパターン

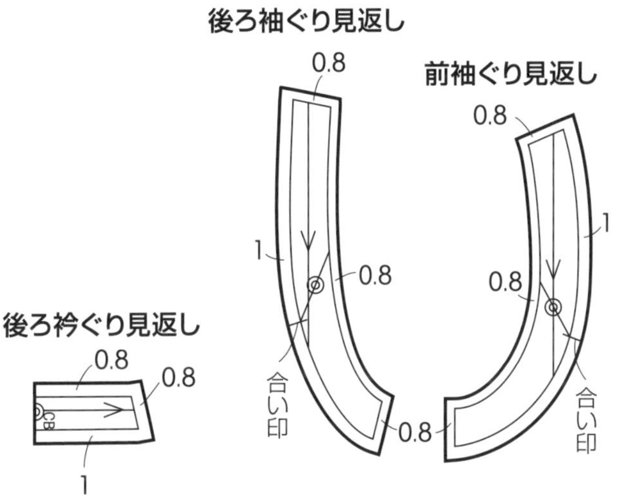

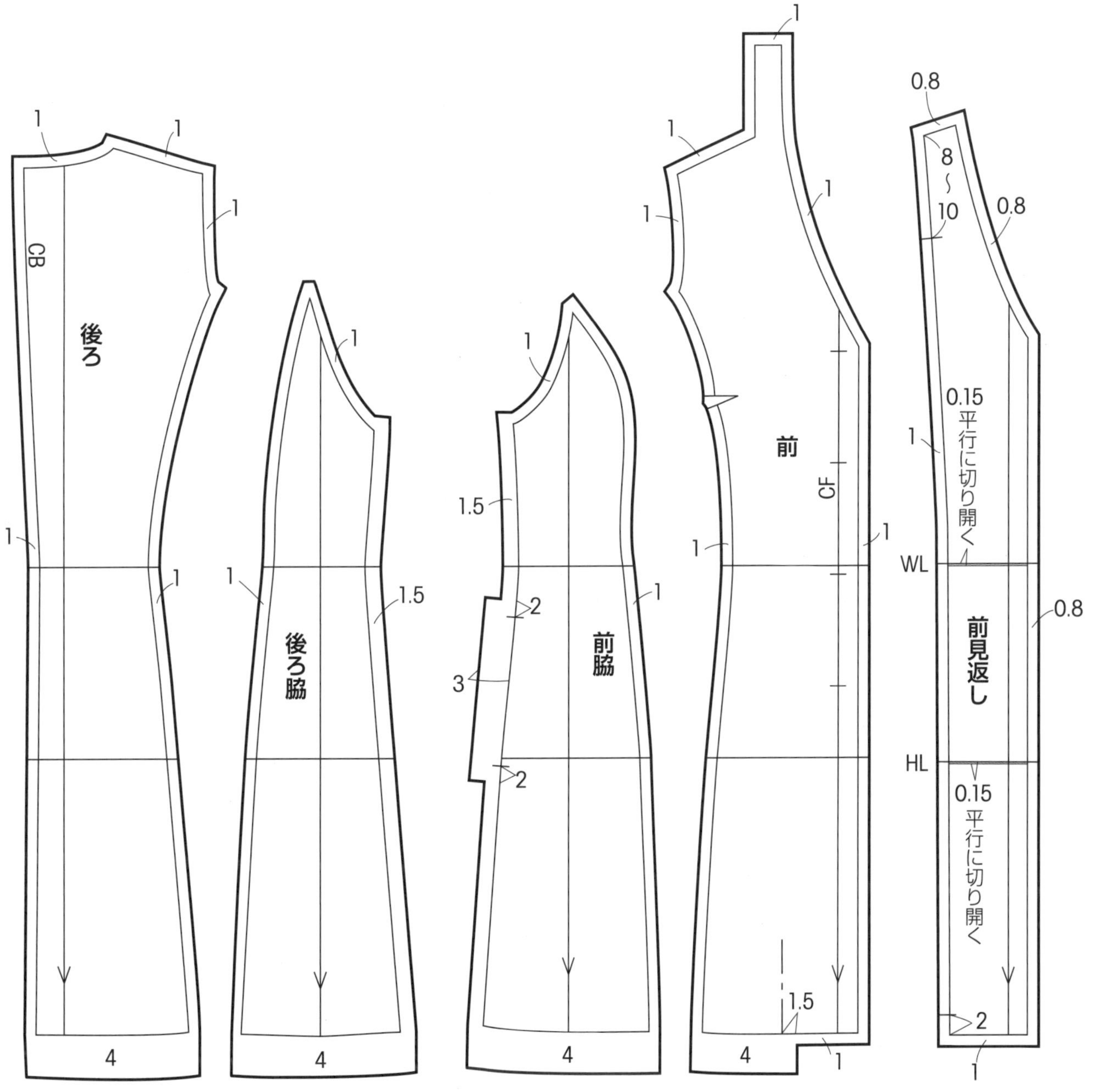

裏布のパターンメーキング

裾はふらせ仕立てなので、裏前身頃の切開きは見返し側のみ行う。

裏前の見返し側は、ウエストラインとヒップラインで0.3cmずつ切り開いて長さを追加する。

見返しと裏布の長さの差は、いせる。

裏布のパターン

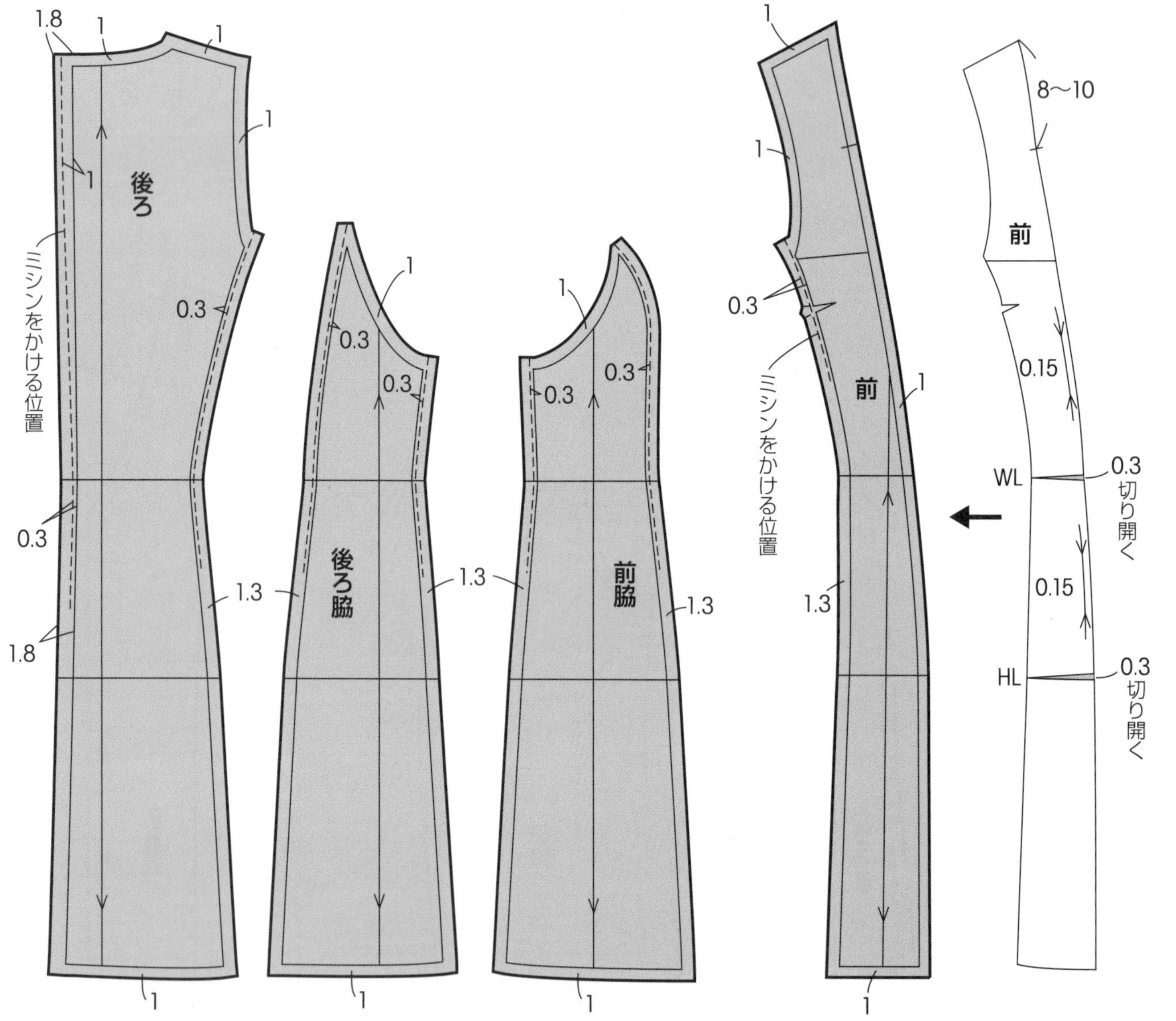

縫製

1 芯をはり、前端、衿ぐり、袖ぐりに伸止めテープをはる
縫い代にロックミシンをかける

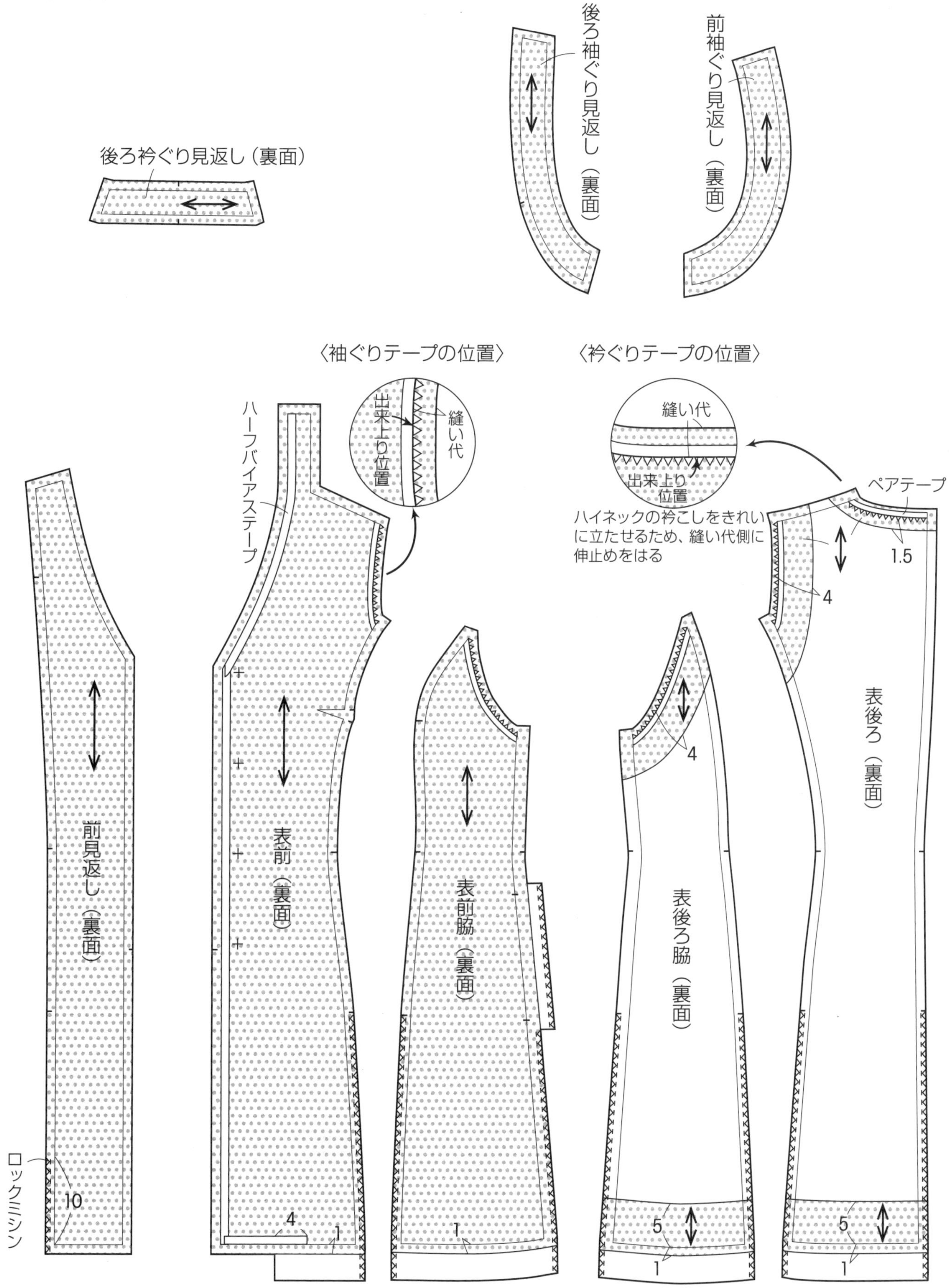
後ろ衿ぐり見返し（裏面）
後ろ袖ぐり見返し（裏面）
前袖ぐり見返し（裏面）
〈袖ぐりテープの位置〉
出来上り位置
縫い代
〈衿ぐりテープの位置〉
縫い代
出来上り位置
ハーフバイアステープ
ペアテープ
ハイネックの衿こしをきれいに立たせるため、縫い代側に伸止めをはる
1.5
4
4
前見返し（裏面）
表前（裏面）
表前脇（裏面）
表後ろ脇（裏面）
表後ろ（裏面）
ロックミシン
10
4
1
1
5
1
5
1

2 **前後のパネルライン、後ろ中心を縫う**

3 **脇を縫い、ポケットを作る**（125ページを参照）

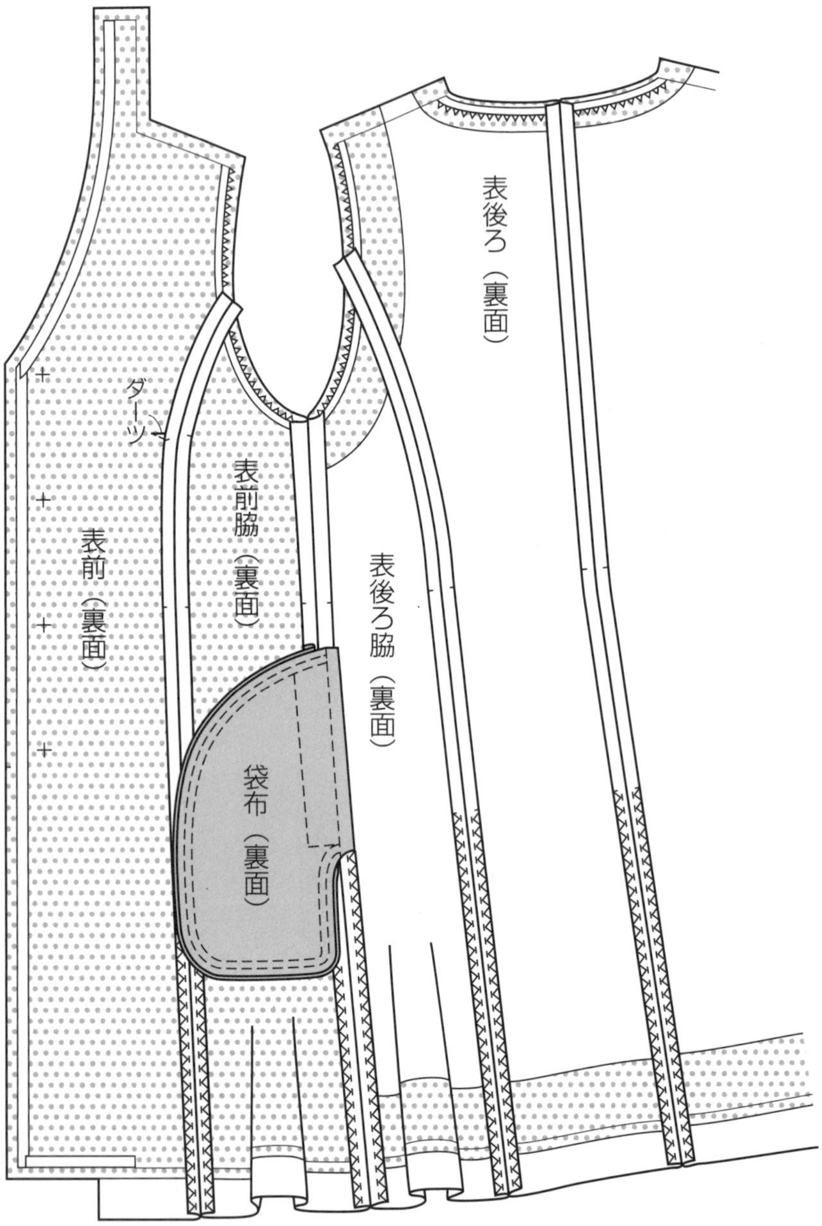

4　衿の後ろ中心を縫う。肩、後ろ衿ぐりを続けて縫う

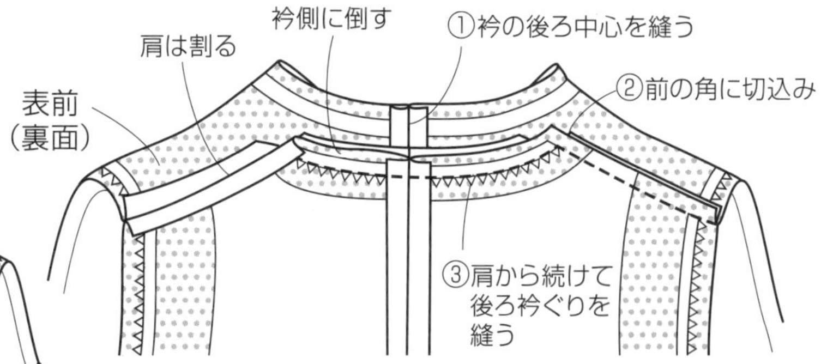

衿側に倒す
①衿の後ろ中心を縫う
肩は割る
表前
（裏面）
②前の角に切込み
③肩から続けて
後ろ衿ぐりを
縫う

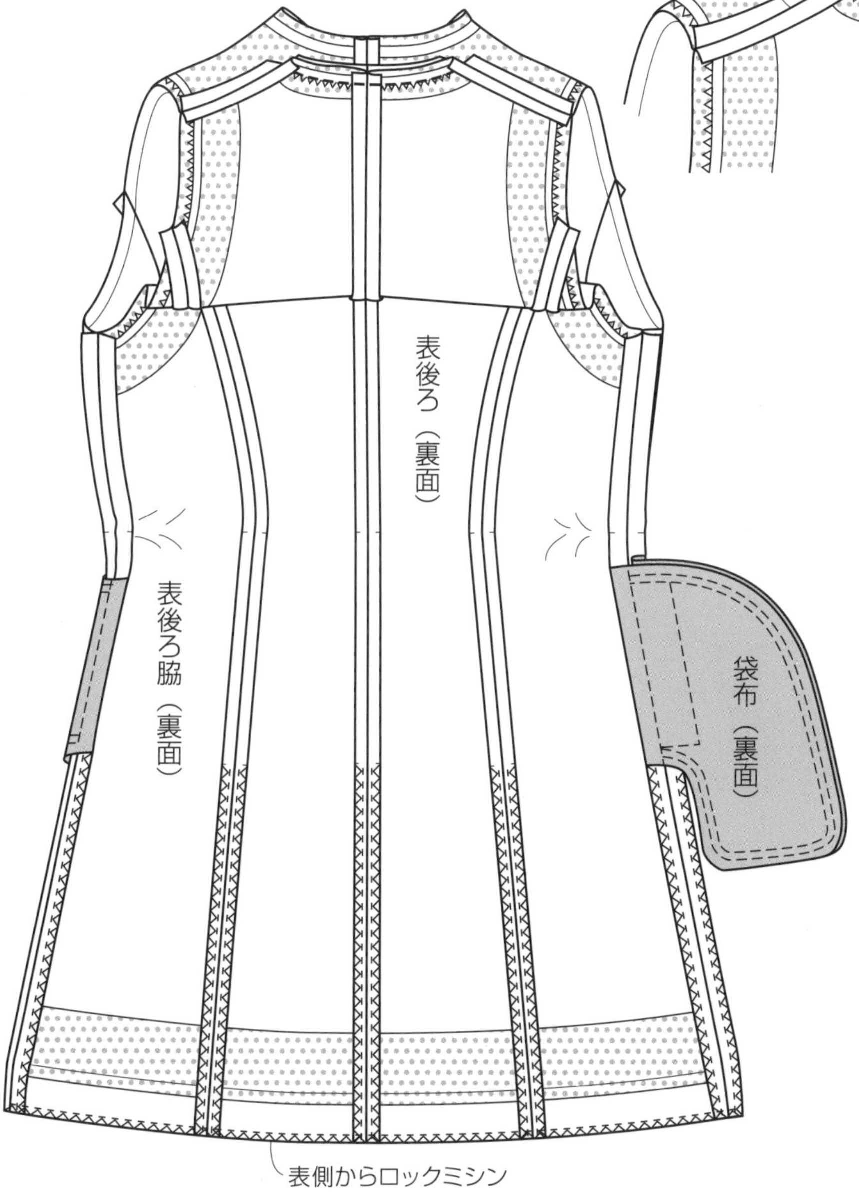

表後ろ（裏面）
表後ろ脇（裏面）
袋布（裏面）
表側からロックミシン

〈切込みの入れ方〉
きわまで
切り込む
表前
（裏面）

5　身頃と袖の見返しを縫う

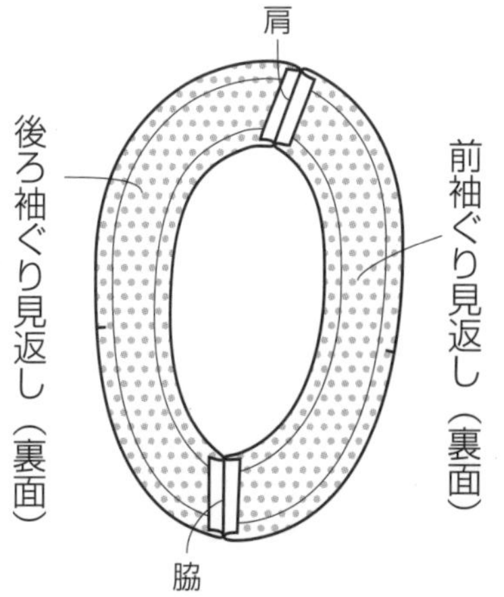

肩
後ろ袖ぐり見返し（裏面）
前袖ぐり見返し（裏面）
脇

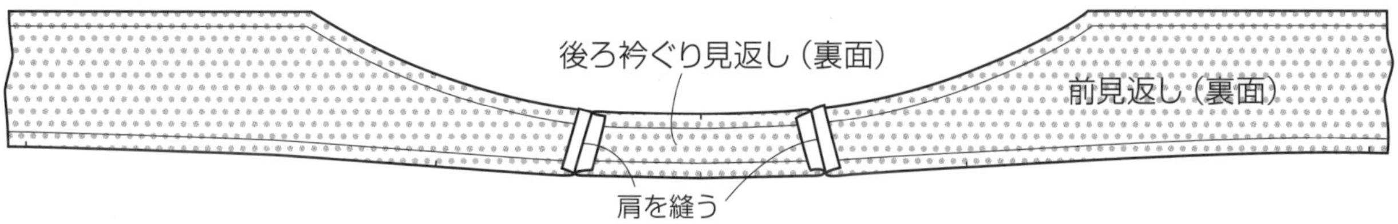

後ろ衿ぐり見返し（裏面）
前見返し（裏面）
肩を縫う

6 見返しをつけ、裾をまつる

身頃と見返しを中表にし、出来上り線より0.2cm縫い代側にミシンをかける。縫い代がつれないようにカーブの部分に切込みを入れ、表に返し、見返しを0.1cm控えて整える。

裾は出来上りに折って、奥をまつる。

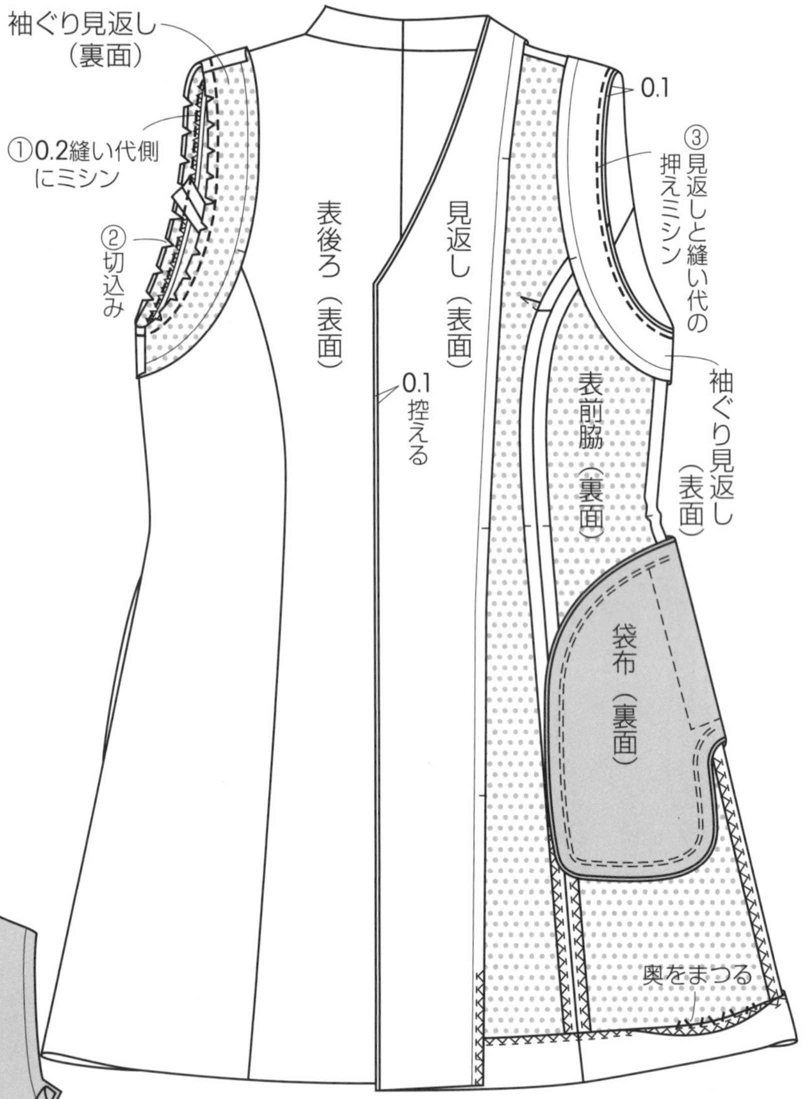

7 裏身頃を作る

裏布は表布の伸びに合わせて0.2〜0.3cm縫い代側を縫い、出来上りから折る。

裾は三つ折りにしてミシンをかける。

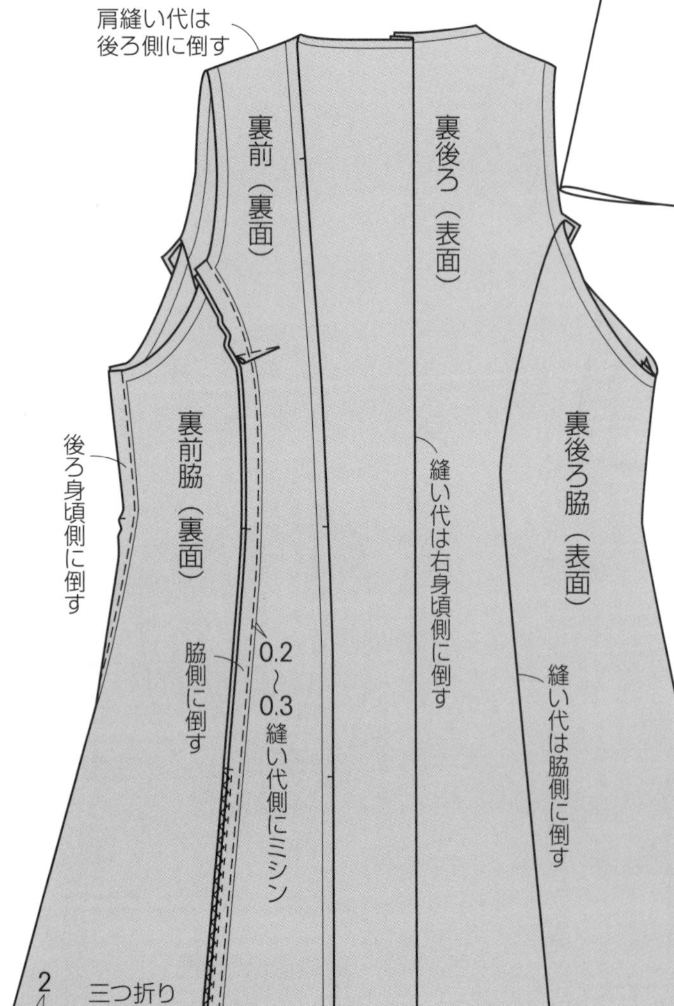

〈袖ぐりの押えミシンのかけ方〉

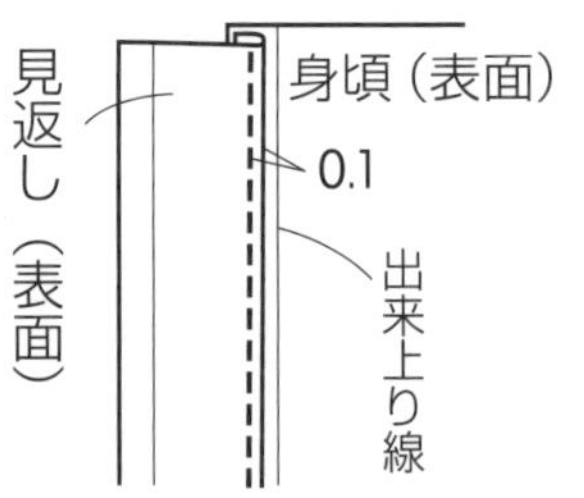

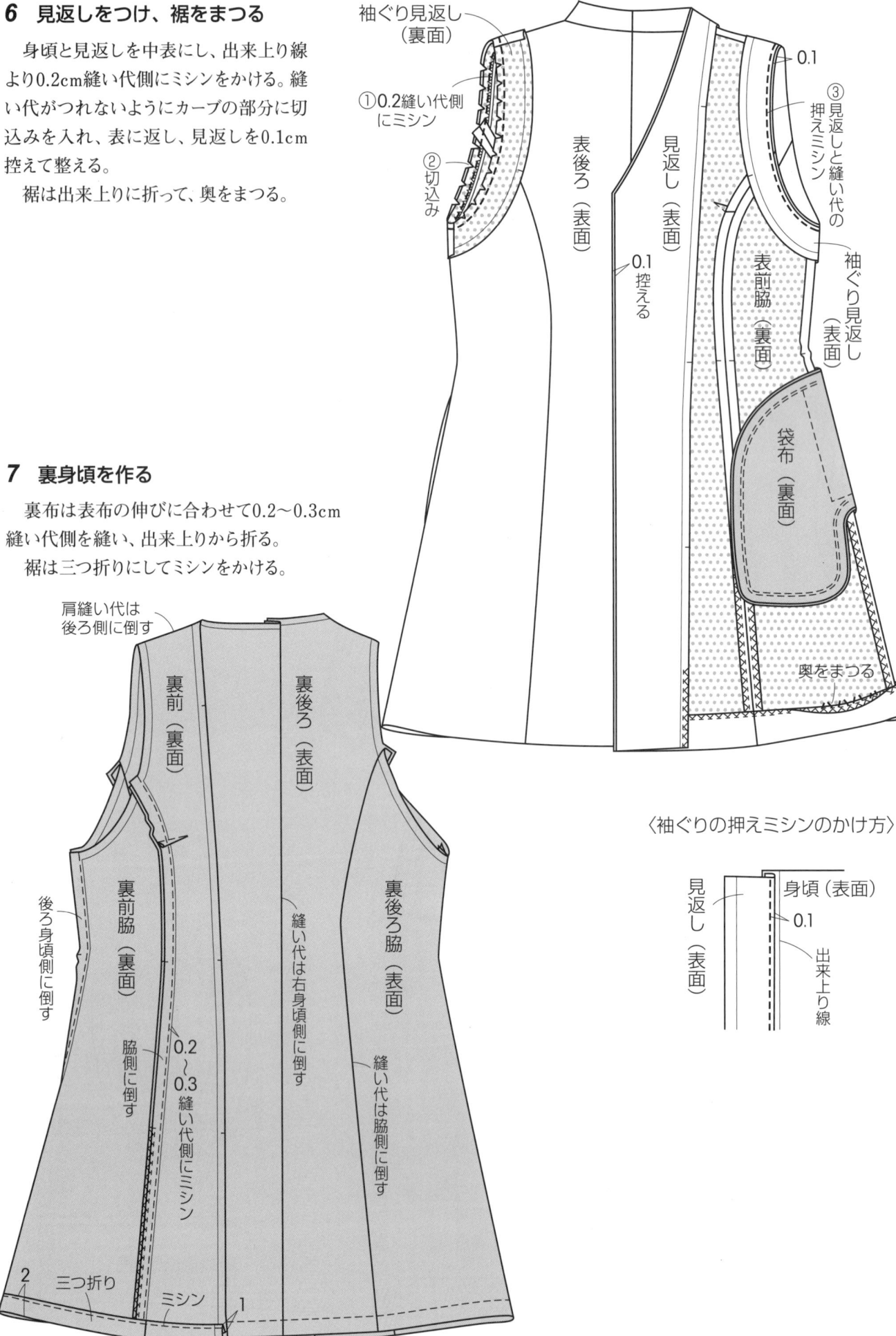

8 袖ぐり見返しと裏身頃を縫い合わせる

袖ぐり見返しと裏身頃を中表にし、合い印を合わせて縫う。縫い代は裏身頃側に倒す。

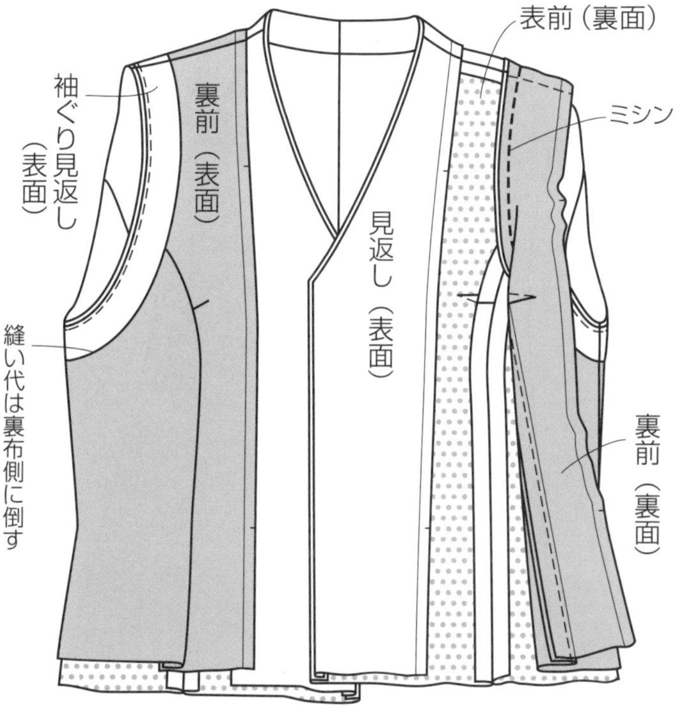

9 衿ぐり見返しと裏身頃を縫い合わせる

前身頃を後ろ身頃側へ引き出して衿ぐり見返しと裏身頃を中表にし、合い印を合わせ、ミシンをかける。

縫い代はカーブの部分に切込みを入れ、裏身頃側に倒す。

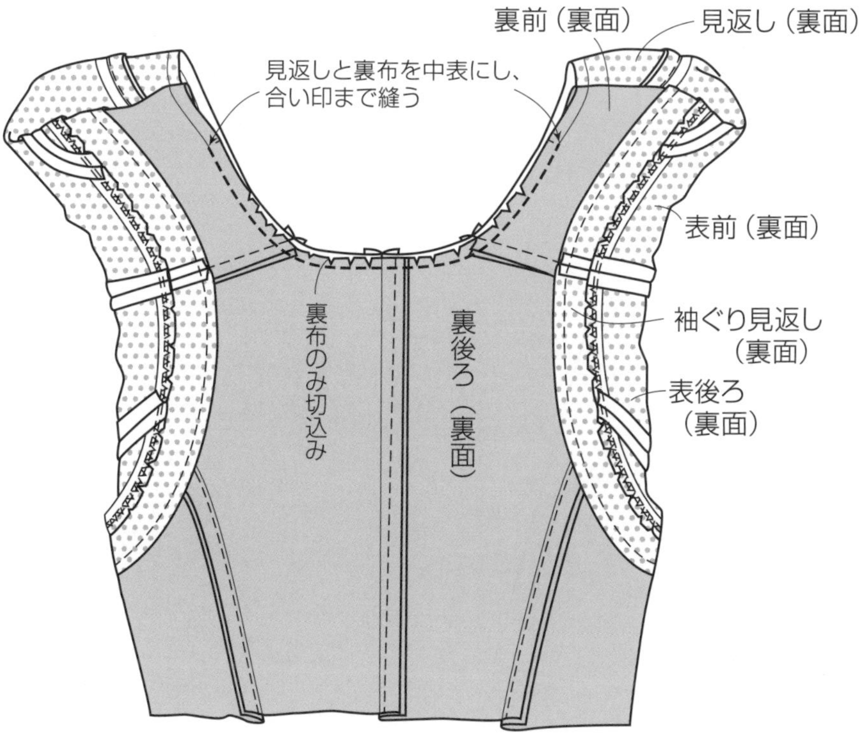

10 前見返しと裏身頃を縫い合わせる

前端の合い印から裾線の2cm手前までミシンをかけ、縫い代は裏身頃側へ倒す。

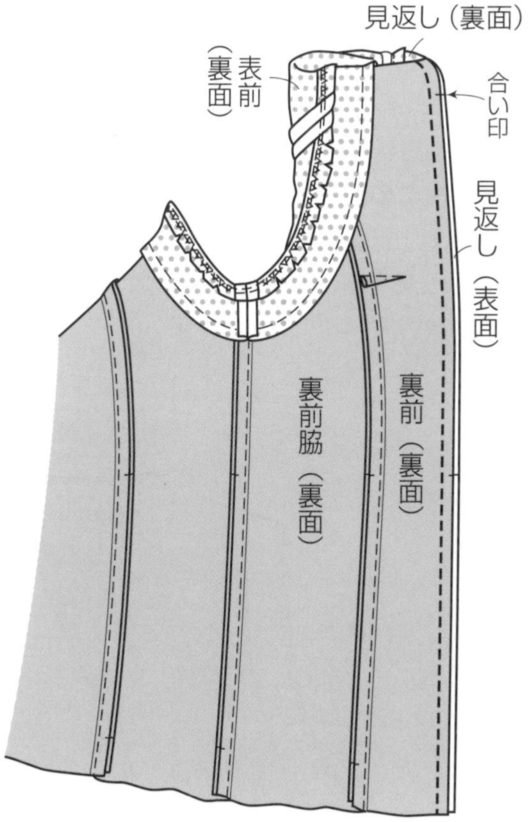

11　表身頃と裏身頃の脇縫い代を中とじする

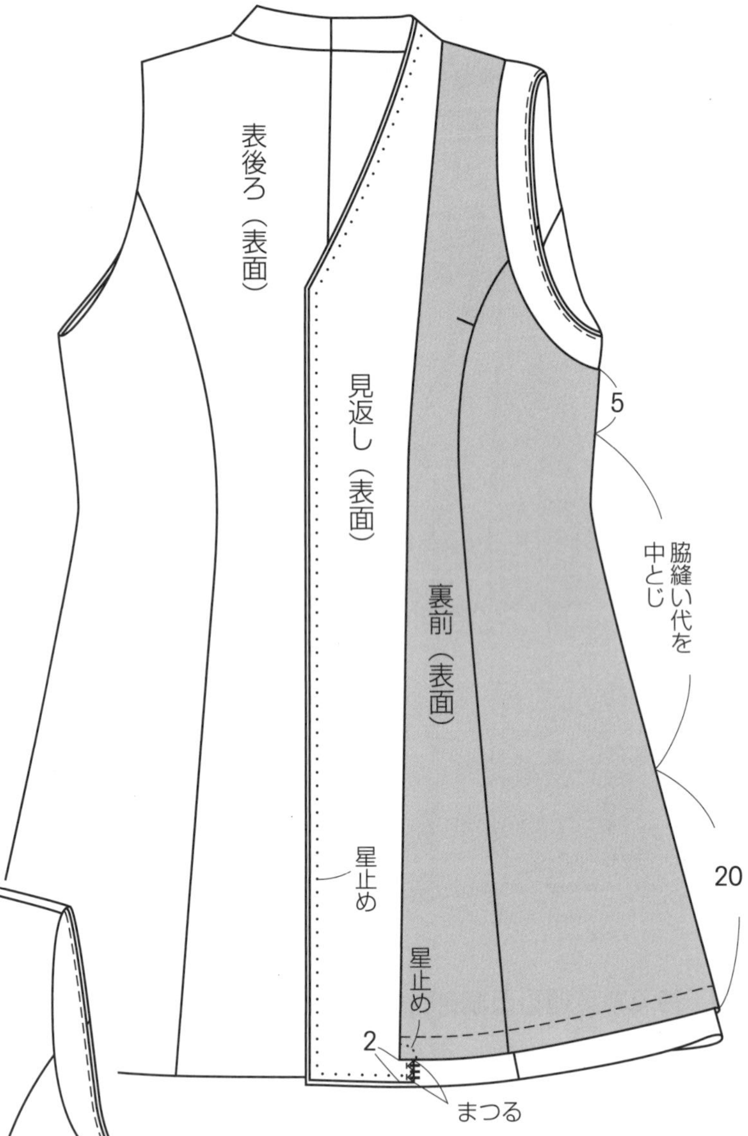

12　まとめ

後ろ衿ぐり縫い代、前端、衿ぐりを星止めする。表身頃と裏身頃の脇裾を糸ループで止める。

穴かがりをし、ボタンをつける。

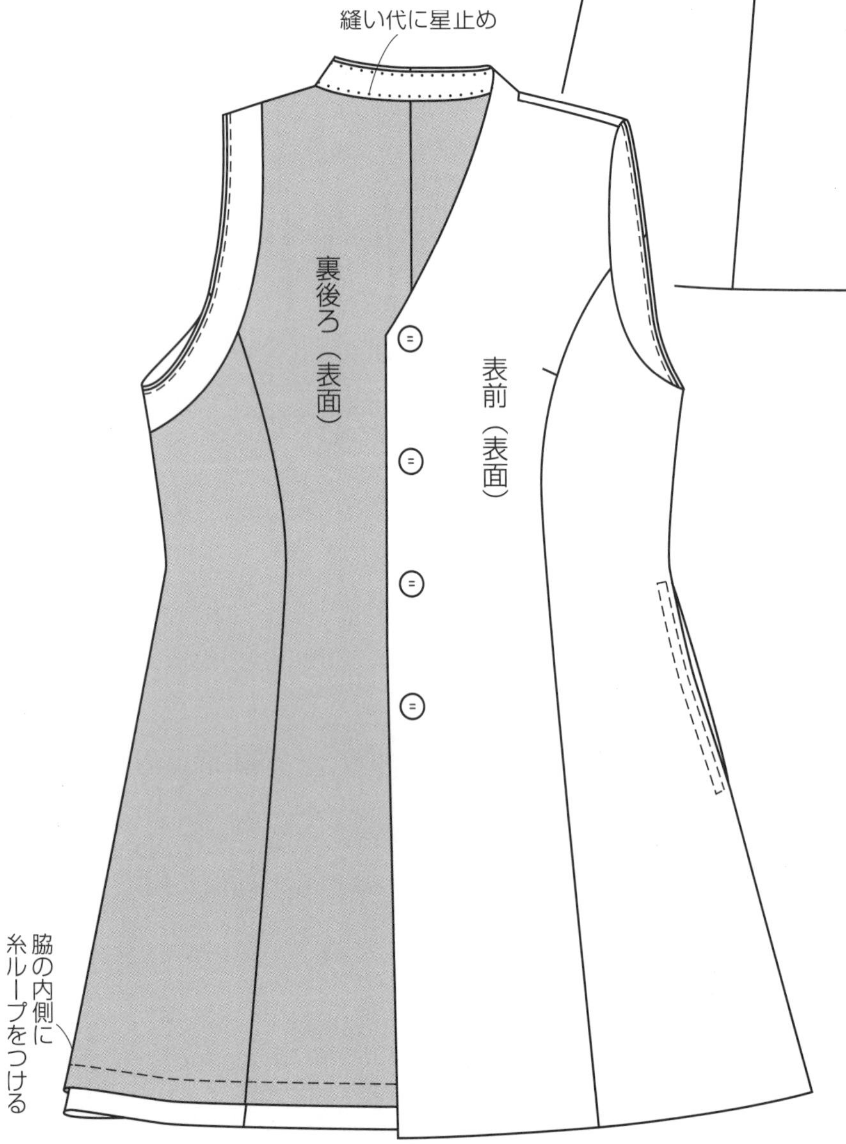

作図表示の記号（文化式）

平面作図をわかりやすく表示するための約束事である。

表示事項および表示記号

表示事項	表示記号	摘要
案内線		目的の線を引くために案内となる線。細い実線または破線で示す。
等分線	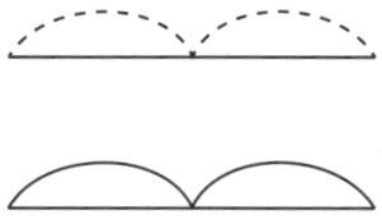	一つの限られた長さの線が等しい長さに分けられていることを表わす線。細い破線または実線で表わす。
出来上り線		パターンの出来上りの輪郭を表わす線。太い実線または破線で示す。
見返し線	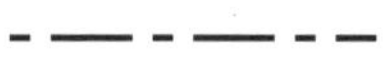	見返しをつける位置と大きさを表わす線。太い一点鎖線で示す。
わに裁つ線		わに裁つ位置を表わす線。太い破線で表わす。
折返し線 折り山線		折り目をつける位置および折り返す位置を表わす線。太い破線で示す。
ステッチ線		ステッチの位置と形を表わす線。細い破線で示す。ステッチの縫始めと縫終りにだけ示してもよい。
バストポイント （BP）		バストポイント（Bust Point）を示す印。細い実線で示す。
直角の印	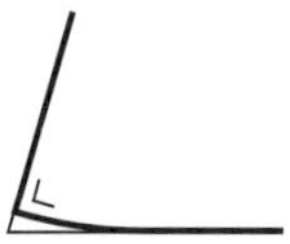	直角であることを表わす。細い実線で示す。

表示事項	表示記号	摘要
線の交差を 区別する印		左右の線が交差することを表わす。細い実線で示す。
布目線 地の目線		矢印の方向に布の縦地を通すことを表わす。太い実線で示す。
バイアス方向	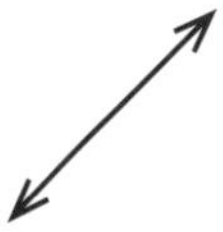	布のバイアス方向を表わす。太い実線で示す。
毛並みの方向	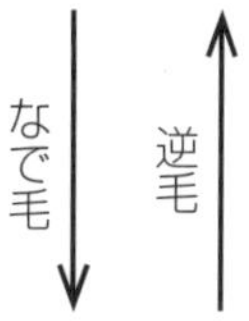	毛並みや光沢のある布の場合、毛並みの方向を表わす。太い実線で示す。
伸ばす印		伸ばす位置を表わす。
いせる印		いせる位置を表わす。
追い込む印		追い込む位置を表わす。
たたんで 切り開く印		型紙をたたみ、その反動を切り開くことを表わす。
別々の型紙を 続けて裁つ印	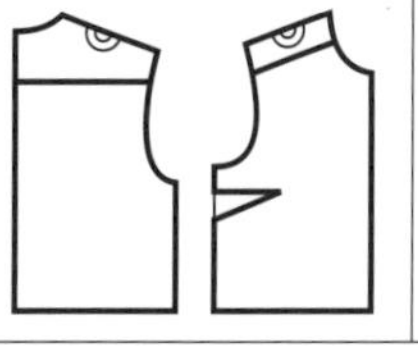	布を裁つときに型紙を続けることを表わす。

表示事項	表示記号	摘要
ノッチ		合い印。2枚の布を縫い合わせる場合、ずれないようにつける印。
片返しプリーツ	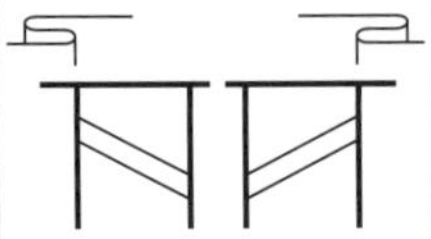	裾方向を下にして2本の斜線を引く。高いほうが低いほうの上にのることを示す。
インバーテッドプリーツ	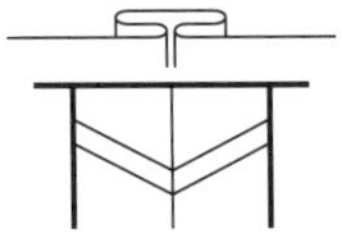	上と同じ。

表示事項	表示記号	摘要
タック		裾方向を下にして1本の斜線を引く。高いほうが低いほうの上にのることを表わす。
ボタンの印		ボタンの位置を表わす。
ボタンホールの印		ボタンホールの位置を表わす。

作図の略称

B	Bustの略	MHL	Middle Hip Lineの略	BNP	Back Neck Pointの略
UB	Under Bust の略	HL	Hip Line の略	SP	Shoulder Point の略
W	Waist の略	EL	Elbow Line の略	AH	Arm Hole の略
MH	Middle Hip の略	KL	Knee Line の略	HS	Head Size の略
H	Hip の略	BP	Bust Point の略	CF	Center Front の略
BL	Bust Line の略	SNP	Side Neck Point の略	CB	Center Back の略
WL	Waist Line の略	FNP	Front Neck Point の略		

参考寸法

日本産業規格（JIS）のサイズ

成人女子用衣料のサイズ（JIS L 4005-2023）

体型区分表示

体型区分の基本は、日本人の成人女子の身長を142cm、150cm、158cm及び166cmに区分し、かつ、バスト74cm～92cmを3cm間隔で、92cm～104cmを4cm間隔で区分したとき、それぞれの身長とバストとの組合せにおいて出現率が最も高くなるヒップのサイズで示す人の体型である。

サイズの種類と呼び方

体型区別のサイズの種類と呼び方は、次のとおりとする。

R	身長158cmの記号で、普通を意味するレギュラー（Regular）の略である。
P	身長150cmの記号で、小を意味するPはプチット（Petite）の略である。
PP	身長142cmの記号で、Pより小さいことを意味させるためPを重ねて用いた。
T	身長166cm の記号で、高いを意味するトール（Tall）の略である。

成人女子用衣料のサイズ（身長区分別のバスト及びヒップによる体型区分表示）

（単位cm）

<table>
<tr><td colspan="4"></td><td colspan="8">身長142cm</td><td colspan="11">身長150cm</td></tr>
<tr><td colspan="4">呼び方</td><td>5PP</td><td>7PP</td><td>9PP</td><td>11PP</td><td>13PP</td><td>15PP</td><td>17PP</td><td>19PP</td><td>3P</td><td>5P</td><td>7P</td><td>9P</td><td>11P</td><td>13P</td><td>15P</td><td>17P</td><td>19P</td><td>21P</td></tr>
<tr><td rowspan="3">基本身体寸法</td><td colspan="3">バスト</td><td>77</td><td>80</td><td>83</td><td>86</td><td>89</td><td>92</td><td>96</td><td>100</td><td>74</td><td>77</td><td>80</td><td>83</td><td>86</td><td>89</td><td>92</td><td>96</td><td>100</td><td>104</td></tr>
<tr><td colspan="3">ヒップ</td><td>85</td><td>87</td><td>89</td><td>91</td><td>93</td><td>95</td><td>97</td><td>99</td><td>83</td><td>85</td><td>87</td><td>89</td><td>91</td><td>93</td><td>95</td><td>97</td><td>99</td><td>101</td></tr>
<tr><td colspan="3">身長</td><td colspan="8">142</td><td colspan="11">150</td></tr>
<tr><td rowspan="7">参考人体寸法</td><td rowspan="7">ウエスト</td><td rowspan="7">年代区分</td><td>10</td><td rowspan="3">61</td><td>—</td><td>—</td><td rowspan="4">70</td><td rowspan="4">73</td><td rowspan="4">76</td><td rowspan="2">—</td><td rowspan="5">—</td><td rowspan="3">58</td><td rowspan="3">61</td><td rowspan="3">64</td><td rowspan="2">64</td><td rowspan="2">67</td><td rowspan="2">70</td><td rowspan="2">73</td><td rowspan="2">76</td><td rowspan="3">80</td><td rowspan="3">84</td></tr>
<tr><td>20</td><td rowspan="2">64</td><td rowspan="2">67</td></tr>
<tr><td>30</td><td rowspan="2">80</td><td rowspan="3">67</td><td rowspan="3">70</td><td rowspan="3">73</td><td rowspan="3">76</td><td rowspan="3">80</td></tr>
<tr><td>40</td><td rowspan="3">64</td><td rowspan="3">67</td><td rowspan="3">70</td><td rowspan="2">61</td><td rowspan="3">64</td><td rowspan="3">67</td><td rowspan="2">84</td><td rowspan="3">88</td></tr>
<tr><td>50</td><td rowspan="2">73</td><td rowspan="2">76</td><td rowspan="3">80</td><td rowspan="3">84</td></tr>
<tr><td>60</td><td rowspan="2">88</td><td rowspan="2">64</td><td>70</td><td>73</td><td rowspan="2">76</td><td rowspan="2">80</td><td rowspan="2">84</td><td rowspan="2">88</td></tr>
<tr><td>70</td><td>67</td><td>70</td><td>73</td><td>76</td><td>80</td><td>67</td><td>70</td><td>73</td><td>76</td><td>92</td></tr>
</table>

（単位cm）

<table>
<tr><td colspan="4"></td><td colspan="9">身長158cm</td><td colspan="9">身長166cm</td></tr>
<tr><td colspan="4">呼び方</td><td>3R</td><td>5R</td><td>7R</td><td>9R</td><td>11R</td><td>13R</td><td>15R</td><td>17R</td><td>19R</td><td>3T</td><td>5T</td><td>7T</td><td>9T</td><td>11T</td><td>13T</td><td>15T</td><td>17T</td><td>19T</td></tr>
<tr><td rowspan="3">基本身体寸法</td><td colspan="3">バスト</td><td>74</td><td>77</td><td>80</td><td>83</td><td>86</td><td>89</td><td>92</td><td>96</td><td>100</td><td>74</td><td>77</td><td>80</td><td>83</td><td>86</td><td>89</td><td>92</td><td>96</td><td>100</td></tr>
<tr><td colspan="3">ヒップ</td><td>85</td><td>87</td><td>89</td><td>91</td><td>93</td><td>95</td><td>97</td><td>99</td><td>101</td><td>87</td><td>89</td><td>91</td><td>93</td><td>95</td><td>97</td><td>99</td><td>101</td><td>103</td></tr>
<tr><td colspan="3">身長</td><td colspan="9">158</td><td colspan="9">166</td></tr>
<tr><td rowspan="7">参考人体寸法</td><td rowspan="7">ウエスト</td><td rowspan="7">年代区分</td><td>10</td><td rowspan="2">58</td><td rowspan="3">61</td><td rowspan="2">61</td><td rowspan="2">64</td><td rowspan="2">67</td><td rowspan="2">70</td><td rowspan="2">73</td><td rowspan="2">76</td><td rowspan="2">80</td><td rowspan="3">61</td><td rowspan="2">61</td><td rowspan="4">64</td><td rowspan="2">64</td><td rowspan="2">67</td><td rowspan="2">70</td><td rowspan="2">73</td><td rowspan="2">76</td><td rowspan="3">80</td></tr>
<tr><td>20</td></tr>
<tr><td>30</td><td rowspan="2">61</td><td rowspan="2">64</td><td rowspan="3">67</td><td rowspan="3">70</td><td rowspan="3">73</td><td rowspan="3">76</td><td rowspan="3">80</td><td rowspan="3">84</td><td>64</td><td rowspan="2">67</td><td rowspan="2">70</td><td rowspan="2">73</td><td rowspan="3">76</td><td rowspan="3">80</td></tr>
<tr><td>40</td><td rowspan="2">64</td><td rowspan="4">—</td><td rowspan="4">—</td><td rowspan="4">—</td></tr>
<tr><td>50</td><td>64</td><td rowspan="2">67</td><td rowspan="3">—</td><td rowspan="3">70</td><td rowspan="2">73</td><td rowspan="3">—</td></tr>
<tr><td>60</td><td rowspan="2">—</td><td rowspan="2">—</td><td>70</td><td>73</td><td rowspan="2">76</td><td rowspan="2">80</td><td rowspan="2">84</td><td>88</td><td rowspan="2">—</td><td rowspan="2">—</td></tr>
<tr><td>70</td><td>—</td><td>—</td><td>76</td><td>—</td><td>—</td></tr>
</table>

文化服装学院女子学生参考寸法

衣服製作のための計測項目と標準値（文化服装学院　1998 年）

（単位 cm）

	計測項目	標準値
回り寸法	バスト回り	84.0
	アンダーバスト回り	70.0
	ウエスト回り	64.5
	ミドルヒップ回り	82.5
	ヒップ回り	91.0
	腕つけ根回り	36.0
	上腕回り	26.0
	肘回り	22.0
	手首回り	15.0
	手のひら回り	21.0
	頭回り	56.0
	首つけ根回り	37.5
	大腿回り	54.0
	下腿回り	34.5
幅寸法	背肩幅	40.5
	背幅	33.5
	胸幅	32.5
	BPの間隔	16.0
丈寸法	身長	158.5
	総丈	134.0
	背丈	38.0
	後ろ丈	40.5
	前丈	42.0
	乳下り	25.0
	袖丈	52.0
	ウエスト高	97.0
	腰丈	18.0
	股上丈	25.0
	股下丈	72.0
	膝丈	57.0
他	股上前後長	68.0
	体重	51.0 kg

文化式原型成人女子用身頃

基礎線

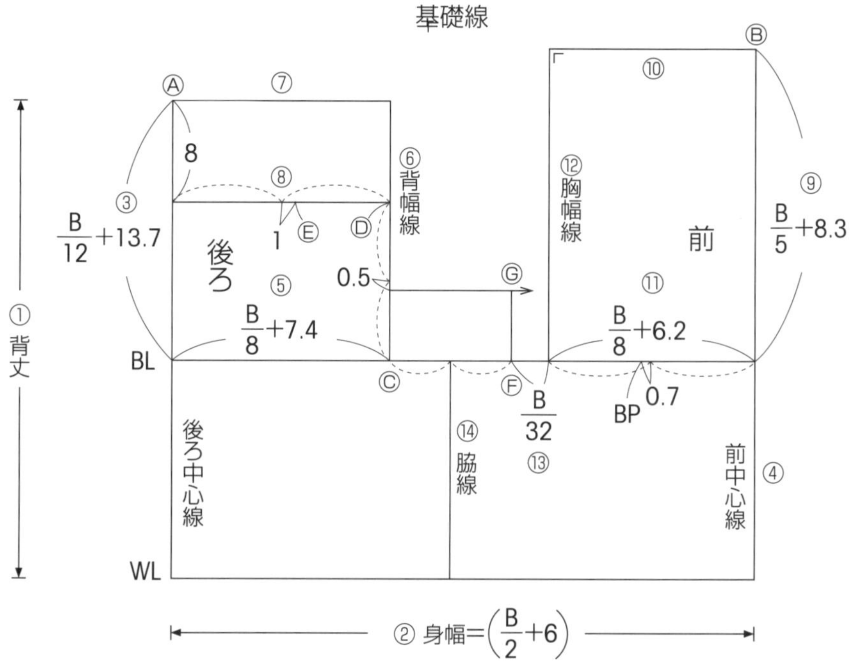

- 作図上の各部の寸法の算出は「早見表」を参考にする。
- ウエストダーツの各ダーツ量は総ダーツ量に対する比率で計算する。
  総ダーツ量は、身幅−($\frac{W}{2}$+3)となる。
  各ダーツ量は下表を参考とする
- 分度器を使わないで作図する場合の胸ぐせダーツは、バスト寸法93cmまで計算式が使用できるが、バスト寸法94cm以上では、アームホール線の訂正があるため(「服飾造形の基礎」編参照)、早見表の数値で作図をした後、アームホール線の訂正を加える。

輪郭線

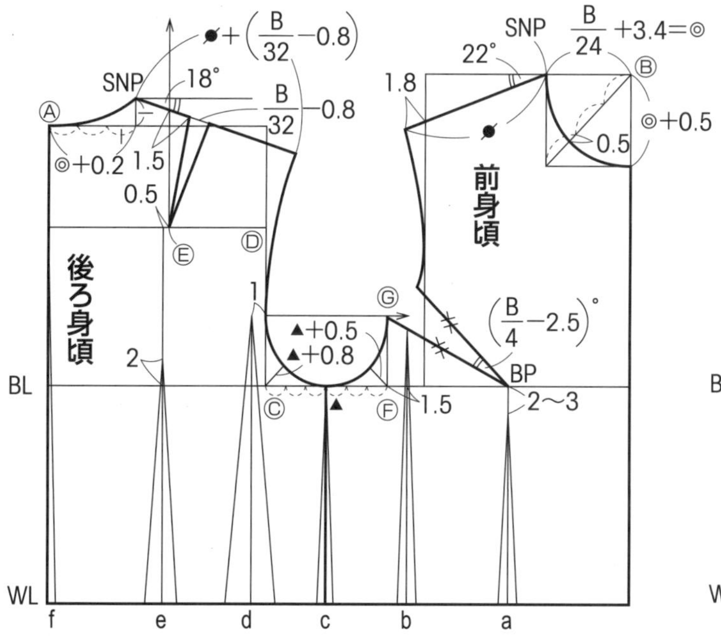

分度器を使わないで作図する場合の
肩傾斜と胸ぐせダーツの算出法

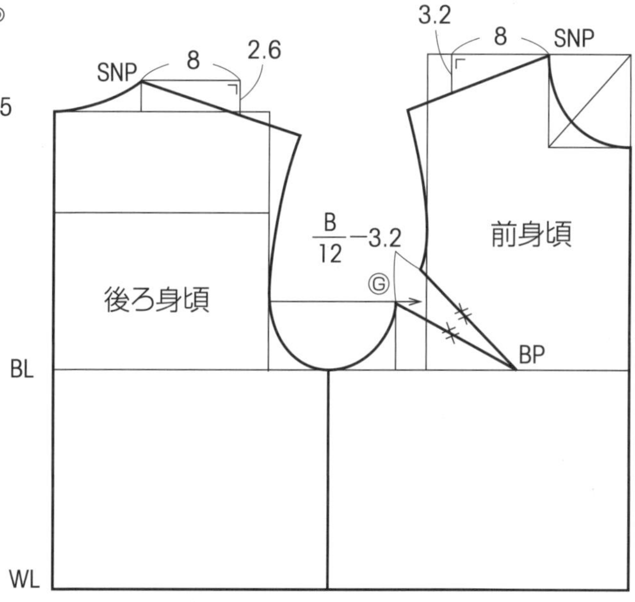

(単位cm)

総ダーツ量	f	e	d	c	b	a
100%	7%	18%	35%	11%	15%	14%
9	0.630	1.620	3.150	0.990	1.350	1.260
10	0.700	1.800	3.500	1.100	1.500	1.400
11	0.770	1.980	3.850	1.210	1.650	1.540
12	0.840	2.160	4.200	1.320	1.800	1.680
12.5	0.875	2.250	4.375	1.375	1.875	1.750
13	0.910	2.340	4.550	1.430	1.950	1.820
14	0.980	2.520	4.900	1.540	2.100	1.960
15	1.050	2.700	5.250	1.650	2.250	2.100

各部寸法の早見表

（単位cm）

	身幅	Ⓐ～BL	背幅	BL～Ⓑ	胸幅	$\frac{B}{32}$	前衿ぐり幅	前衿ぐり深さ	胸ぐせダーツ		後ろ衿ぐり幅	後ろ肩ダーツ	★
									（度）	（cm）			
B	$\frac{B}{2}+6$	$\frac{B}{12}+13.7$	$\frac{B}{8}+7.4$	$\frac{B}{5}+8.3$	$\frac{B}{8}+6.2$	$\frac{B}{32}$	$\frac{B}{24}+3.4=$◎	◎+0.5	$(\frac{B}{4}-2.5)°$	$\frac{B}{12}-3.2$	◎+0.2	$\frac{B}{32}-0.8$	★
77	44.5	20.1	17.0	23.7	15.8	2.4	6.6	7.1	16.8	3.2	6.8	1.6	0.0
78	45.0	20.2	17.2	23.9	16.0	2.4	6.7	7.2	17.0	3.3	6.9	1.6	0.0
79	45.5	20.3	17.3	24.1	16.1	2.5	6.7	7.2	17.3	3.4	6.9	1.7	0.0
80	46.0	20.4	17.4	24.3	16.2	2.5	6.7	7.2	17.5	3.5	6.9	1.7	0.0
81	46.5	20.5	17.5	24.5	16.3	2.5	6.8	7.3	17.8	3.6	7.0	1.7	0.0
82	47.0	20.5	17.7	24.7	16.5	2.6	6.8	7.3	18.0	3.6	7.0	1.8	0.0
83	47.5	20.6	17.8	24.9	16.6	2.6	6.9	7.4	18.3	3.7	7.1	1.8	0.0
84	48.0	20.7	17.9	25.1	16.7	2.6	6.9	7.4	18.5	3.8	7.1	1.8	0.0
85	48.5	20.8	18.0	25.3	16.8	2.7	6.9	7.4	18.8	3.9	7.1	1.9	0.1
86	49.0	20.9	18.2	25.5	17.0	2.7	7.0	7.5	19.0	4.0	7.2	1.9	0.1
87	49.5	21.0	18.3	25.7	17.1	2.7	7.0	7.5	19.3	4.1	7.2	1.9	0.1
88	50.0	21.0	18.4	25.9	17.2	2.8	7.1	7.6	19.5	4.1	7.3	2.0	0.1
89	50.5	21.1	18.5	26.1	17.3	2.8	7.1	7.6	19.8	4.2	7.3	2.0	0.1
90	51.0	21.2	18.7	26.3	17.5	2.8	7.2	7.7	20.0	4.3	7.4	2.0	0.2
91	51.5	21.3	18.8	26.5	17.6	2.8	7.2	7.7	20.3	4.4	7.4	2.0	0.2
92	52.0	21.4	18.9	26.7	17.7	2.9	7.2	7.7	20.5	4.5	7.4	2.1	0.2
93	52.5	21.5	18.0	26.9	17.8	2.9	7.3	7.8	20.8	4.6	7.5	2.1	0.2
94	53.0	21.5	19.2	27.1	18.0	2.9	7.3	7.8	21.0	4.6	7.5	2.1	0.2
95	53.5	21.6	19.3	27.3	18.1	3.0	7.4	7.9	21.3	4.7	7.6	2.2	0.3
96	54.0	21.7	19.4	27.5	18.2	3.0	7.4	7.9	21.5	4.8	7.6	2.2	0.3
97	54.5	21.8	19.5	27.7	18.3	3.0	7.4	7.9	21.8	4.9	7.6	2.2	0.3
98	55.0	21.9	19.7	27.9	18.5	3.1	7.5	8.0	22.0	5.0	7.7	2.3	0.3
99	55.5	22.0	19.8	28.1	18.6	3.1	7.5	8.0	22.3	5.1	7.7	2.3	0.3
100	56.0	22.0	19.9	28.3	18.7	3.1	7.6	8.1	22.5	5.1	7.8	2.3	0.4
101	56.5	22.1	20.0	28.5	18.8	3.2	7.6	8.1	22.8	5.2	7.8	2.4	0.4
102	57.0	22.2	20.2	28.7	19.0	3.2	7.7	8.2	23.0	5.3	7.9	2.4	0.4
103	57.5	22.3	20.3	28.9	19.1	3.2	7.7	8.2	23.3	5.4	7.9	2.4	0.4
104	58.0	22.4	20.4	29.1	19.2	3.3	7.7	8.2	23.5	5.5	7.9	2.5	0.4

この原型はB寸法80cm～89cmを中心に適合しやすいように作られているため寸法表以外の場合は身幅のゆとり（6cm）を加減する

監修

文化ファッション大系監修委員会

大沼　淳　小林　良子
松谷　美恵子　石井　雅子
高久　恵子　川合　直
坂場　春美　瀬戸口　玲子
荒川　佳子
徳永　郁代　平柳　直子
鈴木　洋子　相原　幸子

執筆

笠井　フジノ
船津　公子
藤田　浩子
横山　晶子
植木　春美
石川　啓子
甲斐　静代

朝日　真
（西洋服装史）

表紙モチーフデザイン

酒井　英実

イラスト

吉岡　香織
高橋　隆典

写真

石橋　重幸

文化ファッション大系　改訂版・服飾造形講座④
ジャケット・ベスト
文化服装学院編

2009年3月 7 日　第1版第1刷発行
2025年1月17日　第6版第2刷発行

発行者　清木孝悦
発行所　学校法人文化学園 文化出版局
〒151-8524
東京都渋谷区代々木 3-22-1
TEL03-3299-2474（編集）
TEL03-3299-2540（営業）
印刷所　株式会社文化カラー印刷

文化出版局のホームページ　https://books.bunka.ac.jp/